Manfred Hermanns
Heinrich Weber – Sozial- und Caritaswissenschaftler
in einer Zeit des Umbruchs

Studien zur Theologie und Praxis der Caritas und Sozialen Pastoral

11

Herausgegeben von
Heinrich Pompey und Lothar Roos
in Verbindung mit
Alois Baumgartner, Isidor Baumgartner,
Franz Josef Stegmann, Norbert Glatzel
und Bruno Schlegelberger SJ

Heinrich Weber

Sozial- und Caritaswissenschaftler in einer Zeit des Umbruchs

Leben und Werk

echter

Meinen Kindern
Gerburg, Reginald und Meinulf
gewidmet

Vorwort

Das vorliegende Buch ist das erste über den Sozial-, Wirtschafts- und Caritaswissenschaftler *Heinrich Weber*. Es will jenen Mann der Vergessenheit entreißen, der seit Beginn der zwanziger Jahre entscheidende Weichen für die wissenschaftliche Grundlegung der Wohlfahrtspflege, der heutigen Sozialarbeit, gestellt hat und gewichtigen Anteil am Aufbau der Organisation der praktischen christlichen Sozialarbeit, vor allem der Caritas hatte. Als gelernter Theologe und Wirtschaftswissenschaftler besaß er die Voraussetzungen, um Theorie und Praxis der Sozialarbeit miteinander verknüpfen zu können. Er schuf keine Methodenlehre der Sozialarbeit wie *Alice Salomon*, hatte aber als Organisator aller Aufgabenfelder der Sozialarbeit von der Säuglings- bis zur Altenfürsorge und von der Jugendarbeit bis zur Obdachlosenarbeit, Gefangenen-, Arbeitslosen- und Auswandererfürsorge einen durchgreifenderen Überblick über das Gesamtsystem öffentlicher und privater Fürsorge. Er verstand es, die Sozialarbeit in das Gesamtspektrum der Sozialpolitik einzuordnen und die sozialen, wirtschaftlichen und seelsorglichen Dimensionen dieser öffentlichen Leistung ins Bewußtsein der Menschen zu rücken.

Weber vermochte Politiker, Wirtschaftsmanager, Kirchenmänner und Verwaltungsfachkräfte für die Aufgaben der Sozialarbeit zu gewinnen und ein für die Umbruchszeit der Weimarer Republik erstaunliches Netzwerk aufzubauen. Er war kein wirtschaftsferner Utopist, kein politischer Träumer, kein schwärmerischer Pädagoge, sondern ein Realist der Tat, der die erforderlichen Aufgaben mit Sachverstand und gleichzeitig hoher ethischer Motivation anfaßte. Es mag heute als nicht mehr zeitgemäß erscheinen, Denkmäler für herausragende wissenschaftliche Leistungen zu errichten. Es geht hier nicht um eine verspätete Ehrung, die in der unmittelbaren Nachkriegszeit, als *Weber* starb und die Menschen Aufbausorgen für Staat, Gesellschaft und Kultur hatten, weithin unterlassen wurde. Vielmehr erscheint es in einer Zeit erneuten Umbruchs im ursprünglichen Sinne von „denk-mal" geraten, Anstöße von *Heinrich Weber* für eine erneuerte Gestaltung von Caritas und Sozialarbeit und für eine moderne, aus dem Glauben gestaltete Profilierung und Leitbildorientierung des Deutschen Caritasverbandes zu erhalten, dem ein großer Teil des Lebenswerkes von *Weber* galt. Der Sozialstaat und die mit ihm verbundenen Wohlfahrtsverbände stehen unter erheblichem Veränderungsdruck und zunehmenden finanziellen Engpässen. In einer solchen Zeit ist es nicht allein zweckmäßig, sondern geradezu eine ethische Verpflichtung zu schauen, wie Frauen und Männer in erheblich schwierigeren Zeiten die Aufgabe einer menschlich ansprechenden Diakonie für Ratsuchende und Notleidende, für alle, die der Barmherzigkeit und sozialen Gerechtigkeit bedürfen, bewältigt haben. Das Leben und Werk *Heinrich Webers* gibt in vielfältiger Hinsicht Anlaß zum Denken und Überdenken.

Das Buch über *Heinrich Weber* möchte die Verantwortlichen der Wohlfahrtsverbände, des Sozialstaates, der für die Ausbildung der Sozialarbeiter und Sozialpädagogen zuständigen Hochschulen, die Frauen und Männer der Kirchen, Gewerkschaften und Parteien einladen, ein Stück weit sich auf das Denken und Gestalten von *Heinrich Weber* einzulassen und daraus Konsequenzen für eine zeitgemäße Diakonie zu ziehen. Sicher bietet das Buch auch Lesenswertes für den Sozial- und Caritashistoriker, es soll mit dazu beitragen, eine Lücke in der weithin noch unaufgearbeiteten Geschichte der Sozialarbeit zu schließen, aber es beabsichtigt keineswegs allein historisch interessierte Menschen anzusprechen. *Weber* selbst hat die Sozial- und Caritasgeschichte eingespannt in eine handlungsrelevante Gesellschaftslehre, die praktische Impulse für die Gegenwart zu geben und zu einem lebenslangen Dienst an notleidenden Menschen zu motivieren vermag.

Erst ein Auftrag für ein Nachschlagewerk „Who is who der sozialen Arbeit" veranlaßte, mich der beeindruckenden Gestalt *Heinrich Webers* näher zuzuwenden. Heinrich Weber war mir zwar vom Studium und meiner Mitarbeit am Münsteraner „Institut für christliche Sozialwissenschaften" während der Leitung von Professor Dr. *Joseph Höffner*, des späteren Bischofs von Münster und Erzbischofs von Köln und Kardinals, der 1950 *Heinrich Webers* Lehrstuhl übernahm und ihn bis 1962 innehatte, kein unbekannter, aber dennoch hat die mehr als zweijährige Forschung über *Weber* so viele bisher unbekannte Facetten seines zum Teil verschollenen Lebenswerkes zutage gefördert und so viele neue Einsichten gebracht, daß mich dieses bewog, über Leben und Werk *Heinrich Webers* ein Buch zu schreiben. Professor Dr. *Heinrich Pompey*, Inhaber des Lehrstuhls für Caritaswissenschaft und christliche Sozialarbeit in Freiburg/ Breisgau, hat mich dazu neben mehreren Freunden, unter denen ich besonders Prof. Dr. *Gerhard Merk*, Siegen und Dr. *Victor Mohr*, Generalsekretär des Raphaels-Werkes bis 1990, erwähnen möchte, immer wieder ermuntert. Ihnen sei für die anregen-den und hilfreichen Gespräche gedankt. Den Professoren *Pompey* und *Roos* verdanke ich auch die Aufnahme dieses Buches in die Reihe „Studien zur Theologie und Praxis der Caritas und Sozialen Pastoral".

Das Bistum Münster hat durch einen erheblichen Druckkostenzuschuß die Drucklegung dieses Buches ermöglicht. Besonders Herrn Generalvikar Dr. *Werner Thissen* sei für diese Förderung sehr gedankt. Diese Forschung setzt die Hilfen verschiedener Behörden Institute und Bibliotheken voraus, die hier nicht alle genannt werden können, ohne deren Mithilfe diese Forschungsarbeit jedoch nicht möglich gewesen wäre. Besonders dankbar erwähnen möchte ich aber das aufmerksame, intensive Mitsuchen in mehreren Archiven und hierbei die tatkräftige Unterstützung von Herrn Dr. *Peter Löffler* vom Bistumsarchiv Münster, von Herrn Diplom-Archivar *Robert Giesler* vom Universitätsarchiv Münster und von den Herren Dr. *Hans-Josef Wollasch* und *Wolfgang Strecker* vom Archiv des Deutschen Caritasverbandes und Herrn Dr. *Werner Burghardt* vom Archiv der Stadt Recklinghausen. Last, but not least sei Frau *Angela Stempin* von der Katholischen Akademie Hamburg, Geschäftsführerin des Heinrich-Weber-Forschungskreises e.V., und Herrn *Martin Schupp*, Mitarbeiter des Arbeitsbereichs Caritaswissenschaft und Christliche Sozialarbeit der Universität Freiburg, besonders gedankt für zeitaufwendiges, aufmerksames und gründliches Korrekturlesen, Frau *Stempin* ferner für manche weitere Unterstützung und Anregung bei der Abfassung der Arbeit.

Buchholz/ Hamburg 1. März 1998   Manfred Hermanns

Inhaltsverzeichnis

Vorwort.. III
Inhaltsverzeichnis.. V
Einleitung 1

I. Teil

Lebensgeschichte von Heinrich Weber

1. Quellenlage 8
2. Familiale Herkunft und beruflich wissenschaftlicher
   Werdegang... 10
2.1. Eltern, Kindheit und Jugend 10
2.2. Theologiestudium 12
2.3. Karitative Tätigkeit 15
2.4. Wirtschaftswissenschaftliches Studium, Promotionen und Habilitation.. 18
3. Akademisches Wirken und Arbeit für den Caritasverband ... 21
3.1. Berufung auf den Lehrstuhl von Franz Hitze 21
3.2. Ausweitung der Funktionsbeschreibung der Professur
   und der Konflikt mit Johann Plenge 26
3.3. Institut für Wirtschafts- und Sozialwissenschaften 30
3.4. Aufbau und Leitung der Westfälischen Verwaltungsakademie 33
3.5. Stellung und Funktionen im Caritasverband 36
        3.5.1. Vorsitzender des Diözesan-Caritasverbandes Münster ... 36
        3.5.2. Aufgaben im Zentralrat und Zentralvorstand
   des Deutschen Caritasverbandes 42
        3.5.3. Vorsitzender des Fachausschusses Caritaswissenschaft 45
        3.5.4. Vorsitzender der Finanzkommission 47
4. Bedrängnis und Herausforderung in nationalsozialistischer
   Zeit 53
4.1. Zwangsversetzung nach Breslau 53
4.2. Bischöfliche Finanzkammer 59
4.3. Institut für kirchliche Verwaltung und Finanzwirtschaft 63
        4.3.1. Planung des Instituts 63
        4.3.2. Lehr-, Gutachter- und Forschungstätigkeit des Instituts 66
4.4. Wirken für den Caritasverband in nationalsozialistischer Zeit 71
        4.4.1. Nüchtern-kritische Beurteilung der national-
   sozialistischen Gleichschaltungspolitik 71
        4.4.2. Finanzplanung in nationalsozialistischer Zeit 74

	4.4.3. Kritik an nationalsozialistischer Ideologie	78
	4.4.4. Tragende Freundschaft mit Präsident Kreutz	80
4.5.	Ausweisung aus Breslau und Weg in den Westen	81
5.	**Nachkriegszeit**	84
5.1.	Rückkehr nach Münster	84
5.2.	Gründung der Sozialforschungsstelle Dortmund	86
5.3.	Krankheit und Tod	89

II. Teil

Grundlinien und Gedankengefüge des Lebenswerks von Heinrich Weber

6.	**Überblick über sein schriftliches Werk**	92
6.1.	Promotionsschriften und Habilitationsarbeit	92
6.2.	Weitere Frühschriften	94
6.3.	Schriften seit der Mitte der zwanziger Jahre	96
6.4.	„Caritaswissenschaft" - unvollendet gebliebenes Haupterk	102
6.5.	Bedeutung als Herausgeber	103
6.6.	Gutachterliche Tätigkeit	109
7.	**Systematik der Sozialwissenschaften**	111
8.	**Historische Sozialwissenschaften**	114
8.1.	Geschichte der Wohlfahrtspflege als Organisationsgeschichte	114
8.2.	Beitrag zur Verfassungsgeschichte	116
8.3.	Geschichte der sozialen Bewegung	117
8.4.	Beiträge zur Caritasgeschichte	120
9.	**Theoretische Gesellschaftslehre**	125
9.1.	Der Mensch und der Vergesellschaftungsvorgang	125
9.2.	Auseinandersetzung mit soziologischen Theorien	127
10.	**Praktische Gesellschaftslehre**	131
10.1.	Sozialethik	131
10.2.	Wirtschaftsethik	133
10.3.	Sozialpolitik	138
	10.2.1. Sozialpolitik und Wohlfahrtspflege	138
	10.2.2. Kampf um die Sozialversicherung	140
	10.2.3. Solidarität als Maßstab der Sozialpolitik	142
10.4.	Wohlfahrtspflege und Fürsorge	142
	10.4.1. Allgemeine Wohlfahrtspflege	142
	10.4.2. Die Persönlichkeit in der Wohlfahrtspflege und Anforderungen an ihre Ausbildung	145

	10.4.3. Jugendohlfahrtspflege	146
	10.4.4. Gesundheitsfürsorge	150
11.	Caritas und Caritaswissenschaft	155
11.1.	Caritas als christliche Fundamentalidee - Gegenstand der Caritaswissenschaft	155
11.2.	Verknüpfung von Gottes- und Nächstenliebe	156
11.3.	Caritas in verschiedenen Bedeutungen	158
11.4.	Liebe und Gerechtigkeit	160
12.	**Konsequenzen der Verknüpfung von theoretischer und praktischer Gesellschaftslehre und Caritaswissenschaft**	163
12.1.	Caritas und Organisation	163
	12.1.1. Grundsätzliche Erwägungen: Leben in einer organisierten Welt	163
	12.1.2. Ziel und Struktur der Caritas	164
	12.1.3. Gefahr der Bürokratisierung	167
12.2.	Kirchliche Verwaltung und Finanzwirtschaft	168
	12.2.1. Aufgaben einer Wissenschaft der kirchlichen Verwaltung und Finanzwirtschaft	168
	12.2.2. Ausbildung in kirchlicher Verwaltung und Finanzwirtschaft	170
	12.2.3. Kirchliche Verwaltung und Recht	172
12.3.	Caritas und Wirtschaft	175
	12.3.1. Gemeinsamkeiten und Unterschiede	175
	12.3.2. Funktionen der Caritas im Rahmen der Volkswirtschaft	176
	12.3.3. Betriebswirtschaft und Caritas	178
13.	**Ausblick und Würdigung**	180
14.	**Quellen- und Dokumentationsanhang**	183
Nr. 1:	Plan von 1921 für ein „Handbuch der Wohlfahrtskunde"	183
Nr. 2:	Lehrveranstaltungen von Heinrich Weber	185
Nr. 3:	Lehrplan für die einjährigen Kurse des Instituts für Wirtschafts- und Sozialwissenschaften der Universität Münster für Sozialbeamte in leitender Stellung 1925	193
Nr. 4:	Lehrplan für den Ausbildungslehrgang 1936/37 beim Institut für kirchliche Verwaltung und Finanzwirtschaft	195
15.	**Literatur**	200
15.1.	Schriften Heinrich Webers	200
	15.1.1. Bücher und andere Monographien	200
	15.1.2. Artikel	201
	15.1.3. Von Weber herausgegebene und mitherausgegebene Bücher	205

15.2.	Sekundärliteratur	210
16.	**Quellenverzeichnis**	219
17.	**Personenregister**	221
18.	**Sachregister**	226

Einleitung

Die Weimarer Republik war eine Umbruchszeit. Nach den Erschütterungen des Ersten Weltkrieges und dem Sturz der Monarchie in der Novemberrevolution von 1918 galt es, in Deutschland eine neue Staats-, Gesellschafts- und Wirtschaftsordnung aufzubauen. Dabei war die Nation äußerst zerrissen. Die einen setzten große Hoffnungen auf die neue Demokratie, während andere die politische Umwälzung von Beginn an ablehnten und sich zur alten Ordnung zurücksehnten. Aber nicht allein der Gegensatz zwischen den Anhängern des alten Obrigkeitsstaates und den überzeugten Republikanern spaltete die Nation, sondern auch der Gegensatz zwischen Wirtschaftsliberalen und Sozialisten, die auf eine Vergesellschaftung der Produktionsmittel ihre Hoffnung setzten. Die Kommunisten wollten sich nicht mit der parlamentarischen Demokratie und dem wirtschaftspolitischen Programm einer alleinigen Sozialisierung der Großindustrie und der Großbanken begnügen, sie verlangten ein politisches und wirtschaftliches System nach sowjetischem Muster.

Keine dieser politischen Gruppen und Parteien erlangte in der verfassungsgebenden Nationalversammlung von 1919 die alleinige Macht. Die Macht mußte geteilt werden, wenn nicht eine unkalkulierbare Revolution Deutschland weiter erschüttern sollte. Die gesellschaftlichen Großgruppen der Sozialdemokraten, Katholiken und liberalen Demokraten fanden in der „Weimarer Koalition" von SPD, Zentrum und Deutscher Demokratischer Partei zusammen. Diese Koalition mußte sich trotz ihrer unterschiedlichen ideologischen Ausgangspositionen zu einer gemeinsamen Wirtschafts-, Sozial- und Kulturpolitik zusammenraufen. Ja dieser Staat bedurfte erst einmal einer neuen Verfassung. „Der Wohlfahrtsstaat wurde zum Verfassungskompromiß der neuen Republik."[1] Diese die Republik tragende Koalition wurde von Beginn an durch die wirtschaftliche Misere nach dem Ersten Weltkrieg und durch die schwerwiegenden Auflagen des Versailler Friedensvertrages aufs äußerste belastet. Das Wirtschaftsleben litt unter der Absperrung von den Weltmärkten. Zudem war die Wirtschaft bei gleichzeitig erforderlicher Integration von 8 Millionen heimkehrenden Soldaten und Offizieren von der Kriegs- auf die Friedenswirtschaft umzustellen. Trotzdem war die neue demokratische Regierung mit dem Ziel einer wirksameren Sozialpolitik und einer Neugestaltung der Bildungs- und Kulturpolitik angetreten.

Die Republik bedurfte nicht nur engagierter zukunftsorientierter Politiker, sondern auch der Wissenschaftler, die den Willen zur politischen und gesellschaftlichen Neugestaltung mit übergreifender Fachkompetenz verbanden. Ex post läßt sich nicht nur ein Mangel an fähigen, visionären demokratischen Politikern für die Weimarer Republik feststellen, sondern auch ein Defizit an sachverständigen Wissenschaftlern, die sich ganz in den

---

[1] *Sachße, Christoph/ Tennstedt, Florian:* Geschichte der Armenfürsorge in Deutschland. Bd. 2: Fürsorge und Wohlfahrtspflege 1871 bis 1929. Stuttgart: Kohlhammer 1988, 9.

Dienst der neuen Republik stellten. *Heinrich Weber* war einer von ihnen, die als Wissenschaftler am Aufbau des neuen Institutionengefüges der Weimarer Republik entschieden mitwirkten. Das Scheitern der Weimarer Republik und der erfolgreichere Neubeginn eines zweiten Versuchs von Demokratie nach 1945/49 ließen die alten wissenschaftlichen Bemühungen aus der Zeit zwischen 1918 und 1933 schnell vergessen. Das Versagen wurde den Wissenschaftlern gleichsam mit unterstellt, hatten sie es doch nicht vermocht, die Demokratie zu retten und Deutschland vor der Diktatur und der Katastrophe des Zweiten Weltkrieges zu bewahren. Das Vergessen betraf vor allem die Wissenschaftler, die an dem sozialen, kulturellen und wirtschaftlichen Wiederaufbau nach dem Zweiten Weltkrieg sich nicht mehr beteiligen konnten. *Heinrich Weber* hatte Pläne für diesen Neuanfang; aber sein früher Tod 1946 im Alter von 57 Jahren verhinderte, daß er diese realisieren konnte.

Dennoch ist es unberechtigt, sich wegweisender Gestalten aus der Umbruchszeit der Weimarer Republik im Wissenschaftsbereich nicht mehr zu erinnern. Vielleicht haben sie ja doch Weichen gestellt, die nach 1945 benutzt werden konnten und die spätere Zukunftszüge fahren ließen. Diese Studie will solchen zukunftsorientierten Weichen im Lebenswerk *Heinrich Webers* nachgehen.

Weber hatte eine Professur für wirtschaftliche Staatswissenschaften, Gesellschaftslehre und Fürsorgewesen, zudem einen Lehrauftrag für christliche Gesellschaftslehre und ab 1935 eine theologische Professur für Caritaswissenschaft. Sein Aufgabengebiet umfaßte also theoretische und praktische Wirtschafts- und Sozialwissenschaften inklusive Sozial- und Wirtschaftsethik sowie das auf den Hochschulen der Weimarer Republik nur äußerst selten vertretene Spezialgebiet des Fürsorgewesens bzw. der Wohlfahrtskunde. Mit dem Reichsjugendwohlfahrtsgesetz von 1922 und der „Verordnung für das Fürsorgewesen" von 1924 hatte die Weimarer Republik das Sozialwesen neugeordnet und in den Zusammenhang ihrer Sozialpolitik gestellt. Es lag nahe, daß es zur Neukonstituierung und Durchsetzung dieser sozialpolitischen Zielsetzungen kompetenter Wissenschaftler bedurfte. In dieser Studie wird der Frage nachgegangen, welchen Beitrag *Heinrich Weber* an dem Entwurf und der Umsetzung dieser politikbezogenen Aufgabenstellung geleistet hat.

Weber war nicht allein einer der wenigen Professoren für Fürsorgewesen in der Zeit der Weimarer Republik, sondern er hat, wie aufzuzeigen ist, in seinem Schaffen Sozialethik und Wohlfahrtskunde bzw. Caritaswissenschaft miteinander verknüpft. Auf einer gemeinsamen Tagung von Sozialethikern und Caritaswissenschaftlern im September 1990 anläßlich des 100. Jahrestages der Enzyklika „Rerum novarum" in Freiburg/ Breisgau wurde die Hoffnung ausgesprochen, „daß das in den letzten 100 Jahren sehr zaghaft geführte Gespräch zwischen Christlicher Soziallehre und Christlicher Sozialarbeit zum

Wohl der leidenden Menschen unseres Lebensraumes verstärkt angestoßen wird."² Diese Klage ist begründet, weil sich nach dem Zweiten Weltkrieg die Christliche Soziallehre auf Sozial- und Wirtschaftsethik und Sozialpolitik konzentriert und den Kontakt zur Caritas und Sozialarbeit vernachlässigt hat. Es gelang der Ausbau der Lehrstühle für Christliche Soziallehre und Sozialethik an den theologischen Fakultäten, während die Caritaswissenschaft an den Universitäten ein Schattendasein führte. Die organisatorisch/ institutionelle Differenzierung von Sozialethik bzw. Christlicher Soziallehre an den Universitäten und der Sozialarbeit an den seit 1972 gegründeten Fachhochschulen hat zu dieser Entfremdung beigetragen. Auch unter diesem Gesichtspunkt ist eine Rückbesinnung auf *Heinrich Weber* angebracht, weil er für dieses Gespräch Fundamente gelegt hat, die lange unbeachtet blieben, die aber in Anbetracht der veränderten Marktbedingungen für soziale Organisationen, der Auswirkung der Finanzknappheit der öffentlichen Haushalte auf die Wohlfahrtsverbände und der Leitbilddiskussion in den kirchlichen Spitzenverbänden der Wohlfahrt wieder ins Blickfeld geraten müssen³. In dieser Forschung wird auch der Frage nachgegangen, wie *Weber* in einer Zeit äußerster Finanzknappheit den Zusammenhang von Wirtschaftlichkeit und kirchlichem Auftrag der Caritas gesehen hat.

Bevor die Grundstrukturen und das Gedankengefüge des Lebenswerks von *Heinrich Weber* dargestellt werden, steht die Person dieses praxisorientierten Forschers und seine Sozialbiographie im Vordergrund der Untersuchung. Denn bis heute gibt es keine ausführliche Biographie von *Heinrich Wilhelm Weber*. Lebensdaten finden sich in der Geschichte der katholisch-theologischen Fakultät Münster von *Eduard Hegel* und in einigen Aufsätzen zum Institut für Christliche Sozialwissenschaften der Universität Münster⁴. Aber weite Abschnitte seines Lebens blieben bisher unerforscht.

Heutige sozialbiographische Recherchen gestalten sich jedoch sehr schwierig, weil 50 Jahre nach *Webers* Tod kaum noch Personen leben, die ihn persönlich gekannt ha-

---

[2] *Glatzel, Norbert/ Pompey, Heinrich:* Vorwort. In: *Dies.* (Hrsg.), Barmherzigkeit oder Gerechtigkeit. Zum Spannungsfeld von christlicher Sozialarbeit und christlicher Soziallehre. Freiburg i.Br.: Lambertus 1991, 7.

[3] Vgl. zu den aktuellen Herausforderungen für die Wohlfahrtsverbände *Boskamp, Peter/ Knapp, Rudolf* (Hrsg.), Führung und Leitung in sozialen Organisationen. Handlungsorientierte Ansätze für Managementkompetenz. Neuwied/Kriftel/Berlin: Luchterhand 1996, 5.

[4] *Hegel, Eduard:* Geschichte der Katholisch-Theologischen Fakultät Münster 1773-1964, Teil I. Münster: Aschendorff 1966, Teil II. Münster: Aschendorff 1971 (fortan zitiert: *Hegel*); *Furger, Franz:* Ein wegweisender Impuls aus der Universität Münster - Katholische Soziallehre als akademische Disziplin. In: *Nacke, Bernhard* (Hrsg.), Visionen und Realitäten. Persönlichkeiten und Perspektiven aus der christlich-sozialen Bewegung Münsters. Münster: Regensberg 1993, 25-44; *ders.*: Die Geschichte des ersten Lehrstuhls zur „Soziallehre der Kirche". In: *Ders.* (Hrsg.), Akzente christlicher Sozialethik. Schwerpunkte und Wandel in 100 Jahren „Christlicher Sozialwissenschaften" an der Universität Münster. Münster: Lit 1995, 1-15; *Henning, Rudolf:* Die Bedeutung des Münsteraner Instituts zur Entwicklung der Christlichen Sozialwissenschaften in Deutschland. In: *Furger, Franz/ Wiemeyer, Joachim* (Hrsg.), Christliche Sozialethik im weltweiten Horizont. Münster: Aschendorff 1992, 1-5.

ben[5], und weil *Weber* bei der Zerstörung Breslaus seine umfangreiche Privatbibliothek, die Unterlagen seiner wissenschaftlichen Vorlesungen und alle seine Manuskripte verlor[6]. Dennoch gelang es, durch mühsames Zusammenfügen vieler verstreuter Bausteine Licht in das bisherige Dunkel seiner Biographie zu bringen. Die Arbeit beginnt mit der Darstellung der Quellenlage (1. Kapitel).

Die Lebensgeschichte setzt ein mit der Darstellung seiner familialen Herkunft in der Emscherzone des Ruhrgebietes und seinem beruflich wissenschaftlichen Werdegang in Münster (2. Kapitel). Es folgt ein ausführliches Kapitel über sein akademisches Wirken auf dem Lehrstuhl von *Franz Hitze*, dem Altmeister christlich orientierter Sozialpolitik, und der gleichzeitigen Arbeit für den Deutschen Caritasverband (3. Kapitel). Theoretische Forschung und praktisches, organisatorisches Wirken für den von ihm mitgestalteten und organisierten Wohlfahrtsverband gehen Hand in Hand. Auch diese wechselseitige Befruchtung von Theorie und Praxis im Wirken von *Heinrich Weber* ist, abgesehen von einem Artikel des Verfassers[7], bisher wissenschaftlich nicht untersucht.

Ein eigenes viertes Kapitel thematisiert Bedrängnis und Herausforderung in nationalsozialistischer Zeit. Nicht allein die Person *Heinrich Weber* war während der nationalsozialistischen Diktatur besonderen Belastungen und Ungerechtigkeiten ausgesetzt, sondern insbesondere auch der Deutsche Caritasverband, dem *Weber* in dieser Zeit seine Kraft und Energie widmete. Neben dem Präsidenten *Benedict Kreutz* hat insbesondere sein Freund, Berater und unermüdliche Weggefährte *Heinrich Weber* intensiven Anteil am Überleben dieses Wohlfahrtsverbandes trotz aller Unterdrückungsmechanismen des tyrannischen Regimes. Bisher wird zu wenig in der Forschung beachtet, mit welcher Klugheit und welchem Geschick es Wissenschaftlern in der Zeit der nationalsozialistischen Willkürherrschaft gelang, entscheidende Elemente des in der Weimarer Republik aufgebauten und gefestigten Institutionengefüges über diese grauenvolle Zeit hinüberzuretten. Das Unethos einer überzogenen und unhistorischen Helden- und Märtyrererwartung versperrt den Blick für verborgene Leistungen. Das Verdienst, einige wenige Organisationen und Rechtsinstitutionen über die zwölfjährige Tyrannis in die Zeit einer neuen Demokratie durchgetragen zu haben, auf denen der Wiederaufbau zurückgreifen konnte, wird bisher nicht hinreichend gewürdigt. Nur die Märtyrer der Kirche und des Caritasverbandes werden geehrt, nicht aber die Personen, die bis an die Grenze ihrer

---

[5] Auskünfte von Personen, die *Heinrich Weber* noch persönlich gekannt haben, erhielt der Autor von *Webers* Neffen *Dr. Hans Herbert Weber* aus Bonn, der weiteren Verwandten *Anne Marie Goerdeler* aus Frankfurt/ Main, von dem im November 1997 verstorbenen Prof. *Dr. Josef Pieper* aus Münster, von Prof. *Dr. Franz Scholz* aus Dieburg, denen hiermit für ihre Briefe gedankt sei.

[6] *Auer, Heinrich:* Prälat Dr. theol. et rer.pol. Heinrich Weber. In: Caritas. Jg.47 (1946), 53.

[7] *Hermanns, Manfred:* Die Verknüpfung von Sozialethik und Caritaswissenschaft bei Heinrich Weber. In: *Furger, Franz* (Hrsg.), Jahrbuch für Christliche Sozialwissenschaften. Bd. 38. Münster: Regensberg 1997, 92-114.

gearbeitet haben. Es kann mitunter schwerer sein zu überleben als zu sterben. Bei Kriegsende, das mit dem Ende der nationalsozialistischen Diktatur zusammenfiel, waren *Webers* Kräfte ebenso verbraucht wie die der Kardinäle *Clemens August von Galen* und *Adolf Bertram*, jener Bischöfe, denen *Weber* im Ringen um das Überleben der Kirche furchtlos und unerschrocken gedient hatte.

Das letzte Kapitel der Lebensgeschichte (5. Kapitel) behandelt die 1 1/4 Jahre, die *Weber* noch für die Restituierung seiner Professur in Münster und die Gründung der Sozialforschungsstelle Dortmund, einer der größten Forschungseinrichtungen auf dem Gebiet der Sozialwissenschaften bis heute, verblieben. Den weiteren Wiederaufbau der Bundesrepublik mußte er anderen überlassen.

Was hat *Weber* dennoch erreicht? Inwiefern ist sein Lebenswerk so bedeutsam, daß es mehr als 50 Jahre nach seinem Tod verdient, bewußt gemacht und der Nachwelt überliefert zu werden? Ist es nicht der normale Verlauf der Geschichte, daß er wie viele andere Forscher seiner Zeit der Vergessenheit anheimfällt? Hat unsere Zeit nicht andere Sorgen, als rückwärts zu schauen und nach vergangenen Lösungsmodellen Ausschau zu halten?

Wenn es auch umstritten ist, ob und was aus der Geschichte gelernt werden kann, wenn es auch nicht bezweifelt werden mag, daß die Ergebnisse der Sozialforschungen einer vergangenen Epoche nicht einfach als Antworten für neue Herausforderungen geeignet sind, so kann das Wissen um das Ringen um Lösungen von sozialen Problemen in anderen Zeiten dennoch anregend sein, zumal wenn diese bei allen nicht zu verkennenden Unterschieden einige vergleichbare Parallelen zum Ende der Weimarer Republik aufweisen: die Finanzknappheit der öffentlichen Hand, die Massenarbeitslosigkeit (wenn auch heute ohne Wirtschaftsdepression), die Sorge um die Stabilität der Sozialversicherung, die Mut-, Perspektiv- und Orientierungslosigkeit eines großen Teils der Bevölkerung und der immense Anstieg der Aufgaben der sozialen Arbeit. Diese Studie will aufzeigen, wie *Heinrich Weber* diesen Herausforderungen einer Umbruchszeit in Forschung und Lehre begegnet ist. Darin möge der Leser das praktische Ziel dieser Studie sehen, die selbst im Spannungsfeld von Sozialhistorie, Sozialethik und Caritaswissenschaft angesiedelt ist.

Ferner ist diese Untersuchung bestimmt von dem Interesse an der Geschichte der Sozialarbeit, die erst in den Anfängen steckt und trotz allen Forschungsfortschrittes in den letzten beiden Jahrzehnten erhebliche Lücken und Defizite aufweist. Obwohl *Heinrich Weber* einer der Protagonisten, wie aufzuweisen ist, beim Ausbau der Fürsorge zur umfassenden Wohlfahrtspflege in der Zeit der Weimarer Republik war, findet sein Beitrag für die Wohlfahrtskunde als akademisches Fach und seine organisationssoziologisch reflektierte Aubauleistung beim Deutschen Caritasverband nahezu keine Beachtung. Ziel dieser Forschung ist es, diese Lücke in der Sozial- und Caritasgeschichte zu schließen und *Webers* Werk hineinzustellen in den Kontext damaliger Forschungsbestrebungen. Dazu ist es erforderlich, die Querverbindungen und Vernetzungen seiner eigenen und von ihm angeregten vielfältigen Forschungsleistungen aufzuzeigen. Als erster Schritt dazu dient in dem zweiten Teil dieser Studie, die sich den Grundlinien und dem Gedankengefüge der Lebensarbeit von *Heinrich Weber* zuwendet, der Überblick über sein schriftliches Werk (6. Kapitel).

Besonders wichtige Themen in seinem Gesamtwerk werden in den weiteren Kapiteln vertieft. *Weber* hat eine eigene Systematik der Sozialwissenschaften erstellt, die in einem kurzen siebten Kapitel referiert wird. Entsprechend seiner Einteilung der Sozialwissenschaften in historische, theoretische und praktische Gesellschaftslehre erfolgt die vertiefte Darstellung von *Webers* Forschung und Sichtweise in diesem Dreischritt (8., 9. und 10. Kapitel). Hier wird die Spannweite seines Denkens und Schaffens deutlich, die heute bei der fortschreitenden Ausdifferenzierung der Sozialwissenschaften von einem einzigen Gelehrten nicht mehr zu überblicken ist. Die Universalität von *Webers* Forschungsarbeiten könnte mit ein Grund sein, warum die verschiedenen heutigen Fachwissenschaftler wie Soziologen, Sozialethiker, Sozialhistoriker, Sozialökonomen, sich seiner Lebensleistung nicht zugewandt haben, ist er doch keinem dieser Fächer allein zuzuordnen. In seinem Lebenswerk darf zusätzlich die Caritaswissenschaft als sozial-ethische und theologische Disziplin nicht vergessen werden. Die Kerngedanken, die *Weber* zu dieser Fragestellung beiträgt, werden im elften Kapitel behandelt.

Das zwölfte Kapitel verfolgt die Konsequenzen, die *Weber* aus seinem multidisziplinären Ansatz für die Gestaltung und Organisation von sozialer Arbeit und Caritas gezogen hat. Dieses zwölfte Kapitel hat *Weber* in dieser zusammengefaßten Weise nirgends geschrieben, es ist das Resümee der Verknüpfung von theoretischer und praktischer Gesellschaftslehre und Caritaswissenschaft aus verschiedenen seiner Bücher und Aufsätze, die in eine Handlungstheorie mündet. *Weber* hat keine sozialwissenschaftliche Theorie um der Theorie willen gebildet; seine gesamte Forschung hatte Ausbildungs- und Praxisbezug. Praxisorientierte Forschung aber hatte Jahrzehnte nicht die wissenschaftliche Reputation, die ihr heute zukommt. Aber auch dies ist ein Grund, sich gerade heute einem Forscher der Weimarer Republik zuzuwenden, der bereits damals diese Praxisorientierung zur Gestaltung des politischen, sozialen und wirtschaftlichen Lebens und vor allem zur Bewältigung der wirtschaftlichen, sozialen und psychischen Probleme von sozial benachteiligten und individuell behinderten Menschen gefordert und darüber hinaus erprobt hat. Dabei war sich *Weber*, wie herauszuarbeiten ist, des zweifachen Spannungsgefüges von liebender Zuwendung zum Notleidenden und der Notwendigkeit caritativer Organisation und von Wirtschaftlichkeit der Caritas und ihrem kirchlichem Auftrag bewußt.

Diese Untersuchung, die sich notwendigerweise auf die Hauptlinien und Leitideen von

Webers Denken, Lehren, Forschen, Organisieren, Planen und Handeln konzentriert, schließt mit einer Würdigung von *Webers* Lebenswerk (13. Kapitel.)

I. Teil

Lebensgeschichte von Heinrich Weber

1. Quellenlage

Bereits in der Einleitung erfolgte der Hinweis auf die schwierige Quellenlage zur Biographie *Heinrich Webers*. Er verlor seine gesamte umfangreiche Privatbibliothek bei der Ausweisung aus Breslau und der Zerstörung seiner Wohnung. Auch *Webers* Haus in Münster wurde ein Opfer des Bombardements. Ebenfalls gingen das umfangreiche Archiv des Diözesan-Caritasverbandes Münster, in dem er mehr als ein Jahrzehnt gewirkt hat, sowie das Bistumsarchiv weithin infolge der Kriegswirren verloren. Die Büroräume des Caritasverbandes in Münster sind 1943 völlig ausgebombt worden. Andere Unterlagen, die in Kellern lagerten, sind bei einem Aa-Hochwasser 1947 vernichtet worden, gingen also noch nach *Webers* Tod verloren. Manche der wassergeschädigten Akten hätten zwar mit heutigen technischen Methoden getrocknet, gereinigt und lesbar gemacht werden können, aber den Menschen in der Notzeit nach dem Krieg stand nicht der Sinn nach Erhalt geschichtlich wichtiger Dokumente. Auch die Bestände des Bistumsarchiv Münster sind durch Bombardement in den letzten Kriegsjahren vernichtet worden. Nur die Akten der von *Weber* geleiteten Bischöflichen Finanzkammer, die im Oktober 1944 nach Sprakel bei Münster ausgelagert wurden, haben unversehrt den Krieg überstanden[8].

Reichhaltig sind dagegen die Bestände des Archivs des Deutschen Caritasverbandes und eine beachtliche Fundgrube für die Heinrich-Weber-Forschung. Vor allem die Akten: Zentralvorstand, Zentralrat, Finanzkommission, Wirtschaftsbeirat, Fachausschuß Caritaswissenschaften, Nachlaß Kreutz, Bischöfliches Institut für Kirchliche Verwaltung und Finanzwirtschaft enthalten wichtige, bisher von der Wissenschaft nicht erschlossene Referate, Gutachten, Berichte von *Heinrich Weber* und Korrespondenz des zweiten Präsidenten des Deutschen Caritasverbandes *Benedict Kreutz* und anderer Persönlichkeiten der Caritas mit *Heinrich Weber*. Diese Archivalien ermöglichen erst ein anschauliches Bild von der Persönlichkeit *Heinrich Webers* zu entwerfen. Durch diese Quellen erschließen sich Anlässe und Hintergründe seiner zahlreichen wissenschaftlichen Veröffentlichungen. Viele dieser Publikationen sind aus *Webers* Arbeit für den Caritasverband erwachsen.

Erhalten blieb auch das Archiv der Westfälischen Wilhelms-Universität Münster, an der *Weber* mehr als ein Jahrzehnt gewirkt hat. Dieses Archiv enthält die wichtigsten Quellen zur akademischen Laufbahn von *Weber* und auch zu den Belastungen, denen *Weber* in der nationalsozialistischen Zeit ausgesetzt war. Ergänzend kommen Quellen der Univer-

---

[8] *Löffler, Peter (Bearb.):* Findbuch zum Bestand Bischöfliche Finanzkammer der Kölner Kirchenprovinz. Münster 1976/1984, 2. Bistumsarchiv des Bistums Münster.

sitätsarchive Breslau, heute Wroclaw, und Tübingen (mit seiner unveröffentlichten theologischen Dissertation), der Bibliothek der Universität Bielefeld (mit dem Nachlaß von *Johann Plenge*, dem Doktorvater seiner staatswissenschaftlichen Dissertation), des Bundesarchivs in Berlin sowie von mehreren Stadt- und Wirtschaftsarchiven[9], insbesondere von seiner Heimatstadt Recklinghausen hinzu.

Diese Situation bestimmte den Autor, aus den in verschiedenen Archiven erhalten gebliebenen Quellen und der Fülle der Veröffentlichungen *Heinrich Webers*, die in deutschen Bibliotheken äußerst verstreut sind[10], ein mühevolles Puzzle seiner Biographie und seines Wirkens zusammenzustellen. Die Schwierigkeit dieses Unterfangens war sicher ein Grund mit dafür, daß bisher das vielseitige und für Theorie und Praxis der Caritas wegweisende Lebenswerk *Heinrich Webers* nicht genügend gewürdigt worden ist.

Wörtliche Zitate aus den archivalischen Dokumenten werden in der Originalsprache und ursprünglichen Schriftweise wiedergegeben.

---

[9] Das Historische Archiv der Stadt Köln besitzt den Nachlaß des Wirtschaftshistorikers *Bruno Kuske*, mit dem *Heinrich Weber* 1931 die „Wirtschaftskunde für Rheinland und Westfalen" herausgegeben hat und mit dem er auch nach 1945 bei der Gründung der Sozialforschungsstelle Dortmund zusammengearbeit hat. Leider wurde dieser Nachlaß für die Forschung nicht freigegeben.

[10] Der Autor konnte 21 Monographien, ein mit *Peter Tischleder* zusammen verfaßtes Handbuch, 54 Artikel in wissenschaftlichen Zeitschriften und Zeitungen sowie 67 von ihm herausgegebene oder mitherausgegebene Bände und Hefte ermitteln, die im Literaturverzeichnis zusammengestellt sind und in dieser Forschungsarbeit erstmals in ihrer Gesamtheit ausgewertet werden. Durch Anfertigung von Kopien der wissenschaftlichen Artikel wurden diese erstmals systematisch gesammelt, so daß ein Heinrich-Weber-Archiv entsteht.

2. Familiale Herkunft und beruflicher Werdegang

2.1. Eltern, Kindheit und Jugend

Heinrich Wilhelm Weber entstammte einer bekannten und angesehenen Lehrerfamilie aus Röllinghausen im Kreis Recklinghausen. Bereits sein Urgroßvater *Theodor Weber* war dort seit 1797 auf Vorschlag der Röllinghäuser Bauern als Lehrer tätig[11]. Das Amt wurde auf seinen Großvater *Joseph Weber*[12] und dann seinen Vater[13] 1877 übertragen[14]. *Heinrich* wurde am 20. Oktober 1888 in Röllinghausen als Sohn des Hauptlehrers *Johann Heinrich Weber* und seiner Ehefrau *Elisabeth*, geborene *Rüping*, die aus Datteln bei Recklinghausen stammte, geboren[15]. Die Eltern hatten am 27. März 1883 standesamtlich und kirchlich am 3. April des gleichen Jahres in St. Peter im Zentrum von Recklinghausen geheiratet. In der gleichen Kirche wurde *Heinrich* am 22. Oktober 1888 getauft.

Die Bauerschaft Röllinghausen[16] im heutigen Nordrevier am nördlichen Rand der Emscher-Niederung war in den achtziger Jahren des vorigen Jahrhunderts noch stark von der Landwirtschaft geprägt. Mit der Abteufung der ersten Zeche griff der Kohlenbergbau in jenen Jahren in diesen Teil des Reviers aus[17]. Trotz des mit der Industrialisierung verbundenen starken Bevölkerungsanstiegs[18] in der Emscherregion war der Katholikenanteil im Landkreis Recklinghausen mit rd. 75 % ausgesprochen hoch. Das Vest Recklinghausen im westlichen Münsterland war ein Raum eines ausgeprägt katholisch industriellen Milieus, das sich auch politisch in einem deutlichen Übergewicht der

---

[11] In der Schulchronik von Röllinghausen ist zu lesen, daß die Bauern aus Röllinghausen und Berghausen *Theodor Weber* einstimmig zum Lehrer vorschlugen: „Webers Theodor muß Magister werden, der ist der Klügste von uns." Stadtarchiv Recklinghausen, Schulchronik Röllinghausen I, Sign.: Bibliothek F 714, 3 f.

[12] *Heinrich Webers* Großvater *Joseph Weber* wurde im November 1827 vom Recklinghauser Pfarrer an St. Peter als Lehrer verpflichtet und behielt dieses Amt 50 Jahre bis zum 5. Oktober 1877, an dem er die Aufgabe an seinen Sohn *Heinrich* übergeben konnte. *Joseph Weber* hatte vor seinem Amtsantritt bereits einen mehrmonatigen „Normalkurs" des bekannten Münsterländer Pädagogen *Bernhard Overberg* besucht. Schulchronik ebd. und *Bryk, Kurd:* Blick durchs Röllinghäuser Schulfenster. In: Vestischer Kalender 1962, 58-64.

[13] *Webers* Vater *Johann Heinrich Weber* war am 27. August 1857 in Röllinghausen geboren.

[14] Schreiben von Stadtarchivar *Dr. Werner Burghardt* , Stadtarchiv der Stadt Recklinghausen vom 16. Juni 1995.

[15] Geburtsurkunde Nr. 288 der Stadt Recklinghausen vom 24. Oktober 1888. *Webers* Mutter war Tochter des Müllers *Stephan Rüping* und seiner Ehefrau *Catharina* geb. *Hamecke* (Anm. 14).

[16] Die Bauerschaft Röllinghausen wurde zusammen mit anderen Bauerschaften 1926 in die Stadt Recklinghausen eingemeindet.

[17] *Dorider, Adolf:* Geschichte der Stadt Recklinghausen in den neueren Jahrhunderten (1577-1933). Recklinghausen: Vestisches Archiv. 1955, 115-117; *Mühlen, Franz:* Topographie der Kunstdenkmale. In: *Theiss, Konrad/ Schleuning, Hans* (Hrsg.), Der Kreis Recklinghausen. Stuttgart: Theiss 1979, 173.

[18] Röllinghausen hatte 1880 502, 1900 1855 und 1910 bereits 5224 Einwohner. *Dorider*, ebd. 262.

Zentrumspartei gegenüber der Sozialdemokratie niederschlug[19].

Der Zuzug von Bergarbeiterfamilien im Süden und Südosten von Recklinghausen schwoll Mitte der achtziger Jahre so stark an, daß die Schülerzahl kräftig stieg und *Heinrichs* Vater bereits ab 1887 am Vor- und Nachmittag unterrichten mußte und er sich für den Neubau einer vergrößerten Schule einsetzte. Dort wuchs *Heinrich* zusammen mit drei Geschwistern, seinem älteren Bruder *Joseph*, seiner jüngeren Schwester *Antonia* genannt *Tony* und seinem jüngeren Bruder *Aloysius*, gerufen *Aloys*[20] auf und besuchte von Ostern 1894 bis Ostern 1898 die von seinem Vater geleitete Volksschule, in dem Neubau, den sein Vater 1893 erreicht hatte und für den er ein eigenes Ackerstück für 500 Mark zur Verfügung stellte[21]. Aus *Webers* späteren positiven Schilderungen über die Erziehungskraft einer gesunden Familie und die Selbstlosigkeit der Eltern geht indirekt hervor, daß er die Liebe und Wärme einer beschützenden, aber durchaus strengen und konsequenten Familie erfahren hat[22]. Sein Vater war ein engagierter und zielstrebiger Mann, davon zeugt sein Einsatz für seine Schule und die von ihm in den Jahren 1877-1897 verfaßte Schulchronik[23]. Er hatte in seinen letzten Berufsjahren 50 - 60 Schüler in einer Klasse zu unterrichten, was ihn wahrscheinlich so stark belastete, daß er sich eine schmerzhafte Nervenentzündung zuzog, die ihn zum vorzeitigen Ruhestand am 31. März 1897 veranlaßte[24]. Von seinem Vater dürfte *Heinrich Weber* den Sinn für Pädagogik und die Bedeutung der Bildung im Lebenslauf junger Menschen gelernt haben. Auch setzte sich *Webers* Vater tatkräftig für die Abpfarrung von der auf 36 000 Gläubige angewachsenen Pfarrei St. Peter und einen Kirchenneubau für Berghausen-Röllinghausen

---

[19] Vgl. *Rohe, Karl/ Jäger, Wolfgang/ Dorow, Uwe:* Politische Gesellschaft und politische Kultur. In: *Köllmann, Wolfgang u.a.* (Hrsg.), Das Ruhrgebiet im Industriezeitalter. Bd. 2. Düsseldorf: Schwann im Patmos Verlag 1990, 419-507, hier insbes. 446 und 462.

[20] Die Geburtsdaten seiner Geschwister waren: *Joseph* 17. Februar 1885, *Elisabeth Catharina Antonia* 17. Dezember 1890, *Aloysius* 24. März 1894. Schreiben von *Heinrich Weber* an seinen Neffen *Hans-Herbert Weber* vom 24. Juni 1940. Privatbesitz *Hans Herbert Weber*. (Die Sterbedaten seiner Geschwister sind: *Joseph* 10. März 1951 in Haltern, Kreis Recklinghausen; *Antonia* 17. Dezember 1967 in Recklinghausen; *Aloysius* 17. April 1968 in Dortmund-Innenstadt. Auskunft der Stadt Recklinghausen vom 7.8.1987.)

[21] Schreiben von Stadtarchivar *Dr. Werner Burghardt*, Stadtarchiv der Stadt Recklinghausen vom 7.8.1997. Die Schule lag im Grenzbereich der Bauerschaften Berghausen und Röllinghausen. Als 1890 im Süden eine neue Schule entstanden war, war sie nur noch für nördlichere Berghausen zuständig.

[22] Vgl. u.a. *Weber, Heinrich:* Wesen der Caritas (= Caritaswissenschaft Bd. I), Freiburg i.Br.: Caritasverlag 1938, 154-158 und 173. In diesem Sinne spricht sich auch der Brief seiner Verwandten *Anne Marie Goerdeler* vom 30. Mai 1995 aus.

[23] Schulchronik der Bauerschaft Röllinghausen. Stadtarchiv Recklinghausen. Sign. Bibliothek F 714, ferner Amtsarchiv Nr. 940.

[24] Ebd. 14. Die Lehrertradition der Familie *Weber* setzte der Schwiegersohn *Theodor Bendheuer* fort, der vom 1. April 1907 an in der Schule in Röllinghausen tätig wurde und am 9. Januar 1926 Schulleiter in Röllinghausen wurde. *Theodor Bendheuer* (geb. 5.1.1886 in Beckum/ Westf.; gest. 29.5.1968 in Recklinghausen) hatte am 1. April 1913 *Heinrich Webers* Schwester *Antonia* geheiratet. (Schreiben von Stadtarchivar *Dr. Werner Burghardt* vom 7.8.1997). Aus dieser Ehe sind drei Kinder hervorgegangen, *Heinz, Gregor* und *Liselotte*, zu denen *Heinrich Weber* zeitlebens guten Kontakt hatte.

ein[25]. Er hatte ein waches Gespür für öffentliche Belange.

Durch Fleiß und Sparsamkeit hatten es seine Eltern zu einem bescheidenen Wohlstand gebracht. 1894 hatten sie gegenüber der Schule ein eigenes Haus aus dunkelroten Ziegelsteinen erbaut[26], das noch heute in einem eigens gehauenen hellen Naturstein die Inschrift H. Weber und E. Rüping trägt und das Jesuitenmonogramm IHS aufweist. Diese Hausinschrift weist auf die religiöse Verankerung des Elternhauses von *Heinrich Weber*. Er wuchs in einer katholischen Lebenswelt auf, die jedoch nicht vorwiegend landwirtschaftlich, sondern zunehmend industriell-bergbaulich geprägt war.

Ab etwa dem 10. Lebensjahr hatte *Heinrich* den weiten Weg zum humanistischen Gymnasium „Petrinum"[27] im Zentrum von Recklinghausen, das auf eine mehr als 500jährige Tradition zurückblickte und in einem schlichten älteren Gebäude ganz in der Nähe der Petrikirche beheimatet war. In dieser altehrwürdigen Bildungsstätte des Vestes Recklinghausen verbrachte *Weber* 10 Schuljahre und eignete sich in dieser Zeit die für sein späteres Studium erforderlichen Sprachkenntnisse in Latein, Griechisch, Hebräisch und Französisch an[28]. In der Religionslehre der Oberprima wurde er mit der katholischen Sittenlehre und der Kirchengeschichte konfrontiert[29]. Im Frühjahr 1908 erwarb er das Reifezeugnis[30].

2.2. *Theologiestudium*

Nach dem Abitur studierte *Heinrich Weber* Philosophie und Theologie an der Westfälischen Wilhelms-Universität zu Münster. Über diese Zeit konnte sehr wenig in Erfahrung gebracht werden. Seit April 1908 wohnte *Weber* im Collegium Borromäum, das für die

---

[25] Bereits am 1.1.1899 war Hauptlehrer *Weber* für die Bildung einer eigenen Pfarrei Berghausen-Röllinghausen eingetreten. Seine Unterschrift führt die Liste mit 75 Namen dereran, die die Abpfarrung von St. Peter in Recklinghausen wünschten. Archiv von St. Peter in Recklinghausen (PPA) - Rendantur Nr. 337, Stadtarchiv Recklinghausen. Ab 1909 leitete er den Kirchbauverein Niederröllinghausen. Ebd.

[26] Es ist das Haus Ortlohstraße 250 in der Nähe der Zechenbahn König Ludwig. Ortloh ist eine andere Bezeichnung für Röllinghausen. Brief von *Hans Georg Kollmann* aus Recklinghausen vom 6. August 1997 zusammen mit Fotografien des Hauses.

[27] Das Recklinghauser Gymnasium „Petrinum" geht auf eine mittelalterliche Lateinschule und die spätere Klosterschule der Franziskaner zurück. 1827 erhielt es die ministerielle Genehmigung Preußens zu einem Vollgymnasium. Es war bis in den Anfang des 20. Jahrhunderts das einzige voll ausgebaute Gymnasium des großen Kreises Recklinghausen und der angrenzenden Orte. *Dorider, Adolf:* Geschichte der Stadt Recklinghausen, 1955, 215-218 (Anm.17).

[28] Zeugnis der Reife für *Heinrich Weber* vom 22. Februar 1908. Archiv des Gymnasiums Petrinum zu Recklinghausen.

[29] 78. Jahresbericht des Gymnasiums zu Recklinghausen, erstattet von dem Direktor der Anstalt Dr. *Paul Verres*, Schuljahr 1907-1908. Recklinghausen 1908, 6.

[30] In *Webers* Zeugnis der Reife heißt es bei der Religionslehre: „In der Glaubens- und Sittenlehre sowie in der Kirchengeschichte hat er sich durch gründlichen Fleiß und rege Teilnahme am Unterricht gute Kenntnisse erworben."

Elternhaus von Heinrich Weber
in Röllinghausen
(Ortlohstr. 250)

Foto: Hans-Georg Kollmann

Inschrift der Eltern
am Haus Ortlohstr. 250
in Röllinghausen

Foto: Hans Georg Kollmann

Priesteramtskandidaten verpflichtend war[31]. Es war noch das alte Gebäude von 1854, das in jenen Jahren überfüllt war und erst 1912 einem Neubau wich. Dieses alte Borromäum war für das individuelle Studium wenig geeignet, denn die Theologiestudenten schliefen und wohnten dort in großen Sälen[32]. Auch war das eigentliche Theologiestudium noch auf sechs Semester begrenzt. Das erste, philosophische Examen bestand *Weber* im Frühjahr 1909, wobei er gute Noten in Metaphysik, Psychologie und Kirchengeschichte erwarb. Das theologische Examen „pro introitu in Seminarium" legte er in der Osterzeit 1911 ab. Der Schwerpunkt seiner theologischen Interessen ist insofern erkennbar, als er in der Moraltheologie und im Neuen Testament die damals äußerst seltenen „sehr guten" Noten erzielte[33]. Danach trat *Weber* ins Priesterseminar ein, wo er bald die niederen Weihen empfing. Am 11. Februar 1912 folgte die Diakonsweihe[34], die damals aber nicht zu einem längeren eigenständigen Diakonat führte. Zusammen mit 44 weiteren Diakonen wurde er am 1. Juni 1912 von *Felix von Hartmann*, dem interimistischen Bischof von Münster[35] und späteren Kardinal-Erzbischof von Köln, zum Priester geweiht[36].

Seine Primiz feierte *Heinrich Weber* am 9. Juni 1912 in der Liebfrauenkirche in Recklinghausen-Hillen[37], zu der die Bauerschaft Röllinghausen gehörte. Die Recklinghauser Volkszeitung berichtete am folgenden Tage von der beeindruckenden Feier, die unter großer Anteilnahme der Bevölkerung stattfand: „Um 9 1/2 Uhr wurde der hochwürdige Herr im festlichen Zuge von der hiesigen Geistlichkeit, den Fahnendeputationen der kirchlichen Vereine und ca. 300 Engelchen (...) abgeholt, und als der feierliche Zug unter dem Klang der Glocken die Liebfrauenkirche erreichte, war diese bereits überfüllt von Scharen der Gläubigen, die von nah und fern herbeigeeilt waren, um mit teilzunehmen an dem Glück und der Freude des jungen Priesters, der zum ersten Male in seiner Heimatkirche die Stufen des Altares hinanstieg."[38] Der Festprediger Pater *Severinus* kam aus dem Dominikanerkloster Meckinghoven aus dem Raum Datteln, wo *Webers* Mutter beheimatet war. Der Medienbericht weist auf den fest verankerten Milieukatholizismus des Recklinghauser Raumes hin, aber auch auf die Beliebtheit des

---

[31] 100 Jahre Bischöfliches Collegium Borromäum zu Münster 1854-1954. Münster: Aschendorff 1954, 98.

[32] Ebd. 72.

[33] Brief des Collegium Borromäum (Direktor *Franz-Hermann-Lürken*) vom 4.9.1997 mit Auszug aus den Examensakten.

[34] Karteikarte *Heinrich Weber* im Bistumsarchiv der Diözese Münster.

[35] *Felix von Hartmann* war nur ein Jahr, 1911-1912 Bischof von Münster. Bereits im Oktober 1912 wählte ihn das Domkapitel in Köln zum neuen Erzbischof. In Münster folgte ihm Dr. *Johannes Poggenburg*, zuvor Generalvikar in Münster.

[36] Vgl. Kirchliches Amtsblatt der Diözese Münster. Jg. XLVI. Nr. 12 (9. August 1912), 79.

[37] Die Liebfrauen-Pfarre war erst wenige Monate zuvor von der Pfarre St. Peter in Recklinghausen abgetrennt und zu einer eigenen Pfarre erhoben worden. Kirchliches Amtsblatt der Diözese Münster. Jg. XLVI, Nr. 8 (28. April 1912), 50.

[38] Recklinghauser Volkszeitung von Montag, den 10.6.1912. Stadtarchiv Recklinghausen. Die 1903 geschaffene Rektoratsgemeinde, die den offiziellen Namen „Unserer lieben Frau vom Rosenkranz" trug, war im gleichen Jahr am 31. März zur Pfarrei erhoben worden.

Primizianten und seiner Familie. Kurz danach, am 22. August 1912, wurde seinem Vater die Ehre zuteil, in den Kirchenvorstand der neugegründeten Pfarrei gewählt zu werden[39].

2.3. *Karitative Tätigkeit*

Seine erste Aufgabe erhielt *Weber* in der praktischen Seelsorge als Kaplan von St. Joseph in Münster[40]. Mit dieser Ernennung am 10. Juli 1912 konnte er den für seinen weiteren Lebensweg wichtigen Kontakt zur Bischofsstadt und zum Ort seines Studiums aufrechterhalten. Beim Ausbruch des Ersten Weltkrieges wurde er 1914 als Sanitäter einberufen und zu Arbeiten im Dienst des Kriegsernährungsamtes Berlin herangezogen. Ende 1914 übernahm er in Münster die Zentrale für Vermißtennachforschung. Diese Aufgabe füllte er mit Sorgfalt und Liebe aus, er setzte sich gleichzeitig für ausländische und deutsche Menschen in Gefangenenlagern ein und war als Lazarettgeistlicher tätig.

Für *Webers* Lebensweg sollte entscheidend werden, daß die Bischofskonferenz auf ihrer Jahrestagung 1915 in Fulda in Anbetracht der in der Kriegssituation gewaltig zunehmenden caritativen Aufgaben die lückenlose Durchorganisation des von *Lorenz Werthmann* gegründeten Caritasverbandes in allen deutschen Bistümern beschloß. Der Bischof von Münster war einer der ersten, die diesen Beschluß für sein Bistum umsetzte und im Juni 1916 alle caritativen Vereine der Diözese Münster zum 26. Juli des gleichen Jahres zur Gründungsversammlung des Diözesan-Caritasverbandes nach Münster einlud. Ferner sollte aus jedem Dekanat der Dechant oder ein von ihm beauftragter Pfarrer vertreten sein[41]. Die Gründung des Diözesan-Caritasverbandes erfolgte im Beisein des Präsidenten des Deutschen Caritasverbandes *Werthmann*[42]. Sie hatte lebensbestimmende Folgen für den damals noch nicht dreißigjährigen *Heinrich Weber*. Wer den Bischof auf den caritativ engagierten Kaplan aufmerksam machte, läßt sich nicht mehr ermitteln. Dessen caritativer Einsatz veranlaßte auf jeden Fall den Bischof, ihn am 17. September 1916 zum „Diözesansekretär" des neugegründeten Caritasverbandes des Bistums Münster zu bestellen[43]. Damit erhielt *Weber* seine lebensprägende Aufgabe. Sein gesamtes weiteres Denken und Handeln galt in erster Linie dem Wirken zugunsten der Caritas und, von dort angeregt,

---

[39] Schreiben von Stadtarchivar *Dr. Werner Burghardt*, Stadtarchiv der Stadt Recklinghausen vom 16. Juni 1995 und 7. August 1997.

[40] Kirchliches Amtsblatt der Diözese Münster. Jg. XLVI, Nr. 12 (9. August 1912), 79.

[41] Ebd. Jg. L, Nr. 11 (30. Juni 1916), 61/62.

[42] Prälat Dr. *Werthmann* hat auf dieser Gründungsversammlung ein Referat zu dem Thema „Notwendigkeit und Bedeutung der Gründung des Diözesancaritasverbandes" gehalten. Caritas-Verband für das Bistum Münster e.V.: Berichtsjahr 1924. Münster: Buchdruckerei Ferdinand Theissing 1925, 7.

[43] Kirchliches Amtsblatt der Diözese Münster. Jg. L, Nr. 16 (22. September 1916), 88, ferner Karteikarte *Weber* des Bistumsarchiv Münster. Bereits am 18. September schrieb *Weber* an den damaligen Präsidenten des Caritasverbandes Herrn Prälat *Werthmann*: „In der vergangenen .Woche ist mir das Amt des Caritassekretärs für den Diözesanverband Münster übertragen" worden. *Weber* bat *Werthmann* in dem gleichen Schreiben um eine Besprechung im Rahmen von Caritas-Lehrgängen in Berlin, die *Werthmann* ihm im Antwortschreiben gerne gewährte. Archiv DCV, Sign. 125.63 Diözesan-Caritasverband Münster.

der Sozialpolitik. Um die aufbauende Tätigkeit als Caritassekretär zu ermöglichen, war *Heinrich Weber* zwei Tage zuvor zum Kaplan an der St.Ludgeri Pfarrkirche in Münster ernannt worden[44]. Die Ludgeripfarre liegt im Unterschied zur Josephs-Pfarre im Altstadtbereich von Münster.

Die Arbeit des Diözesancaritasverbandes begann äußerst bescheiden in der Privatwohnung von *Weber* in der Salzstraße, der Hauptgeschäftsstraße der Altstadt von Münster. Im Bericht des Caritasverbandes für das Jahr 1924 heißt es: „Bei der Gründung war kein Büro da, keine Hilfskraft, kein Material, kein Pfennig Geld, nur eines war da: Der Befehl zu arbeiten. Zunächst ging man daran, Mitglieder zu werben und mit Hilfe der Mitgliederbeiträge und freiwilliger Spenden ein Zimmer als Büro des Diözesancaritassekretariates einzurichten. Nach einiger Zeit wurde die erste Hilfskraft eingestellt."[45] Erst im Juli 1921 erhielt der Diözesancaritasverband zusammen mit dem Volksverein für das katholische Deutschland und den Diözesansekretariaten der katholischen Arbeitervereine eigene Büroräume in der katholischen Vereinszentrale im Ludgerushospiz, Bült 29.

In der Funktion des Caritassekretärs und als Vikar von St. Ludgeri erhielt *Weber* wieder Kontakt zu Prälat *Albert Schütte*[46], den er offenbar bereits von Recklinghausen her kannte und der seit dem 9. Oktober 1915 Pfarrer in der bekannten zentralen Münsteraner Gemeinde St. Lamberti war und zum 2. Vorsitzenden des Caritasverbandes für das Bistum Münster ernannt wurde. Prälat *Schütte* hat seinen engen Mitarbeiter intensiv gefördert. Aber Kaplan *Weber* hat *Schütte* in seinen caritativen Unternehmungen, z. B. in der schon 1916 begonnenen Arbeit der Kinderlandverschickung von insgesamt 60 000 Kindern in sechs Jahren aufs beste unterstützt[47]. Die Unterbringung von Stadtkindern auf dem Lande war in den notvollen Kriegsjahren und in den ersten Jahren nach dem Ersten Weltkrieg eine äußerst wichtige familien- und kinderfördernde Maßnahme. Da der Grundsatz der unentgeltlichen Verpflegung galt, hatten die Organisatoren engagierte motivierende Arbeit unter der Landbevölkerung zu betreiben. *Weber* berichtet, daß allein in dem Winter 1917/ 18 7000 Stadtkinder den ganzen Winter über auf dem Lande geblieben waren[48].

Weber entfaltete als Diözesansekretär eine intensive Informations- und Beratungstätig-

---

[44] Kirchliches Amtsblatt der Diözese Münster. Jg. L, Nr. 16 (22. September 1916), 88.

[45] Caritas-Verband für das Bistum Münster e.V.: Berichtsjahr 1924. 1925, 7 (Anm.39).

[46] Pfarrer *Albert Schütte* (geb. 23.11.1860 in Ibbenbüren, gest. 10.6.1948 in Hiltrup) wurde am 6. Dezember 1885 zum Priester geweiht, war von 18.April 1905 bis zum 8. Oktober 1915 Pfarrer an St. Marien in Recklinghausen-Süd und dann vom 9. Okt. d.J. bis zum 15. Januar 1929 Pfarrer von St. Lamberti in Münster. Er wurde am 17. Mai 1921 zum Bischöflichen Kommissar für die Elisabeth-Vereine und später zum Päpstlichen Geheimkämmerer ernannt. Sein Nachfolger als Pfarrer in St. Lamberti wurde am 1. März 1929 *Clemens August Graf von Galen*. Karteikarte *Albert Schütte* im Bistumsarchiv der Diözese Münster.

[47] Vgl. 20 Jahre Diözesan-Caritasverband Münster e.V. Bericht 1916/1936. Münster o. J. [1936], 71, ferner Karteikarte über *Heinrich Weber* im Archiv des Deutschen Caritasverbandes.

[48] *Weber, Heinrich:* Jahresbericht des Diözesan-Caritasverbandes Münster für das Geschäftsjahr 1917/18. Freiburg i.B.: Caritas-Druckerei 1919, 7.

keit, betrieb Öffentlichkeitsarbeit für die Caritas und organisierte Kurse für ehrenamtliche Mitarbeiter. Zudem entfaltete er eine rege Vortragstätigkeit beim Seelsorgeklerus über soziale und wohlfahrtspflegerische Fragen. Ferner gab er eine Broschüre über „Ausbildungsgelegenheiten für soziale Berufsarbeiterinnen" heraus und hielt in den Bistümern Münster, Osnabrück und Paderborn Vorträge zu diesem Thema[49].

An der Münsterschen sozialen Frauenschule (staatlich anerkannten Wohlfahrtsschule), aus der in den siebziger Jahren ein Fachbereich der Katholischen Fachhochschule Nordrhein-Westfalen wurde, lehrte er seit 1916 Volkswirtschaftslehre und Wohlfahrtskunde. Schon in seinen ersten Berufsjahren zeigte sich also *Webers* intensives Engagement für die Caritas und die Fürsorge. Dieses fand Anerkennung durch seine Ernennung zum Direktor des Diözesan-Caritasverbandes Münster am 19. August 1920. Als Caritasdirektor organisierte er einen Caritas-Lehrgang für die Zeit vom 4.-8. April 1921 in Münster. Auf dieser Fortbildungstagung hielt er nach der Begrüßung durch den Bischof den ersten Vortrag zum Thema „Einfluß der heutigen wirtschaftlichen Verhältnisse auf unsere Caritasarbeit". Bereits sehr früh kündigt sich eine Thematik bei *Weber* an, die ihn auch in den nächsten Jahrzehnten weiter beschäftigen wird. Die weiteren Tage waren der Thematik Familie und Familienfürsorge gewidmet: Caritas als Ergänzung der Familie, Caritas als Ersatz der Familie und Caritas als Erneuerung der Familie.

Bei der Zentralausschußsitzung des Caritasverbandes im Oktober 1918 in Koblenz referierte *Weber* - unter Bezugnahme auf die genannte, kurz vorher von ihm publizierte Broschüre[50] - zu dem Thema „Gelegenheiten zur Ausbildung katholischer Jungfrauen für sozial-caritative Berufe"[51]. Dieser Auftrag kann als lobende Anerkennung für das Engagement des jungen Diözesansekretärs gewertet werden. *Weber* gewann durch diese Teilnahme am Zentralrat frühen Kontakt zu den entscheidenden Persönlichkeiten im Deutschen Caritasverband.

Als Experte für Ausbildungsfragen in der Wohlfahrtspflege war er auch über den Caritasverband hinaus gefragt. Er nahm an der 2. Kommissionssitzung zur Vorbereitung der Fachkonferenz der Reichsgemeinschaft der Hauptverbände der freien Wohlfahrtspflege teil. Dort hielt er am 1. Oktober ein intensiv diskutiertes Referat über „das Verhältnis von Wohlfahrtspflege und Hochschulstudium", das einige der Kerngedanken seiner Habilitationsschrift „Akademiker und Wohlfahrtspflege im Volksstaat" enthielt. Ergänzend zu den an die Teilnehmer vorausgeschickten Leitsätzen wies *Weber* darauf hin, daß er bei der empfohlenen wissenschaftlichen Ausbildung an die leitenden Kräfte der Wohlfahrtspflege gedacht hätte. Die wissenschaftliche Ausbildung werde gefordert durch 1. die Organisationsaufgaben der Wohlfahrtspflege, 2. die Aufnahme

---

[49] Ebd. 5/6.

[50] *Weber, Heinrich:* Ausbildungsgelegenheiten für soziale Berufsarbeiterinnen. Freiburg: Caritasverband 1918. (8 Seiten).

[51] *Liese, Wilh[elm]:* Lorenz Werthmann und der Deutsche Caritasverband. Freiburg i.Br.: Caritasverlag 1929, 397.

neuer Arbeitsgebiete der sozialen Arbeit, 3. die Anleitung und Fortbildung der nachgeordneten Organe. Die selbständige Wissenschaftsdisziplin, die er „Wohlfahrtskunde" nannte, sollte an der staatswissenschaftlichen Fakultät angesiedelt werden[52]. Wenn auch nicht alle seine Vorschläge, insbesondere die Frage der Verortung der allgemein als notwendig erkannten wissenschaftlichen Ausbildung nicht bei allen anderen Teilnehmern auf Zustimmung stießen, so machte ihn dieser Vorstoß zu einer fundierten Ausbildung in der sozialen Arbeit doch in der Fachöffentlichkeit bekannt. Auf der anschließenden Fachkonferenz, die vom 24.-26. Oktober 1921 im Rahmen des Fürsorgetags des Deutschen Vereins in Weimar stattfand, konnte er erfolgreich folgenden Antrag einbringen: „Die in Weimar versammelte Konferenz der Reichsgemeinschaft von Hauptverbänden der freien Wohlfahrtspflege anerkennt die Notwendigkeit einer wissenschaftlichen Ausbildung der leitenden Persönlichkeiten auf dem Gebiete der Wohlfahrtspflege an unseren Hochschulen und fordert die Errichtung entsprechender Fachlehrstühle, die gleichzeitig der Schulung der in leitender Stellung tätigen Praktiker und der wünschenswerten Orientierung der gesamten Jungakademiker über sozialpflegerische Fragen dienen könnten."[53]

2.2.3. Wirtschaftswissenschaftliches Studium, Promotionen und Habilitation

Gleichzeitig zu seiner organisatorisch-praktischen Tätigkeit im Caritasverband studierte er Rechts- und Staatswissenschaften an der Universität Münster und promovierte 1919 bei dem Soziologen und Staatswissenschaftler *Johann Plenge*[54] zum Dr. rer. pol. mit einer

---

[52] Niederschrift über die Sitzung der Kommission am 30. September und 1. Oktober im Preußischen Ministerium für Volkswohlfahrt. Archiv des Diakonischen Werkes der EKD. Sign. CA 980 II.
Ferner *Weber, Heinrich:* Das Verhältnis von Wohlfahrtspflege und Hochschulstudium. In: Konferenz über die Ausbildung zur sozialen Arbeit. o.O. o. J. [1921]. Ebd. Sign. D 1339.

[53] Ebd. 22. Von Seiten des Deutschen Caritasverbandes nahmen an dieser Konferenz außer *Heinrich Weber* auch *Benedict Kreutz*, Berlin, Generalsekretär Josef *Beeking* und Direktorin *Hildegard Hübinger*, beide Freiburg i.Br. teil.

[54] *Johann Plenge* (geb. 7.7.1874 in Bremen, gest. 11.9.1963 in Münster) studierte Volkswirtschaftslehre, Staatswissenschaften, Philosophie und Geschichte in Leipzig und Bonn, er promovierte und habilitierte sich bei *Karl Bücher* in Leipzig. Er wurde 1913 an die Universität Münster auf das Ordinariat für Wirtschaftliche Staatswissenschaften berufen. Er gründete unter Förderung des Kultusministers *Haenisch* im Mai 1920 das „Staatswissenschaftliche Institut", das aufgrund vielfältiger Mißhelligkeiten in der Fakultät 1923 aufgelöst wurde. 1923/25 erhielt er ein neues Institut „Forschungsinstitut für Organisationslehre und allgemeine und vergleichende Soziologie bei der Universität Münster", das in den zwanziger Jahre das größte seiner Art in Deutschland gewesen sein dürfte. *Plenge* vertrat einen christlich und national orientierten Sozialismus. Trotz oder gerade wegen seiner Anregungen für den Nationalsozialismus wurde er 1935 wurde er von den Nationalsozialisten zwangsemeritiert. *Schäfers, Bernhard:* Einleitung. Johann Plenge: Stationen seines Lebens; Momente seines Werkes. In: *Schäfers, Bernhard (Hrsg.),* Soziologie und Sozialismus. Organisation und Propaganda Abhandlungen zum Lebenswerk von Johann Plenge. Stuttgart: Enke 1967, 1-16. Ders.: Plenge, Johann. In: *Bernsdorf, Wilhelm/ Knospe, Horst:* Internationales Soziologenlexikon Bd. 1. Stuttgart: Enke 1980, 333-335.

Dissertation über „Das Lebensrecht der Wohlfahrtspflege"[55], in der er in politischer Umbruchszeit der damals umstrittenen Frage der Berechtigung der privaten Wohlfahrtspflege nachging. Nach erfolgreicher Promotion bot Professor *Plenge* Kaplan *Weber* an, ab dem Sommersemester 1920 im Rahmen des Staatswissenschaftlichen Instituts, Vortragsreihen über Wohlfahrtspflege zu übernehmen. Auch wies er daraufhin, daß sämtliche Mitdirektoren einer späteren Habilitation wohlwollend gegenüberständen[56]. *Weber* wurde zudem Geschäftsführer des am 24. Juni 1920 gegründeten Ausschusses für Jugend- und Wohlfahrtspflege, das dem Staatswissenschaftlichen Institut angegliedert wurde. Dieser Ausschuß bereitete Sonderkurse für Jugendamtsleiter nach dem geplanten Reichsjugendwohlfahrtsgesetz vor[57]. Mit diesen Lehrgängen ist der Ausschuß für Jugend- und Wohlfahrtspflege der Universität Münster allen anderen Universitäten vorangegangen, auch der Universität Frankfurt[58], wo Professor *Klumker*[59] sich für die Jugendfürsorge engagierte.

Bereits knapp zwei Jahre nach seiner ersten Promotion, 1921, habilitierte sich *Weber* in der Rechts- und Staatswissenschaftlichen Fakultät für soziales Fürsorgewesen mit dem Thema „Akademiker und Wohlfahrtspflege im deutschen Volksstaat"[60]. In seiner Antrittsvorlesung als Privatdozent am 13. Dezember 1921 sprach er über „Die Wohlfahrtspflege als Resultante der Wirtschafts- und Staatsentwicklung". Seit dieser Zeit lehrte *Weber* an der Rechts- und Staatswissenschaftlichen Fakultät. Im Sommersemester hielt er Vorlesungen und Seminare zu folgenden Themen: „Fürsorgewesen in Staat und Gemeinde", „Die ethischen Grundlagen moderner Fürsorgearbeit" und zu „Praktischen Fragen der Jugendfürsorge und Jugendpflege".

---

[55] *Weber, Heinrich:* Das Lebensrecht der Wohlfahrtspflege. Essen: Baedeker 1920.

[56] Briefe von *Johann Plenge* an *Heinrich Weber* vom 23.12.1919 und 18.1.1920. Der Briefwechsel von *Johann Plenge* mit *Heinrich Weber* aus den Jahren 1919 bis 1924 befindet sich im Nachlaß *Plenges*, der in der Universitätsbibliothek Bielefeld aufbewahrt wird.

[57] UA Münster. Rechts- und Staatswissenschaftliche Fakultät C I Nr. 4, Bd. 1. Schreiben von *Plenge* an den Dekan der Rechts- und Staatswissenschaftlichen Fakultät vom 2. Juli 1920. Dieser Ausschuß veranstaltete noch im Sommersemester 1920 Vortragsreihen über „Die äußere Schulorganisation" und „Die deutsche Jugendbewegung".

[58] Vgl. dazu auch Schreiben des Ausschusses für Jugend- und Wohlfahrtspflege an den Kurator der Universität Münster vom 21. November 1923. UA Münster. Kurator Fach 14 Nr. 1, Bd. 1.

[59] *Christian Jasper Klumker* (geb. 22.12.1868 in Juist, gest. 19.7.1941 in Hedemünden am Main) hatte 1888-1891 evangelische Theologie, Philosophie und Nationalökonomie an den Universitäten Leipzig, Erlangen und Göttingen studiert und im Oktober 1897 an der Philosophischen Fakultät der Universität Leipzig promoviert. Er gründete am 1. Februar 1899 die „Centrale für private Fürsorge". Im Wintersemester 1914/15 wurde er auf das Extraordinariat für Armenpflege und soziale Fürsorge an der neugegründeten Frankfurter Universität berufen, an der am 20. August 1920 zum ordentlichen Professor für Fürsorgewesen und Sozialpädagogik ernannt wurde. Dort errichtete er auch das „Forschungsinstitut für Fürsorgewesen und Sozialpädagogik". *Neises, Gerd:* Christian Jasper Klumker. Schriften zur Jugendhilfe und Fürsorge. Frankfurt a.M.: Eigenverlag des Deutschen Vereins für öffentliche und private Fürsorge 1968, 87.

[60] *Weber, Heinrich:* Akademiker und Wohlfahrtspflege im Volksstaat. Essen: Baedeker 1922.

Den Grad eines Dr. theol. erwarb er am 28. April 1922 an der Universität Tübingen mit dem Thema „Die religiös-ethischen Grundlagen der Fürsorgearbeit in Judentum und Christentum"[61]. Sein Doktorvater Prof. Dr. *Otto Schilling* (1874-1956), Moral- und Pastoraltheologe, betonte in seinem Gutachten: „Aus dem reichen Inhalt seien namentlich hervorgehoben die Ausführungen über das Wesen der christlichen Fürsorgearbeit" und „der Versuch, eine Theorie der katholischen Caritas zu entwickeln"[62].

---

[61] *Weber, Heinrich:* Die religiös-ethischen Grundlagen der Fürsorgearbeit in Judentum und Christentum. 1922. Unveröffentlichtes Manuskript. Universitätsarchiv Tübingen, Sign. 184/654.

[62] Gutachten von Prof. Dr. *Otto Schilling* vom 15. April 1912 zur theologischen Dissertation von *Heinrich Weber*. UA Tübingen. Sign. 184/547.

3. Akademisches Wirken und Arbeit für den Caritasverband

3.1. *Berufung auf den Lehrstuhl von Franz Hitze*

Noch bevor das theologische Promotionsverfahren in Tübingen abgeschlossen war[63], übersandte die Katholisch-Theologische Fakultät der Universität Münster dem preußischen Kultusminister am 1. Februar 1922 ihre Vorschlagsliste, auf der *Heinrich Weber* auf Platz 1 für die Nachfolge von *Franz Hitze* stand[64]. *Hitze* selbst hatte *Heinrich Weber* als die geeignetste Persönlichkeit für den verwaisten Lehrstuhl vorgeschlagen, weil er Erfahrungen in der praktischen Seelsorge hätte und gute, vertrauensvolle Beziehungen zum Diözesanklerus, u.a. durch seine häufigen Vorträge zu sozialen Themen unterhielte[65].

Aber auch die Rechts- und Staatswissenschaftliche Fakultät hatte ein Interesse daran, *Weber* nicht zu verlieren. Sein Übertritt in die Katholisch Theologische Fakultät hätte nach dem Urteil *Plenges* „seiner Lehrtätigkeit den besonderen fachmännischen Charakter für soziales Fürsorgewesen und Wohlfahrtspflege genommen und andererseits den Radius seiner Lehrtätigkeit verkürzt, weil er damit im wesentlichen für die Studierenden der katholischen Theologie und nicht für den Gesamtkreis der Studierenden aller Fakultäten unabhängig von konfessionellen Unterschieden gesprochen hätte. Es kommt aber schließlich doch darauf an, gerade einer Lehrtätigkeit für soziales Fürsorgewesen einen

---

[63] Die Katholisch-Theologische Fakultät der Universität Tübingen dispensierte *Heinrich Weber* „mit Rücksicht auf äußere drängende Umstände vom Rigorosum. (Niederschrift über die Sitzung am 29. April 1922, Promotionsakte UAT 184/547). Sowohl der Bischof von Münster (Schreiben vom 3. April 1922) wie der Landtagsabgeordnete *Rudolf Wildermann* (Schreiben vom 15. März 1922 an Pfarrer *Schütte* in Münster, das an die Katholisch-Theologische Fakultät in Tübingen auf heute nicht mehr zu ermittelndem Wege weitergeleitet wurde), drängten im Hinblick auf die „Ungeduld des Ministeriums" betr. Wiederbesetzung des seit Oktober 1920 vakanten Hitze-Lehrstuhls auf ein schnelles Promotionsverfahren.

[64] Auf Platz 2 setzte die Katholisch-Theologische Fakultät Dr. theol. et rer. pol. *Franz Keller* (1873-1944), Pfarrer in Heimbach (Baden), der später Professor für Caritaswissenschaft in Freiburg wurde, und auf Platz 3 den gerade in Bonn für soziale Ethik habilitierten *Theodor Steinbüchel* (1888-1949). - Den ursprünglichen Plan, den bekannten Sozialreformer, Volksbildner und langjährigen Generaldirektor des Volksvereins für das katholische Deutschland Dr. phil. et theol. *August Pieper* (1866-1942), zu berufen, hatte die Katholisch-Theologische Fakultät im Hinblick auf das vorgeschrittene Alter von fast 56 Jahren und die neue gesetzlich geregelte Altersgrenze wieder fallen lassen.

Schreiben der Katholisch-Theologischen Fakultät betr.: Besetzung der Professur für christliche Gesellschaftslehre vom 1. Februar 1922, Auszug aus den Berufungsverhandlungen aus der bei der Katholisch-Theologischen Fakultät geführten Personalakte (UA Münster, Pers. 41), ferner *Hegel*, Geschichte, Teil I, 1966, 446.

[65] Ebd.

Widerhall im ganzen Volke zu geben."[66].

Webers Lehrtätigkeit im Fürsorgewesen wurde also als ein politisches Signal mit zukunftsweisendem Charakter verstanden. Deshalb kam es zu einer in der Universitätsgeschichte äußerst seltenen Vereinbarung zwischen der Katholisch-Theologischen und der Rechts- und Staatswissenschaftlichen Fakultät vom 4. August 1922, wonach *Weber* als Ordinarius für soziales Fürsorgewesen und Gesellschaftslehre an die Rechts- und Staatswissenschaftliche Fakultät berufen werden sollte, mit der gleichzeitigen Verpflichtung für einen Lehrauftrag von wenigstens drei Stunden an der Katholisch-Theologischen Fakultät. Während seiner Zugehörigkeit zur Rechts- und Staatswissenschaftlichen Fakultät sollte die in der Katholisch-Theologischen Fakultät befindliche Professur für Christliche Gesellschaftslehre ruhen[67].

In den Vorüberlegungen zu diesen Vereinbarungen war *Weber* in seinen Motiven und Interessen durchaus gespalten, wie in einem Schreiben an seinen Freund *Kreutz* vom 21. Juli 1922 zum Ausdruck kommt: „Persönlich gesehen ist mir eine Übersiedlung in die theologische Fakultät lieber, da ich meine Arbeitskraft dann besser auf die Ausbildung der Theologen konzentrieren kann. Ferner erhalte ich dann sehr viel mehr Spielraum für eigene wissenschaftliche Arbeiten, während bei der Anspannung für 2 Fakultäten viel mehr Vorlesungsstunden und Übungen zu halten sind und vor allem der Promotionsbetrieb außerordentlich viel Kraft absorbiert (...) Sachlich gesehen hast Du ganz recht, daß ich mir ein Stück vom Lebensstrom abschnüre. Es ist ja bekannte Tatsache, daß die Studenten über den Rahmen ihrer Fakultät nur schwer hinausgreifen, und ich daher in der theologischen Fakultät eine wesentliche Zahl von Hörern aus anderen Fakultäten nicht haben werde. Dazu stehen mir in der theologischen Fakultät nicht die Unterrichts- und Forschungsmittel des Staatswissenschaftlichen Instituts zur Verfügung. Auch fehlt mir bei einer Übersiedlung in die theologische Fakultät der geeignete Boden für die Abhaltung der Kurse für Sozialbeamte und vor allem fällt das Promotionsrecht zum Dr. rer. pol. weg."[68]

---

[66] Schreiben von *Johann Plenge* an Staatsminister a.D. *Stegerwald* vom 6. Oktober 1922. Brief im Nachlaß Plenge. - *Adam Stegerwald* leitete 1919-1921 das neugeschaffene Preußische Wohlfahrtsministerium und 1921 zeitweilig auch das Staatsministerium. Als Wohlfahrtsminister hatte er sich besonders für das Fürsorgewesen eingesetzt. Von 1920 bis 1933 war er Reichstagsabgeordneter des Zentrums, 1930-1932 Reichsarbeitsminister. *Morsey, Rudolf:* Stegerwald. In: Staatslexikon. Bd. 5. 7. Aufl. Freiburg - Basel - Wien: Herder 1989. Sp. 275-277.

[67] Vgl. *Hegel,* Teil I, 1966, 447 (Anm. 4) und Vereinbarung, abgeschlossen zwischen der Kath.-Theologischen Fakultät und der Rechts- und Staatswissenschaftlichen Fakultät der Westfälischen Wilhelms-Universität zu Münster. In: *Hegel,* Teil II, 305-306 (Anm. 4).

[68] Brief von *Weber* an Prälat Dr. *Kreutz* vom 21. Juli 1922. Nachlaß Kreutz. Archiv DCV. Sign. 081/04 - W.

Aus sachlichen Erwägungen gab *Weber* dem Verbleib in der Rechts- und Staatswissenschaftlichen Fakultät den Vorzug. Aber die anstehende Entscheidung hat ihn wohl auch psychisch belastet, wie aus folgendem Abschnitt dieses Briefes hervorgeht: „Im übrigen bin ich fest entschlossen, mich nach den Entschlüssen der theologischen Fakultät zu richten und möchte Dich bitten, zu tun, was Dir gut scheint. Am liebsten wäre es mir, wenn möglichst bald die Entscheidung fiele."[69]

Am 13. Juli 1922 hatte sich *Plenge* bereits mit der Bitte um Stellungnahme an *Kreutz* gewandt, ob seines Erachtens „der Ausbau des sozialen Fürsorgewesens durch Dr. Weber im Rahmen und auf dem Fundament des staatswissenschaftlichen Instituts unter gleichzeitiger Ausdehnung des Lehrauftrages und der Lehrtätigkeit auf Gesellschaftslehre eine würdige und zeitgemässe Ausgestaltung der ‚Professur Hitze' wäre, die ihrem Geist entspricht und das gewährleistet, was der Katholizismus von dieser Professur erwartet." *Plenge* fügte noch an, daß *Weber* in der Rechts- und Staatswissenschaftlichen Fakultät ungehemmter zur Wirkung käme[70].

Prälat Dr. *Kreutz* antwortete am 26. Juli nicht nur ausführlich Professor *Plenge*, sondern wandte sich auch in einer persönlichen Willensaußerung in separaten Schreiben an den Bischof von Münster *Johannes Poggenburg* wie an den Universitätsprofessor *Alfred Donders*, der als beeindruckende Persönlichkeit eine besonders starke Stellung in der katholisch-theologischen Fakultät und im Bistum Münster innehatte. *Kreutz* war, wie die Schreiben zu erkennen geben, völlig überzeugt, daß es im Interesse der Wohlfahrtsarbeit wäre, „wenn ein möglichst großer Personenkreis der deutschen Intelligenz mit diesen wohlfahrtspflegerischen Ideen" konfrontiert würde und deshalb es wünschenswert wäre, daß Dr. *Weber* als Ordinarius von der Staatswissenschaftlichen Fakultät übernommen würde[71]. Aus diesem Grund schrieb er im Interesse der Wohlfahrtsarbeit auch an den Bischof von Münster: „Es ist von der weittragendsten Bedeutung, dass die Idee der christlichen Caritas und der (...) Wohlfahrtspflege den weitesten Kreisen der deutschen Intelligenz zugeführt wird, denn dieser Solidarismus, das gegenseitige Verantwortungsgefühl (...) muss ein Kultur- und Herzensgut des gesamten deutschen Volkes werden. Wird Herr Dr. Weber von der Staatswissenschaftlichen Fakultät übernommen, dann hat er die Möglichkeit in den weitesten Personenkreis diese Idee hineinzutragen, sie in ihm zu vertiefen, wissenschaftliche Forschung auf diesem Gebiete durch Promotionsarbeiten anzuregen und vorwärts zu treiben. Bleibt er in der theologischen Fakultät, wird der Zuhörerkreis sehr eingeengt und es wird niemals mehr möglich sein, dieses ausserordentlich wichtige Gebiet der Staatswissenschaftlichen Fakultät mit einem katholischen Priester zu besetzten." *Kreutz* erkannte die programmatische Bedeutung dieser Lehrstuhl-

---

[69] Ebd.

[70] Brief von Professor *Plenge*, Staatswissenschaftliches Institut an Herrn Dr. *Kreutz*, Präsident des Caritasverbandes vom 13. Juli 1922. Nachlaß Kreutz, Archiv DCV, Sign. 081/04-P.

[71] Brief von Prälat Dr. *Kreutz* an Professor Dr. *Plenge*, Staatswissenschaftliches Institut vom 26. Juli 1922. Nachlaß Kreutz, Archiv DCV, Sign. 081/04-P.

frage und bat deshalb den Bischof, den Kompromiß der beiden Fakultäten gut zu heissen, er entspräche (...) ganz und gar dem Empfinden und den Wünschen all der Berufsarbeiter der kirchlichen Wohlfahrtsarbeit."[72]

Auch gegenüber *Donders* empfahl *Kreutz* den Kompromiß, den *Plenge* der theologischen Fakultät vorgeschlagen hat, anzunehmen und trug zur Begründung diese Gesichtspunkte der größeren Wirksamkeit von *Weber* in der Staatswissenschaftlichen Fakultät vor und fügte hinzu: „(...) durch die Berufung eines katholischen Geistlichen ist damit weltlicherseits die Gleichberechtigung der christlichen Gesellschaftslehre und des sozialen Fürsorgewesens ausgesprochen:" *Kreutz* beendete diesen Brief mit den Worten: „Du verzeihst mir diesen Brief, aber ich habe wirklich Befürchtungen, es könnten sich die Verhandlungen zwischen den beiden Fakultäten zerschlagen."[73]

Aufgrund dieser und vielleicht noch weiterer verlorengegangener Stellungnahmen, die die Wichtigkeit dieser Professur für das Fürsorgewesen, die Caritas und die christliche Gesellschaftslehre zu Beginn der Weimarer Republik verdeutlichen, kam die Vereinbarung zwischen den beiden Fakultäten zustande. Gemäß dieser Vereinbarung erfolgte am 7. September 1922 *Webers* Ernennung zum ordentlichen Professor (persönlichen Ordinarius), jedoch zunächst in der Katholisch-Theologischen Fakultät, da, wie der Kirchenhistoriker *Hegel* schreibt, „man das ausdrückliche Einverständnis des Bischofs von Münster zu der geplanten Doppeltätigkeit Webers abwarten wollte."[74] *Plenge* jedoch vermutete eine eigenmächtige Entscheidung des Kultusministeriums und formale Einwände der Verwaltungsjuristen. Das geht aus einem Schreiben an *Stegerwald* hervor, in dem er ihn eindringlich ersucht, mit dem Gewicht seiner Sachverständigkeit und seines Überblicks darauf hinzuwirken, „dass das Übereinkommen der beiden Fakultäten so zur Durchführung kommt, wie es vorgeschlagen war." Hier argumentiert er: „Das Kultusministerium hat ohne Angaben von Gründen, was die ‚Beugung' durch die Berliner Instanz noch unerträglicher macht, gegen den Antrag der beiden Fakultäten entschieden

---

[72] Schreiben von Prälat Dr. *Kreutz* an Se. Bischöfliche Gnaden den Hochwürdigsten Herrn Dr. *Johannes Poggenburg* vom 26. Juli 1922. Nachlaß Kreutz. Archiv DCV, Sign. O81/04-P.

[73] Brief von Prälat Dr. *Kreutz* an Universitätsprofessor Dr. *Alfred Donders* vom 27. Juli 1922. Archiv DCV, Sign. 519,9 W.

[74] *Hegel*, Teil I, 1966, 448 (Anm.4). - *Weber* muß sich aber Ende September 1922 noch unsicher gewesen sein, ob die interfakultative Vereinbarung genehmigt würde, denn er schreibt am 30. dieses Monats nach Erhalt des Briefes von Geheimrat *Wende* vom Kultusministerium an Professor *Plenge*: „Warum mag wohl die von den Fakultäten getroffene Vereinbarung sich nicht durchführen lassen? Ich bin wirklich gespannt, wie die in Aussicht gestellte endgültige Regelung wohl sein wird." Auf die Anfrage *Webers* hin unternimmt *Plenge*, um das Ministerium im Sinne der interfakultativen Vereinbarung zu gewinnen, am 14. Oktober 1922 Interventionsversuche über die Reichstagsabgeordneten *Helene Weber* und *Adam Stegerwald*. Vgl. Brief von *Plenge* an *Weber* vom 14. Oktober 1922. Alle Briefe im Nachlaß Plenge. Der Brief an *Helene Weber*, von dem *Plenge* Weber am 14. Oktober mit gleicher Post einen Durchschlag gesandt hat, läßt sich jedoch nicht mehr auffinden.

und Prof. Weber für die Kath. Theolgische Fakultät berufen."[75]

Die Widerstände lassen sich wohl nicht ganz aufklären. Gleich, ob sie eher beim Bischof oder beim Kultusministerium lagen, die Bemühungen von *Kreutz* und *Plenge* hatten Erfolg, die interfakultative Vereinbarung wurde sowohl vom zuständigen Minister wie vom Bischof von Münster genehmigt. Nachdem diese erfolgt war, wurde *Weber* am 27. Oktober 1922 das Recht erteilt, diese Professur in der Rechts- und Staatswissenschaftlichen Fakultät wahrzunehmen. Damit war Sitz und Stimme in der Rechts- und Staatswissenschaftlichen Fakultät verbunden. Deshalb verzichtete *Weber* auf Sitz und Stimme in der Katholisch-Theologischen Fakultät.

Ferner war er als einer der staatswissenschaftlichen Ordinarien zugleich mit *Johann Plenge* und dem ebenfalls neuberufenen *Werner Friedrich Bruck*[76] an der Leitung des Staatswissenschaftlichen Institutes beteiligt. Die Neuberufungen von *Weber* und *Bruck* erfolgten auch im Hinblick auf den 1922 vom preußischen Kultusministerium neu eingeführten selbständigen volkswirtschaftlichen Studiengang, mit dessen erfolgreichem Abschluß der akademische Grad eines Diplom-Volkswirtes erworben werden konnte[77]. Durch die Lehrverpflichtungen in zwei Fakultäten, die in den nächsten Jahren bis zu 17 Vorlesungs-, Seminar- und Übungsstunden anwuchsen[78], nahm *Weber* eine starke akademische Belastung auf sich.

---

[75] Schreiben von Professor *Plenge* an den Staatsminister a.D. *Stegerwald* vom 6. Oktober 1922. Nachlaß Plenge.

[76] *Werner Friedrich Bruck* (geb. 23.8.1880 in Breslau, gest. 29.5.1945 in New York, USA) entstammte einer jüdischen Juristenfamilie, konvertierte zum evangelischen Glauben, studierte nach 1900 Biologie und Volkswirtschaft an den Universitäten Breslau, Berlin und Halle. 1907 wurde er Privatdozent und 1913. a.o. Professor für tropische Landwirtschaft in Gießen. Am 22. August 1922, also fast gleichzeitig mit *Heinrich Weber*, erhielt er die Berufung als planmäßiger Extraordinarius für Wirtschaftliche Staatswissenschaften, Industriewirtschafts- und Weltwirtschaftslehre an die Universität Münster. Bereits Anfang 1933 wurde er aufgrund des „Gesetzes zur Wiederherstellung des Berufsbeamtentums" zwangsbeurlaubt. Im Juli 1933 reichte er aus Krankheitsgründen sein Pensionsgesuch ein, dem im September 1933 entsprochen wurde. 1934 emigrierte er nach England, wo er eine Gastprofessur an der Universität Cardiff in Wales annahm. 1940 wanderte er in die USA aus, wo er an der „New School for Social Research" einen Lehrstuhl für Politische Verwaltung erhielt. *Möllenhoff, Gisela/ Schlautmann-Overmeyer, Rita:* Jüdische Familien in Münster 1918 bis 1945. Teil I: Biographisches Lexikon. Münster: Verlag Westfälisches Dampfboot 1995, 82. Vgl. ferner *Walk, Joseph:* Kurzbiographien zur Geschichte der Juden 1918-1945. München et al.: K.G. Saur 1988, 48.

[77] *Koch, Helmut/ Timm, Herbert:* Die Wirtschaftswissenschaften an der Universität Münster. In: *Dollinger, Heinz (Hrsg.),* Die Universität Münster 1780-1890. Münster: Aschendorff 1980, 281.

[78] Vgl. Lehrveranstaltungen von *Heinrich Weber* im Quellen- und Dokumentationsanhang.

3.2. Ausweitung der Funktionsbeschreibung der Professur und der Konflikt mit Johann Plenge

Am 16. Januar 1924 wurde die Funktionsbeschreibung der Professur *Webers* dahingehend erweitert, daß er in der Rechts- und Staatswissenschaftlichen Fakultät die wirtschaftlichen Staatswissenschaften, Gesellschaftslehre und soziales Fürsorgewesen vertreten sollte. Diese Ausweitung der Stelle war in der Rechts- und Staatswissenschaftlichen Fakultät umstritten. Während die Mehrzahl der Professoren befürwortete, *Weber* wahrscheinlich sogar drängte, die Wirtschaftswissenschaften in sein Lehr- und Prüfungsgebiet zu übernehmen, hat sich sein Doktorvater *Johann Plenge* entschieden dagegen gewandt. *Plenge*, der *Weber* Jahre hindurch sehr gefördert hat und wohl auch gehofft hatte, durch *Weber* Unterstützung bei seiner in der Fakultät angeschlagenen Position und in dem schon länger andauernden Fakultätskonflikt zu finden, hat ihn sehr vehement und eindringlich umzustimmen versucht, die Wirtschaftswissenschaften in sein Lehrgebiet aufzunehmen.[79]

Die Ausweitung des Lehrauftrags von *Weber* stand in zeitlichem und ursächlichen Zusammenhang mit der Umstrukturierung der Rechts- und Staatswissenschaftlichen Fakultät, die *Webers* Lehrer *Plenge* äußerst empfindlich traf. *Plenges* Abwesenheit in den Osterferien 1923, bedingt durch seine engagiert Ruhrkampfpropaganda gegen die Besetzung des Ruhrgebietes durch die Franzosen[80], nutzte die Fakultät zu einem Beschluß zur Auflösung des Staatswissenschaftlichen Instituts, die *Plenge* als Zerstörung seines Lebenswerks betrachtete. Die Hintergründe der Institutsauflösung scheinen nicht vollständig geklärt zu sein. Der Soziologe *Bernhard Schäfers*, der *Plenges* letzte studentische Hilfskraft war, argumentierte: „Was den Ausschlag gegeben hat, ist ungewiß: ob die Tatsache, daß die Fakultät nicht länger mit Plenge und seinem Institut, dem „Plengianum" identifiziert sein wollte, oder ob weltanschaulich-politische Gründe, wie die Personen der Hauptbeteiligten vermuten lassen könnten. Sicherlich war nicht unbedeutend, daß *Plenge* Anfang März 1923, als er auf neue, für einen Professor unerhörte Weise in den Ruhrkampf eingriff, seine größte politische Aktivität entfaltet

---

[79] Am 12. März 1923 schrieb *Plenge* in einem persönlichen Brief an *Weber*: „Sie haben sich bei mir nicht für eine Habilitation in wirtschaftlichen Staatswissenschaften ausgebildet, sondern nur für ihr Sonderfach des sozialen Fürsorgewesens, und sind dabei, sich auch das Gebiet der Gesellschaftslehre zu erarbeiten (...) Auf dem Gebiet der wirtschaftlichen Staatswissenschaften haben Sie bisher keinen Beweis der eigenen wissenschaftlichen Arbeit gegeben. Bei ihrer Berufung war nur von einer nebenamtlichen Vertretung dieser Dinge für die Bedürfnisse der katholischen Theologen die Rede (...). Als ich in so mühevoller Arbeit Ihren Übertritt in die rechts- und staatswissenschaftliche Fakultät erreichte, war von einer Nachfolge in eine eigentlich wirtschaftliche Lehr- und Prüfungstätigkeit nicht die Rede, und ebensowenig bei den Vorschlägen für die Nachfolge für Professor Schmöle (...)."
Weber antwortete in seinem Schreiben an *Plenge* vom 14. März 1923, in dem er weiterhin seine dankbare Verehrung seinem Lehrer gegenüber zum Ausdruck bringt, knapp und bestimmt: „Die ganze Lage ist für mich um so unerquicklicher, als die Voraussetzungen, von denen Sie ausgehen, objektiv falsch sind." Briefe im Nachlaß Plenge.

[80] *Kerssen, Ludger*: Johann Plenges Ruhrkampfpropaganda. In: *Schäfers*, 1967, 45-60 (Anm. 54).

hatte."⁸¹ *Schäfers* sieht „diese Institutszerstörung" als „einmalig in der deutschen Universitätsgeschichte" an, „die Zeit von 1933 bis 1945 ausgenommen"⁸².

Der Historiker *Schildt* setzt andere Akzente; er erkennt die Gründe für den Fakultätsbeschluß, *Plenge* das „staatswissenschaftliche Institut" zu entziehen und es zu schließen, in den dauernden Streitigkeiten, z.B. um beinahe jedes Dissertationsverfahren, *Plenges* Unduldsamkeit, seinen diktatorischen Neigungen und seinem „Querulantenwahnsinn", wie die Rechts- und Staatswissenschaftliche Fakultät am 25. Februar 1923 an den preußischen Kultusminister schrieb⁸³. *Weber* hat den provokanten Stil seines Lehrmeisters sehr hart erfahren müssen⁸⁴.

In den Fakultätskonflikt, der schon länger währte und Anfang 1923 eskalierte, ist *Weber* offenbar hineingezogen worden. Für den friedliebenden, loyalen, sehr rechtsbewußten, aber auch zielstrebigen *Weber* muß er psychisch belastend gewesen sein. Er, der neu in der Fakultät war, die zur Mehrheit aus Professoren der Rechtswissenschaften bestand, hat sich wohl von den Fakultätsbeschlüssen in die Pflicht nehmen lassen. Bei nur drei Professuren in den Wirtschaftswissenschaften konnte die Fakultät auf die volle Mitarbeit

---

[81] *Schäfers, Bernhard:* Soziologie, 1967, 8/9 (Anm. 54).

[82] Ebd. 8.

[83] *Schildt, Axel:* Ein konservativer Prophet moderner nationaler Integration. Biographische Skizze des streitbaren Soziologen Johann Plenge (1874-1963). In: Vierteljahrshefte für Zeitgeschichte. Jg. 35 (1987), 523-570, hier 561-562.

[84] Von der Streitlust *Plenges* zeugt der weitere Abschnitt des obigen Briefes vom 12. März 1923 an *Weber*: „Bei der besonderen Lage in der Fakultät habe ich es nicht verstanden, daß Sie im ersten Semester Ihrer Tätigkeit über das bei Ihrem Übertritt in unsere Fakultät ins Auge gefaßte Gebiet hinausgreifen wollten und nur um des endlichen Friedens willen mich nicht dagegen gesträubt, daß Sie sich im kommenden Semester auch in die Volkswirtschaft mehr hineinarbeiten. Dass aber jetzt, ehe Sie wissenschaftliche Beweise Ihres volkswirtschaftlichen Könnens gegeben haben, in Verbindung mit Professor Bruck, der die Sachlage und die Vorgänge Ihrer Berufung nur unvollständig kennt, in einer Fakultätssitzung, in der ich entschuldigt fehlte, über mich hinweg, dem Sie soviel schulden, die vollen Rechte als wirtschaftswissenschaftlicher Prüfer haben durchsetzen wollen, läßt mich das Entgegenkommen, zu dem Sie mich vorher zu drängen versuchten, zurücknehmen. Ich kann Ihrem Vorgehen nach Form und Inhalt nicht zustimmen und möchte empfehlen, sich erst in der Gesellschaftslehre, Ihrem Lehrauftrag entsprechend, zu vervollkommen, ehe Sie noch weiter ausgreifen." Am Ende seines mehr als dreiseitigen Briefes wird *Plenge* noch massiver: „Dabei haben Sie es selbst in der Hand, ob Sie die Prüfung in Fächern, für die Sie Ihre Zuständigkeit als akademischer Lehrer weder durch Schriften, noch durch Vorlesungen, noch auch durch den Lehrauftrag bewiesen haben, gegen die Auffassung Ihres eigenen Lehrers und mit der Gefahr der Zerstörung seines Werkes fortsetzen wollen."

Am 16. März 1923 hebt *Plenge* in einem weiteren Brief, in dem er *Weber* zur Aussprache einlädt, erneut hervor: „Sie sind nicht in die rechts- und staatswissenschaftliche Fakultät eingetreten, um das Werk Ihres Lehrers zu schädigen, und mit den Möglichkeiten, die Sie mir danken, könnte Ihr Ehrgeiz befriedigt sein. Zum mindesten war für einen berechtigten Ehrgeiz die Zeit dieser Ruhrtage mit meiner Ihnen bekannten höchsten Inanspruchnahme nicht der rechte Augenblick. Sie haben es in der Hand, in die kath.-theol. Fakultät zurückzutreten. Bei Ihrem Übertritt zu uns war von einer Vertretung der Wirtschaftswissenschaften nie die Rede, und nach wohlerwogenem Urteil kann ich Ihnen die Eignung dafür im Interesse der Sache nicht zugestehen. Beweise meiner wohlwollenden Förderung haben Sie überreichlich bekommen." Nachlaß Plenge.

Webers bei den wirtschaftswissenschaftlichen Vorlesungen und Prüfungen nicht verzichten. Auf *Webers* Pflichtgefühl deutet auch eine Passage eines Schreibens von *Plenge* an *Weber* vom 18. März hin, nach einer Aussprache zwischen dem ehemaligen Schüler und seinem Lehrer, zu der *Weber* trotz der bitteren Beleidigungen bereit gewesen ist: „Wer jetzt darauf einwirken wollte oder für Sie eine Verpflichtung konstruieren wollte, daß Sie weiter nach einem Fakultätsbeschluß handeln, dem so viele formelle Bedenken entgegenstehen (...), müßte doch schon den Konflikt um des Konfliktes willen wollen und dann heißt es nicht Disziplin, sondern christliche Gewissenspflicht."[85] *Plenge* wollte den Priester *Weber* unter moralischen Druck setzen, sich in der Fakultät für den streitbaren *Plenge* und gegen die Fakultät zu entscheiden. Wegen dieser Auseinandersetzungen brach *Plenge* den Kontakt zu *Weber* und in der Folgezeit auch zunehmend zur Fakultät ab. Die Entfremdung zwischen *Weber* und seinem Doktorvater *Plenge* konnte auch in den späteren Jahren nicht mehr überbrückt werden.

Plenge hat in unkollegialer Weise die innerfakultativen Auseinandersetzungen in die Öffentlichkeit getragen und auch andere Kollegen wie z.B. *Bruck* in der gleichen Weise wie *Weber* beschuldigt, sich aus persönlichem Ehrgeiz an der Auflösung seines Staatswissenschaftlichen Instituts in maßgeblicher Weise beteiligt zu haben.[86]

Plenge hat den Verlust seines Staatswissenschaftlichen Instituts in seinem ganzen Leben nicht mehr verwunden und auch in späteren Jahren *Weber* Mitschuld daran gegeben. So spricht *Plenge* im Vorwort seines Büchleins „Zur Ontologie der Beziehung" von der „sinnlosen Zerstörung" seines Staatswissenschaftlichen Instituts, „das 1923/25 einem örtlichen akademischen Klüngel und dem Machthunger eines meiner geistlichen Schüler zum Opfer fiel"[87]. Damit ist nach einem Schreiben von *Bernhard Schäfers Weber* gemeint[88]. Der Autor dieser Sozialbiographie kann sich diesem harten und verbitterten Urteil *Plenges* nicht anschließen, da das Gesamtcharakterbild *Webers* eher von Bescheidenheit und Zurückhaltung bestimmt ist und *Weber* auch in der Fakultätsauseinandersetzung nicht mehr nachzuweisen ist, als daß er sich von der Fakultät in die Pflicht nehmen ließ. An anderer Stelle schreibt *Plenge* selbst, daß *Weber* die volle Lehr- und Prüfungstätigkeit für die Volkswirtschaft „auf Betreiben des Ministers für Wissenschaft, Kunst und Volksbildung" übernommen hätte[89].

In der Sache der Lehrbefähigung für Wirtschaftswissenschaft ist *Weber* offenbar davon

---

[85]   Brief von *Plenge* an *Weber* vom 18. März 1923. Nachlaß Plenge.
[86]   *Schrader, Einhard:* Theorie und Praxis. In: *Schäfers, Bernhard:* Soziologie, 1967, 42 (Anm. 54). Ferner *Maoro, Bettina:* Die Zeitungswissenschaft in Westfalen 1914-45. Das Institut für Zeitungswissenschaft in Münster und die Zeitungsforschung in Dortmund. München et al.: Saur 1987, 144.
[87]   *Plenge, Johann:* Zur Ontologie der Beziehung. Münster i.W.: Staatswissenschaftliche Verlagsgesellschaft 1930, 7.
[88]   Schreiben von Prof. *Dr. Bernhard Schäfers* vom 25. Dezember 1996.
[89]   *Plenge, Johann:* Das Institut für Organisationslehre und Soziologie 1923/25. Bericht für die Chronik der Westfälischen Wilhelms-Universität. Münster 1925, 1.

ausgegangen, daß sie zum Aufgabengebiet eines Ordinarius für Staatswissenschaften gehört. Deshalb konnte er in seinem Schreiben an *Plenge* vom 14. März 1923 in aller Knappheit sagen, daß die Voraussetzungen, von denen *Plenge* ausginge, „objektiv falsch sind". Das Promotionsrecht zum Dr. rer. pol. ist ihm bei den Vorverhandlungen zu seiner Professur sehr wichtig gewesen. Um der Sache willen mußte sich *Weber* in der Fakultät behaupten, und er wurde offenbar auch von der Fakultät in dieser Frage gegenüber dem mißliebigen *Plenge* unterstützt, wenn nicht gedrängt. Deshalb erfolgt die spätere Klarstellung, in der die wirtschaftlichen Staatswissenschaften ausdrücklich als sein Lehrgebiet mit aufgeführt sind. Für den multidistiplinär denkenden *Weber* war es nicht unwichtig, das Fürsorgewesen in das Gesamtgebiet der Sozial- und Wirtschaftswissenschaften einzubetten, wie dies auch in seinem gesamten Lebenswerk geschehen ist.

Es ist wohl auch auf die mangelnde Kooperationsfähigkeit von *Plenge*[90] zurückzuführen, daß das „Staatswissenschaftliche Institut" zwischen 1923 und 1925 aufgelöst wurde, ein Teil in die Fakultät zurückgegliedert und daraus 1924 das „Institut für Wirtschafts- und Sozialwissenschaften" gebildet wurde[91], zu deren Direktoren gemeinsam Professor *Werner Friedrich Bruck* und Professor *Heinrich Weber* berufen wurden[92], die sich in der

---

[90] *Hanns Linhardt*, Professor der Betriebswirtschaftslehre, der wie auch andere *Plenge* durchaus Genialität zuspricht, urteilt: „Im Verhältnis zu Staat und Behörden, Kollegen und Professoren, Autoren und Verlegern war Plenges Verhalten nicht ausnahmslos unverständig und unverträglich. Unter seinen Fakultätskollegen gab es eine ganze Reihe, die sich nicht an dem Kleinkrieg gegen ihn beteiligten, der sich in manchen Fällen bis in das Verbot an Assistenten fortsetzte, Plenge zu lesen, zu zitieren oder gar gutzuheißen. Mein Ordinarius Prof. W.F. Bruck empfahl mir den Besuch von Plenges Vorlesungen und ermunterte mich dazu; andere Professoren verboten es unter Androhung der Entlassung, weil sie nach dem Stand der Kämpfe darin einen Neutralitätsbruch oder gar Illoyalität erblickten. Plenge war hart in seinem Urteil über die deutsche Universität, er verglich die Professorenschaft oft genug mit einer Handwerkerzunft mit all ihren Grenzen, am heftigsten griff er den Wissenschaftsbetrieb der Wirtschafts- und Sozialwissenschaften an." *Linhardt, Hanns:* Vorwort zu cogito ergo sumus. Eine Auswahl aus den Schriften von Johann Plenge 1874 - 1963. Berlin: Duncker & Humblodt 1964, 11.
In diesem Zusammenhang ist es bemerkenswert, daß trotz der öffentlichen Beschuldigungen *Plenges* nicht allein *Bruck*, wie *Linhardt* und *Maoro* schreiben, sondern auch *Weber* seinen Doktorvater in seinen Veröffentlichungen zitiert und auch seine Doktoranden *Plenge* zitieren läßt. Vgl. z.B. *Weber, Heinrich:* Die Organisation der katholischen Unterstützungsfürsorge. In: Caritas. Jg. 33 (1928), 208. *Gosebruch, Karl:* Franz Hitze und die Gemeinschaftssiede. Diss. rer. pol. Warendorf: Buchdruckerei Karl Darpe, 1927, VII u.a.. *Schwarze, Elisabeth:* Die moderne Unterstützungsfürsorge und ihre Organisation (= Beiträge zur sozialen Fürsorge). Münster i.W.: Aschendorff 1930, 1-6.

[91] Der andere Teil wurde aus der Universität herausgenommen und bestand unter der Leitung *Plenges* weiter als „Institut für Organisationslehre und allgemeine und vergleichende Soziologie". *Plenge* schied bereits 1923 aus der Rechts- und Staatswissenschaftlichen Fakultät aus und wurde vom Minister für zwei Semester beurlaubt. *Schrader, Einhard:* Theorie und Praxis. In: *Schäfers, Bernhard:* Soziologie, 1967, 43 (Anm. 54), ferner *Plenge, Johann:* Institut für Organisationslehre, 1925, 3 (Anm. 89).

[92] Nach Aussage von *Josef Pieper*, der von 1928 bis 1932 bei *Plenge* Assistent war, nannte *Plenge* dieses Institut ironischerweise das „Theobotanische Institut", da *Bruck* von Haus aus Botaniker war und *Plenge* in *Weber* nur noch den Theologen sah. Brief von Prof. Dr. *Josef Pieper* vom 30.8.1996. Die näheren Umstände des „akademischen Krachs" waren *Pieper* nach diesem Schreiben nicht bekannt.

Geschäftsführung jährlich ablösten[93].

Die Ausgliederung und der Aufbau des Instituts für Wirtschafts- und Sozialwissenschaften wie die vielen anderen Verpflichtungen, von denen noch die Rede ist, dürften die Arbeitskraft von *Heinrich Weber* so sehr in Anspruch genommen haben, daß von seiner Privatsphäre wenig zu erfahren ist. Er war ohnehin äußerst zurückhaltend, von sich selbst zu sprechen. Seine Briefe verraten nichts von dem, was ihn persönlich bewegte. Sie sind immer der zu erörternden Sache gewidmet. Dennoch ist es erwähnenswert, daß *Weber* mit dem Erhalt der Professur finanziell so gut gestellt war, daß er sich 1925 ein schönes verklinkertes Reihenhaus in der Annette-von-Droste-Hülshoff-Allee nahe des Aa-Sees, also am Rande der damaligen Stadt Münster, erwerben konnte, in das er auch seine Eltern aufnahm[94]. Das geht zumindest aus der Todesnachricht von seiner Mutter *Elisabeth Weber* hervor, die in seinem Haus am 22. November 1926 nach langjährigem schweren Leiden verschied und auch in Münster bestattet wurde[95]. Was für *Weber* der Verlust seiner „guten, unvergeßlichen Mutter", wie es in der Todesanzeige heißt, bedeutete, kann nur indirekt aus der liebenden Fürsorge und der warmen Herzlichkeit erschlossen werden, mit der er all seinen Angehörigen begegnete.

3.3. *Institut für Wirtschafts- und Sozialwissenschaften*

In dem gemeinsam von *Bruck*, *Hoffmann* und *Weber* geleiteten „Institut für Wirtschafts- und Sozialwissenschaften" an der Westfälischen Wilhelms-Universität wurden neben der Hauptaufgabe der Forschung und Lehre auf dem Gebiet der Wirtschaftswissenschaften („Sozialökonomik") besonders die sozialwissenschaftlichen Disziplinen gepflegt. Dem Institut waren mehrere Seminare mit je einem eigenen hauptamtlichen wissenschaftlichen Assistenten und je einer eigenen Fachbibliothek angeschlossen: 1. Das Seminar für Fürsorgewesen, das für das Gesamtgebiet der Sozialarbeit in Staat, Gemeinden und freigemeinnützigen Organisationen zuständig war, 2. das Seminar für Arbeitsvermittlung und Berufsberatung, das die Erforschung dieser Gebiete zum Ziele hatte und mit Vertretern der Landesarbeitsämter zusammenarbeitete, 3. das Seminar für Gewerkschaftswesen mit dem Ziel seiner Erforschung[96] im Rahmen der sozialen Frage, insbesondere der Arbeiterfrage und 4. das sozialpolitische Seminar, das sich den allgemeinen sozialpolitischen Fragen widmete und zur Verbreitung sozialpoliti-

---

[93] Nach der Berufung von *Friedrich Hoffmann* 1924 wurde auch dieser in das Direktorium des Instituts aufgenommen.

[94] Möglicherweise haben seine Eltern zur gleichen Zeit ihr Haus in Recklinghausen-Röllinghausen an die „Zeche König Ludwig" verkauft, in deren späterem Besitz es sich befand. Vgl. Brief von *Hans Georg Kollmann* aus Recklinghausen vom 6. August 1997.

[95] Todesanzeige von *Elisabeth Weber* im Archiv DCV, Sign. 519.9 W.

[96] Gewerkschaftskurse waren bereits ein Anliegen von *Plenge* gewesen und fanden im Rahmen seines Staatswissenschaftlichen Instituts statt. *Weber* berichtete in einem Schreiben an *Kreutz* vom 17.12.1922, daß ein Ausschuß für Gewerkschaftsschulung, bestehend aus Professoren und dem praktischen Gewerkschaftsbeirat existierte. Archiv DCV, Nachlaß Kreutz, Sign. 081/03-2.

Institut für Wirtschafts- und Sozialwissenschaften der Universität Münster
Quelle: UA Münster

scher Erkenntnisse durch Veröffentlichungen und Vorträge beitrug[97]. Das Seminar für Fürsorgeesen erhielt Anfang der dreißiger Jahre die moderne Bezeichnung „Seminar für Wirtschafts- und Sozialpädagogik".

Das Institut für Wirtschafts- und Sozialwissenschaften hat mehrere wissenschaftliche Reihen herausgegeben, so die „Münsterer Wirtschafts- und Sozialwissenschaftlichen Abhandlungen", „Veröffentlichungen der Forschungsstelle für Siedlungs- und Wohnungswesen an der Universität Münster", „Arbeit und Sozialpolitik", „Der Arbeitsmarkt", „Fragen des Arbeitsmarktes" als Dissertationsreihe des Seminars für Arbeitsvermittlung und Berufsberatung, „Schriftenreihe des Sozialpolitischen Seminars beim Institut für Wirtschafts- und Sozialissenschaften" und „Beiträge für soziale Fürsorge", für deren Herausgabe *Weber* in Verbindung mit dem Landes-Fürsorgeverband und dem Landes-Jugendamt zuständig war. Aber auch an der Herausgabe mehrerer anderer Reihen des Instituts war *Weber*, wie später noch dargelegt wird, beteiligt.

An dem Seminar für Fürsorgewesen dieses Institutes hat *Weber* seit Beginn der zwanziger Jahre in Verbindung mit dem „Ausschuß für Jugend- und Wohlfahrtspflege", dem Professoren aus verschiedenen Fakultäten angehörten, einjährige „Lehrgänge über soziale Fürsorgearbeit" für leitende Sozialbeamte (Sozialdezernenten) und Führungskräfte sozialcaritativer Organisationen (Männer und Frauen) aufgebaut und durchgeführt, in denen neben theoretischer Ausbildung eine Einführung in die praktische Arbeit gewährt wurde[98]. Die Forderung nach sozialarbeiterischer Fortbildung der leitenden Sozialbeamten fußte auf der Erfahrung, daß vielfach infolge nicht genügender fachbezogener Kenntnisse die soziale Gesetzgebung nicht zur Anwendung gelangte. Im Ausbildungsplan wurden - entsprechend der staatlichen Ausbildungsordnung von Wohlfahrtspflegerinnen vom 22. Oktober 1920 - drei Gruppen von fortzubildenden Fachleuten für einzelne Zweige des Fürsorgewesens unterschieden: 1. Gesundheitsfürsorge, 2. Jugendwohlfahrtspflege, 3. allgemeine und wirtschaftliche Fürsorge[99]. *Weber* hielt für diese Personenkreise Kenntnisse auf folgenden Gebieten für unbedingt erforderlich: 1. Sozialpädagogik, 2. Volkswirtschaft incl. Arbeitsvermittlung und Berufsberatung sowie Rechtswissenschaften in den Fragen des Bürgerlichen Rechts, des Staats- und Verwaltungsrechts und der Sozialgesetzgebung, 3. Sozialhygiene, 4. Geschichte und gegenwärtiger Stand der Wohlfahrtskunde[100]. In diesem Ausbildungsplan zeigte sich Gründlichkeit gepaart mit Modernität, die u.a. in der Aufnahme des Faches Sozialhygiene zum Ausdruck

---

[97] *Weber, Heinrich:* Sozialwissenschaftliche Forschungs- und Ausbildungsarbeit im Münsterer Institut für Wirtschafts- und Sozialwissenschaften. In: Deutsche Zeitschrift für Wohlfahrtspflege. Jg. 1 (1925/26), 296-302, hier 298.

[98] Vgl. u.a. Umschau: Lehrgänge für soziale Fürsorgearbeit an der Universität Münster. In: Caritas. Jg. 33 (1928), 292; ferner Jg. 34 (1929), 369.

[99] Vgl. *Weber, Heinrich:* Sozialwissenschaftliche Forschungs- und Ausbildungsarbeit, 1925, 300 (Anm. 97); ferner *Többen, Heinrich:* Die Jugendverwahrlosung und ihre Bekämpfung. 2. Aufl. Münster i.W.: Aschendorff 1927, 759.

[100] Vgl. *Weber, Heinrich,* ebd. (Anm. 99).

kam, das darauf drang, verbreitete chronische Infektionskrankheiten, insbesondere Tuberkulose, Aber auch Geschlechtskrankheiten durch Änderung sozialer Verhältnisse zu verhüten und insofern als „oppositionelle Wissenschaft" galt[101].

Voraussetzung für die Zulassung zu den Lehrgängen war in der Regel die Reifeprüfung und ein mindestens viersemestriges akademisches Studium in einer der verschiedenen Fakultäten. Am Ende des Lehrgangs fand eine Prüfung statt, die sich auf Gesellschafts- und Wirtschaftskunde, Rechtskunde, Erziehungslehre, Wohlfahrtskunde, soziale Hygiene, Psychologie und soziale Psychopathologie erstreckte. Ferner wurde je nach Gruppe der betreffenden Bewerber Spezialfächer geprüft, z. B. die Sozialbeamten der Jugendwohlfahrtspflege in Jugendpflege, Jugendfürsorge, Kleinkinder- und Schulkinderfürsorge[102].

3.4. *Aufbau und Leitung der Westfälischen Verwaltungsakademie*

Zeitgemäße Bildung und Fortbildung der Beamten war *Weber* ein intensives Anliegen. Deshalb wurde er früh in die Überlegungen zum Aufbau einer Verwaltungsakademie in Münster einbezogen, wie er auch deren Werden aufmerksam verfolgte und mit seinem Rat begleitete. Großen Anteil am Entstehen einer derartigen Akademie hatte der Reichstagsabgeordnete und Kollege *Webers*, Professor *Dr. Georg Schreiber*[103]. Zur Vorbereitung der Westfälischen Verwaltungsakademie, die zunächst noch „Westfälische Beamtenhochschule" hieß, wurde 1923 ein Verwaltungsrat ins Leben gerufen, dem Vertreter der Westfälischen Provinzialverwaltung, der übrigen Behörden, der Beamtenorganisationen und der Professorenschaft angehörten. Als Vertreter der Professorenschaft wurden *Werner Friedrich Bruck* und *Heinrich Weber* in den Verwaltungsrat gewählt. Diese übernahmen die Studienleitung. Der Verwaltungsrat bestellte wiederum einen geschäftsführenden Ausschuß, der aus dem Stadtrat *Dr. Fulda*, dem Reichsbahninspektor *Klein*

---

[101] *Sachße, Christoph/ Tennstedt, Florian*: Geschichte der Armenfürsorge. Bd. 2, 1988, 115 (Anm. 1).

[102] Vgl. *Többen, Heinrich*, 1927, 759 f. (Anm. 99).

[103] *Georg Schreiber* (geb. 5.1.1882 in Rüdershausen, Kr. Duderstadt, gest. 24.2.1963 in Münster i.W.) studierte Theologie, Geschichte und Germanistik in Münster und Berlin. 1917 wurde er an die Universität Münster als Ordinarius für Kirchengeschichte, historische Caritaswissenschaft und religiöse Volkskunde berufen. von 1920 bis 1933 war er als Abgeordneter des Zentrums im Reichstag. Am 2. April 1935 wurde *Schreiber* von der nationalsozialistischen Herrschaft an die Staatliche Akademie in Braunsberg/ Ostpreußen zwangsversetzt. Er konnte dies jedoch durch vorzeitige Emeritierung verhindern. Nach dem Zweiten Weltkrieg wurde er der erste Nachkriegsrektor der Universität Münster (1945/46). Als Vorstandsmitglied zahlreicher wissenschaftlicher Organisationen wirkte er am Wiederaufbau der deutschen Wissenschaft mit. *Morsey, Rudolf:* Schreiber. In: *Görres-Gesellschaft* (Hrsg.), Staatslexikon. Bd. 4. 7. Aufl. Freiburg - Basel - Wien: Herder 1988, 1058 f., ferner *ders.:* Georg Schreiber (1882-1963), in *Aretz, Jürgen/ Morsey, Rudolf/ Rauscher, Anton* (Hrsg.), Zeitgeschichte in Lebensbildern. Bd. 2. Mainz: Grünewald 1975, 177-185.

und Professor *Weber* bestand[104]. Nach der Gründung und Verselbständigung der Westfälischen Verwaltungsakademie am 13. März 1925 war es konsequent, daß *Weber* zum geschäftsführenden Direktor der Akademie ernannt wurde.

Die Westfälische Verwaltungsakademie war dem Institut für Wirtschafts- und Sozialwissenschaften der Universität Münster angegliedert, die die Hörsäle für die Vorlesungen, die Räume für die Geschäftsführung und den wissenschaftlichen Assistenten zur Verfügung stellte[105]. An diesem Institut errichtete *Weber* eine Forschungsstelle für Beamtenfragen. Die Hebung des allgemeinen Bildungsniveaus der Beamten und die Vertiefung ihrer fachwissenschaftlichen Kenntnisse - sie waren den politischen und sozialen Umwälzungen seit 1918/19 nicht nachgekommen[106] - hat nach *Weber* zur Voraussetzung, „daß das gesamte Beamtenproblem eine gründliche wissenschaftliche Erforschung erfährt"[107]. Die Ergebnisse der Einzeluntersuchungen wurden in der von *Bruck* und *Weber* gemeinsam herausgegebenen Reihe „Westfälische Verwaltungsakademie" veröffentlicht.

Zur Qualifizierung der Münsterländer Verwaltungsbeamten entwickelte Weber Konzepte der Fort- und Weiterbildung. Die Verwaltungsakademie führte sechssemestrige systematische Lehrgänge über Grundzüge der Wirtschafts-, Sozial- und Rechtswissenschaften durch. *Weber* war sehr an dem wissenschaftlichen Niveau dieser Veranstaltungen gelegen. Der Inhalt wurde in Vorlesungen dargeboten und in praktischen Übungen vertieft. Um die Verknüpfung von Theorie und Praxis zu gewährleisten, wurden auch tüchtige Praktiker für die Lehrtätigkeit herangezogen. Neben den mehrsemestrigen Fachlehrgängen setzte sich Weber für Sonderkurse von 8-14tägiger Dauer für bestimmte Beamtengruppen ein, z.B. für Strafanstaltsbeamte, Standesbeamte und Sozialbeamte[108]. Die Ausbildung männlicher Sozialbeamten erfuhr eine erste öffentliche Anerkennung durch die beiden Erlasse des Preußischen Wohlfahrtsministers vom 4. April 1927 und 5. August 1927. *Weber* war einer der ersten, der derartige Nachschulungskurse für

---

[104] *Weber, Heinrich:* Die Westfälische Verwaltungsakademie. In: *Bruck, W[erner], F[riedrich]/ Weber, H[einrich]* (Hrsg.), Das Beamtenbildungswesen und die Westfälische Verwaltungsakademie. Münster i.W.: Verlag der Westfälischen Verwaltungsakademie 1925, 25-38, hier 30.

[105] *Bergmann: Alfons:* Die Entstehung und Entwicklung der Westfälischen Verwaltungsakademie. In: *Bruck, W[erner] F[riedrich]* und *Weber, H[einrich]* (Hrsg.), Beamtenschaft und Verwaltungsakademie. Münster i.W.: Westfälische Vereinsdruckerei 1928, 106-114, hier 108.

[106] *Bruck, W[erner] F[riedrich]:* Das Ausbildungsproblem der Beamten in Verwaltung und Wirtschaft. Geschichtliches und Reformvorschläge (= Münsterer Wirtschafts- und Sozialwissenschaftliche Abhandlungen; Bd. 2). Leipzig: Quelle & Meyer 1926.

[107] Ebd. 32.

[108] Ebd. 33-36. Vgl. auch *Weber, Heinrich:* Stand und Entwicklungstendenzen der Verwaltungsakdemiebewegung in Deutschland. In: Festschrift zur Tagung des Reichsverbandes Deutscher Verwaltungsakademien, Juni 1928, in Münster und Bochum. Münster: Westfälische Vereinsdruckerei 1928, 35 und 36.

Sozialbeamte plante[109]. Diese Pioniertätigkeit wird erst dann erfaßt, wenn man sich bewußt macht, daß die im Krieg oder danach gegründeten Wohlfahrtsschulen Soziale Frauenschulen waren, also nur weibliche Wohlfahrtskräfte ausbildeten.

Bereits vor diesen Erlassen organisierte *Weber* Fortbildungsveranstaltungen für bereits im sozialen Beruf stehende Persönlichkeiten in Verbindung von Institut für Wirtschafts- und Sozialwissenschaften und Westfälischer Verwaltungsakademie nicht allein in Münster, sondern darüberhinaus an verschiedenen zentral gelegenen Orten der Provinz Westfalen. Im Winter 1925/26 gehörten z.B. zum Vortragsplan:

I. Die Gestaltung der öffentlichen Fürsorge auf Grund der Reichsfürsorgepflichtverordnung.
   1. Aufbau und Aufgaben des Landesfürsorgeverbandes.
   2. Aufbau und Aufgaben des Bezirksfürsorgeverbandes:
   a) des städtischen Bezirksfürsorgeverbandes,
   b) des ländlichen Bezirksfürsorgeverbandes.
   3. Aufbau und Aufgaben der Landesversicherungsanstalt.

II. Die Eigenart der bedeutendsten privaten Fürsorgeträger.
   1. Die Katholische Caritas.
   2. Die Evangelische Innere Mission.
   3. Das Rote Kreuz.
   4. Die Arbeiterwohlfahrtspflege.[110]

Um die Beamten an günstig gelegenen Orten durch systematische Lehrangebote noch besser erreichen zu können, gründete die Westfälische Verwaltungsakademie Filialen, so die „Abteilung Industriebezirk" mit Sitz in Bochum am 31. Oktober 1925, der später noch ein zweiter Sitz in Dortmund zugeordnet wurde, und die Abteilung Osnabrück am

---

[109] *Weber, Heinrich:* Die Ausbildung und Fortbildung der Sozialbeamten im Rheinisch-Westfälischen Industriebezirk. In: Festschrift zur Feier der Einweihung des neuen Gebäudes der Westfälischen Verwaltungsakademie, Abteilung Bochum. 1928, 111-113.

[110] *Weber, Heinrich:* Sozialwissenschaftliche Forschungs- und Ausbildungsarbeit, 1925, 302 (Anm. 97).

24. April 1926[111].

Weber kann aufgrund seines intensiven Einsatzes für eine von der Universität mitgetragenen Fortbildung als ein Wegbereiter moderner berufsbezogener Erwachsenenbildung angesehen werden. Er hatte ein waches Gespür für die damalige Beamtenbildungsbewegung, sah die Notwendigkeit der Qualifizierung und fand Wege, seine anwendungsbezogenen Qualifizierungsprogramme in die Realität umzusetzen.

3.5. *Stellung und Funktionen im Caritasverband*

3.5.1. *Vorsitzender des Diözesan-Caritasverbandes Münster*

Gleichzeitig war *Weber* vom 4. August 1923 an als Nachfolger von Prälat *Schütte*, der aus gesundheitlichen Gründen zurücktrat, 1. Vorsitzender des Diözesan-Caritasverbandes Münster[112]. Ebenfalls im August desselben Jahres hatte *Weber* auf der zweiten Generalversammlung des Diözesan-Caritasverbandes im Beisein des Bischofs von Münster einen ausführlichen Bericht über die Aktivitäten der Caritas im Bistum Münster vorgelegt. Auf dieser Versammlung wurden wegweisende Beschlüsse zur Durchorganisation des Caritasverbandes auf Bistumsebene getroffen[113]. In jedem Stadt- und Landkreis sollte, soweit nicht bereits geschehen, ein Caritasverband resp. Caritasausschuß gegründet werden. Zur Koordination der caritativen Aufgaben sollte ferner in jedem Stadt- und Landkreis der Diözese ein Geistlicher als Kreis-Caritassekretär ernannt werden[114].

---

[111] *Elleringmann, Rudolf:* Die Westfälische Verwaltungsakademie, „Abteilung Industriebezirk", Sitz Bochum. In: Beamtenschaft und Verwaltungsakademie. Münster i.W.: Westfälische Vereinsdruckerei 1928, 115-125. *Stalmann, Gustav:* Die Abteilung Osnabrück der Westfälischen Verwaltungsakademie. In: Ebd. 1928, 128-130. Ferner *Weber, Heinrich:* Stand und Entwicklungstendenzen der Verwaltungsakademiebewegung, 1928, 35 und 42. An der Abteilung Industriebezirk der Westfälischen Verwaltungsakademie fanden besondere kommunal- und sozialwissenschaftliche sowie ein kriminalwissenschaftlicher und ein philosophisch-pädagogischer Sechssemesterlehrgang statt. Ebd. 36 (Anm. 108). - *Hoffmann* nennt in einem Artikel über das Hochschulwesen als Filiale der Westfälischen Verwaltungsakademie die „Zweigstelle Industriebezirk in Bochum und Dortmund". *Hoffmann, Friedrich:* Hochschulwesen. In: *Most, Otto/ Kuske, Bruno/ Weber, Heinrich* (Hrsg.), Wirtschaftskunde für Rheinland und Westfalen. Berlin: Hobbing 1931, 412.

[112] Kirchliches Amtsblatt für die Diözese Münster. Jg. LVII, Nr. 8 (18. September 1923), 61. Nach der Broschüre „20 Jahre Diözesan-Caritasverband Münster e.V. Bericht 1916/1936" (Anm. 47) war *Weber* am 31.8.1921 zum 2. Vorsitzenden des Diözesancaritasverbandes Münster ernannt worden, nach dem Bericht „Caritas-Verband für das Bistum Münster e.V. Berichtsjahr 1924" schon am 6. September 1918, gleichzeitig mit dem Datum, am dem Pfarrer *Schütte* zum 1. Vorsitzenden ernannt wurde. Der Bericht von 1924 dürfte bei dem geringeren zeitlichen Abstand genauer sein.

[113] Vgl. *Auer, Heinrich:* Die caritativ-soziale Tätigkeit der Katholiken Deutschlands. In: *Krose, Hermann A./ Sauren, Joseph* (Hrsg.), Kirchliches Handbuch für das katholische Deutschland. Freiburg i.Br.: Herder 1925, 200.

[114] Kirchliches Amtsblatt für die Diözese Münster, Jg. LVII, Nr. 7 (30. Juli 1923), 48/49. Die Ernennung der Kreiscaritassekretäre erfolgt am 28. August 1923, für den Stadtkreis Münster erhält Prof. *Weber* zusätzlich diese Aufgabe. Ebd. Jg. LVII, Nr. 10 (12. Oktober 1923), 73.

Das Aufgabenfeld des Caritasverbandes der Diözese Münster war in den zwanziger und dreißiger Jahren äußerst vielseitig und erstreckte sich auf die geschlossene und offene Fürsorge. Im Bereich der geschlossenen Fürsorge unterschied *Weber* vor allem die drei Bereiche Gesundheits-, Wirtschafts- und Erziehungsfürsorge, insgesamt im Bistum Münster mehr als 300 Anstalten, die zwar nicht alle unmittelbar das Bistum, sondern zum großen Teil weibliche und männliche Ordensgemeinschaften sowie konfessionelle Vereine zum Träger hatten und auf deren Initiativen und caritativem Engagement zurückgingen. Zum Bereich der Gesundheitsfürsorge, die damals aus dem Gesamtbereich der Fürsorge, der heutigen Sozialarbeit noch nicht ausdifferenziert war, zählten 214 Krankenhäuser mit mehr als 25 000 Betten, wovon fast vier Fünftel von Kirchengemeinden gegründet waren. Dazu kamen 36 Heilstätten und Erholungsheime, 7 Wöchnerinnen- und Säuglingsheime, 10 Heime für körperlich und geistig Gebrechliche. 58 Anstalten waren der Sozial- und Wirtschaftsfürsorge gewidmet, darunter Altersheime, Armenhäuser, Mädchen-, Lehrlings-, Studentinnen- und Studentenheime, Häuser zur Pflege und Förderung des Vereinslebens, Arbeiterheime und Arbeiterkolonien[115].

Im Bereich der Erziehungsfürsorge zählte das Bistum Münster 27 Waisenhäuser und caritative Erziehungsanstalten sowie 18 Fürsorgeheime. Ferner beteiligte sich die Diözese intensiv an den Aufgaben der Jugendpflege und unterhielt 225 Kindergärten und 33 Kinderhorte und Tagesheime. Sie förderte die Zusammenarbeit mit dem Elternhaus und organisierte zu diesem Zwecke Kurse der Mütterschulung.

Allein während der Amtszeit von *Weber* als Direktor und später als 1. Vorsitzender des Diözesan-Caritasverbandes wurden im Bistum 8 Krankenhäuser[116], 23 Erholungsheime und Kinderheilstätten[117], 4 Altersheime, 9 Internate und Hospize, 17 Erziehungsheime, Asyle und Wanderarbeitsstätten neu gegründet und an 27 weiteren caritativen Anstalten

---

[115] Arbeiterkolonien waren mit dem Zweck geschaffen worden, arbeitslosen, aber arbeitsfähigen und arbeitswilligen Männern und Jugendlichen Beschäftigung in ländlichen und anderen Arbeiten zu bieten, um sie durch die Arbeit und durch ethische und religiöse Erziehung wieder ins Arbeitsleben zu integrieren und ihnen den Weg zum selbständigen Erwerb ihres Lebensunterhalts wieder zu eröffnen und ihnen bei der Stellenvermittlung behilflich zu sein.

[116] Diese Zahl neugeschaffener Krankenhäuser ist um so bedeutender, als in Gesamtdeutschland in den Jahren 1922 bis 1929 nur wenige Neugründungen von öffentlichen und konfessionellen Krankenhäusern erfolgten. Vgl. *Sachße, Christoph/ Tennstedt, Florian*, Geschichte der Armenfürsorge, Bd. 2. 1988, 135 (Anm. 1).

[117] Zu den Neugründungen des Diözesan-Caritasverbandes zählten u.a. das 1922 gegründete Kindererholungsheim Nordkirchen, das 1923 zu einem Genesungsheim für tuberkulös gefährdete Kinder umgewidmet wurde und die 1924 ebenfalls in Nordkirchen geschaffene Kinderheilstätte sowie das 1922 gegründete Kindergenesungsheim Langenhorst, eine prophylaktische Einrichtung zur Tuberkulosebekämpfung. *Weber, Heinrich:* Die Tuberkulosestätten und -genesungsheime in der Provinz Westfalen. In: Tuberkulose und Tuberkulosenfürsorge. Münster i.W.: Aschendorff 1927, 117-122.

größere Erweiterungsbauten vorgenommen[118]. Schwergewichte des Ausbaus lagen danach bei der Gesundheits- und bei der Erziehungsfürsorge. *Weber* hat über die gesamte katholische Anstaltsfürsorge des Bistums Münster einen Illustrationsband geschaffen[119], der durch Text und Bild für die Gewinnung und Werbung zur Caritasidee seiner Zeit sehr förderlich war und für die Geschichte der Caritas weiterhin nützlich ist. Der Leser ist überrascht über die Fülle der Bilder zu den damaligen Bauten, den Wirtschaftsbetrieben, den Spiel- und Erholungsplätzen, den Gärten, der Krankenbehandlung, den Schulungs- und Lehrstätten. Der Band enthält umfangreiches Material von Skizzen, Plänen und Bauaufrissen, die die damaligen Fortschritte beim Bau caritativer Einrichtungen einfangen. Das Werk ist ein Zeugnis des pädagogischen, religiösen und kulturellen Lebens in der Weimarer Zeit und der Vielfalt der caritativ-kirchlicher Initiativen aus dem Geist christlicher Liebe und Barmherzigkeit.

Unter der Schriftleitung von *Heinrich Weber* erschienen „Mitteilungen", die regelmäßig Berichte über das gesamte katholische Vereinswesen des Bistums veröffentlichten und dem Kirchlichen Amtsblatt beilagen[120].

Als Universitätsprofessor und Vorsitzender des Diözesan-Caritasverbandes war *Weber* zusammen mit 164 weiteren Persönlichkeiten aus dem Welt- und Ordensklerus Mitglied der Diözesansynode des Bistums Münster vom 14. bis 16. Oktober 1924. Zuvor wurde er von Bischof *Johannes Poggenburg*[121] bereits zum zweiten Vorsitzenden des vorbereitenden Ausschusses für „Vereinswesen - Soziale Frage - Wohlfahrtspflege" berufen, der im März 1924 seine Arbeit aufnahm[122].

Dieser Ausschuß bereitete die Synodenvorlage „Die Gegenwartsaufgaben der kirchlichen

---

[118] *Weber, Heinrich:* Zum Tode des Erzbischofs Dr. Johannes Poggenburg in Münster. In: Caritas. Jg.38 (1933), 21, ferner *Weber, Heinrich:* Caritas im Bistum. Ein Beitrag zur Caritas- und Bistumsgeschichte. In: *Emmerich, Ferdinand*(Hrsg.), Das Bistum Münster. Berlin-Wilmersdorf: Archiv-Gesellschaft für kirchliche und caritative Monographien der Bistümer 1934, 117.

[119] *Weber, Heinrich:* Die katholische Anstaltsfürsorge im Bistum Münster. Düsseldorf: Lindner o.J. [1928].

[120] *Krose, Hermann*(Hrsg.): Kirchliches Handbuch für das katholische Deutschland. Bd.11: 1922 1923. Freiburg i.Br.: Herder 1923.

[121] *Johannes Poggenburg* (geb. 12.5.1862 in Ostbevern; gest. 5.1.1933 in Münster) wurde am 15.6.1889 zum Priester geweiht. Am 15. 12. 1911 wurde er von *Felix von Hartmann* zum Generalvikar ernannt und nach dessen Ernennung zum Erzbischof von Köln am 7.5.1913 zum Bischof von Münster gewählt und dort am 16.10.1913 konsekriert und inthronisiert. Er hat sich große Verdienste um den Aufbau und Ausbau der Caritas im Bistum Münster erworben. Vgl. *Krose, Hermann A./ Sauren, Joseph*: Kirchliches Handbuch für das katholische Deutschland. 12 Bd.: 1924-1925. Freiburg i.Br.: Herder 1925; ferner *Weber, Heinrich:* Zum Tode des Erzbischofs,1933, 21-22 (Anm.117).

[122] *Diözesansynode des Bistums Münster.* Münster i.W.: Kommissionsverlag der Regensbergschen Buchhandlung o.J. [1925], 6/7 und 24.

Wohlfahrtspflege" vor, die deutlich die Handschrift *Webers* trägt. Das Papier betonte die Notwendigkeit der „Zusammenfassung aller caritativen Einrichtungen" des Bistums und der Zusammenarbeit mit dem Deutschen Caritasverband. Es legte Wert auf eine qualifizierte Ausbildung der Mitarbeiter caritativer Einrichtungen, aber auch auf die caritative Gesinnung. Der Ausschuß strebte die Durchstrukturierung des Caritasverbandes im gesamten Bistum an: „Es ist dringend erwünscht, daß in jedem Orte des Bistums ein Caritasverband oder -Ausschuß besteht unter Leitung eines Geistlichen oder auch eines Laien." Besonders den Priestern wird „wegen des innigen Zusammenhanges von Seelsorge und Caritas" die Verpflichtung auferlegt, über die jeweils aktuellen caritativen Fragen orientiert zu sein. Den Priesteramtskandidaten „werden in der unmittelbaren Vorbereitung auf die praktische Tätigkeit eine soziale und caritative Schulung erhalten." Für die Realisierung der Einzelaufgaben der Caritas empfahl der Ausschuß Vinzenz- und Elisabethvereine für alle größeren Pfarreien und für die kleineren einen Caritas-Ausschuß. Es wurden eine Fülle caritativer Einzelaufgaben angesprochen: Wanderarmen-, Wohnungs-, Gesundheits-, Säuglings- und Kindererholungs-, Jugendfürsorge, Arbeit mit verschiedenen Gruppen von Behinderten, Schaffung von Kindergärten und Kinderhorten, Mädchenschutz, Jugendschutz und Bahnhofsmission, die Betreuung der Auswanderer durch den Raphaelsverein, Caritas für Akademiker durch den Albertus-Magnus- und den Hildegardis-Verein. Bei verschiedenen Aufgaben wurde ein „harmonisches Zusammenarbeiten" der Caritas mit der öffentlichen Wohlfahrtspflege erstrebt, wobei aber die Anerkennung der Gleichberechtigung der freien Wohlfahrtspflege und die freie Entfaltung ihrer Eigenart gesichert sein müßte[123].

Weber trug am Vormittag des 16. Oktober den Entwurf der Synode vor. Im Synodenprotokoll hieß es: „Er wies hin auf die radikale Umgestaltung der Verhältnisse auf dem Gebiete der Wohlfahrtspflege seit der letzten Diözesansynode 1897 und auf die sich daraus für die Caritasbetätigung von heute ergebenden Folgerungen."[124] Bei der Aussprache wurde ein Ergänzungsantrag gestellt und angenommen, „der auf die Wahrung des konfessionellen Charakters und der Selbständigkeit der katholischen Vereine, Stiftungen, Anstalten und Einrichtungen abzielte."[125] *Weber*, der an der rechts- und staatswissenschaftlichen Fakultät Fürsorgewesen lehrte und von dorther um die wertvolle Zusammenarbeit mit evangelischen Christen und mit Juden im Bereich der Wohlfahrtspflege wußte, hatte den konfessionellen Charakter in seinem Synodenentwurf nicht herausgestrichen, was darauf hinweist, daß er bereits stärker ökumenisch dachte. Durch Abänderungsanträge wurde auch das „organische Zusammenarbeiten der Vereine mit der Pfarrgeistlichkeit" im Synodenentwurf stärker verankert[126].

Weber ging in den nachfolgenden Jahren zusammen mit den am 9. Dezember 1924 zu

---

[123] Die Gegenwartsaufgaben der kirchlichen Wohlfahrtspflege. In: Ebd. 140-149.
[124] Ebd. 38.
[125] Ebd.
[126] Ebd.

Caritasdirektoren ernannten bisherigen Caritassekretären *Theodor Holling* und *Dr. Joseph Tenspolde*[127] tatkräftig an die Verwirklichung der Synodenbeschlüsse. Der „Bericht 1930" des Caritasverbandes für die Diözese Münster weist hin auf den Ausbau und die Konsolidierung der caritativen Anstalten und der caritativen Vereine im Bistum während der zwanziger Jahre. Er würdigt ausdrücklich die lebensraumbezogene, basisdiakonische Arbeit der an die örtlichen Gemeinden angebundenen Elisabeth- und Vinzenzvereine, die in den Gemeinden ein unmittelbar erfahrbares Zeugnis für den Sendungsauftrag der Kirche gaben und den Kontakt zu dem konkreten Leid der Gemeindemitglieder hielten. Weber hebt die motivierende Kraft des Glaubens für die dienende Arbeit hervor: Die Caritas entnimmt „ihre Antriebe nicht einfachen Nützlichkeitserwägungen, politischen Zielsetzungen und allgemeinen menschlichen Rücksichten, sondern [leitet] aus ewigen unerschöpflichen Motiven ihre Kraft her"[128].

Die caritative Durchorganisation des gesamten Bistums war bis zum Ende der Weimarer Republik *Heinrich Weber* und seinen dynamischen Caritasdirektoren *Theodor Holling* und *Joseph Tenspolde* voll gelungen. 1933 gab es innerhalb des Diözesan-Caritasverbandes 39 Dekanats-Caritasverbände und den Landesverband Oldenburg[129]. Diese waren wiederum in 684 caritative Ortsvereine untergliedert, in denen „zahllose katholische Frauen und Männer (...) opferreiche und mühevolle Kleinarbeit" leisteten[130]. Die Koordinierungstätigkeit aller caritativen Maßnahmen sah *Weber* als zentrale Aufgabe des Caritasverbandes an: „Seinem Wesen und seiner Zielsetzung nach gehört es nicht zu den Aufgaben eines Caritasverbandes, praktische Liebestätigkeit wie die caritativen Fachvereinigungen zu üben. Es soll vielmehr die gesamte Caritasarbeit im Bistum einheitlich zusammenfassen, soll anregen und ein planmäßiges Zusammenarbeiten aller caritativen Einzeleinrichtungen der geschlossenen, halboffenen und offenen Fürsorge erstreben."[131] Gerade mit der zunehmenden Spezialisierung und der damit verbundenen Gefahr des Neben- oder gar Gegeneinanderarbeitens erkannte *Weber* das Erfordernis der Vernetzung. Ferner sah *Weber* den Caritasverband als „Verteidiger und Sachwalter, Hüter und Treuhänder" der vielfältigen stillen Caritasarbeit, „die im Weltgetriebe des Alltags meistens übersehen, fast nie erkannt, nicht selten leider sogar verdächtigt oder beschimpft wird"[132].

---

[127] *Theodor Holling* und *Joseph Tenspolde* waren Konsemester von *Heinrich Weber* und seit der Zeit ihres gemeinsamen Studiums mit ihm befreundet. *Joseph Tenspolde* hat bei *Heinrich Weber* mit dem Thema „Die katholischen Standesvereine und ihre Bedeutung für die Volkspflege" 1924 promoviert. *Weber* schrieb in seinem Gutachten zu der Dissertation: „Die Arbeit verrät den Praktiker, der sich auf dem Gebiet sehr gut auskennt und seinen Untersuchungsgegenstand als weit verbreitete gesellschaftliche Erscheinung zu analysieren versucht." UA Münster, Rechts- und Staatswiss. Fak. Prom.-Akte Nr. 475.
[128] *Weber, Heinrich*: Vorwort. In: Caritasverband für die Diözese Münster e.V. Bericht 1930. Münster i.W.: Westfälische Vereindruckerei 1930, 4.
[129] *Holling, Theodor*: Gegenwartsschaffen der Caritas im Bistum. In: *Emmerich, Ferdinand* (Hrsg.), Das Bistum Münster, 1934, 132 (Anm. 118).
[130] *Weber, Heinrich*: Caritas im Bistum, 1934, 117 (Anm. 118).
[131] Ebd. 114.
[132] Ebd. 117.

Als Experte für Wohlfahrtskunde und Caritaswissenschaft war *Weber* auch in anderen Bistümern gefragt. So leitete er auf Einladung des Priesterseminars in Bamberg und des dortigen Diözesan-Caritasverbandes vom 4.-17. Oktober 1931 einen Ferienkurs über Grundfragen der Gesellschaftslehre und der praktischen Sozialarbeit. Er hielt nicht allein den Einführungsvortrag über die Bedeutung des Caritaswissens für die praktische Sozialarbeit, sondern auch sechs Vorlesungen über die Grundlagen der allgemeinen Gesellschaftslehre. Die Zeitschrift „Caritas" berichtete über diese Qualifizierungsmaßnahme und hob hervor: „Der Kursus hat allen Teilnehmern gezeigt, wie unerläßlich bei aller persönlichen Hilfsbereitschaft in den Nöten der Gegenwart ein vertieftes Wissen in jenen Grundfragen ist, die unsere heutige Gesellschaft bewegen, wie unentbehrlich auch eine gründliche Kenntnis jener Kräfte, die der Volkswohlfahrt aus katholischem Geiste heute dienen wollen."[133] *Weber* hielt am 6. Oktober auch einen sehr gut besuchten, öffentlichen Vortrag über „Caritas, Volkswirtschaft und öffentliche Fürsorge", an dem u.a. der Oberbürgermeister der Stadt Bamberg und mehrere Reichstagsabgeordnete teilnahmen[134]. Es ist um so erstaunlicher, daß Weber diese Belastungen auf sich nahm, wenn man aus anderer Quelle erfährt, daß er erst einen Monat zuvor seinen Vater verloren hatte[135].

Weber war auch Vorsitzender des „Westfälischen Wandererdienstes", der auf seine Anregung als besondere Fachabteilung der Diözesanverbände Münster und Paderborn 1929 geschaffen wurde. Diese Organisation sollte als Zusammenfassung aller caritativen Einrichtungen im Dienst der Wandernden und Obdachlosen stehen. Die Wandererfürsorge der Weimarer Republik läßt sich als Vorstufe der heutigen Sozialarbeit mit Nichtseßhaften und Obdachlosen verstehen. Die Obdachlosigkeit nahm im Zuge der Weltwirtschaftskrise rapide zu. Viele arbeitslose Jugendliche gerieten auf die Straße[136]. Auf der ersten Haupttagung der katholischen Wandererfürsorge 1931 hielt *Weber* ein Referat zum Thema „Das Wandererwesen als sozialökonomisches Problem". Er legte die vielfältigen Ursachen der Wandererbewegung dar und ging dann auf die vielgestaltigen Arten der Wandererbewegung ein. „Beachtlich waren", so hebt der Kommentator hervor, „seine kritischen Stellungnahme zu den bestehenden Fürsorgemaßnahmen sowie seine Vorschläge

---

[133] Umschau, in: Caritas, Jg. 36 (1931), 537.

[134] Das Bamberger Volksblatt berichtete am 7.10.1931 unter dem Titel „Aktuelle Fragen der Wohlfahrtspflege" sehr ausführlich über diesen Vortrag. Archiv DCV, Sign. 125.63 Fasz. 1.

[135] Sein Vater *Heinrich Weber* starb in Münster am 7. September 1931 in Münster. Nordrhein-Westfälisches Personenstandsarchiv Westfalen-Lippe, Sterbebuch-Nr. 1100/1931 aufgrund eines Kirchenbuchduplikats der katholischen Gemeinde Recklinghausen (Sign. P 7 Nr. 878).

[136] Zur Reduzierung der Jugendberufsnot beteiligte sich der Diözesan-Caritasverband am freiwilligen Arbeitsdienst, der in der „Zweiten Verordnung des Reichspräsidenten zur Sicherung von Wirtschaft und Finanzen" vom 5. Juni 1931 und in dem neugeschaffenen Paragraph 139 a des Gesetzes über Arbeitsvermittlung und Arbeitslosenversicherung in Ergänzung zu den Bestimmungen über die „wertschaffende Arbeitslosenfürsorge" seine gesetzliche Grundlage erfahren hatte. Im Winter 1932/33 führte der Caritasverband Münster 236 Maßnahmen für 5029 Dienstwillige durch. Vgl. *Holling, Theodor*: Gegenwartsschaffen der Caritas im Bistum, 1934, 137 (Anm. 129).

einer zielsicheren Wandererfürsorgepolitik für die nächste Zukunft."[137]

Noch eine andere zukunftsweisendes Werk fand *Webers* tatkräftige Förderung: die „Katholische Volkshilfe". Diese 1925 vom Caritasverband gegründete Kleinlebensversicherung war vor allem tätig auf dem Gebiet der Sterbevorsorge. *Weber* sah sie als wirksames Mittel der Prophylaxe für den Todesfall des Ernährers oder eines anderen Mitglieds in der Familie an, wodurch sie in finanzielle Not geraten konnte[138]. Dieses Werk wurde für Hunderttausende der Weg zur Zukunftssicherung und verantwortungsbewußter Vorsorge. Für diese Caritas-Vorsorge richtete *Weber* eine Auskunfts- und Geschäftsstelle beim Diözesan-Caritasverband ein.

In den caritativen Ortsvereinen wie auch in den Elisabeth- und Vinzenzvereinen waren die meisten Mitarbeiterinnen und Mitarbeiter ehrenamtlich tätig[139]. Aber auch schon während der Weimarer Republik mußten für viele Aufgaben hauptamtliche Kräfte eingesetzt werden, vor allem für die Leitungsaufgaben in den größeren caritativen Organisationen, aber auch auch für die Kindergärten und andere Aufgaben der Jugendpflege. *Weber* hat als Vorsitzender des Diözesan-Caritasverbandes besonderen Wert auf eine qualifizierte Ausbildung gelegt. Deshalb hat er die vorhandenen Ausbildungseinrichtungen weiter gefördert und ausgebaut, andere neu geschaffen. Zu Ende der Weimarer Republik gab es in Münster die Westfälische Wohlfahrtsschule, an der *Weber* bereits als Kaplan gelehrt hatte, ferner das katholische sozialpädagogische Seminar zur Ausbildung von Jugendleiterinnen, Hortnerinnen und Kindergärtnerinnen und das sozialpädagogische Schwesternseminar des Caritasverbandes mit zwei Abteilungen, deren Abteilung I ebenfalls Hortnerinnen und Kindergärtnerinnen und deren Abteilung II Erzieherinnen schulentlassener Mädchen ausbildete[140]. Die Errichtung dieses Schwesternseminars hatte der Diözesan-Caritasverband am 18. Juni 1926 beschlossen.

3.5.2. *Aufgaben im Zentralrat und Zentralvorstand des Deutschen Caritasverbandes*

Weber pflegte eine intensive Zusammenarbeit mit der Zentrale des Deutschen Caritasverbandes in Freiburg. 1916 hatte er bei Caritas-Lehrgängen in Berlin den Gründer des Caritasverbandes, *Lorenz Werthmann*, kennengelernt. Eine innige Freundschaft verband ihn mit seinem 1921 gewählten Nachfolger *Benedict Kreutz*. Dieser promovierte als wohl der erste Kandidat bei *Heinrich Weber* zum Dr. rer. pol., und zwar schon im Sommersemester 1922 mit dem Thema „Das ländliche Gemeindeheim. Eine Studie zur ländlichen

---

[137] Erste Haupttagung der katholischen Wandererfürsorge. In: Caritas. Jg. 36 (1931) (10. Neue Folge), 227-229, hier 228.
[138] *Weber, Heinrich:* Caritas im Bistum, 1934, 116 (Anm. 118).
[139] Der Elisabethverein der Diözese Münster zählte 1932 172 Orts- und Pfarrgruppen und die Vinzenzkonferenzen 70 Pfarrgruppen, die bei insgesamt 4088 aktiven Mitarbeitern 145 000 Menschen betreuten und unterstützten. Vgl. *Holling, Theodor:* Gegenwartsschaffen der Caritas im Bistum, 1934, 136 (Anm. 129).
[140] Ebd. 138 (Anm. 129).

Wohlfahrtspflege."[141] Diese Freundschaft war gleichzeitig begleitet und getragen von einem gegenseitigen Respekt, von *Weber* vor dem Präsidenten des Caritasverbandes und von *Kreutz* vor dem Professor und seinem Doktorvater, der darin zum Ausdruck kam, daß Sie trotz des „Du", das sie in ihrem mündlichen und schriftlichen Kontakt gebrauchten, Ihre Briefe mit „Dein H. Weber" und „Dein B. Kreutz" unterschrieben. So konnte jeder trotz des herzlichen Kontaktes seinem Amte treu bleiben, und es unterblieb jeder Versuch einer Vereinnahmung oder Instrumentalisierung.

Als Caritasdirektor und später erster Vorsitzender des Diözesan-Caritasverbandes Münster gehörte *Weber* dem Zentralrat und dem Zentralvorstand des Deutschen Caritasverbandes an. Er wurde schon früh zu überregionalen Aufgaben und zur Mitarbeit in wichtigen Ausschüssen des Zentralrates herangezogen. Als der Deutsche Caritasverband in den ersten Nachkriegsjahren zügig an die Fragen der Caritasschulung für seine Mitarbeiterinnen und Mitarbeiter heranging, wurde *Weber*, der sich damals auf seine staatswissenschaftliche Promotion vorbereitete, auf der Sitzung des Zentralrates im November 1920 in Paderborn in den „Ausschuß für caritative Schulung im Zentralausschuß des DCV" berufen, dem außer dem Präsidenten *Lorenz Werthmann* und dem Generalsekretär *Kuno Joerger* weitere Experten wie Professor *Franz Keller* und *Benedikt Schmittmann* angehörten[142]. Auf der gleichen Sitzung schlug *Weber* die Einrichtung einer Stellenvermittlung für caritative Berufe vor[143].

Auf der Zentralratssitzung im August 1923 wurde *Weber* als Vertreter des Deutschen Caritasverbandes bei dem Oberpräsidenten Preussens für die Provinz Westfalen bevollmächtigt sowie dem Reichsarbeitsministerium und dem Preußischen Wohlfahrtsministe-

---

[141] *Weber* streicht in seinem Gutachten vom 20. Juni 1922 zur Dissertation von *Kreutz* heraus: Die Arbeit „stellt eine durchaus selbständige, wissenschaftliche Behandlung einer wohlfahrtspflegerischen Frage, dar, die bislang im Schrifttum überhaupt noch nicht untersucht wurde. Der Verf. ist erstmalig den geschichtlichen Zusammenhängen nachgegangen und hat die gefundenen Spuren nicht ungeschickt miteinander verbunden (...). (Er) hat das Problem in übersichtlicher Weise möglichst allseitig vom soziologischen, ökonomischen, organisatorischen, staats- und sozialpolitischen Standpunkt aus beleuchtet, sodaß die Arbeit jedem Wohlfahrtstheoretiker und -praktiker beachtenswert sein wird, zumal das Interesse sich augenblicklich stark der ländlichen Wohlfahrtspflege und ihrer Neuorganisation zuwendet." UA Münster: Rechts- und Staatswiss. Fakultät, Promotionsakten Nr. 392. Nach Beendigung aller Formalitäten der Promotion schreibt *Kreutz* an *Weber* am 12. Dezember 1922: „Gleichzeitig drängt es mich, Dir noch einmal zu danken für alle die Förderungen von Wissen, die ich durch Dich und Deine Kollegen empfangen habe. Ich bin so dankbar, daß ich mich noch einmal in konzentrierter Weise in die Staatswissenschaft vertieft habe, (...) und ich habe aufs neue wieder Freude an der wissenschaftlichen Form und Behandlung sozialer und caritativer Dinge bekommen. Professor Plenge werde ich auf Weihnachten selber schreiben. Sein System ist gerade für meine Arbeit so ausserordentlich förderlich." Archiv DCV, Nachlaß Kreutz, Sign. 081/04 -W.

[142] Vgl. *Wollasch, Hans-Josef*: Beiträge zur Geschichte der deutschen Caritas in der Zeit der Weltkriege. Freiburg i.Br.: Caritasverband 1978, 106.

[143] Vgl. *Liese, Wilhelm*: Lorenz Werthmann, 1929, 400 (Anm. 51).

rium als Bevollmächtiger bezeichnet[144]. Bei mehreren Zentralratssitzungen des Deutschen Caritasverbandes, so 1920 in Paderborn, 1929 in Münster[145], 1930 in Hildesheim, 1932 in Augsburg, 1934 in Münster und 1935 in Speyer hielt er wegweisende Referate für die Caritasarbeit.

Die Themen *Webers* bei den Zentralratssitzungen bezogen sich auf Themen der Wirtschaftswissenschaften und der Öffentlichkeitsarbeit. Obwohl sie theoretischen Charakter hatten, waren sie auf aktuelle Probleme des Caritasverbandes bezogen, die *Weber* aufgrund seiner verschiedenen Funktionen im Caritasverband gründlich kannte.

Das Referat „Caritas und Wirtschaft", das *Weber* auf der Zentralratssitzung am 23. Oktober 1929 in Münster hielt, ist für seine Fragestellung der Verknüpfung von Caritas- und Wirtschaftswissenschaft besonders charakteristisch. Auch damals mußte *Weber* gegen Vorurteile ankämpfen, wonach zwischen Caritas und Wirtschaft unüberwindbare Gegensätze bestünden. Er sah zwischen ihnen aber weder einen kontradiktorischen, d.h. logischen, noch einen konträren Gegensatz, wie er zwischen weiß und schwarz oder zwischen Tugend und Laster besteht. „Ein solcher konträrer Gegensatz besteht nur zwischen der nach christlichen Prinzipien geordneten Caritasgesinnung einerseits und der ungezügelten, hemmungs- und skrupellosen, von blindem privatwirtschaftlichem Gewinnstreben diktierten Wirtschaftsgesinnung andererseits." Für *Weber*, der einen auf die Bedarfsdeckung der Menschen hin orientierten Wirtschaftsbegriff vertrat, können und müssen sich Caritasgesinnung und Wirtschaftsgesinnung in harmonischem Einklang befinden[146].

Wenige Wochen zuvor fand vom 28. August bis 4. September in Verbindung mit dem Freiburger Katholikentag, der unter dem Gesamtthema „Rettung der christlichen Familie" stand, der 29. Deutsche Caritastag statt, der sich familienbezogenen Themen der Caritasarbeit widmete. *Heinrich Weber* leitete eine der sechs Fachgruppen, und zwar die mit der Thematik „Familie und Volkswirtschaft". Diese Gruppe diskutierte Probleme der Wohnungsfürsorge und des Siedlungswesens insbesondere für minderbemittelte Bevölkerungsschichten. Sie erarbeitete Kriterien für eine zielorientierte Wohnungs-, Siedlungs- und Auswanderungspolitik und wies auf die erforderliche Beratung und Betreuung der Auswanderer und Siedler hin[147].

---

[144] Protokoll der Zentralratssitzung vom 28.-29.8.1923 in Stuttgart. Archiv DCV, Sign. 111.055.

[145] Bei der Herbsttagung 1929 des Zentralrates und Zentralvorstandes des Deutschen Caritasverbandes war der Diözesan-Caritasverband Münster Gastgeber. Der Vorsitzende *Weber* sprach zu modernen wirtschaftlichen Problemen. Gelobt wurde vom Gesamtverband auch die wohlwollende Aufnahme seitens der Caritasdirektoren *Holling* und *Tenspolde*.

[146] *Weber, Heinrich*: Stoffaufteilung zum Referat „Caritas und Wirtschaft". Archiv DCV, Sign. 111.055-1929/3.

[147] *Joerger, K[uno]*: Der 29. Deutsche Caritastag vom 28. August bis 4. September 1929 zu Freiburg i.Br.. In: Caritas. Jg. 34 (1929), 450-467, hier 451/452.

Im Rahmen des nächsten Katholikentages in Münster im September 1930 fand die Generalversammlung des Diözesan-Caritasverbandes und gleichzeitig das silberne Verbandsjubiläum des Deutschen Nationalverbandes der katholischen Mädchenschutzvereine statt. *Weber* sprach auf dieser Versammlung, auf der die Frau Reichstagsabgeordnete *Christine Teusch* den Festvortrag zum Thema „Vom bleibenden Wert und Wesen zeitbedingter Caritaswerke" hielt, die Begrüßung, verbunden mit einem Referat über „die caritative Gesamtarbeit im Bistum Münster"[148].

Auf der Zentralratssitzung des Deutschen Caritasverbandes hielt *Weber* ein Referat über „Rationalisierung der Caritasarbeit", das zeigt, wie sehr ihm die soziale und wirtschaftliche Effizienz der gesamten Caritasarbeit ein Anliegen war. Er gliederte in 1. Rationalisierung des persönliches Aufwandes, 2. Rationalisierung des materiellen Aufwandes und 3. Rationalisierung des organisatorischen Aufwandes. Gerade die wissenschaftliche Forschung und die wissenschaftliche Statistik würde in Zeiten der Massennot eine Struktur- und Konjunkturbeobachtung ermöglichen, die ein rationelles Caritasarbeiten garantiert[149].

3.5.3. *Vorsitzender des Fachausschusses Caritaswissenschaft*

Weber bekleidete mehrere wichtige Funktionen im Deutschen Caritasverband. Seit 1921 leitete er den Fachausschuß für Caritaswissenschaft, dem ferner die mit Caritasfragen befaßten Professoren *Martin Fassbender, Franz Keller, Engelbert Krebs, Joseph Löhr, Franz Schaub, Benedikt Schmittmann*[150] und *Georg Schreiber* sowie der Bibliothekar des Deutschen Caritasverbandes *Heinrich Auer* als Geschäftsführer, ab 1924 auch Frau Direktorin *Hildegard Hübinger*, Leiterin der Caritasschule in Freiburg, Prof. Dr. *Wilhelm Liese*, Frau *Hedwig Dransfeld* und Dr. *Hermann Bolzau*, Direktor der gemeinnützigen Rechtsauskunftsstelle der Stadt Köln, Prälat Dr. *Franz Meffert*, Frau Dr. *Else Peerenboom*, Dr. *Franz Xaver Rappenecker*, Leiter des Caritasverlages, und Professor Dr. *Wilhelm Schwer* angehörten. Dieser Ausschuß faßte anfänglich den Plan, ein nach der politischen Wende dringend benötigtes „Handbuch der Wohlfahrtspflege"[151] herauszugeben, der jedoch wegen der schnell steigenden Druckkosten- und Papierpreise während der Inflation scheiterte. Dafür beteiligten sich mehrere Mitglieder des Ausschusses an

---

[148] Generalversammlung des Diözesan-Caritasverbandes zugleich silbernes Verbandsjubiläum der katholischen Mädchenschutzvereine. In: Münsterischer Anzeiger vom 10. September 1930. Archiv DCV, Sign. 125.63. Dort auch die Einladung mit dem vollen Programm der Caritasversammlung.

[149] Referat von *Heinrich Weber* zu „Rationalisierung der Caritasarbeit". Anlage zum Protokoll der Zentralrats-Sitzung des Deutschen Caritasverbandes am 29. und 30. Oktober 1930 in Hildesheim. Archiv DCV, Sign. 111.055 - 1930/3.

[150] Zur Bedeutung von *Benedikt Schmittmann* (geb. 4.8.1872 in Düsseldorf, gest. 13.9.1939 im Gestapogefängnis Sachsenhausen) *Stehkämper, Hugo:* Benedikt Schmittmann (1872-1939). In: *Aretz, Jürgen/ Morsey, Rudolf/ Rauscher, Anton* (Hrsg.), Zeitgeschichte in Lebensbildern. Bd. 6. Mainz: Grünewald 1984, 29-49.

[151] Thematik und Aufgabenverteilung dieses Handbuches hatte der Ausschuß bereits durchgeplant. S. Quellen- und Dokumentationsanhang.

dem von *Julia Dünner* herausgegebenen „Handwörterbuch der Wohlfahrtspflege".

Beim Jubiläums-Caritastag im November 1922 hat sich der Ausschuß mit der Ausbildung der Theologiestudenten in der Caritaswissenschaft beschäftigt. Die Professoren *Keller, Liese, Löhr* und *Weber* haben Denkschriften erarbeitet, die den Bischöfen mit dem Ziel zugeleitet wurden, ab Ostern 1924 eine wenigstens in Grundzügen einheitliche Regelung dieses Studiums durchzuführen, was aber ebenfalls nicht erfolgte[152].

Erst auf der Zentralratssitzung im März 1925 in Freiburg i.Br. wurde der Ausschuß finanziell und rechtlich auf eine neue Grundlage gestellt, so daß er seit dieser Zeit die „Schriften zur Caritaswissenschaft" herausgeben konnte. Diese hatten vor allem caritasgeschichtlichen Charakter. Noch 1925 erschien beim Caritasverlag als erster Band die umfangreiche Abhandlung von *Franz Meffert* über „Caritas und Volksepidemien", dem bis 1934 fünf weitere Bände folgten, darunter als Band 3 die Arbeit von *Webers* Assistenten am Seminar für Fürsorgewesen *Joseph Schlüter* über „Die Katholisch-soziale Bewegung in Deutschland seit der Jahrhundertwende" (1928) und als Band 5 die Biographie über „Lorenz Werthmann und den Deutschen Caritasverband" (1929) durch Professor *Wilhelm Liese*, der 1922 bereits die zweibändige „Geschichte der Caritas" publiziert hatte. Dieser regte im Ausschuß auch die Gründung eines Caritasverbandsarchivs an[153].

Weber hatte noch weitergehende Ideen, die er bei der Ausschußsitzung am 4. Juni 1925 in Bamberg referierte. Als Themen, „die einer wissenschaftlichen Untersuchung dringend bedürfen", nannte er Caritaswissenschaft und Sozialwissenschaft; Caritaswissenschaft und theologische Wissenschaft; Caritas und a) Staat, b) Politik, c) soziale Frage, d) Kirche als Organisation, e) Wirtschaftsleben, Produktivität und Rentabilität der Caritas[154]. Er trat im Ausschuß für die wissenschaftliche Gestaltung der Zeitschrift „Caritas" ein. Mehr praktischen Charakter sollten dagegen die „Caritasstimmen" haben. *Weber* regte die Erarbeitung einer Bibliographie und Chronologie der Caritas an. Die Herausgabe des „Jahrbuches für Caritaswissenschaft" übertrug der Ausschuß dem Freiburger Caritaswissenschaftler *Franz Keller* in Verbindung mit Generaldirektor *Arthur Hugo Klieber* und Bibliotheksdirektor *Heinrich Auer*[155]. Ferner suchte *Weber* den wissenschaftlichen Austausch mit dem Ausland: „Wir müssen unsere Schriftenreihe ins Aus-

---

[152] Der Ausschuß für Caritaswissenschaft in seiner bisherigen Entwicklung. Bericht, erstattet beim 30. Deutschen Caritastag in Würzburg Pfingsten 1931. Archiv DCV, Sign. 113.3 FA Caritaswissenschaft. In dieser Akte auch die Berichte der anderen Sitzungen dieses Fachausschusses.

[153] Sitzung des Ausschusses für Caritaswissenschaft gelegentlich des 27. Deutschen Caritastages 26. Mai 1926 in Trier. Archiv DCV Sign. 113,3 FA Caritaswissenschaft.

[154] Sitzung des Ausschusses für Caritaswissenschaft anläßlich des Deutschen Caritastages in Bamberg 4. Juni 1925. Ebd.

[155] Sitzung des Ausschusses für Caritaswissenschaft 26. Mai 1926 in Trier. Ebd.

land bringen und suchen, vom Ausland her Fachliteratur hereinzubekommen."[156] Beim 30. Deutschen Caritastag hat er vor den Fachausschüssen des Deutschen Caritasverbandes ein Referat über die „Zukunftsaufgaben des Fachausschusses für Caritaswissenschaft" gehalten, an den sich eine lebhafte Aussprache der Versammlungsteilnehmer anschloß[157].

Der Realisierung seiner Pläne standen in der Weimarer Republik immer wieder finanzielle Schwierigkeiten entgegen, die sich in der Weltwirtschaftskrise ins Unermeßliche steigerten. Auf der Oktobersitzung des Jahres 1929 in Münster schlug *Webers* Kollege Professor *Georg Schreiber* vor, für die finanzielle Förderung sozialethischer Studien die Görres-Gesellschaft zu gewinnen. Ferner dachte der Ausschuß an eine Zusammenarbeit mit der „Notgemeinschaft der deutschen Wissenschaft", die aus der Kaiser-Wilhelm-Gesellschaft hervorgegangen war.

3.5.4. *Vorsitzender der Finanzkommission*

Ferner war *Weber* Mitglied der dortigen Finanzkommission und wurde 1929 auch deren Vorsitzender[158]. Als Mitglied der Finanzkommission war er zugleich geborenes Mitglied des Wirtschaftsbeirates.

Die Finanzkommission des Deutschen Caritasverbandes ist hervorgegangen aus einer Budgetkommission, die vom Zentralrat des Deutschen Caritasverbandes am 25. Juli 1918 in Koblenz beschlossen wurde. Sie war zunächst für die Regelung der Angestelltengehälter der Mitarbeiter des Caritasverbandes zuständig und wuchs in den folgenden Jahren immer mehr in die Aufgaben der Aufsichtsinstanz über die gesamte Budgetplanung und Finanzgestaltung des Verbandes hinein. Auf der Zentralratssitzung vom 6. Oktober 1919 wurde beschlossen, die Budgetkommission zu einer ständigen Einrichtung zu machen, welche nötigenfalls auch ohne Einberufung des Zentralrats zusammentreten kann. Am 3. August 1920 tagte die Kommission zum ersten Mal unter dem Namen „Finanzkommission". An dieser Sitzung nahm auch bereits der damalige Diözesancaritasdirektor *Weber* teil.

Der Wirtschaftsbeirat wurde vom Zentralrat in seiner Sitzung vom 6.-7. Oktober 1926 in Osnabrück erstmalig berufen. Auf Vorschlag der Finanzkommission beschloß der Zentralrat in der gleichen Sitzung die Verlegung der Wirtschaftsabteilung des Deutschen

---

[156] Sitzung des Ausschusses für Caritaswissenschaft gelegentlich der Tagung des Zentralrates des DCV am 23. Oktober 1929 in Münster i.W.. Archiv DCV. Ebd.

[157] Bericht des 30. Deutschen Caritastages. In: Caritas. Jg. 36 (1931), 330.

[158] Karteikarte über *Heinrich Weber* im Archiv des Deutschen Caritasverbandes. Nach dieser Karteikarte war er seit 1929 Vorsitzender des Fachausschusses für Caritaswissenschaft. Aber bereits beim 1. Band der „Schriften zur Caritaswissenschaft", die *Heinrich Weber* zusammen mit *Heinrich Auer* und *Franz Keller* seit 1925 herausgegeben hat, erscheint auf der Impressumsseite der Hinweis auf *Weber* als Vorsitzenden des Fachausschusses für Caritaswissenschaften.

Caritasverbandes nach Berlin, wo damals die Hauptvertretung ansässig war. Der Wirtschaftsbeirat sollte der Wirtschaftsabteilung zur Seite stehen. Er ist eine Beratungs- und Entscheidungsinstanz zugleich[159]. Seit 1932 wurde die Bezeichnung „Wirtschaftsrat" verwendet. In den zwanziger Jahren wurden die bis heute gültigen organisatorischen Strukturen des Caritasverbandes geschaffen, und *Heinrich Weber* war als Fachmann für Fragen der Organisationsentwicklung und der Wirtschaftsführung entscheidend an dieser Strukturplanung beteiligt.

Weber zeigte von Anfang an Engagement in der Finanzkommission. 1920 stellte er für die Gestaltung der Zeitschriften „Caritas" und „Caritasstimmen" den Antrag: „Der Inhalt der beiden Zeitschriften ist in Zukunft so zu gestalten, dass die ‚Caritas' im wesentlichen wissenschaftlicher, die ‚Caritasstimmen' hingegen volkstümlicher gestaltet werden." Diesem Antrag entsprach die Finanzkommission einstimmig. In den folgenden Jahren, als *Weber* promovierte und sich habilitierte und die Grundsteine für die Gestaltung seiner Professur legen mußte, war *Weber* offenbar nicht Mitglied dieser Kommission. Erst 1925 taucht sein Name in der Anwesenheitsliste der Kommission und als Unterschrift unter den Berichten der Kommission wieder auf. Ab dieser Zeit war das Gremium klein, aber äußerst einflußreich. Außer *Weber* gehörten der Kommission Msgr. *Dr. Straubinger*[160] aus Stuttgart als Vorsitzender und Diözesancaritasdirektor *Nar*[161] aus Augsburg an. Es ist die gleiche Zeit, als auch der Ausschuß für Caritaswissenschaft auf ein neues finanzielles Fundament gestellt wurde. Das Zusammenspiel der beiden Gremien kam in *Webers* Antrag zum Ausdruck, einen Betrag von 8.000 RM in den Voranschlag als Aufwendung für caritaswissenschaftliche Publikationen einzusetzen. „Eine Kommission bestehend aus Generaldirektor Klieber[162], Prof. Dr. Weber und Caritasdirektor Auer wird beauftragt, Richtlinien für die Verwendung dieser Summe aufzustellen und die erforderlichen Vereinbarungen mit dem Caritas-Verlag und dem Ausschuß für Caritas-Wissenschaft zu treffen."[163] 1926 bewilligte die Kommission einen Zuschuß in Höhe von 10 000 RM für die Herausgabe der Zeitschriften „Caritas", „Jugendwohl" und „Nächstenliebe". Auch in den folgenden Jahren galt die besondere Aufmerksamkeit *Webers* und der Kommission der Gestaltung der Caritaszeitschriften und der Öffentlichkeitsarbeit.

---

[159] Protokoll der Zentralratssitzung vom 6.-7. Oktober 1926 in Osnabrück. Archiv DCV, Sign. 111 .055.

[160] Prälat Dr. *Johannes Straubinger* (geb. 26.12.1883 in Essenhausen, gest. 23.3.1956 in Stuttgart) war seit 1917 Caritassekretär, seit 1922 Caritasdirektor der Diözese Rottenburg. 1937 mußte er in die Vereinigten Staaten von Amerika fliehen, von wo er 1951 wieder nach Deutschland zurückkehrte. Archiv DCV, Karteikarte Straubinger.

[161] *Johannes N. Nar* (geb. 12.7.1890 in Jachenau, gest. 1.12.1964 in Weilheim) war von 1920 bis zu seinem Tod durch Unfall 1964 Caritasdirektor der Diözese Augsburg. Archiv DCV, Karteikarte Nar.

[162] *Hugo Arthur Klieber* (geb. 14.2.1877 in Neustruppen, gest. 15.8.1930 in Berlin) war von 1919 Direktor und von 1921 an Generaldirektor des Deutschen Caritasverbandes. Archiv DCV, Karteikarte Klieber.

[163] Bericht der Finanzkommission vom 17. Oktober 1925. Archiv DCV, Sign. 113,2.

Im Jahr 1926 erwarb der Caritasverband auch ein Grundstück von 6000 qm mit einer Villa an der Karlstraße in Freiburg, auf dessen Gelände noch heute die Zentrale des Caritasverbandes steht. Veranlassung zu diesem Kauf bot der große Schülerandrang zur Caritasschule. Die Mitte der zwanziger Jahre war die Zeit, als sich der Caritasverband organisatorisch und finanziell konsolidierte. Der Caritasverband übernahm auch Aufgaben zur Förderung des Wohnungs- und Siedlungswesen, um der Wohnungsnot jener Jahre zu begegnen. Als *Dr. Straubinger* hauptamtlich in den Dienst dieser Aufgabe trat und deshalb 1929 aus der Finanzkommission ausschied, wurde Diözesancaritasdirektor *Werner* aus Dresden in die Finanzkommission gewählt und der Vorsitz Professor *Weber* übertragen. Nach seiner Wahl trug *Weber* der Kommission das Referat „Caritas und Wirtschaft" vor, in dem er sein theoretisches Konzept, quasi sein Kommissionsprogramm über die Beziehungen zwischen Caritas und Wirtschaft auf der Ebene der Gesinnung und des praktischen organisatorischen Handelns darlegte. Aus den theoretischen Erörterungen zog er praktische Konsequenzen. Zur Klärung des Verhältnisses von Caritas und Privatwirtschaft entwickelte er eine Typologie caritativer und wirtschaftlicher Unternehmungen nach dem caritativem Prinzip, dem Rentabilitätsprinzip und dem Wirtschaftlichkeitsprinzip. Reine gewinnorientierte Unternehmen schloß er für die Caritas aus, aber die Schaffung von gemischten caritativ-wirtschaftlichen Unternehmungen machte er von der Bedarfslage und den soziologisch relevanten Zeitumständen abhängig[164]. Diese aus konkretem Anlaß erwachsene Arbeit hat er zunächst zu einem Artikel für das „Jahrbuch für Caritaswissenschaft" und dann zu einem eigenen Büchlein ausgebaut[165].

Mit dem Kommissionsvorsitz übernahm *Weber* eine schwerwiegende Verantwortung wenige Monate vor Ausbruch der Weltwirtschaftskrise. Bereits bei seinem Finanzbericht für das Jahr 1929, der von ihm allein handschriftlich unterzeichnet ist, mußte er Rechenschaft ablegen über die finanziellen Auswirkungen des Zusammenbruchs des Freiburger Bankhauses Bürkle, bei dem der Caritasverband einen Gesamtverlust von 150 000 - 190 000 RM erlitt. Den bei dem folgenden Bürkle-Prozeß in der Öffentlichkeit erhobenen ungerechtfertigten Anschuldigungen gegen den Caritasverband und einige leitende Mitarbeiter mußte er durch eigene Recherchen nachgehen und sie auffangen. Der Bericht der Konkursverwaltung, so ergaben seine Nachforschungen, hätte eine restlose Rechtfertigung ergeben[166].

---

[164] Bericht der Finanzkommission von 1929. Ebd. Dieses Referat stimmt überein mit dem von *Weber* auf der Zentralratssitzung in Münster am 23. Oktober 1929 gehaltenen Referat. Möglicherweise fanden Zentralratssitzung und Sitzung der Finanzkommission auch gleichzeitig statt. Archiv DCV, Sign. 113,2 (vgl. Anm. 144).

[165] *Weber, Heinrich:* Caritas und Wirtschaft. In: *Keller, Franz* (Hrsg.), Jahrbuch der Caritaswissenschaft 1930. Freiburg i.Br.: Institut für Caritaswissenschaft an der Universität Freiburg i.Br. 1930, 9-36. *Ders.*: Caritas und Wirtschaft. Freiburg i.Br.: Caritasverlag 1930.

[166] Bericht der Finanzkommission über das Jahr 1929. Ebd., ferner Bericht der Finanzkommission bei der Zentralrats-Sitzung des Deutschen Caritasverbandes am 28. Mai 1931 in Würzburg, Archiv DCV, Sign. 111.055.

Weber systematisierte die Finanzgestaltung des Caritasverbandes. In seinem Finanzbericht für das Jahr 1929 unterschied er zwischen 1. Defizitbetrieben, 2. gering rentablen Unternehmungen wie der Hilfskasse, dem Caritas-Verlag, der Caritas-Lichtbildgesellschaft, dem Caritas-Stift und 3. gut rentablen Unternehmungen wie der Hilfsgemeinschaft und der Versicherungszentrale.

Im Bericht der Finanzkommission für das Jahr 1931 formulierte *Weber* die Grundsätze, an die sich der Caritasverband halten müsse: 1. Bilanzklarheit, 2. Bilanzwahrheit, 3. Bilanzkontinuität, 4. Bilanzeinheit. Es sind die gleichen Grundsätze, die in seinem Buch „Betriebsführung in caritativen Anstalten" wieder auftauchen[167]. *Webers* Bücher „Caritas und Wirtschaft" (1930) und „Betriebsführung in caritativen Anstalten" (1933) entstanden also aus der Arbeit der Finanzkommission des Caritasverbandes. Sie haben hier ihren Sitz im Leben.

Die Gesichtspunkte der Bilanzklarheit orientierten sich an dem Bilanzschema der Notverordnung vom 19. September 1931. *Weber* gab dem Deutschen Caritasverband folgende finanzielle Richtschnur: „Der D.C.V. wird als caritative und katholische Organisation bestrebt sein müssen, mindestens ebenso strenge, ja strengere Bewertungsgrundsätze anzuwenden, als dies der Gesetzgeber von den Aktiengesellschaften verlangt."[168] Diese strengen Maßstäbe, die *Weber* dem Caritasverband auferlegte, ermöglichten dem Caritasverband in den Folgejahren der nationalsozialistischen Diktatur, als dirigistische Kontrollen und einschränkende Maßnahmen zunahmen, das Überleben.

Schon in diesen Jahren der Weltwirtschaftskrise bereitete *Weber* das geringe Eigenkapital des Caritasverbandes und die starke Abhängigkeit von Fremdkapital äußerste Sorgen. Ende 1932 verfügte der Caritasverband über 8 % Eigenmittel und 92 % fremde Mittel. Besonders wirkte sich bei dem Fremdkapital die Amerika-Anleihe für den caritaseigenen Betrieb Köln-Hohenlind, einem Großkrankenhaus mit angeschlossenen Institut für Gesundheitsfürsorge und Hygieneforschung aus[169]. In kluger Voraussicht der kirchenfeindlichen restriktiven Politik des nationalsozialistischen Regimes schrieb *Weber* in den Bericht der Finanzkommission für das Jahr 1932, der von ihm am 10. April 1933 unterzeichnet ist: „Diese Tatsache [des geringen Eigenkapitals] zwingt mit absoluter Notwendigkeit zu folgenden Konsequenzen (...) a) Es darf unter gar keinen Umständen weiteres Leihkapital aufgenommen werden. b) Es ist mit allen Kräften die sparsamste Wirtschaftsführung zu erstreben, um eine Stärkung der eigenen Mittel im Laufe der Zeit wieder zu erreichen."[170]

---

[167] Ebd.; vgl. ferner *Weber, Heinrich:* Betriebsführung in caritativen Anstalten (= Der Wirtschaftsprüfer; 5). Berlin: Springer 1933, 39-41.

[168] Archiv DCV, ebd.

[169] Die Entwicklung von Akademie und Krankenhaus. In: Fortbildungsakademie für Gesundheitshilfe St.-Elisabeth-Krankenhaus Köln-Hohenlind.

[170] Ebd.

Weber stellte die Finanzgestaltung in eine größere Gesamtkonzeption, in eine Einheit von weltanschaulichem Leitbild und praktischem Handeln. Für beides schien ihm Werbung und Öffentlichkeitsarbeit erforderlich. *Weber* erwies sich als Schüler von *Plenge*[171], der geschickt dessen Gedanken von Ideen-Propaganda, lange bevor der Begriff durch den Nationalsozialismus mißbraucht wurde, für die Caritas nutzbar machte. Für den Kirchenmann *Weber* war selbstverständlich geläufig, daß es beim Vatikan eine Kommission „de propaganda fide" gab. In der Finanzkommission entstanden die Gedanken, die *Weber* 1932 im Zentralrat zum Thema „Caritasideologie und Caritaspropaganda" referierte und 1933 mit dem Titel „Caritaspropaganda" im „Jahrbuch für Caritaswissenschaft" veröffentlichte. *Weber* war sich der Umbruchssituation bewußt. Er wollte gegensteuern. Er wollte die Mitarbeiter der Caritas auf die sich verändernde Situation vorbereiten. „Alle Kreise, die in der Caritas stehen, spüren wohl, dass im sozialen und wirtschaftlichen Leben Deutschlands eine Zeitenwende hereingebrochen ist, in der auch unbedingt eine Wende für unsere katholische Caritas sich vollziehen wird. Es taucht die Frage auf: Ist die Caritas auf diese Wende gerüstet? Wird sie den möglichen Gefährdungen Widerstand leisten können? Was braucht sie zu einem erfolgreichen Widerstand, vor allem zu einem wirkungsvollen Bestand?"[172]

Damit die Caritas sich behaupten kann, braucht sie nach *Weber* vor allem drei Dinge: 1. eine tragfähige Organisation, 2. personelle und materielle Mittel, 3. ein tragfähiges geistiges Fundament. *Weber* hat bei aller gründlichen finanziellen Detailarbeit nie den Blick für die personellen und geistigen Zusammenhänge verloren. In diese hinein stellte er die Frage nach der Verbreitung der Caritasidee in der Öffentlichkeit. *Weber* ging das Thema der „öffentlichen Meinung" kommunikationstheoretisch und soziologisch in Anlehnung an *Ferdinand Tönnies*[173] an. „Die entscheidende Frage für die Wirksamkeit einer Caritaspropaganda ist natürlich die Möglichkeit der Beeinflussung der „öffentlichen Meinung". Eine Caritaspropaganda hat naturgemäß nur dann Sinn, wenn es im Rahmen des Möglichen liegt, die öffentliche Meinung für die Idee der Caritas zu gewinnen." Ein blinder Aktionismus lag *Weber* fern. Deshalb ging *Weber* psychologisch und soziologisch der Frage nach der menschlichen Kommunikation und den Entstehungs- und Ausbreitungsbedingungen der „öffentlichen Meinung" nach. Auch kommt es ihm auf klare Begrifflichkeit in der Werbung an und er unterscheidet deshalb a) Agitation, b) Demagogie, c) Reklame und d) Propaganda. Bei letzterer handelt es sich „wie bei der Agitation und Demagogie um die Gewinnung und Beeinflussung der öffentlichen Meinung im Interesse einer öffentlichen Angelegenheit. Sie erstrebt vorwiegend das Durchdringen (...) einer von ihr als wertvoll aufgefaßten Idee". Er gibt der Propaganda aber einen positiven Inhalt: „Eine solche Idee, von der der Träger der Propaganda zutiefst überzeugt ist, soll

---

[171] *Plenge, Johann:* Deutsche Propaganda. Die Lehre von der Propaganda als praktische Gesellschaftslehre. Mit einem Nachwort von *Ludwig Roselius.* Bremen: Angelsachsen-Verlag 1921. Vgl. ferner *Schäfers, Bernhard (Hrsg.):* Soziologie, 1967 (Anm. 54).

[172] Referat „Caritasideologie und Caritaspropaganda" von *Heinrich Weber* am 18. Mai 1932 vor dem Zentralrat. Archiv DCV. Sign. 111.055 - 1932/1.

[173] *Tönnies, Ferdinand:* Kritik der öffentlichen Meinung. Berlin: Julius Springer 1922.

´verbreitet´ (propagare) werden). Dabei braucht es sich bei der Propaganda keineswegs unbedingt um eine gegnerische Einstellung zu handeln. Es gehört absolut nicht zum Wesen der Propaganda, dass sie in irgendwie feindseliger oder gehässiger Weise andere Ideen verurteilt (...). Im Gegenteil, für die Propaganda ist es am zweckmäßigsten, wenn sie die zu verbreitende Idee auf dem Wege ruhiger, logisch-konsequenter Darlegung und in möglichst ansprechender Form vertritt. Dabei steht naturgemäß die möglichst scharfe Herausprägung des Positiven im eigenen Standpunkt durchaus im Vordergrunde."[174] Das war ein Gegenmodell zur damaligen demagogischen Propaganda, wie sie von den extremen rechten und linken Parteien der Zeit betrieben wurde. Es lag die Intention zugrunde, diesem Begriff, den Goebbels später als Propagandaminister für sich und seine Zwecke pachtete, in der Öffentlichkeit noch einen anderen Inhalt zu geben und mit anderen Assoziationen zu verbinden.

---

[174] *Weber, Heinrich:* Caritasideologie. 1932 (Anm. 172).

4. Bedrängnis und Herausforderung in nationalsozialistischer Zeit

4.1. *Zwangsversetzung nach Breslau*

Nach der Machtergreifung durch die Nationalsozialisten wurde auf *Weber* Druck ausgeübt, einen Antrag auf Versetzung in die Katholisch-Theologische Fakultät zu stellen, der am 1. November 1933 stattgegeben wurde[175]. Diese Maßnahme nationalsozialistischer Hochschulpolitik erfolgte unter Berufung auf das „Gesetz zur Wiederherstellung des Berufsbeamtentums" vom 7. April 1933, das mit dem Ziel geschaffen worden war, für das Regime mißliebige Professoren ihres Einflusses zu berauben oder ganz von der Hochschule auszuschalten. *Weber* wurde ausdrücklich bescheinigt, diese Versetzung sei „lediglich und ausschließlich eine Konsequenz der politischen Gleichschaltung" und habe keine anderen Gründe. Auch die früheren Vorwürfe von Professor *Plenge* fänden keine Beachtung[176]. *Weber* wurde von seinem Amt als Direktor des Instituts für Wirtschafts- und Sozialwissenschaften entbunden, ferner wurde ihm das Prüfungsrecht an der Rechts- und Staatswissenschaftlichen Fakultät entzogen und seine dortigen Vorlesungsankündigungen aus dem Vorlesungsverzeichnis gestrichen. Vor allem der nationalsozialistisch orientierte Dekan der Philosophischen Fakultät *Anton Baumstark*, dem 1933 der Vorsitz der Gleichschaltungskommission in der Universität übertragen wurde und der die Entlassung mehrerer, dem Regime nicht genehmer Universitätsprofessoren in die Wege leitete[177], entwickelte sich zu einem intriganten Gegner sowohl von Prälat *Georg*

---

[175] Der Dekan der Rechts- und Staatswissenschaftlichen Fakultät schrieb an den Dekan der Katholisch-Theologischen Fakultät am 18. Juli 1933, daß die Fakultät das Ausscheiden von Professor *Weber* lebhaft bedauert, „da wir ihn in langjähriger Zusammenarbeit als Menschen und Kollegen schätzen gelernt haben. *Hegel*, Geschichte, Teil II, 1971, 409 (Anm. 4). An den Ministerialdirektor *Gerullis* vom Preußischen Ministerium für Wissenschaft, Erziehung und Volksbildung sandte der gleiche Dekan ebenfalls am 18. Juli 1933 ein Schreiben u.a. folgenden Inhalts: „Er [Weber] hat sich als Lehrer und Prüfer durchaus bewährt und sich um Einrichtung, Ausbau und Verwaltung des Instituts für Wirtschafts- und Sozialwissenschaften große Verdienste erworben. Er hat insbesondere das Gebiet der Sozialpolitik und des Fürsorgewesens gepflegt, wie seine mannigfachen Veröffentlichungen auf diesem Gebiete zeigen (...).

Bei seiner ruhigen und sachlichen Art war seine Mitarbeit in Fakultätsangelegenheiten immer sehr wertvoll, und der persönliche Verkehr mit den Kollegen spielte sich stets in den angenehmsten Formen ab.

Die Fakultät würde es sehr begrüßen, wenn Prof. Weber auch fernerhin die wissenschaftliche Arbeitsmöglichkeit auf seinem Spezialgebiet und durch geeignete Maßnahmen gewährleistet würde. Er hat Jahr und Jahr in uneigennütziger Weise von verschiedenen Stellen erhebliche Geldmittel aufgebracht und für die sachliche Ausstattung des Instituts verwandt." Ebd. 410.

[176] Pers.-Akt. Nr. 89. Sehr ausführlich dokumentiert die nationalsozialistischen Schikanen und *Webers* Zwangsversetzung der Historiker *Johannes Gröger. Gröger, Johannes:* Die Zwangsversetzung von Professor Heinrich Weber nach Breslau. Ein Beitrag zur nationalsozialistischen Hochschulpolitik. In: Archiv für schlesische Kirchengeschichte. Jg. 49 (1991), 165-176, hier 169, ferner *Hegel*, Geschichte, Teil I, 1966, 481 (Anm. 4).

[177] Vgl. *Maoro, Bettina:* Die Zeitungswissenschaft, 1987, 275 (Anm. 86).

Schreiber[178] wie auch von *Heinrich Weber*[179]. Auch anonyme Schreiben, die ihn als „ausgesprochenen Anhänger des alten Systems" und sogar als „Oberschieber" beschimpften, erreichten über die Gauleitung Westfalen-Nord der NSDAP das Rektorat der Westfälischen-Wilhelms-Universität[180]. Sogar eine „Voruntersuchung" wurde gegen ihn 1934 eingeleitet oder angedroht. Deshalb richtete *Weber* am 29. Juni 1934 ein Schreiben an die Katholisch-Theologische Fakultät, in der er folgende gewichtige Fragen stellt: „Was heißt ,Voruntersuchung'? Der Begriff ist eindeutig. Es kann sich nur um jenes strafprozessuale Verfahren handeln, das eine Entscheidung darüber herbeiführen soll, ob die Verfolgung eines Angeschuldigten eingestellt oder das Hauptverfahren eingeleitet werden muß. Offenbar liegt also eine Anschuldigung vor. Die Voraussetzung jeder Voruntersuchung ist die Erhebung einer öffentlichen Klage. Nach Eröffnung der Voruntersuchung kann diese Klage nicht mehr zurückgenommen und auch das Verfahren nicht mehr formlos eingestellt werden. Jeder Antrag auf Voruntersuchung muß aber nach § 177 St.P.O. die Beschuldigung und den Beschuldigten enthalten. - Weshalb teilt man mir die Beschuldigung nicht mit? Auch die Fakultät muß ein Interesse daran haben, die Beschuldigung zu erfahren. Weshalb fragt die Fakultät nicht in diesem Sinne beim Ministerium an? (...)

Weshalb hat das Ministerium mir wiederholt versichert, daß ,keinerlei Vorwürfe mir gegenüber erhoben' würden, und weshalb teilt es nunmehr nach Jahresfrist dem Dekan als amtlicher Stelle den Tatbestand der Voruntersuchung mit? Muß nicht die Fakultät Wert darauf legen, diesen Widerspruch aufzuklären? (...)

Warum wird mir das elementarste Menschenrecht vorenthalten, das man jedem Schwerverbrecher einräumt: die Mitteilung von der Erhebung einer Anschuldigung und die Möglichkeit der eigenen Äußerung dazu? Die Wahrung dieses Grundrechtes ist durch mehrere Erlasse von Mitgliedern der Reichsregierung (...) allen Stellen, auch den Parteistellen, zur unbedingten Pflicht gemacht. Muß nicht gerade eine theologische Fakultät sich für die Wahrung dieses Rechtes unbedingt einsetzen?" Diese juristisch versierten Anfragen haben wohl mit zur Niederschlagung des Verfahrens geführt. *Webers* Schreiben enthält die handschriftliche Notiz vom 6. Juli 1934: „Durch mündliche Besprechung mit Herrn Kollegen Weber erledigt."[181] Ob und was die theologische Fakultät unternommen hat, läßt sich nicht ermitteln.

---

[178] Zu *Georg Schreiber* vgl. Anm. 103. Vgl. auch *Hegel*, Teil I, 1966, 481, Teil II, 1971, 82.

[179] In sein noch unveröffentlichtes Tagebuch notierte der Freiburger Prälat Professor *Joseph Sauer* (gest. 1949) unter dem 17. April 1934 „Von (Ludwig) Mohler hörte ich, daß Baumstark unerbittlicher Gegner von Schreiber und auch vom Inhaber der Hitze-Professur, Weber, sei und immer wieder versuche, wenigstens den ersteren zur Strecke zu bringen." Vgl. *Onnau, Hans Elmar:* Die Görres-Gesellschaft im Dritten Reich. Paderborn: Schöningh 1997.

[180] Abschrift eines anonymen Schreibens vom 7.10.1934 zusammen mit einem Brief der Nationalsozialistischen Deutschen Arbeiterpartei vom 8.10.1934 an den Rektor der Westfälischen-Wilhelms-Universität. UA Münster. Personalakte Nr. 223.

[181] UA Münster. Kath.Theol. Fak. Pers.Akt. Nr. 41.

Auf Drängen des Nationalsozialistischen Deutschen Studentenbundes mußte *Weber* 1935 seine langjährige Tätigkeit im „Förderausschuß des Studentenwerkes Münster e.V." aufgeben. Um so erstaunlicher ist der mutige Dankesbrief des Geschäftsführers des Studentenwerkes, Diplom-Volkswirt *Bernhard Tietz*, vom 15. Mai 1935 an *Weber*, in dem es heißt: „Aus Freude an der Arbeit haben Sie keine Mühe, Sorge und Arbeit gescheut, um nach gewissenhafter Beurteilung Ihre Entscheidungen zu fällen. Damit haben Sie, (...), in stiller, verborgener Arbeit fördernd in das Leben unserer würdigen und bedürftigen Kameraden eingegriffen. Hunderte von Studenten haben ihr Studium und ihre Berufserfüllung Ihnen zu danken. Deren positive Einstellung zum Leben soll Ihnen stiller und heiliger Dank sein (...). Für Ihre Mühewaltung, Ihre gewissenhafte, opferfreudige Arbeit und Ihr tatkräftiges Wirken danke ich Ihnen nochmals im Namen der geförderten Kameraden und in meinem eigenen Namen recht, recht herzlich."[182] *Tietz* wurde daraufhin seines Amtes als Geschäftsführer des Studentenwerks enthoben.

Aber die nationalsozialistischen Machthaber begnügten sich nicht mit den bisherigen gegen *Weber* gerichteten Maßnahmen. Mit dem Datum vom 24. Juli 1935 erhielt er ein Einschreiben vom Reichs- und Preußischen Minister für Wissenschaft, Erziehung und Volksbildung, das seine Zwangsversetzung in die Breslauer Katholisch-Theologische Fakultät zum 1. Oktober 1935 bestimmte[183]. Dort wurde ihm als planmäßige außerordentliche Professur (persönliches Ordinariat) das Fach Caritaswissenschaft übertragen. Mit der Verlegung seiner Professur nach Breslau wollte die nationalsozialistische Regierung einem im Münsterland und darüberhinaus einflußreichen Mann seinen langjährigen Wirkungsraum nehmen.

Der Rektor der Breslauer Universität *Walz* empfing *Weber* keineswegs freundlich, sondern erhob bei dem Reichs- und Preußischen Minister für Wissenschaft, Erziehung und Volksbildung am 12. Oktober 1935 Einspruch gegen die Versetzung *Webers* nach Breslau: „Meine inzwischen eingeholten Auskünfte ergeben, daß Weber offenbar aus Münster entfernt werden mußte, daß er auf jeden Fall eine politisch nicht zuverlässige Persönlichkeit darstellt. Angesichts der der Breslauer Universität vom Herrn Minister gestellten Aufgaben kann ich nicht verhehlen, daß diese Verfügung ernsthaft die sonstigen Maßnahmen des Herrn Ministers zu beeinträchtigen geeignet ist."[184] Auch der Kurator der Universität Breslau hat am 18.10.1935 ebenso wie die Gauleitung Breslau beim Ministerium Einwände gegen die Versetzung *Webers* nach Breslau vorgetragen, das aber bei seiner Entscheidung blieb. Wegen dieser Einwände des Breslauer Universitätsrektors und des Kurators hat *Weber* im Wintersemester 1935/36 keine Lehrveranstaltungen durchführen können. Seine Breslauer Vorlesungstätigkeit begann erst im Sommersemester

---

[182] Pers.Akten Nr. 233. Vgl. *Gröger, Johannes:* Zwangsversetzung, 1991, 174 (Anm. 176).

[183] UA Archiv Münster. Neue Universität Pers. Akte Nr. 233; ferner *Gröger, Johannes:* Zwangsversetzung 1991, 174 (Anm. 176).

[184] Der Rektor der Universität Breslau an den Reichs- und Preußischen Minister für Wissenschaft, Erziehung und Volksbildung vom 12. Oktober 1935. Uniwersytet Wroclawski Archiwum TK 35: Anstellung der Professoren.

1936[185].

Eine Folge der Übersiedlung nach Breslau war, daß sich *Weber* 1936 gezwungen sah, seinen Vorsitz im Diözesan-Caritasverband Münster niederzulegen, für den er mit unermüdlicher Schaffenskraft gewirkt hatte. Bischof *Clemens August von Galen* entsprach diesem Gesuch *Webers* ungern und erst am 15. April 1937 und ernannte zu seinem Nachfolger Weihbischof *Heinrich Roleff*[186]. Der Bischof schrieb in seinem Dankesschreiben an Professor *Weber* am 30. März 1937: „Wenn ich auch die Gründe, die Sie zu diesem Schritte veranlaßten, als berechtigt anerkennen muß, so habe ich mich doch nur ungern und zögernd entschließen können, Ihrer Bitte zu entsprechen. Denn ich weiß es aus unmittelbarer Erfahrung, mit wieviel sachkundigem Eifer und weiser Tatkraft Sie jahrelang die Leitung des Diözesan-Caritas-Verbandes wahrgenommen haben, und mit welchem Erfolge Sie unermüdlich tätig waren, die Caritasarbeit in unserem Bistum nach innen und außen weiter auf- und auszubauen. Dadurch haben Sie mir und der Diözese auf dem Gebiete der christlichen Nächstenliebe große und wertvolle Dienste geleistet, die in der Geschichte des Diözesan-Caritas-Verbandes stets ehrenvolle Erwähnung finden werden und für die ich Ihnen meinen wärmsten oberhirtlichen Dank ausspreche. Zugleich danke ich Ihnen für die Zusicherung, daß, wenn Sie auch aus der Stellung eines Vorsitzenden ausscheiden, Sie doch nach Möglichkeit weiterhin uns Ihren Rat und Ihre Unterstützung leihen wollen. + Clemens August."[187]

Weber sandte eine Abschrift dieses Briefes an seinen Freund *Kreutz* mit folgenden Worten: „(...) Ich brauche Dir nicht zu sagen, wie sehr ich persönlich an dem Werk des Münsterer Caritasverbandes hänge, das von der ersten Lebensstunde an in meiner Hand gelegen hat, und an dessen Aufbau ich mehr als zwei Jahrzehnte hindurch mitwirken durfte. Anderseits muß man aber rein sachlich sagen, daß es ein Unding ist, bei solch großer räumlicher Entfernung einen Diözesanverband verantwortlich zu leiten. So sehr ich auch menschlich die Trennung schmerzlich empfinde, so sehr begrüße ich sie anderseits auch aus rein sachlichen Erwägungen heraus. Es ist selbstverständlich, daß meine innere Einstellung und besondere Vorliebe für den Münsterer Diözesanverband durch das formelle Ausscheiden nicht berührt wird.
Mit recht herzlichen Grüßen bin in alter Freundschaft Dein H. Weber."[188]

Sein Ausscheiden hat beim Caritasverband in Münster „das lebhafteste Bedauern

---

[185] Personal- und Vorlesungsverzeichnis der Schlesischen Friedrich-Wilhelms-Universität zu Breslau. Sommersemester 1936. Uniwersytet Wroclawski Archiwum, Sign. 112.

[186] Weihbischof *Heinrich Roleff* (geb. 24.4.1878 in Unna, gest. 5.11.1966 in Münster) war 1903 zum Priester und 1936 zum Bischof geweiht worden. Er hatte das Amt des 1. Vorsitzenden des Diözesan-Caritasverbandes Münster bis zum 5. April 1961 inne. Karteikarte Roleff im Bistumsarchiv Münster.

[187] Abschrift des Schreibens des Bischofs *Clemens August von Galen* an Universitätsprofessor *Dr. Heinrich Weber*, Breslau vom 30. März 1937. Archiv DCV, Sign. 519,9 W.

[188] Schreiben von Prof. *Dr. Weber* an Prälaten *Dr. Kreutz* vom 9. April 1937. Ebd.

hervorgerufen."[189] Aus Anerkennung seiner caritativen, pastoralen und theologischen Verdienste hat sich Bischof *von Galen* beim Apostolischen Stuhl dafür eingesetzt, daß *Weber* zum Päpstlichen Hausprälaten ernannt wurde. Diese Ehrung erfolgte am 20. Juni 1938. Spontan gratulierte Präsident *Kreutz* in einem formellen Schreiben, aus dem aber doch die tiefe Freundschaft spricht:

„Sehr verehrter, lieber Herr Prälat!

Aufs herzlichste haben wir uns alle gefreut über die soeben bei uns eingelaufene (vielleicht vorerst noch vertrauliche) Nachricht von der hohen und ehrenvollen Auszeichnung, die Ihnen seitens des Apostolischen Stuhles durch die Ernennung zum
P ä p s t l i c h e n   H a u s p r ä l a t e n[190]
zuteil geworden ist. Wir haben Ihnen sofort telegrafisch unsere wärmsten Glückwünsche übermittelt.

Zugleich drängt es mich, Ihnen in alter treuer Freundschaft auch noch persönlich meine aufrichtige Gratulation zu entbieten.

Es war wirklich höchste Zeit, dass Ihre so vielseitigen und umfangreichen Verdienste um die Förderung der kirchlichen Caritasarbeit und des kirchlichen Finanzwesens auch von höchster kirchlicher Stelle die gebührende Anerkennung fanden. Um so mehr freuen wir uns darüber, dass dies nun in so wohlwollender Weise geschehen ist. Mit unserer Gratulation verbinden wir die erneute Versicherung unseres tiefempfundenen und wärmsten Dankes für Ihre so überaus schätzenswerte und erfolggekrönte Mitarbeit im grossen deutschen Caritaswerk, ganz besonders auch als Vorsitzender der Finanzkommission und Mitglied des Wirtschaftsrates.

Wir hoffen bestimmt, dass Sie dieses selbstlose und hingebende Wirken mit Gottes Gnade noch recht lange fortsetzen dürfen und dass Ihnen dies insbesondere auch durch eine recht standhafte Gesundheit und eine allzeit ungebrochene Schaffenskraft ermöglicht wird.

In herzlicher Mitfreude und nochmaliger Gratulation und besten Caritasgrüssen Ihr stets ergebener [Kreutz]"[191]

Seine Tätigkeiten bei der Zentrale des Caritasverbandes in Freiburg hat *Weber* beibehalten. Seine wichtigste Funktion in der Zeit des Nationalsozialismus, in der der Handlungsspielraum des Caritasverbandes immer enger wurde und er schließlich um sein Überleben rang, war die des Vorsitzenden der Finanzkommission. Durch diese überlebenswichtige Aufgabe wuchs *Weber* in eine immer engere Vertrauensstellung zum Präsidenten *Kreutz*, der auf die Kompetenz dieses Wirtschaftsfachmanns nicht mehr verzichten konnte.

---

[189] 20 Jahre Diözesan-Caritasverband Münster e.V. [1936], hier 72 (Anm. 47).

[190] Text wie im Original hervorgehoben und unterstrichen.

[191] Die Unterschrift von Präsident *Kreutz* fehlt in der Durchschrift. Trotz der in anderen Briefen von *Kreutz* an *Weber* nicht gebrauchten „Sie"-Form kommt bei der Warmherzigkeit der Gratulation nur Caritaspräsident *Kreutz* in Frage. Archiv DCV, Sign. 519,9 W.

Trotz der widrigen politischen Umstände hat *Weber* sich in Breslau ein neues Aufgabenfeld aufgebaut. Zusätzlich zur Caritaswissenschaft erhielt er 1937 nach dem Tode des Pastoraltheologen Professor Dr. *Franz Schubert*[192] auch den dortigen Lehrstuhl für Pastoraltheologie. *Weber* hielt vom Sommersemester 1936 bis ins Wintersemester 1944/45 in Breslau Vorlesungen und Seminare in Allgemeiner Caritaswissenschaft, in Praktischer Caritaslehre, Caritasgeschichte, Allgemeiner Pastoraltheologie, Homiletik, Katechetik und Liturgik[193]. Im Rahmen der 125-Jahrfeier der Schlesischen Friedrich-Wilhelms- Universität im November 1936 hielt *Weber* einen Vortrag zum Thema „Katholizismus und Caritas"[194]. In die Jubiläumswoche vom 2. bis 7. November 1936 fällt auch die Eröffnung des Bischöflichen Instituts für kirchliche Verwaltung und Finanzwirtschaft, das *Weber* im Auftrag von Kardinal *Bertram* gründete und dessen Leiter er bis 1945 war[195].

Weber blieb aber auch von weiteren Benachteiligungen nicht verschont. Im Dezember 1937 erhielt *Weber* vom Senat der Katholieke Economische Hoogeschool in Tilburg/ Niederlande eine Einladung zu einer Gastvorlesung zu dem Thema „Der gerechte Preis". Auf *Webers* Nachfrage beim Reichs- und Preußischen Minister, „ob es erwünscht ist, daß ich die in dem beigefügten Schreiben erbetene Vorlesung halte" wurde der Dekan der Katholisch-Theologischen Fakultät *Haase* um Stellungnahme ersucht, die für *Weber* äußerst nachteilig ausfiel[196]. Diese sandte der Rektor der Universität zusammen mit einem

---

[192] *Franz Schubert* (geb. 28.7.1876 zu Bistrai-Bielitz in Österreich-Schlesien, gest. 23.1.1937 in Breslau) studierte Theologie in Weidenau, wurde am dortigen Priesterseminar am 1.10.1905 Professor und am 1.1.1920 als ordentlicher Professor für Pastoraltheologie nach Breslau berufen. Vgl. *Kleineidam, Erich:* Die Katholisch-Theologische Fakultät der Universität Breslau 1811-1945. Köln: Wienand 1961, 152.

[193] Uniwersytet Wroclawski Archiwum, Vorlesungs- und Personalverzeichnisse der Schlesischen Friedrich-Wilhelms-Universität zu Breslau, SS 1936 - WS 1944/45. Sign 112 - S 129. S. Quellen- und Dokumentationsanhang.

[194] Uniwersytet Wroclawski Archiwum, Vorlesungs- und Personalverzeichnis WS 1936/37/ SS 1937, Sign. 113.

[195] Prof. Dr. *Franz Scholz*, der ihn als junger Mann und Repetitor im Priesterseminar Breslau kennengelernt hat, schrieb im Brief vom 17.5.1996, daß kirchliche Verwaltung „wohl auch dem NS-Dekan Dr. Haase für die Unternehmung eines strafversetzten Mannes tragbar" erschien.

[196] Der Dekan der Katholisch-Theologischen Fakultät *Haase* schrieb am 22.12.1937 an den Rektor der Universität: „Zu dem Gesuch des Herrn Prof. Weber teile ich vertraulich mit: Weber kam aus Münster vor zwei Jahren nach Breslau. Der frühere Rektor Walz erhielt auf seine Erkundigungen sehr ungünstige Nachrichten über die politische Einstellung Webers. Rektor Walz hat mündlich und schriftlich gegen die Versetzung Webers nach Breslau im Ministerium Einspruch erhoben und ihn als politisch ganz unzuverlässig bezeichnet.

Wenn auch Weber in seinem Vortrage vorsichtig sein wird, so ist zu befürchten, daß er im Gespräche mit Katholiken über Kirchenfragen spricht und in Holland, wo ein Hauptsitz der kath. Emigranten der „Deutschen Freiheitspartei" ist, dies unangenehme Folgen haben könnte. Ich stelle anheim, dies in Berlin mitzuteilen." Uniwersytet Wroclawski Archiwum S 220 - Personalakte von *Heinrich Weber*.

handgeschriebenen Schreiben vom 27. Dezember 1937 an den zuständigen Minister in Berlin, in dem es hieß: „Obwohl mir über Professor Weber während seiner Breslauer Lehrtätigkeit nichts Nachteiliges bekannt geworden ist, halte ich es schon im Hinblick auf den konfessionellen Charakter der holländischen Hochschule nur darauf, daß Professor Weber eine Professur in der kath. theol. Fakultät und nicht in der rechts- und staatsw. Fakultät bekleidet, für nicht gegeben, daß er eine volkswirtschaftl. Auslandsvorlesung abhält."[197]

4.2. Bischöfliche Finanzkammer

Kardinal *Bertram* nutzte im Januar 1936 den Umstand der Versetzung *Webers*, diesen in Verwaltungsfragen erfahrenen Mann mit der Organisation und Planung des „Institutes für kirchliche Verwaltung und Finanzwirtschaft" zu beauftragen. Schon im März 1935 hatte die Konferenz der Bischöfe der Kölner Kirchenprovinz die Gründung einer Bischöflichen Finanzkammer für den Bereich der Kölner Kirchenprovinz mit Sitz in Münster beschlossen[198]. Die Initiative dazu ging von den Bistümern Münster und Köln sowie Professor *Weber* im Jahre 1934 aus. Am 13. November 1934 trug *Weber* auf der Düsseldorfer Konferenz der Verbände der Jungmänner, Jungfrauen, Mütter, Frauen, der Berufsverbände der Kaufleute, Beamten, Lehrerinnen, Hausangestellten und Sachverbände wie Caritasverband und Schulorganisation, zu der Bischof *Berning* von Osnabrück eingeladen hatte, die Gedanken zur Organisation der Finanzkammer vor. *Webers* Referat läßt sich bisher nicht finden, nur ein Bericht des Prälaten *van Acken*, der folgende Zusammenfassung enthält: Die Selbständigkeit und Eigenverantwortlichkeit der katholischen Spitzenverbände sollte nicht berührt werden, aber „wegen der Erfahrungen der letzten Jahre und zum Schutz vor künftigen Überraschungen" sei in Finanzfragen eine Aufsicht der Kirche erforderlich. Die Vereinheitlichung müßte zweifacher Art sein: 1. Zusammenfassung der cura extraordinaria, also der Aufgaben durch eine bischöfliche Zentralstelle, mit dem Ziel einer „geschlossenen Front der kirchlichen Arbeit", 2. wirtschaftliche Zusammenfassung. Die bisher völlige Finanzselbständigkeit der Diözesen und Verbände, die ohne Kontrolle erfolge, müsse zur Rationalisierung der Unkosten teilweise durch eine gewisse Einheitlichkeit ersetzt werden. Die Koordinierung solle die „Bischöfliche Finanzkammer" übernehmen[199].

Da die geplanten Aufgaben der Bischöflichen Finanzkammer mit kirchlicher Zentralisierung und Kontrollbefugnissen verbunden war, stieß der Plan bei den Verbänden, auch

---

[197] Ebd.

[198] Protokoll der Konferenz der Bischöfe der Kölner Kirchenprovinz am 27./ 28. März 1935 in Bensberg bei Köln. *Stasiewski, Bernhard* (Bearb.): Akten deutscher Bischöfe über die Lage der Kirche 1933 - 1945. Bd. II, 1976, Nr. 206, S. 137.

[199] Bericht von Prälat *Johannes van Acken* über die Düsseldorfer Tagung an den Deutschen Caritasverband. Archiv DCV, Sign. R 959. Prälat *Johannes van Acken* (geb. 19.12.1879 in Goch; gest. 17.5.1937 in Berlin) war Direktor des Deutschen Caritas-Instituts für Gesundheitsfürsorge in Köln-Hohenlind. Karteikarte van Acken im Archiv DCV.

beim Caritasverband nicht sogleich auf Zustimmung. Prälat *Kreutz* schrieb als Präsident des Caritasverbandes seine Einwände in einem Schreiben vom 23. November 1934 an Bischof *Berning*, die dieser an *Weber* weiterreichte. In seinem Brief an *Kreutz* finden sich interessante vertrauliche Einzelheiten. *Weber* bedauert, daß er den genauen Wortlaut seines sehr eingehenden Entwurfes den Verbandsleitern nicht vorlegen durfte. Dadurch hätten sich Mißverständnisse ergeben. Dann folgt ein überraschender Satz: „Du weißt, daß mir der Auftrag der drei Kardinäle durch Bischof *Berning* nicht nur ohne mein Zutun sondern gegen meinen Willen übertragen wurde."[200] *Weber* war als Finanzexperte von den Bischöfen offenbar in die Pflicht genommen worden. Einem Priester wurde strikter Gehorsam abverlangt, und *Weber* war ein voll loyaler Geistlicher. Trotzdem vertraute er seinem Freund *Kreutz* seine mentalen Reserven an. Er betonte: „Meinen Entwurf fertigte ich aus der Überzeugung heraus an, daß die Selbständigkeit und Eigenverantwortlichkeit der Verbände nicht angerührt werden dürfte." Er wies darauf hin, daß er sich lieber mit dem Deutschen Caritasverband und den übrigen Verbänden direkt in Verbindung gesetzt hätte. Er versicherte *Kreutz*: „Du kannst überzeugt sein, daß ich sicher nicht geg die Interessen des D.C. angehen werde (...) Meinerseits habe ich auch jetzt wieder H.H. Bischof gebeten, die neue Fassung mit den Verbänden unter Vorlage des Ma scriptes genauestens zu besprechen."[201]

Dieses persönliche Schreiben *Webers* beruhigte Prälat *Kreutz* zwar ein wenig, aber er befürchtete weiterhin, „dass die Finanzkammer, wenn sie einmal besteht, über das hinausgehen könnte, was Du vorschlägst"[202]. *Kreutz* informierte *Weber* ferner über den Verdacht anderer Verbände, der Caritasverband könnte den Plan ausgedacht haben: „Du schreibst, dass die übrigen Verbände mit allem einverstanden sind. Es wird Dich nun interessieren, zu hören, dass die andern Verbände anfangen, die Pläne uns in die Schuhe zu schieben; sie vermuten ein Vorgehen des DCV gegen die Personalverbände, weil sie wissen, dass Du in unserem Verbande eine hervorragende Stellung als Vorsitzender der Finanzkommission einnimmst. Ich wäre Dir dankbar, wenn Du bei Deinen Besprechungen mit den Verbandsführern zum Ausdruck brächtest, dass der DCV über die Düsseldorfer Tagung und die damit zusammenhängenden Pläne ebensowenig unterrichtet war, wie sie selbst."[203] Es muß *Weber* nicht leicht gefallen sein, die Bedenken der Verbände und auch des Caritasverbandes zu zerstreuen. Noch fast ein Jahr später, am 12. November 1935 wies *Weber* in einem Schreiben an Direktor *Anton Wopperer* vom Caritasverband auf die Notwendigkeit einer Spezialstelle für kirchliche Finanzwirtschaft, die zuverlässige Auskunft geben kann, hin[204].

Weber hat im Laufe des Jahres 1935 mehrere gutachterliche Ausarbeitungen für die Kon-

---

[200] Brief von *Weber* an Prälat *Kreutz* vom 30. November 1934. Archiv DCV, Sign. R 959.
[201] Ebd.
[202] Brief von Prälat *Kreutz* an *Weber* vom 12. Dezember 1934. Archiv DCV, Sign. R 959.
[203] Ebd.
[204] Brief von *Weber* an *Anton Wopperer* vom 12. November 1935. Ebd.

ferenz der Bischöfe der Kölner Kirchenprovinz, für die Fuldaer Bischofskonferenz und die Konferenz der westdeutschen Bischöfe erstellt, auf deren Grundlage die Beschlüsse für die Gründung und Aufgabenbestimmung der Finanzkammer getroffen wurden[205]. Die Bischöfliche Finanzkammer sollte die wirtschaftliche Kontrolle und Prüfung kirchlicher Organisationen einschließlich der Verbände übernehmen.

Die westdeutschen Bischöfe haben die Gründung zügig vorangetrieben. Am 17. April 1935 setzte der Kölner Erzbischof Kardinal *Schulte* Professor *Heinrich Weber* als ehrenamtlichen Leiter der Finanzkammer ein[206]. In dem Ernennungsschreiben wurde der Finanzkammer das Recht und die Pflicht übertragen, „die Finanzwirtschaft aller überdiözesanen kirchlichen Institute und klösterlichen Genossenschaften bischöflichen Rechtes im Bereiche der Kölner Kirchenprovinz laufend zu überwachen."[207] Die offizielle Errichtung der Kammer erfolgte am 1. Juli 1935, kurz vor der Zwangsversetzung von *Weber* nach Breslau. Die Konferenz der Bischöfe der Kölner und Paderborner Kirchenprovinz drückte am 18. November 1935 ihr Bedauern über diese Zwangsversetzung aus, verbunden mit dem Dank für *Webers* Bereitschaft, die ehrenamtliche Oberleitung der Finanzkammer auch von Breslau aus wahrzunehmen[208]. *Weber* ließ die Geschäfte für die westdeutschen Diözesen durch seinen Freund, den Caritasdirektor der Diözese Münster *Joseph Tenspolde* durchführen. Die Verbindungen zwischen Professor *Weber* und Münster erfolgten auf dem Wege des Aktenversands (sog. Mappensendungen), die bis wenige Monate vor Kriegsende (Dezember 1944[209]) durchgeführt werden konnten.

Die Kammer trug kirchlich-gemeinnützigen Charakter und hatte als Aufgabenfeld die wirtschaftliche Prüfung kirchlicher Organisationen sowie die Erstellung von wissenschaftlichen Gutachten und Beratungen in Fragen der kirchlichen Finanzwirtschaft. Die

---

[205] *Stanzel, Josef G.*: Das Institut für kirchliche Verwaltung und Finanzwirtschaft in Breslau 1936 - 1945. In: *Stasiewski, Bernhard* (Hrsg.), Adolf Kardinal Bertram. Köln - Weimar - Wien: Böhlau 1992, 142. (fortan zitiert: *Stanzel*)

[206] Schreiben von Kardinal *Josef Schulte*, Erzbischof von Köln, an Professor *Weber* vom 17. April 1935. Diözesanarchiv Münster, Bischöfliche Finanzkammer, Sign. A 11. Bischof *Berning* von Osnabrück hat das Reichs- und Preußische Ministerium für Wissenschaft, Erziehung und Volksbildung für Professor *Weber* um die Genehmigung der Übernahme des ehrenamtlichen Vorsitzes ersucht. *Berning* hob in diesem Schreiben hervor: „Als wirtschaftswissenschaftlicher Fachgelehrter und Geistlicher besitzt er für den vorliegenden Fall eine besonders gute Eignung. Auch dürfte die durch eine solche Tätigkeit sich ergebende engere Verbindung mit den Aufgaben und Problemen des praktischen Lebens seiner wissenschaftlichen Forschung und Lehre förderlich sein und im öffentlichen Interesse liegen." Ebd., Sign. A 1. Nach der Personalakte W. 63 des Reichsministeriums für Wissenschaft, Erziehung und Volksbildung hat Bischof *Berning* von Osnabrück am 13. August 1935 für *Weber* um ein Nebenamt in der Bischöflichen Finanzkammer ersucht. Der ministerielle Erlaß vom 19. September 1935 hieß aber: „Beurlaubung nicht entsprochen". Bundesarchiv R 21, Personalakte W.63 (Anm. 182).

[207] Schreiben von Kardinal *Schulte* an *Weber*, ebd.

[208] *Stasiewski*, Akten Bd. III, 1979, Nr. 253, 110.

[209] Der letzte Brief von *Weber* aus Breslau an die Bischöfliche Finanzkammer ist vom 28. Dezember 1944 datiert. Diözesanarchiv, Bischöfliche Finanzkammer, Sign. A III 2.

Hauptgeschäftsstelle Münster bezog ab 20. Mai 1935 ihre Diensträume (zunächst zwei Räume zur Straßenseite) im Wohnhause von Professor *Weber* in der Annette-von-Droste-Hülshoff-Allee Nr. 16[210], ab 15. November 1939 die gesamte Parterrewohnung und ein Mansardenzimmer[211]. Ferner hatte die Finanzkammer noch ein Zweigbüro in Köln.

Die Notwendigkeit eines effektiven, rechtlich einwandfreien und wissenschaftlich überprüfbaren kirchlichen Finanzgebarens waren durch „Devisenprozesse" gegen zwei Generalvikare und einige Ordensleute ausgelöst worden, die gewiß einige Versäumnisse und Fehlgriffe bei kompliziert gestalteten Devisengesetzen aufdeckten, aber den Nationalsozialisten als Vehikel eines großangelegten Propagandafeldzuges gegen die katholische Kirche dienten.

Wie sehr die kirchlichen Verbände bereits 1935 unter Druck gerieten, geht aus einem Schreiben des Zentralverbandes der katholischen Jungfrauenvereinigungen Deutschlands und des Verbandes der katholischen Frauen- und Müttervereine Deutschlands aus dem Bundeshaus in Düsseldorf vom 21. Juni 1935 an *Weber* hervor: „Die Erfahrungen des letzten halben Jahres, die wir in besonderer Weise mit den einzelnen Instanzen des Finanzamtes gemacht haben, lassen es unbedingt notwendig erscheinen, die Satzungen der einzelnen Verbände und zwar die Satzungen des Gesamtverbandes, der Diözesanverbände und der Einzelvereine eingehend zu überprüfen. Dazu dürfte ein Gutachten Ihrerseits dringend erforderlich sein, in dem dargelegt ist, welche Gesichtspunkte in wirtschaftlicher, steuerlicher Hinsicht, dann aber auch im Hinblick auf das Sammlungsgesetz zu beachten sind."[212] Jeder Verstoß in dieser Richtung diente dem nationalsozialistischen Regime als Aufhänger, in seiner Gleichschaltungspolitik voranzuschreiten. Wenn auch eine peinliche Einhaltung der Gesetze die Verbände nicht vor dem Überleben rettete, so waren diese aber doch zunächst bestrebt, keinen Anlaß zum Eingriff zu bieten. Selbst die in die Klöster von den Ordensschwestern eingebrachten Mitgiften und Vermögen waren vor den Zugriffen der nationalsozialistisch befehligten Finanzämter nicht sicher, wie aus einem Schreiben der Erzbischöflichen Kurie in Breslau vom 5. September 1935 an *Weber* hervorgeht. Auch in dieser Frage wurde *Weber* um ein rechtliches und betriebswirtschaftliches Gutachten zum Dotalwesen, d.h. zu den von den Ordensange-

---

[210] Regelung des Mietverhältnisses. Ebd. Sign. A 1. Dieses Wohnhaus brannte am 25. März 1945 nach mehrfachen vorherigen Bombenschäden völlig aus, die Dienststelle war aber zuvor nach Sprakel bei Münster ausgelagert worden.

[211] *Löffler*, Findbuch, 1976/1984, 1-2 (Anm. 8).- Die Finanzkammer bestand auch nach dem Kriege bis 1974 weiter. Dann haben die nordrhein-westfälischen Bistümer eine Wirtschaftsprüfungsgesellschaft als Nachfolgerin gegründet, die unter dem Namen „Bischöfliche Prüfungs- und Beratungsgesellschaft mbH. - Wirtschaftsprüfungsgesellschaft" firmiert.

[212] Diözesanarchiv Münster, Finanzkammer, Sign. A 23. Die nationalsozialistische Wohlfahrtspolitik versuchte bereits seit 1934 das Sammlungsrecht der freien Wohlfahrtsverbände, d.h. insbesondere von Innerer Mission und Caritas, schrittweise zu beschneiden.

hörigen in die Klöster eingebrachten Vermögenswerte gebeten[213]. Die vielen Anfragen, die *Weber* 1935 bereits erreichten, müssen ihn bald nach seiner Übersiedlung nach Breslau veranlaßt haben, ein Institut zur Bewältigung dieser verschiedenen Aufgaben anzustreben.

4.3. *Institut für kirchliche Verwaltung und Finanzwissenschaft*

4.3.1. *Planung des Instituts*

Weber ist in Breslau offenbar sehr schnell an den Plan eines finanzwirtschaftlichen Instituts herangegangen. Noch im November 1935 schrieb *Weber* von Breslau aus an Direktor *Anton Wopperer* vom Caritasverband: Wir brauchen für die kirchliche Finanzwirtschaft „wenigstens eine Stelle, bei der man auf Grund wirklich spezialistischer Kenntnisse eine unbedingt zuverlässige Auskunft und Bearbeitung bekommen kann."[214] Schon im Dezember 1935 arbeitete *Weber* einen „Vorschlag zur Schaffung eines ‚Instituts für kirchliche Verwaltung und Finanzwirtschaft' aus. Dieses Papier gliedert sich in I. Grundgedanken, II. Notwendigkeit und Grenzen einer fachlichen Ausbildung, III. Zielsetzung und Differenzierung der Ausbildung, IV. Studienpläne und methodische Fragen, V. Träger und Organisation des Instituts, VI. Bedarf und Finanzierung des Instituts.

Der Grundgedanke galt der Vermeidung von Mißständen und dem Aufbau einer korrekten kirchlichen Verwaltung und Finanzwirtschaft. Als Voraussetzung sah *Weber* die Eignung (Interesse, Gewissenhaftigkeit) und die fachliche Kompetenz der verantwortlichen Persönlichkeiten. Entsprechend dachte *Weber* an folgende Zielgruppen:

„1. künftige Verwaltungs- und Finanzbeamte des Bischöflichen Ordinariats,
2. die leitenden Verwaltungskräfte und Ökonomen der Klöster und klösterlichen Institute,
3. die für die großen überdiözesanen Einrichtungen und Verbände in Aussicht genommenen organisatorisch tätigen Persönlichkeiten;
4. Geistliche, denen eine verantwortliche Stelle in den großen Zweckverbänden der Pfarrgemeinden zugedacht ist;
5. Geistliche für die Leitung großer kirchlicher und caritativer Anstalten."[215]

Als Rechtsträger faßte *Weber* das Erzbistum Breslau ins Auge. Ferner schlug er vor, daß die Arbeit des Instituts in engem Kontakt zur Universität erfolgen sollte, weil es dort ein gut ausgestattetes juristisches Seminar, ein Institut für Finanzwissenschaft und ein selbständiges betriebswirtschaftliches Institut gibt. Leitung und Verwaltung sollten einem

---

[213] Ebd. Sign. A 24.
[214] Brief von *Weber* an *Anton Wopperer* vom 12. November 1935. Archiv DCV, Sign. R 959.
[215] Vorschlag *Webers*, in: *Stanzel*, 1992, 163.

nicht zu großen Kuratorium obliegen, das a) aus einer vom Erzbischof *Bertram* im Einvernehmen mit der Fuldaer Bischofskonferenz zu benennenden Persönlichkeit, b) einem von der Superiorenkonferenz zu benennenden geeigneten Ordensmann und c) einem vom Deutschen Caritasverband zu benennenden Vertreter mit Erfahrung in der Anstaltsverwaltung und -wirtschaft besteht.

Über diese organisatorischen-strukturellen Planungen informierte *Weber* frühzeitig den Präsidenten des Caritasverbandes, wie aus einem vertraulichen Schreiben *Webers* vom 6. April 1936 an Prälat *Kreutz* hervorgeht: „In der letzten Wirtschaftsratssitzung am 14. März ds. Js. berichtete ich über den damaligen Stand der Frage der Gründung eines ‚Institutes für kirchliche Verwaltung und Finanzwirtschaft'. Ich erwähnte, daß dieses Institut hier in Breslau gegründet werden sollte." Kardinal *Bertram* hätte eine Umfrage an sämtliche deutsche Bistümer deswegen ergehen lassen, die sehr zustimmend ausgefallen sei.

Des weiteren ging *Weber* auf die Leitung des Institutes und die Zusammensetzung des Kuratoriums ein. Als Vertreter des Erzbischofs von Breslau hätte Kardinal *Bertram* in den vorigen Tagen Herrn Domkapitular Professor Dr. *Seppelt*[216] bestimmt. Ein von der Superiorenkonferenz zu benennender Ordensmann sei noch nicht bestimmt. Um die Benennung eines Vertreters des deutschen Caritasverbandes möchte er ihn heute bitten. *Weber* fügte dann hinzu: „Als wir im vorigen Herbst (...) über den Plan der Neugründung eines solchen Institutes sprachen, erklärtest Du, daß Du wahrscheinlich selbst die Vertretung des Deutschen Caritasverbandes im Kuratorium übernehmen würdest. Daß ich persönlich diese Lösung besonders begrüßen würde, brauche ich nicht weiter zu betonen. Es erscheint mir aber auch sachlich besonders wichtig. Wenn der Grundgedanke des Institutes sich durchsetzt, so dürfte hier eine von sämtlichen deutschen Bistümern ideell und materiell getragene Einrichtung entstehen, deren Arbeit für das gesamte katholische Deutschland auf dem Spezialgebiet der Verwaltung und der Finanzwirtschaft bedeutsam und entscheidend werden dürfte. Meinerseits habe ich in den Plan den Gedanken der Vertretung des Deutschen Caritasverbandes bewußt und mit reichlicher Überlegung hineingebracht (...). Du wirst (..) verstehen, daß ich, nachdem Eminenz die Vertretung des Deutschen Caritasverbandes im Kuratorium genehmigte, auch Wert darauf lege, daß Du persönlich die Vertretung übernimmst."[217] *Weber* hat also Seit Beginn der Planung den Caritasverband und insbesondere seinen Präsidenten in die Überlegungen

---

[216] Professor Dr. *Franz Xaver Seppelt* wurde auch Vorsitzender des Kuratoriums. *Seppelt* (geb.13.1.1883 in Breslau, gest. 25.7.1956 in München) war seit 1915 an der theologischen Fakultät der Universität Breslau Professor für Kirchengeschichte des Mittelalters und der Neuzeit und der schlesischen Diözesangeschichte, ferner von 1929 bis 1933 Abgeordneter im Provinziallandtag sowie seit 1925 Domkapitular. Er war ein Gegner des nationalsozialistisches Regimes. *Stanzel*, 1992, 156, 160 und 242. Vgl. auch *Panzram, Bernhard:* Franz Xaver Seppelt. In: *Neubach, Helmut/ Petry, Ludwig* (Hrsg.), Schlesier des 15. bis 20. Jahrhunderts. Würzburg: Holzner 1968, 215-227; ferner *Kleineidam, Erich*, Die Katholisch-Theologische Fakultät,1961, 153 (Anm. 192).

[217] Brief von *Weber* an *Kreutz* vom 6. April 1936. Archiv DCV, ebd.

einbezogen und ihn auch institutionell und personell einbinden wollen. In dem Artikel von *Stanzel*, der erstmals das Institut für kirchliche Verwaltung und Finanzwirtschaft zum Gegenstand einer wissenschaftlichen Forschung gemacht hat, wurde diese Verknüpfung des Breslauer Instituts mit dem Deutschen Caritasverband übersehen. Insofern wird in dem Artikel von *Stanzel* die Einbettung des Instituts für kirchliche Verwaltung und Finanzwirtschaft in das gesamte Lebenswerk *Webers*, aus dem der Caritasverband nicht wegzudenken ist, nicht hinreichend deutlich.

Der Caritasverband selbst versprach sich durch dieses Institut eine wirksame Hilfe für die finanzielle Gestaltung der Zentrale wie auch der angeschlossenen caritativen Einrichtungen. Deshalb kam *Kreutz* der Bitte seines Freundes aus sachlichen Erwägungen gerne nach. Bereits am 15. April antwortete *Kreutz* für den vertraulichen Brief: „Ich habe über die Ostertage mir Deine Wünsche reiflich überlegt. Persönlich bin ich Dir dankbar, dass Du Deine Treue zum Caritasverband auch dadurch wieder geoffenbart hast, indem Du auch dem Caritasverband ein Plätzchen im Kuratorium vorgesehen hast." Er bat ihn, wegen einiger Probleme hinsichtlich der Kompetenzverteilung des Breslauer Instituts, der caritativen Anstalt in Köln-Hohenlind und der Treuhandgesellschaft Solidaris, die den Caritasverband in dieser Zeit prüfte, zu zweit oder „noch in Verbindung mit einigen anderen verantwortungsbewußten Menschen" zusammenzusitzen und sie gemeinsam zu durchdenken[218]. Und am 23. April 1936 bedankte sich *Weber* bei *Kreutz* für dessen Bereitschaft, in das Kuratorium für kirchliche Verwaltung und Finanzwirtschaft einzutreten[219]. Der rege Briefwechsel gibt Einblick darin, wie die Freunde *Kreutz* und *Weber* alle ihre Planungen aufeinander abstimmten, sich gegenseitig informierten, selbst dann, wenn es nicht unbedingt im Einvernehmen mit der vorgesetzten kirchlichen Instanz geschah, wie sie dabei voll einander vertrauen konnten. Ferner verweisen diese und andere Briefe darauf, daß darüber hinaus von ihnen vieles mündlich besprochen wurde, was in dieser Zeit nicht opportun war zu schreiben. Bei aller Kritik, die zwischen den Zeilen gegenüber dem Regime durchklingt, waren beide vorsichtig, um sich und die ihnen anvertrauten Organisationen nicht zu gefährden[220].

Als drittes Kuratoriumsmitglied konnte Pater *Fromm* gewonnen werden, wie *Weber*

---

[218] Brief von *Kreutz* an *Weber* vom 15. April 1936. Ebd.

[219] Brief von *Weber* an *Kreutz* vom 23. April 1936. Ebd.

[220] So schrieb *Weber* auch kein Wort über die Zwangsversetzung und die Hintergründe seines Aufenthaltes in Breslau. In dem oben genannten Brief von *Weber* an *Wopperer* vom 12. November 1935 heißt es lapidar: „Seit kurzem bin für die Semesterarbeit hier in Breslau. Meine hiesige Adresse steht oben am Briefkopf. Sie gilt jedoch nur für dieses Semester, also bis Ende Februar und mit Ausnahme der Weihnachtsferien." Weihnachten 1935 wie auch spätere Ferien verbrachte *Weber* offenkundig in seinem Haus in Münster. In Breslau wohnte *Weber* im Winter 1935/36 auf der Fürstenstraße 104, später bezog er Wohnung auf der 3. Etage in der Schwerinstraße 29.

Kreutz am 18. Juni 1936 mitteilte[221]. Damit waren die Leitungsvoraussetzungen für den Arbeitsbeginn des Instituts geschaffen.

4.3.2. Lehr-, Gutachter- und Forschungstätigkeit des Instituts

Das Breslauer Institut wurde als eine kirchliche, überdiözesane persona moralis (non iuridica) im Sinne des can. 1489 § 1 CIC gegründet. Das Institut sollte auf dem Gebiet der kirchlichen Verwaltung und Finanzwirtschaft wissenschaftliche Forschungsarbeit leisten sowie gutachtliche und unterrichtende Tätigkeit ausüben[222]. In Anwesenheit und mit einführenden Worten des Erzbischofs Kardinal *Bertram* begann das Institut am 4. November 1936 im St. Vinzenz-Haus in Breslau seinen ersten Ausbildungsgang[223]. Die Lehrgänge zur Ausbildung von Geistlichen, die später in Diözesan-, Stiftungs-, Anstalts- und Klosterverwaltungen tätig sein sollten, dauerten ein Jahr. „Das Institut gab nicht nur eine sehr gute, gediegene Ausbildung durch erste Fachkräfte, sondern verbürgte für die Zukunft, schon weil es das einzige seiner Art war, eine gleichmäßige Ausrichtung der kirchlichen Verwaltung und eine persönliche Bekanntschaft der kommenden Männer der Diözesanverwaltung."[224] Den Abschluß des Ausbildungslehrgangs bildeten für ordentliche Teilnehmer Abschlußprüfungen unter Vorsitz des Kardinals *Bertram* oder eines von ihm bestimmten Stellvertreters. „Ein solcher formaler Abschluß erscheint als Ansporn für eine konzentrierte Arbeit der Studenten und Dozenten und vor allem auch als Beurteilungsmaßstab des Erfolges der gesamten Institutsleistung

---

[221] In dem Schreiben von *Weber* an *Kreutz* vom 18. Juni 1936 heißt es: „Es traf sich gerade, daß Herr P. Fromm in dieser Woche hier in Breslau im Oblatenkloster zu tun hatte. So war es möglich, daß wir (Seppelt und ich) am Mittwoch mit ihm eine vorbereitende Besprechung hatten. Das Ergebnis war, daß P. Fromm dem Kuratorium beitreten will, so daß nunmehr die drei Persönlichkeiten für das Kuratorium (Du, Seppelt und P. Fromm) endgültig benannt wären. Im übrigen hat Herr P. Fromm recht großes Interesse für die Sache und versprach, sich nach besten Kräften dafür einzusetzen..." Archiv DCV, Sign. R 959.

[222] Satzung des Instituts, in.: *Stanzel*, 1992, 137, ferner 174-177. Die vom Erzbischof *Adolf Kardinal Bertram* erst später, am 1. Januar 1939 erlassene Satzung wich hinsichtlich der Kuratoriumsbestimmung von dem ursprünglichen Vorschlag *Webers* ab. Darin heißt es: Das Kuratorium „besteht aus drei Personen. Der Vorsitzende des Kuratoriums ist der vom Ordinarius loci ernannte „rector" im Sinne des can. 1489 § 3 CIC. Die beiden anderen Mitglieder werden vom jeweiligen Vorsitzenden der Fuldaer Bischofskonferenz oder in Verhinderung vom dienstältesten Erzbischofe ernannt." Formalrechtlich lief diese Formulierung auf eine größere Entscheidungskompetenz von Kardinal *Bertram* hinaus, da dieser die Funktionen des Ordinarius loci und des Vorsitzenden der Fuldaer Bischofskonferenz in seiner Person vereinte. Die Satzung brachte nicht mehr die von *Weber* beabsichtigte Verbindung mit dem Deutschen Caritasverband und mit den Orden zum Ausdruck. In der Sache änderte sich nichts, da es bei den drei ernannten Kuratoriumsmitgliedern blieb. Äußerlich mußte die Satzung so formuliert werden, weil staatliche Kreise den kirchlichen Charakter des Instituts in Frage stellten. Prof. *Seppelt* hat als Kuratoriumsvorsitzender *Kreutz* die Satzung am 17. Juli 1939 übersandt. Archiv DCV, Sign. R 959.

[223] Vgl. *Stanzel*, 1992, 136. *Kleineidam, Erich* (1961, 157) und *Hegel, Eduard* (Bd. I, 1966, 449) nennen irrtümlich als Gründungsjahr das Jahr 1938.

[224] *Kleineidam, Erich:* Die Katholisch-Theologische Fakultät, 1961, 117 (Anm. 192).

wünschenswert."[225] Die Teilnehmer erhielten ein kirchliches Diplom.

Weber konnte als Dozenten für die Ausbildungslehrgänge bedeutende Wissenschaftler wie den Kollegen *Franz Xaver Seppelt* und den damaligen Diözesan-Archivar *Hubert Jedin*[226] und erfolgreiche Praktiker der Finanzwirtschaft, der öffentlichen und kirchlichen Verwaltung wie den Landgerichtspräsidenten a.D. *Hans Engelmann*, den Wirtschaftsprüfer und Direktor der Solidaris Treuhand AG *Alois Mahringer*, den Erzbischöflichen Offizial und Domkapitular *Josef Negwer*, den Rat an der Erzbischöflichen Kurialkanzlei und am Generalvikariat *Ferdinand Piontek* und den früheren Steuerdezernenten der Stadt Breslau *Treutler* sowie die Rechtsanwälte und Notare *Polke, Strzybny* und *Wuttke* gewinnen[227].

Weber hatte im Dezember 1935 neben dem Studienplan für die Kursusteilnehmer auch den Plan eines Aufbaustudiums für Vollstudierende der Rechts- sowie der Wirtschaftswissenschaft entwickelt. Dieser sah neben allgemeinen und grundlegenden Fächern der Rechts- und Verfassungsgeschichte, des Deutschen Rechts, der Verfassungslehre und der Rechtsphilosophie (für Rechtsstudenten), der Volkswirtschaftslehre, der Volkswirtschaftspolitik, der Betriebswirtschaft und Finanzwissenschaft (für Studenten der Wirtschaftswissenschaft) rechtswissenschaftliche Spezialgebiete für die ersteren und für die letzteren wirtschaftswissenschaftliche Spezialgebiete sowie Wirtschaftsgeographie und kaufmännisch-technische Vorbereitungsübungen vor. Der Studienplan für die Kursusteilnehmer enthielt neben grundlegenden rechts- und wirtschaftswissenschaftlichen Fächern Spezialgebiete wie kirchliche Verwaltungslehre, kirchliche Finanzwirtschaftslehre, kirchliche Betriebswirtschaftslehre und technische Vorbereitungsübungen in Geschäftstechnik, wirtschaftlichem Rechnen und Buchführung[228].

Aufgrund der schwierigen Aktenlage wissen wir nicht, ob das Aufbaustudium je in Angriff genommen wurde. Der größte Teil der Akten des Instituts konnte bisher nicht aufgefunden werden. Der Kuratoriumsvorsitzende Prof. *Franz Xaver Seppelt* , der Bres-

---

[225] Ausbildungslehrgang 1936/37 des Bischöflichen Instituts für kirchliche Verwaltung und Finanzwirtschaft, S.6. Archiv DCV, Sign. R 959.

[226] *Hubert Jedin* (geb. 17.6.1900 in Großbriesen, Kreis Grottkau/Schlesien, gest. 16.7.1980) studierte von 1918 bis 1923 Theologie an den Universitäten Breslau, München und Freiburg, führte von 1926 bis 1930 historische Studien am Vatikanischen Archiv durch, war von 1930 bis 1933 Dozent für Kirchengeschichte an der Universität Breslau, als „Nichtarier" suspendiert, 1933 bis 1936 Mitarbeiter am Concilium Tridentinum der Görres-Gesellschaft in Rom, von 1936 bis 1939 Archivar des Erzbistum Breslau, mußte dann emigrieren, war bis 1949 als Kaplan und Bibliothekar am Campo Santo Teutonico in Rom tätig, wo er seine „Geschichte des Konzils von Trient" begann, die er 1975 vollendete, von 1949 bis 1965 Professor für Kirchengeschichte an der Universität Bonn. Vgl. *Repgen, Konrad:* Hubert Jedin (1900-1980). In: *Aretz, Jürgen/ Morsey, Rudolf/ Rauscher, Anton* (Hrsg.), Zeitgeschichte in Lebensbildern. Bd. 7. Mainz: Grünewald 1994, 175-191.

[227] Vgl. Ausbildungslehrgang 1936/37, 4/5 (Anm. 225).

[228] Studienpläne für Vollstudierende und Kursusteilnehmer vom Dezember 1935. In: *Stanzel*, 1992, 169-173.

lau am 2. Februar 1945 ebenfalls verlassen mußte, dann aber im Juli zunächst nach dort zurückgekehrt war, hat in einem Schreiben an den polnischen Prälaten und Apostolischen Administrator für Niederschlesien Dr. *Karol Milik* vom 12. April 1946 festgehalten, daß er das gesamte Inventar des Instituts der Apostolischen Administratur für Niederschlesien zur Benützung übergeben hat, die Akten des Instituts aber Herrn Kapitularvikar Prälat Dr. *Piontek* als Mitglied des deutschen Episkopats. *Josef G. Stanzel*, der bisher die Geschichte dieses Instituts untersucht hat, fügt an: „Der weitere Verbleib der Akten konnte bislang nicht geklärt werden, auch nicht, ob sie überhaupt erhalten sind. In den einschlägigen Breslauer Akten befinden sich lediglich Splitter der Institutsakten."[229]

Das Aufbaustudium, das über den Rahmen eines bischöflichen Institutes hinausging, konnte unter den restriktiven Rahmenbedingungen des Nationalsozialismus aller Wahrscheinlichkeit nach nicht verwirklicht werden, aber der Ausbildungslehrgang oder Kursus wurde bis 1939 viermal durchgeführt[230].

Aus einigen Jahrgängen sind die Kursteilnehmer bekannt. Es sind vielfach Personen, die später in Leitungsaufgaben der Bistümer, in Generalvikariaten und Offizialaten sowie den Finanzverwaltungen von Orden tätig waren, so *Joseph August Krautscheidt*, der erste Generalvikar des 1958 neugegründeten Bistums Essen, *Otto Taschner*, 1943-1960 Direktor der Bischöflichen Finanzkammer Wien, *P. Wilhelm Masnitza PSM*, nach 1945 Provinzialökonom in Limburg, *Wilhelm Schönartz*, später Direktor der Erzbischöflichen Diözesan- und Dombibliothek, und Dr. iur. can. *Hubert Wurm*, der 1948 im Bistum Rottenburg Domkapitular und Bischöflicher Offizial wurde. Auch ein späterer polnischer Bischof, der damalige Kaplan *Herbert Bednorz* hat an einem Kurs des Instituts für kirchliche Verwaltung und Finanzwirtschaft teilgenommen. „Er berichtete von einer ausgezeichneten und intensiven wissenschaftlichen Arbeitsatmosphäre und beschrieb vor allem Prof. Heinrich Weber als einen Mann sowohl mit wissenschaftlichem Profil als auch einen vorbildlichen, engagierten, menschlich äußerst angenehmen Theologen und Priester."[231]

Neben der Lehr- und Organisationstätigkeit leistete *Weber* für zahlreiche kirchliche Instanzen eine intensive gutachterliche Tätigkeit in verschiedenen Rechtsfragen und zur kirchlichen Vermögensverwaltung[232]. Dazu zählte auch die persönliche und gutachterliche Beratung für Pater *Hilarius Breitinger OMC* in Posen, den Apostolischen Administrator für die deutschen Katholiken im Warthegau, der damals zum Deutschen Reich geschlagen worden war. In Fragen der Katholiken des Warthegaus empfing *Kardinal Bertram*,

---

[229] Vgl. *Stanzel*, 1992, 157.

[230] Brief von *Seppelt* an *Kreutz* vom 17. Juli 1939. Archiv DCV, Sign. R 959.

[231] *Stanzel*, 1992, Quellenanhang Fußnote 74, S.193/194. *Herbert Bednorz* (geb. 22.9. 1908 in Gleiwitz, gest. 12.4.1989 in Kattowitz) war durch den damaligen Kattowitzer Bischof *Stanislaw Adamski* in den Kurs nach Breslau geschickt worden, um ihn aus der „Schußlinie" der Gestapo zu bringen. Er wurde 1950 Koadjutor des Bischofs von Kattowitz und 1967 dort Ordinarius.

[232] Vgl. *Stanzel*, 1992, 154/155.

wohl in seiner Eigenschaft als Vorsitzender der Deutschen Bischofskonferenz, am 18. Dezember 1941 zusammen mit *Heinrich Weber* auch die Rechtsanwälte *Hans Lukaschek* und *Robert Tauche*[233], wie *Bertram* eigenhändig in seinem Audienzenbuch vermerkte[234]. *Weber* wurde also mit politisch brisanten Aufgaben in dieser Zeit beauftragt und erfuhr offenbar das besondere Vertrauen durch den Vorsitzenden der Bischofskonferenz sowie den deutschen Episkopat.

Als Leiter des Instituts für kirchliche Verwaltung und Finanzwirtschaft gab er die beiden Schriftenreihen „Kirchliche Verwaltungslehre" und „Beiträge zur kirchlichen Verwaltungswissenschaft" heraus, von denen einige Schriften wegen der großen Nachfrage in wenigen Jahren mehrere Auflagen erfuhren. Die Bücher waren schnell vergriffen. Weitere Auflagen und Veröffentlichungen wären erfolgt, wenn dem Institut aufgrund der Kriegswirtschaft nicht Papiermangel aufgenötigt worden wäre. Das von Landgerichtspräsident a.D. *Hans Engelmann* geschriebene Bändchen „Sammlungsrecht und Kirche" war auf Zentralratssitzungen des Caritasverbandes angeregt worden und fand nach seinem Erscheinen, obwohl zunächst auch Bedenken gegen die Veröffentlichung bestanden hatten, den Beifall des Caritasverbandes[235].

Seit 1937 gab *Weber* ein Loseblatt-Lexikon „Die kirchliche Verwaltung und Finanzwirtschaft", das einen stets wachsenden Leserkreis fand. Das Lexikon enthielt kurze, prägnante Artikel zur gesetzlichen Versicherung und zwar zur Kranken-, Unfall-, Arbeitslosen-, Invalidenversicherung, wie auch zur freiwilligen Versicherung, zur Berufsausbildung, Berufsberatung, Berufskunde, Jugendhilfe, zum Arbeitsdienst, zum Lohn- und Arbeitsrecht, zum Familienunterhalt, zu Treuhändern, wie dann auch zu den kriegsbedingten Gesetzen wie „Reichsleistungsgesetz", „Personenschädenverordnung" und zur „Sachschädenfeststellungsverordnung", insgesamt zu sozialen und finanziellen Problemen, die den Menschen auf den Nägeln brannten. Für die caritativen Organisationen, für die Gemeinden und für die Geistlichen waren diese Artikel wichtige Hilfsmittel als Arbeitgeber, um sie vor den Fallstricken des Gesetzes, auf deren Nichtbeachtung das Regime nur lauerte, zu bewahren. Ein wichtiger Mitarbeiter bei der Verfassung der

---

[233] Die beiden Rechtsanwälte waren ehrenamtliche Mitarbeiter (Dozenten) des Instituts für kirchliche Verwaltung und Finanzwirtschaft. Vgl. *Stanzel*, 1992, 156.

[234] Vgl. *Volk, Ludwig (Bearb.):* Akten deutscher Bischöfe über die Lage der Kirche 1933 - 1945. Bd. V: 1940-1942. Mainz: Grünewald 1983, XXIV. Über den Inhalt der Gespräche liegen keine Notizen vor.

[235] Am 26. November 1940 schrieb *Weber* an *Meister:* „Es freut mich, daß die Schrift von Herrn Präsidenten Dr. Engelmann über ‚Sammlungsrecht und Kirche' Ihren Beifall findet. Ihren Glückwunsch zu der Vollendung dieser Arbeit werde ich gern Herrn Präsidenten Engelmann übermitteln. Eine besondere Freude ist es mir im Interesse der Sache, daß Sie schon für die nächste Nummer der Caritaszeitschrift eine längere Besprechung über dieses Buch veranlaßt haben." Archiv DCV, Sign. R 959.

Artikel wurde für *Weber Dr. Karl Meister*[236], seit November 1934 Justitiar des Deutschen Caritasverbandes, der zuvor seit 1914 Oberbürgermeister von Bruchsal war, aber von den Nationalsozialisten abgesetzt wurde. Insgesamt sind 96 Lieferungen des Loseblatt-Lexikons bis Ende 1944 erfolgt[237].

Die Hauptlast der Arbeit am Institut in Breslau trug ohne finanzielles Entgelt *Weber* selbst, hauptamtlich allein unterstützt von seiner Assistentin Dr. rer. pol. *Emmy Aufmkolk* und einem Stab von neben- und ehrenamtlichen Mitarbeitern[238]. Inwieweit diese Arbeit in den letzten Kriegsjahren voll aufrecht erhalten bleiben konnte, läßt sich trotz der meisten in Breslau verlorengegangenen Aktenunterlagen ermitteln[239]. Das vor allem in Freiburg beim Caritasverband gerettete Archivmaterial spricht für eine Kontinuität der Arbeit, wenn auch das Bildungsprogramm eingeschränkt werden mußte. Auch in den veröffentlichten Akten der deutschen Bischöfe finden sich Hinweise auf die Arbeit des Institutes. So hat die Konferenz der westdeutschen Bischöfe vom 13.-15. März 1944 das Institut für kirchliche Verwaltung noch ausdrücklich mit der Frage der Besteuerung der Evakuierten und der Sammlung der Entscheidungen des Reichsfinanzgerichtshofes beauftragt[240]; dies ist ein Zeichen, daß es zumindest 1944 noch arbeitsfähig war. Nach dem Findbuch der Bischöflichen Finanzkammer in Münster bestand zwischen *Weber* und der dortigen Geschäftsstelle postalischer Kontakt bis Ende 1944.

Tätigkeitsberichte des Institutes für die Jahre 1942/43 und 1943/44, die im Archiv des

---

[236] *Dr. Karl Meister* (geb. 9.3.1877 in Einsiedeln/ Schweiz, gest. 13.3.1951 in Freiburg) war zudem seit 1919 Mitglied der Kreisversammlung Karlsruhe. 1904 hatte er eine Dissertation über das Beamtenrecht der Erzdiözese Freiburg geschrieben. Vgl. *Degener, Hermann A.L.* (Hrsg.), Wer ist´s? IX. Ausg. Leipzig: Degener 1928. S.1030. Ferner Karteikarte im Archiv des Deutschen Caritasverbandes.

[237] Die intensive Korrespondenz zwischen dem Institut für kirchliche Verwaltung und Finanzwirtschaft (*Heinrich Weber*) und *Meister* währte von Breslau aus bis zum 3. November 1944 und wurde nach dem Kriege sofort wieder aufgegriffen. *Meister* drängte *Weber*, das Loseblatt-Lexikon fortzusetzen, wozu *Weber* aber nach Verlust seines Institutes und vor allem all seiner Manuskripte keine Möglichkeit sah. *Weber* überwies *Meister* jedoch am 7. Dezember 1945 noch 40,00 RM Autorenhonorar für zwei Beiträge zum Loseblatt-Lexikon, wozu er offenbar von Breslau aus nicht mehr gekommen war, ein Zeichen, wie gründlich und exakt *Weber* in allen Dingen war. Selbst in eigener äußerster Notlage vergaß er nicht seine Verpflichtungen.

[238] *Stanzel*, 1992, 153-156. *Emmy Aufmkolk* (geb. 14.7.1903 in Dortmund, gest. 24.6.1974 in Paderborn) war als einzige hauptamtliche Mitarbeiterin und Dozentin bis zum 31.12.1942 in dem Institut tätig. Sie hatte von 1923 bis 1929 in Freiburg i.Br. und in Münster Philosophie, Rechts- und Staatswissenschaften sowie Wirtschafts- und Sozialgeschichte studiert und 1929 bei Professor *Weber* mit dem Thema „Die gewerbliche Mittelstandspolitik des Reiches" (1930 veröffentlicht bei Lechte in Emsdetten) promoviert. (UA Münster, Rechts- und Staatswiss. Fak. Prom.Akte Nr. 878). 1946 wurde sie für Soziologie an die Pädagogische Akademie (später Pädagogische Hochschule) berufen. Von 1946 bis 1950 war sie dort Prorektorin. Viele Jahre lehrte sie gleichzeitig Philosophie und Christliche Gesellschaftslehre an der Erzbischöflichen Philosophisch-Theologischen Akademie in Paderborn.

[239] Vgl. ebd. 157, Fußnote 59.

[240] *Volk, Ludwig (Bearb.)*: Akten deutscher Bischöfe über die Lage der Kirche 1933 - 1945. Bd. VI: 1943-1945. Mainz: Grünewald 1985, 332.

Caritasverbandes erhalten geblieben sind, geben Zeugnis von dem erstaunlichen Arbeitspensum dieser Jahre. Nach dem Bericht für das Jahr 1942/43 mußten zwar wegen der kriegsbedingten Zeitumstände die Ausbildungslehrgänge für Geistliche eingestellt werden. „Die zahlreichen Einberufungen jüngerer Geistlicher zur Wehrmacht und der dadurch verursachte Priestermangel bewirkten, daß die Anmeldungen zu den geplanten Lehrgängen nicht mehr zahlreich genug waren, um sie in geordneter und zweckdienlicher Form durchführen zu können." Jedoch wurde für Ordensschwestern, die in der kirchlichen Verwaltung, in Klöstern und caritativen Anstalten tätig waren, ein kürzerer Fachlehrgang über Fragen der allgemeinen Verwaltung und der Buchführung durchgeführt.

Zudem wurde die wissenschaftliche Arbeit weitergeführt. Auch in den Kriegsjahren wurden Instituts-Bibliothek und Instituts-Archiv laufend ergänzt. Es wurde weiter an Veröffentlichungen gearbeitet. Im Tätigkeitsbericht 1942/43 heißt es: „Die Fertigstellung der Manuskripte ist bereits gut vorangeschritten." Vor allem blieb die Gutachter- und Beratungstätigkeit der Diözesen, die auch in den Kriegsjahren viele Reisen und die Teilnahme an mannigfachen Konferenzen erforderte. Die Inanspruchnahme zahlreicher kirchlicher und klösterlicher Einrichtungen für Kriegszwecke hatte zur Folge, daß die Leistungspflichtigen sich in vielen Rechts- und Wirtschaftsfragen an das Institut wandten[241].

4.4. *Wirken für den Caritasverband in nationalsozialistischer Zeit*

4.4.1. *Nüchtern-kritische Beurteilung nationalsozialistischer Gleichschaltungsstrategie*

Weber mußte zwar seinen Vorsitz im Diözesan-Caritasverband niederlegen, dennoch nahm seine Arbeit im Dienst des Caritasverbandes nicht ab, sondern eher unter erschwerten Bedingungen immer mehr zu. Diese unermüdliche Tätigkeit ist bisher in keiner Publikation gewürdigt worden. Auch ist *Webers* Tätigkeit im Institut für kirchliche Verwaltung und Finanzwirtschaft nicht so isoliert zu sehen, wie dies in dem Artikel von *Stanzel* zum Ausdruck kommt, sondern in Verbindung mit seinen Aufgaben für den Caritasverband.

Webers Wirken unter den belastenden und einschränkenden Bedingungen des Dritten Reiches geschah weithin im stillen und im verborgenen und ist in der Nachkriegszeit nicht mehr beachtet worden.

Weber versuchte, wo immer irgend möglich, den Einfluß der Kirche und des Caritasverbandes bei aller stets zunehmenden Bedrängnis zu erhalten. Dieses Ziel hatte er unbeirrt Während der Jahre des Dritten Reiches im Auge behalten. Viele Niederlagen mußte er dabei hinnehmen, dieses ließ ihn in seinem Ringen nie mutlos werden. Obwohl er sich

---

[241] Tätigkeitsberichte 1942/43 und 1943/44 des Instituts für kirchliche Verwaltung und Finanzwirtschaft. Archiv DCV, Sign. R 959.

über die verbrecherischerischen Absichten des Regimes früh im klaren war, verlor er nicht die Hoffnung, in Absprache und in Übereinstimmung mit dem Präsidenten des Caritasverbandes *Kreutz* durch zähe, unermüdliche Verhandlungen eine Verbesserung der Lebenssituation vieler Menschen zu erreichen.

Diese Hoffnung mag wie bei vielen anderen hier und da in der Anfangszeit des nationalsozialistischen Regimes trügerisch gewesen sein. *Weber* hatte, neben dem Präsidenten *Kreutz* sitzend, die Ansprache des Reichsbeauftragten für Volkswohlfahrt *Erich Hilgenfeldt*[242] bei der Sitzung des Zentralrates des Deutschen Caritasverbandes am 7. November 1934 in Münster i.W. gehört, in der sich dieser für die freie Wohlfahrtspflege aussprach und Gedanken vortrug, die einen Pluralismus der freien Wohlfahrt nahelegten: „Es ist selbstverständlich, dass gerade auf dem Gebiet der freien Wohlfahrtspflege vielfache Kräfte wirken, - angetrieben durch vielfache Ursachen."[243] Dies verkündigte *Hilgenfeldt*, obwohl bereits am 27. Juli 1933 anstelle der seit 1924 bestehenden Liga der freien Wohlfahrtsverbände die ‚Reichsgemeinschaft' mit veränderten Arbeitsinhalten bei gleichzeitiger Zwangsauflösung bzw. Zwangseingliederung dreier bestehender Ligaverbände entstanden war und die NSV Ende Januar 1934 die Umwandlung dieser ‚Reichsgemeinschaft' in eine ‚Arbeitsgemeinschaft' unter „Führung und Leitung der N.-S.-Volkswohlfahrt" geplant hatte[244]. Eine Diskussion fand nach diesem zuversichtlich und versöhnlich stimmenden Vortrag, der mit dem andernorts geltend gemachten Führungsanspruch der NSV nicht übereinstimmte, nicht statt, zumindest enthält das Protokoll darüber kein Wort. Insofern bietet diese Quelle keinen Anhaltspunkt dafür, in welchem Ausmaß die ‚Dominotaktik' *Hilgenfeldts*[245] zu diesem Zeitpunkt von den führenden Kräften des Caritasverbandes erkannt wurde.

Wie sehr *Weber* den Führungsanspruch der NSV und der Deutschen Arbeitsfront (DAF) und ihre Gleichschaltungspolitik sehr frühzeitig durchschaute, geht aus mehreren Gutachten hervor, die *Weber* für Kardinal *Bertram* anfertigte. Beachtenswert ist die Argumentation in seinem Gutachten betr. Fachschaft Katholische Wohlfahrtspflege vom 15. November 1935. *Weber* zitierte zunächst das damalige „Gesetz zur Sicherung der Einheit von Partei und Staat" vom 1. Dezember 1933: Die DAF soll „alle im Arbeitsleben stehenden Volksgenossen politisch, weltanschaulich und fachlich führen und zur national-

---

[242] *Erich Hilgenfeldt* war Anfang 1933 zum Leiter der Nationalsozialistischen Volkswohlsfahrt (NSV) bestellt worden. *Hilgenfeldt* hat in wenigen Monaten die NSV zur Reichsorganisation ausgebaut. Am 25. Juli 1933 wurde sie vom Reichs- und Preußischen Minister des Innern als Spitzenverband der freien Wohlfahrtspflege anerkannt. Die Liga der freien Wohlfahrtspflege gestaltete *Hilgenfeldt* zur von der NSV dominierten ‚Arbeitsgemeinschaft' um.

[243] Protokoll der Zentralrats-Sitzung am 6.-7. November 1934 in Münster. Archiv DCV, Sign. 111 .055/ 1934.

[244] Zu *Hilgenfeldts* politischen Aufgaben und seiner Strategie vgl. *Kaiser, Jochen-Christoph:* Sozialer Protestantismus im 20. Jahrhundert. Beiträge zur Geschichte der Inneren Mission 1914-1945. München: Oldenbourg 1989, 190 ff.

[245] Ebd. 292.

sozialistischen Gemeinschaft zusammenfassen" und fragt dann, ob die Eingliederung einer neuen Fachschaft „Betriebe der katholischen Wohlfahrtspflege" in diese DAF grundsätzlich möglich und praktisch erwünscht ist. Er kommt zu dem Ergebnis: „Wenn nun aber Ordensleute und Geistliche ausgeschlossen sind und wohl auch ausgeschlossen sein müssen, dann führt das zwangsläufig zu der Feststellung, daß die Wohlfahrtsanstalten nicht als „Betriebe" im Sinne des AOG[246] anzusehen sind. Die Schaffung einer Fachschaft „Betriebe der katholischen Wohlfahrtspflege" hat dann aber keinen Sinn." Ordensleute und Geistliche seien meist die „Betriebsführer" caritativer Anstalten, bei ihrem Ausschluß seien sie aber nicht in der Fachschaft vertreten. Aber auch den „Gefolgschaftsmitgliedern" (Schwestern und Brüdern) sei der Zutritt zu dieser Fachschaft verwehrt. Die Bildung einer solchen Fachschaft „könnte unter Umständen nicht unerhebliche Gefahren für die Organisationen, Anstalten und Einrichtungen der katholischen Caritas mit sich bringen". Die Aufsicht und Einmischung von Ortsgruppenleitern der DAF in caritative Anstalten sei mit der in Artikel 31 des Reichskonkordates gewährleisteten Selbständigkeit der katholischen Organisationen nicht zu vereinbaren[247].

Schon ein früheres Gutachten von *Weber* betr. Erhebungen zwecks Planwirtschaft wohlfahrtlicher Einrichtungen vom 18. April 1935 spricht eine eindeutige Sprache: „Es bestehen starke Bedenken dagegen, daß die Bischöfe den Anstalten anraten, die geforderten Fragebögen auszufüllen." Zur Begründung weist *Weber* auf das Selbstbestimmungsrecht der Religionsgesellschaften nach Artikel 137 der Weimarer Reichsverfassung, ferner auf den Erlaß der Reichsregierung vom 25. Juli 1933 über die Anerkennung der Reichsspitzenverbände der freien Wohlfahrtspflege. Danach stände die Planungskompetenz in fachlichen Fragen diesen Wohlfahrtsverbänden zu. In finanziellen Fragen käme den Bischöflichen Ordinariaten die Planungsaufgabe gegenüber den caritativen Anstalten zu. Er verweist darauf, daß zwecks Wirtschaftlichkeit des Finanzgebarens „in der Kölner Kirchenprovinz die Oberaufsicht über diese Anstaltsgruppe der kürzlich errichteten Bischöflichen Finanzkammer übertragen werden" soll. Sein Fazit lautet: „Wenn die vorgeschlagenen Maßnahmen in allen Bistümern kirchlicherseits durchgeführt werden, dann ist für planwirtschaftliche Bestrebungen nichtkirchlicher Stellen auf dem Gebiete des katholisch-kirchlichen Anstaltswesens kein Bedürfnis und kein Raum mehr."[248]

Beeindruckend ist die nüchterne und klare rechtliche Gedankenführung von *Weber*, die sich auf die offiziell nicht aufgehobene Weimarer Reichsverfassung, das von der Reichsregierung abgeschlossene Konkordat und selbst auf die nationalsozialistische Gesetzgebung stützt und die Widersprüche in dieser Gesetzgebung zur Durchsetzung der legitimen Belange des Deutschen Caritasverbandes und der katholischen Kirche im Dienst an den

---

[246] AOG = Gesetz zur Ordnung der nationalen Arbeit vom 20. Januar 1943.

[247] Anlage 3 zu Nr. 250: Gutachten *Webers* betr. Fachschaft Katholische Wohlfahrtspflege. In: *Stasiewski, Bernhard (Bearb.):* Akten deutscher Bischöfe über die Lage der Kirche 1933-1945. Bd. II: 1934-1935. Mainz: Grünewald 1976, 78-84.

[248] Abschrift eines Briefes von Professor *Weber* an Bischof *Clemens August Graf von Galen* vom 18.4.1935. Archiv DCV, Sign. R 959.

Menschen[249] nutzt. Bereits in dem 1934 noch in der Zeitschrift „Caritas" von *Weber* publizierten Artikel „Der kirchliche Charakter caritativer Anstalten und Einrichtungen" ist seine Zielrichtung und die dahinter stehende Sorge deutlich erkennbar: Die im Konkordat zwischen dem Heiligen Stuhl und dem Deutschen Reich vom 20. Juli 1933 getroffene Vereinbarung über den besonderen Rechtszustand „kirchlicher Institutionen" auf jeden Fall auf caritative Anstalten und Organisationen anzuwenden. *Weber* hebt dazu hervor, daß Caritasarbeit „einen Wesensbestandteil der kirchlichen Aufgaben und Zwecke darstellt", und er bringt für eine breite Leserschaft in Erinnerung, daß kirchlicherseits die Anerkennung des Deutschen Caritasverbandes als legitimer kirchlicher Spitzenorganisation durch die Erlasse der Fuldaer Bischofskonferenz vom August 1916 und der Freisinger Bischofskonferenz vom 7. bzw. 15. September 1917 und staatlicherseits durch den Erlaß der Reichsregierung vom 25. Juli 1933 erfolgte[250].

4.4.2. *Finanzplanung in nationalsozialistischer Zeit*

Alle diese intensiven und frühzeitig einsetzenden Bemühungen verschonten den Deutschen Caritasverband nicht vor einer ständig fortschreitenden Beschneidung seines Handlungsspielraumes. Auch die mustergültige Finanzgestaltung des Deutschen Caritasverbandes durch die strengen Auflagen, zu denen der Vorsitzende der Finanzkommission *Weber* den Verband verpflichtete, bewahrten diesen nicht vor einschneidenden Maßnahmen des Regimes. In den Bericht der Finanzkommission für das Geschäftsjahr 1934 hatte *Weber* hineinschreiben lassen: Obwohl für das Einnahme- und Ausgabegebaren des Deutschen Caritasverbandes als eingetragenen Verein nur die Vorschriften des Bürgerlichen Gesetzbuches gelten, hat er „in seiner ganzen wirtschaftlichen Betriebsführung sich freiwillig den weit strengeren Vorschriften des HGB untergeordnet. Diese Vorschriften werden überall streng eingehalten. Darin liegt die Gewähr, dass dem Caritasverbandes wohl niemals wegen Nichtbeachtung formalrechtlicher Bestimmungen irgend ein Vorwurf gemacht werden kann[251]."

Trotzdem sollte es anders kommen. In den Folgejahren wurden die staatlichen Zuschüsse schrittweise eingeschränkt, so daß der Caritasverband sich vermehrt über Kirchenkollekten und verbandsinterne Sammlungen finanzieren mußte. Bereits im Dezember 1933 hatte der Wirtschaftsrat eine Kürzung der Gehälter der Angestellten des DCV beschließen

---

[249] Die Erhebungen zwecks Planwirtschaft wohlfahrtlicher Einrichtungen waren von der nationalistischen Regierung von langer Hand vorbereitete und gezielte Maßnahmen zur Erfassung behinderter, unheilbarer, ‚erbbiologisch kranker' und anderer von der nationalsozialistischen Ideologie als ‚lebensunwert' eingestufter Menschen. *Webers* Gutachten waren Versuche, diesen Maßnahmen von Beginn an gegenzusteuern, bereits den Anfängen zu wehren.

[250] *Weber, Heinrich:* Der kirchliche Charakter caritativer Anstalten und Einrichtungen. In: Caritas. Jg. 39 (1934), 368-373. Den Erlaß der Reichsregierung, der sowohl durch den Reichsarbeitsminister wie den Reichsminister des Innern verkündet wurde, bringt *Weber* mit genauer Quellenangabe, damit sich jeder darauf berufen kann.

[251] Bericht der Finanzkommission des Deutschen Caritasverbandes über das Geschäftsjahr 1934, 1-2. Archiv DCV, Sign. 113.2 -.059.

müssen, die eine Ersparnis von 55.000,00 RM bei den Personalkosten brachte[252]. Versuche der Nationalsozialisten, das Krankenhaus in Köln-Hohenlind in städtische Regie zu übernehmen, mußten abgewehrt werden. Das dortige Caritas-Institut wurde aus steuerrechtlichen Gründen „Betrieb" des DCV. *Weber* vertrat Zentralisierungstendenzen, um Übergriffe des nationalsozialistischen Staates besser abwehren und um in zähen Verhandlungen mit verschiedenen staatlichen Instanzen, etwa auch im arbeitsrechtlichen Bereich für die Mitarbeiterinnen und Mitarbeiter, z.B. die 60 000 Schwestern der Caritas einiges erreichen zu können. Zudem versuchte *Weber*, den Caritasverband von staatlichen Subventionen unabhängig zu machen. Im Bericht der Finanzkommission für das Jahr 1937 konnte er schreiben: „Wir sind auf dem Wege zu diesem Ziele im Laufe der Jahre ein recht erhebliches Stück weitergekommen. Ganz erreicht ist das Ziel noch nicht. Soviel kann man jedoch sagen, daß der Verband aus eigenem finanziellen Leistungsvermögen den wesentlichen Teil seiner Arbeit weiter-zuführen vermag."[253] Der Caritasverband mußte Mitte der dreißiger Jahre seine Kollekten immer mehr in die Gottesdienste verlagern[254].

1938 haben die Subventionen staatlicher Stellen völlig aufgehört. Aber es sollte für den Caritasverband finanziell noch ärger kommen. In dem Bericht der Finanzkommission über das Jahr 1939, von *Weber* am 8. April 1940 persönlich unterzeichnet, heißt es: „In diesem Jahre mußte die Finanzkommission zum ersten Male in der Geschichte des DCV feststellen, daß derselbe in erheblichem Umfange steuerlich belastet wurde."[255] In einem gezielten Prozeß gegen den Diözesan-Caritasverband Eichstätt wurde dem Deutschen Caritasverband die „unmittelbare Gemeinnützigkeit" abgesprochen. Die zwar erfolgte juristische Anfechtung blieb erwartungsgemäß erfolglos. Der Caritasverband mußte sogar für mehrere Jahre rückwärts bis 1936 638.760,70 RM an Steuern nachzahlen. So versuchte das nationalsozialistische Regime, da es den Caritasverband nicht gleichzuschalten vermochte und es auch nicht schaffte, seine Spitze mit Parteiangehörigen oder nationalistischen Gesinnungsgenossen zu besetzen[256], mit finanz- und steuerrechtlichen Mitteln die Lebenskraft abzuschnüren. Neben der generellen Steuerveranlagung wurden dem Caritasverband jährliche Vermögenssteuer, Geldentwertungsabgabe und Umsatzsteuer auferlegt.

---

[252] Bericht der Finanzkommission des Deutschen Caritasverbandes über das Geschäftsjahr 1933. Ebd.

[253] Bericht der Finanzkommission über das Jahr 1937. Ebd.

[254] Vgl. *Scheidgen, Hermann-Josef*: Die verbandliche Caritas und die katholische Kirche in Deutschland in den letzten 100 Jahren unter besonderer Berücksichtigung der Erzdiözese Köln. In: *Feldhoff, Norbert/ Dünner, Alfred* (Hrsg.), Die verbandliche Caritas. Freiburg i.Br.: Lambertus 1991, 30.

[255] Bericht der Finanzkommission über das Jahr 1939. Ebd.

[256] Von den noch bestehenden Wohlfahrtsverbänden war das Deutsche Rote Kreuz vollständig und auch die Innere Mission in der Führungsspitze von engagierten Parteimitgliedern durchsetzt. Vgl. *Kaiser, Jochen-Christoph*, 1989, 228 ff. (Anm. 244).

Ferner mußte *Weber* berichten, daß der Caritasverband seine publizistische Tätigkeit einschränken mußte. Mit der Begründung der Papierersparnis mußten 14 Caritaszeitschriften auf staatliche Anordnung ihr Erscheinen einstellen, darunter „Jugendwohl", „Caritasruf", „Elisabethbriefe", „Mädchenschutz" und „Berufliche Seelsorgehilfe"[257].

Die Berichte der Finanzkommission der folgenden Jahre hoben weiterhin hervor, daß der Caritasverband finanzwirtschaftlich auf sich selbst gestellt ist. *Weber* warnte jedoch vor einer spiritualistischen Einstellung, die in Notzeiten naheliegt: „Caritasidee und Caritasfinanzen sind keine Gegensätze."[258] Die finanzielle Unabhängigkeit bei gleichzeitiger Aufrechterhaltung zahlreicher Aufgaben gelang vor allem durch ein erhöhtes Spendenaufkommen in den Gemeinden[259], zu der die Bischöfe auf Wunsch des Caritasverbandes aufriefen. Die Spendenfreudigkeit war ein Zeichen des Behauptungswillens der katholischen Bevölkerung. Die Rechtsprechung während des nationalsozialistischen Zeit war bestrebt, Sammlungen der Kirche außerhalb der Gottesdienste immer mehr einzuschränken. Um Zweifelsfragen zum Sammlungsgesetz zu begegnen, gab *Weber* im Rahmen der Schriftenreihe „Kirchliche Verwaltungslehre" die Schrift „Sammlungsrecht und Kirche" für interessierte, nicht juristisch gebildete Kreise heraus, um darüber zu informieren, „ob eine geplante Veranstaltung nach dem Sammlungsgesetz genehmigungsfrei ist oder nicht und ob die etwaige Beanstandung einer Veranstaltung begründet ist oder nicht."[260] Das Vorwort dieser Schrift weist darauf hin, daß in jüngster Zeit Verurteilungen erfolgt wären, „die durch eine sachgemäße Verteidigung hätten abgewendet werden können"[261].

Bei der Verteilung des Ertrages der Caritaskollekten mag es Unstimmigkeiten gegeben haben. Deshalb mahnte *Weber*: „Die Tatsache der Verknappung der materiellen Mittel hat in den letzten Jahren leider vielfach dazu geführt, daß man eine Gegensätzlichkeit zwischen dem DCV auf der einen Seite und den Diözesanverbänden auf der anderen Seite oder gar eine solche Gegensätzlichkeit zwischen kirchlicher Organisation einerseits und Caritasorganisation andererseits konstruierte."[262] *Weber* blieb als Vorsitzender der Finanzkommission auch in der Kriegszeit bemüht, den Caritasverband während der Zeit seiner schwersten Herausforderung finanziell überwintern zu helfen. Bis zum Mai 1943 hat *Weber* die Berichte der Finanzkommission verfaßt. Für die Berichtsjahre 1943 bis 1945 sind zumindest keine Unterlagen erhalten geblieben.

---

[257] Ebd.

[258] Bericht der Finanzkommission über das Jahr 1939. Archiv DCV, Sign. 113,2.

[259] Die Caritaskollekten während der Gottesdienste an den Caritassonntagen steigerte sich von zwei Millionen Reichsmark im Jahr 1937 auf achteinhalb Millionen im Jahr 1944/45. *Wollasch, Hans-Josef:* „Sociale Gerechtigkeit und christliche Charitas". Leitfiguren und Wegmarkierungen aus 100 Jahren Caritasgeschichte. Freiburg i.Br.: Lambertus, 1996, 454.

[260] *Engelmann, Hans:* Sammlungsrecht und Kirche. Richtlinien für die Praxis. (= Kirchliche Verwaltungslehre, H.7, hrsg. von *Heinrich Weber*). Breslau 1940, 11. Der Verfasser war Dr. jur. und Landgerichtspräsident gewesen.

[261] Ebd.

[262] Ebd.

Weber arbeitete in dieser Zeit der nationalsozialistischen Bedrängnis und in den Kriegsjahren unermüdlich und fast ohne Ruhepausen[263], obwohl seine Gesundheit bereits angeschlagen war. Am 23. Oktober 1939 hat sich *Weber* einer Darmoperation unterziehen müssen, deren Folgen länger nachwirkten[264]. Auch warfen ihn mitunter fiebrige grippale Infekte für mehr als eine Woche nieder[265]. Aber selbst während dieser Krankheiten arbeitete *Weber* möglichst weiter und diktierte Briefe vom Bett oder Sessel aus.

Strapaziöse Reisen zu Sitzungen des Zentralrates, der Finanzkommission und des Wirtschaftsbeirates führten *Weber* bis in die letzten Kriegsjahre immer wieder von Breslau nach Freiburg oder in andere Tagungsorte, so u.a. nach München, Passau, Speyer, Köln, Aachen. Immer wieder traf sich *Weber* mit *Kreutz* zu verschiedenen Gesprächen und Verhandlungen in Berlin[266], wo dann auch häufig gemeinsam oder von *Kreutz* allein Behörden aufgesucht wurden, um wenigstens die eine oder andere Erleichterung für Benachteiligte, Behinderte, Verfolgte und Betroffene oder den gesamten Caritasverband zu erreichen, dessen Handlungsspielraum durch das nationalsozialistische Regime systematisch immer mehr eingeengt wurde[267]. Hätte das Archiv des Caritasverbandes nicht erstaunlich viel Material bewahrt und für den wissenschaftlichen Zugriff geordnet, bliebe diese unermüdliche sisyphusartige, selten von Erfolg gekrönte Arbeit und Leistung allzeit unerkannt. Die erhalten gebliebenen Briefe werden jedoch ab 1939 immer seltener, die Informationen darin immer spärlicher, weil *Weber*, *Kreutz* und andere vor den Nachstellungen der Geheimen Staatspolizei immer mehr auf der Hut sein mußten.

---

[263] Bereits Jahre zuvor, am 5. Januar 1931 schrieb *Kreutz* an *Weber*: „Ich hoffe, dass über diese Feiertage Du doch wenigstens den einen oder andern Tag etwas Ruhe hattest, obwohl ich weiss, dass Du den Begriff ‚Ferien' schon lange ausgestrichen hast aus dem Handwörterbuch Deiner Lebensführung." Archiv DCV, Sign. 125.63.

[264] Vgl. Schreiben von *Emmy Aufmkolk* an *Meister* vom 31. Oktober 1939 und Schreiben von *Weber* an *Meister* vom 9. November 1939. Archiv DCV, Sign. R 959.

[265] So u.a. Schreiben von *Weber* an *Kreutz* vom 19. November 1937. Archiv DCV, Nachlaß Kreutz, Sign. 081-04-W.

[266] Auf eine dieser Reisen nach Berlin hat *Weber* seinen Neffen *Hans-Herbert Weber* aufgesucht, der in seinem Brief vom 25. Mai 1997 folgendes Erstaunliche berichtet, das sich bisher in keiner anderen Quelle findet: „Lebendig ist meine Erinnerung an einen Besuch von Onkel Heinz in Berlin, wo ich 1943 als Oberfunker diente. Offenbar auf einer Dienstreise suchte er mich für zwei Stunden in meiner Unterkunft auf. Ich fragte ihn erstaunt, wie er denn - dazu noch in priesterlicher Kleidung - Einlaß bei einer Einheit gefunden hatte, die beim Oberkommando des Heeres attachiert war (,Funkaufklärung östl. Mittelmeer'), antwortete er: ‚Na, schließlich stehe ich im Rang eines Obristen!'" Der hohe Offiziersrang von *Weber* konnte jedoch aus offiziellen Quellen nicht nachgewiesen werden. Möglicherweise hatte *Weber* eine hohe nebenamtliche Funktion im Sanitätsdienst, die sich aber auch nicht belegen läßt, da die diesbezüglichen Quellen des Generalvikariates Breslau vernichtet wurden. Lediglich der Brief *Webers* vom März 1945 an die Bischöfliche Finanzkammer weist auf Tätigkeit in der Lazarettseelsorge hin. (Vgl. S. 81/82, Anm. 283).

[267] Zu den Verhandlungen und Sondierungen im Hauptamt für Volkswohlfahrt oder in Ministerien vgl. Wollasch, Hans-Josef: „Sociale Gerechtigkeit und christliche Charitas", 1996, 453-454. (Anm. 259).

Typisch sind in den Briefen Andeutungen, die für nachfolgende Generationen schwer verständlich sind, weil sie einen hohen Informationsstand voraussetzen, so wenn *Weber* an *Kreutz* am 14. September 1936 schreibt: „Eminenz Bertram schickt mir aus dem Protokoll der diesjährigen Bischofskonferenz einen Auszug, der die oft behandelte Frage der Eingliederung der Anstalten der katholischen Wohlfahrtspflege in die D.A.F. betrifft. Über die Vorgänge bist Du ja genauestens orientiert. Ich überreiche Dir in der Anlage die Abschrift des mir zugestellten Protokollauszuges."[268] Unter Freunden braucht man nicht mehr zu sagen, die Brisanz der Frage und auch die Einstellungen zu den politischen Vorhaben sind einander bekannt. Kennt man die beteiligten Akteure, dann ahnt und versteht man, wie viel versteckte Kritik zwischen den scheinbar wertneutralen Formulierungen steht.

4.4.3. *Kritik an nationalsozialistischer Ideologie*

Der geschulte Gesellschaftswissenschaftler *Weber* war ein Meister der wertfreien soziologischen Formulierungskunst, aus der man aber auch eindeutig Kritik und Distanz heraushören kann. Beispielhaft sei eine Passage aus seiner 1938 erschienenen Schrift zur Caritaswissenschaft: „Ob es Protagoras, ob es Hobbes, ob es Max Stirner, ob es Darwin ist, immer wieder hören wir in den verschiedenen Variationen die gleiche Grundlehre: homo homini lupus! Die Theorie vom bellum omnium contra omnes, die Forderung der freien Betätigung der naturhaft-tierhaften Menschenenergien tönt uns aus diesem Lager allenthalben entgegen. Diesen Autoren ist eben der Mensch eine ‚prachtvolle, nach Beute und Sieg lüstern schweifende Bestie', wie Nietzsche es bekanntlich formuliert hat. Nach dieser Auffassung ist es Heuchelei, wenn der Mensch moralisch und tugendhaft zu handeln scheint, namentlich wenn er die Tugend der Feindesliebe scheinbar übt."[269]

Hier ist die ganze sozialdarwinistische Ideologie des Nationalsozialismus in Kurzform und zwischen den Zeilen durchaus negativ dargestellt, ohne daß es der allzu bescheidenen Geistesart der meisten Gestapoleute, die offenbar kein Latein konnten und nicht über philosophische Zusammenhänge informiert waren, kritisch aufgefallen wäre. Dennoch hatten wohl einige Mitglieder der „Verlagskommission" des Caritas-Verlages politische Bedenken gegen Passagen des Buches von *Weber*, wobei aber wohl keiner mit der Sprache deutlich herauswollte. Da *Weber* nicht in Erfahrung bringen konnte, wer die „Verlagskommission" wäre, schrieb *Weber* in der Sache der Veröffentlichung dieses Buches an *Kreutz*: „Er [H.] erklärte mir, daß er mit der Sache gar nicht befaßt sei und nichts davon wisse. Also wandte ich mich an Herrn J. Er verwies mich mit geheimnisvollen Achselzucken an Dich. Da nunmehr der circulus vitiosus geschlossen war, habe ich auf weitere Nachfragen verzichtet und mich positiv um Ausräumung der von der Verlagskommission geäußerten ‚politischen Bedenken' bemüht. Exzellenz Wienken übernahm die endgültige Klarstellung bei der zuständigen Instanz (...) Gleichzeitig füge

---

[268] Brief von *Weber* an *Kreutz*. Archiv DCV, Sign. 081-04-W.
[269] *Weber, Heinrich:* Wesen der Caritas, 1938, 95 (Anm.22).

ich meine Äußerung zu den Anregungen bezw. Bedenken der Verlagskommission bei. Ich möchte natürlich dem Verlage und dem Verbande auf keinen Fall irgend welche möglichen Unannehmlichkeiten bereiten."[270] *Weber* verfolgte dieses Bestreben um so mehr, als der 1. Band seines caritaswissenschaftlichen Lehrbuches nicht allein als seine private Veröffentlichung, sondern nach der Vorstellung des Caritaspräsidenten *Kreutz* auch als „Verbandsgabe im Rahmen des 40. Jubiläumsjahres" gedacht war[271].

Obwohl *Weber* noch Korrekturen an seinem Buch „Wesen der Caritas" vorgenommen hat, ließ er obigen den Nationalsozialismus in seiner Eigenart entlarvenden Satz wie auch andere kritische Passagen in seinem Manuskript stehen, die auch gedruckt wurden. So wagte es *Weber* auch, *Hermann Althaus*, dem Amtsleiter im Hauptamt für Volkswohlfahrt, der die Aufgabe der kirchlichen Liebestätigkeit 1935 in einer Veröffentlichung auf „die Betreuung der Erbkranken und Asozialen" einschränken wollte, zunächst zu zitieren, dann öffentlich zu widersprechen und dem von der nationalsozialistischen Wohlfahrtspolitik angestrebten Sonderungsprinzip caritativer Aufgaben das Totalitätsprinzip katholischer Caritas entgegenzusetzen: „Nicht immer fand und findet das Totalitätsprinzip der katholischen Caritas Anerkennung. Man stellt gelegentlich dem Totalitätsprinzip das Sonderungsprinzip entgegen, indem man die Aussonderung bestimmter Arbeitsgebiete aus dem Wirkungsbereich der katholischen Caritas zur Forderung erhebt. Der sachliche Betätigungsbereich der Caritas soll dann eine entsprechende Einengung erfahren." *Weber* verteidigt den Anspruch der katholischen Caritas mit der Ganzheitsschau des Katholizismus: „Kurz, im wirklichen Leben lassen sich die Notstände nicht isolieren und sondern, also ist auch grundsätzlich eine Notstandshilfe nicht zu rechtfertigen."[272] Sachlich, ohne jeden Unterton eines Angriffs, wird der nationalsozialistischen Ideologie Schritt um Schritt aus der grundsätzlichen katholischen Position begegnet.

Dieses Vorgehen kennzeichnet *Webers* Strategie. Er geht in seiner Kritik an dem Regime und seiner Ideologie an die situationsspezifisch jeweils denkbare Grenze, ohne den Caritasverband ernsthaft zu gefährden. Es ist die kontrollierte und reflektierte Klugheit, mit der man selbst ein Terrorregime zu einem gewissen Grade unterlaufen kann. *Weber* wußte um die Gefahren und Risiken, die ihn und die von ihm beratenen Organisationen ständig umgaben, er wußte als wacher Mensch, als Vertrauter des Caritaspräsidenten und aufgrund seiner Stellung als Leiter des Instituts für kirchliche Verwaltung und Finanzwirtschaft um die Verwandten[273], Freunde, Priester, Caritasmitarbeiter, die in die Fänge

---

[270] Schreiben von *Weber* an *Kreutz* vom 5. Mai 1938. Archiv DCV, Sign. 081/04-W.

[271] Schreiben von *Weber* an *Auer* vom 17. Februar 1938. Archiv DCV, Sign. 113,3.

[272] *Weber, Heinrich:* Wesen der Caritas, 1938, 180 (Anm. 22).

[273] Von seinen Verwandten war sein Vetter *Wilhelm Weber*, Pfarrer in Bockum-Hövel, mehrmals von der Gestapo vorgeladen und verhört worden. Später, am 27. November 1943 wurde er von der Gestapo verhaftet und ins Konzentrationslager Dachau eingewiesen. Nach Auskunft von *Anne Marie Goerdeler* vom 30.5.1995 hatte *Heinrich Weber* versucht, seinem Vetter zu helfen, aber ohne Erfolg. Vgl. *von Hehl, Ulrich/ Kösters, Christoph* (Bearb.): Priester unter Hitlers Terror. Eine biographische statistische Erhebung. Bd. 2, 3. wesentlich veränderte und erw. Aufl. Paderborn: Schöningh 1996, 1106.

der Geheimen Staatspolizei gerieten und in die Konzentrationslager verschwunden waren.

Eine Wirkungschance des Caritasverbandes gegenüber den bedrängten und notleidenden Menschen zu erhalten, war Leitmotiv seines gesamten Handelns. Auch bei seinem Buch „Das Wesen der Caritas" „war nur das Bestreben, unserer Caritassache einen Dienst zu leisten, maßgebend"[274]. Dieses Ziel hatte er unbeirrt während all der schwierigen Jahre nicht aus dem Auge verloren. Trotz der vielen Niederlagen hat er in seinem unermüdlichen Ringen nie nachgelassen. Die Kraft zu diesem Durchhalten gewann er aus seinem tiefen Glauben und der durch diesen Glauben genährten Hoffnung.

4.4.4. Tragende Freundschaft mit Präsident Kreutz

Alle Belastungen und Schwierigkeiten in den Jahren des Krieges und der nationalsozialistischen Bedrängnis trugen der analytisch scharf denkende Wissenschaftler *Heinrich Weber* und der mehr mit dem Herzen fühlende Caritaspräsident *Benedict Kreutz* gemeinsam. Es gab wohl kaum einen Schritt, den sie nicht gemeinsam vollzogen haben. Präsident *Kreutz* wußte um die unverzichtbare Stütze, die er in *Heinrich Weber* gefunden hatte. Immer wieder bringt er seinen Dank zum Ausdruck. Beispielhaft für viele andere Schreiben ist sein Weihnachtsbrief von 1942 an *Weber*: „Ich danke Dir für Deine Treue im verflossenen Jahr. Das Jahr war für mich keineswegs leicht, aber das Bewußtsein von dem starken aufrichtigen Willen anderer mitgetragen zu sein weckt Vertrauen."[275]

Der Caritaspräsident hatte mehrere Mitarbeiter aus seiner nächsten Umgebung verloren. Generaldirektor *Hugo Klieber* und Prälat *Johannes van Acken* waren verstorben. Andere wie *Franz Keller*, der Direktor des Caritaswissenschaftlichen Instituts der Universität Freiburg, waren zum Nationalsozialismus übergelaufen und aus der Kirche ausgetreten[276], oder mußten sich wie *Josef Beeking*, der Fachreferent des Caritasverbandes für Jugendfürsorge und Professor für Sozialpädagogik in Freiburg, und Prälat *Johannes Straubinger* durch Flucht in die Schweiz bzw. nach Amerika den Zugriffen der Gestapo

---

[274] Schreiben von *Weber* an *Kreutz* vom 4. Juni 1938. Ebd. Es ist bemerkenswert, daß er diese Briefe immer noch mit dem alten Briefkopf „o. Professor der wirtschaftlichen Staatswissenschaften" schrieb, nur seine Münsteraner Adresse war durchgestrichen und durch die Anschrift in Breslau ersetzt.

[275] Brief von *Kreutz* an *Weber* vom 21. Dezember 1942. Nachlaß Kreutz, Archiv DCV, Sign. 081 - 04-W.

[276] Am 8. Juni 1944 teilte *Kreutz Weber* in einem persönlichen Schreiben mit: „Am Dienstag, den 6. Juni, ist ziemlich rasch der Dir auch wohl bekannte Universitätsprofessor a.D. Dr. Franz Keller gestorben (...) Er soll eine Grippe verschleppt haben, daraus entstand eine Angina und eine vereiterte Rippenfellentzündung (...) Der zuständige Stadtpfarrer (...) hat ihn 2-3 mal besucht. Am Sterbetag selber liess seine Schwester, die auch aus der Kirche ausgetreten ist, den Herrn Stadtpfarrer wieder rufen und Prof. Keller hat 1 1/2 Stunden vor seinem Hinscheiden die heilige Ölung noch empfangen mit Bewusstsein und seiner Zustimmung. So - der historische Ablauf. Morgen, Freitag, den 9. Juni, wird er in aller Stille kirchlich beerdigt werden." Archiv DCV, Nachlaß Kreutz, Sign. 081-04-W.

entziehen, der Bibliotheksdirektor des Caritasverbandes *Heinrich Auer* wurde verraten und ins KZ Dachau entführt[277]. Die Zahl der Getreuen nahm ab. Um so mehr wuchsen *Benedict Kreutz* und *Heinrich Weber* in ihrer Freundschaft und in der gemeinsamen Auseinandersetzung mit den Herausforderungen und Anfeindungen durch den Nationalsozialismus zusammen. Wenn die Caritas mit Recht „als eine der widerstandsfähigsten Bastionen des Dritten Reiches" bezeichnet wird[278], so ist diese Festigkeit nicht zuletzt auf seinen unermüdlich engagierten sowie diplomatisch geschickten Präsidenten *Benedict Kreutz* und seinen klugen, willensstarken und entschiedenen Berater *Heinrich Weber* zurückzuführen. Zu *Webers* Namenstag 1941 entbot *Kreutz* seinem Freunde „in alter Treue" die Glück- und Segenswünsche: „Möge Deine Gesundheit standhalten; denn wir sind noch nicht am Ende der Tage (...)."[279]

4.5. *Ausweisung aus Breslau und Weg in den Westen*

In den letzten Kriegsmonaten kam die Front von Osten immer näher, am 13. Januar erfolgte der Durchbruch der sowjetischen Streitkräfte an der Weichsel. Ende des Monats waren weite Teile Schlesiens erobert und die Oder erreicht. „Am 22. Januar 1945 erging der Räumungsbefehl für die Zivilbevölkerung Breslaus, da Breslau zur Festung erklärt wurde, und am 1. Februar folgte ein Sonderausweisungsbefehl des Sicherheitsdienstes für Geistliche."[280] In der Münsteraner Personalakte von *Weber* steht, daß die Geheime Staatspolizei ihn im Januar unter Zurücklassung des gesamten Hab und Gutes incl. seiner umfangreichen Bibliothek ausgewiesen hätte[281], was bei der engen Zusammenarbeit von Geheimer Staatspolizei und Sicherheitsdienst keinen Widerspruch bedeutet. Der Münsteraner Archivar *Löffler* schreibt als einziger: „Prof. Weber wurde als Lazarettseelsorger aus Breslau abberufen."[282] Diese Information geht auf ein Schreiben *Webers* an die Bischöfliche Finanzkammer vom 12. Februar 1945 zurück: „Liebe Mitarbeiter, infolge meiner Tätigkeit in der Lazarettseelsorge wurde ich aus Breslau evakuiert mit dem Auftrage, dem Lazarett zu folgen. Wir mußten alles im Stich lassen. Einen Handkoffer umfaßt unsere ganze Habe (...). Ich werde hier [Gegend von Bad Sooden-Allendorf; Erg.

---

[277] Der eindrucksvollen Gestalt und dem schweren Schicksal von *Heinrich Auer* widmet sich ausführlich *Hans-Josef Wollasch* in seinem Beitrag: Heinrich Auer (1884-1951), Bibliotheksdirektor beim Deutschen Caritasverband als politischer Schutzhäftling Nr. 50241 im Konzentrationslager Dachau. In: „Sociale Gerechtigkeit und christliche Charitas", 1996, 260-303 (Anm. 259). Außer *Heinrich Auer* erlitten ferner allein von der Freiburger Caritaszentrale noch zwei weitere Mitarbeiter Gestapo- und KZ-Haft der Hauptschriftleiter *Heinrich Höfler* und *Gertrud Luckner*, Helferin vieler verfolgter Juden,. Vgl. ebd. 261.

[278] *Scheidgen, Hermann-Josef*: Die verbandliche Caritas. 1991, 30. (Anm. 254).

[279] Brief von *Kreutz* an *Weber* vom 13. Juli 1941. Archiv DCV, Nachlaß Kreutz, Sign. 081-04-W.

[280] *Kleineidam, Erich*, Die Katholisch-Theologische Fakultät, 1961, 120/121. (Anm. 192).

[281] UA Münster, Kurator Personalakte Nr. 3109.

[282] *Löffler, Peter*, Findbuch, 1976/1984, 2 (Anm. 8).

M.H.] und habe auf Schloß Rothestein Obdach gefunden. Für heute nur diese kurze Nachricht, da ich mich erst wieder etwas zurechtfinden muß. Die neue Anschrift des BFK weiß ich nicht mehr, da ich kein Blättchen von Breslau mitnehmen konnte."[283] Es ist denkbar, daß Kardinal *Bertram*, der *Weber* so gut, wie er es vermochte, vor nationalsozialistischen Übergriffen geschützt hat, ihn zeitig für diese Seelsorgsaufgabe abgeordnet hat. Eine Zwischenstation auf dem Weg nach Westen muß Liegnitz gewesen sein[284].

Es muß für den sensiblen *Weber* psychisch äußerst belastend gewesen sein, daß er bei seiner Ausweisung auf sein gesamtes wissenschaftliches Material und seine Manuskripte verzichten mußte. Ein Schreiben von *Weber* an den Bibliotheksdirektor des Caritasverbandes *Heinrich Auer*, der das Konzentrationslager Dachau erfahren mußte, zeichnet die schwere Erschütterung, die *Weber* durchlebt hatte: „Der Rahmen eines Briefes ist zu eng, um all das Schauderbare hinein zu bringen, was wir alle im Lauf des letzten Jahres erfahren mussten. Nur so viel kann ich Ihnen sagen, daß ich seit Anfang dieses Jahres auf den tiefsten überhaupt nur erdenkbaren Stand der materiellen Armut herabgesunken bin. Ich habe ja im Rahmen der caritaswissenschaftlichen Vorlesungen Jahrzehnte hindurch auch das Armutsproblem theoretisch behandelt. Dabei gab ich eine begriffliche Analyse der Armut und erörterte die theoretischen Fragen, die in der Literatur bei der Behandlung des Armutsproblems so reichlich angeschnitten sind. In der Theorie kannte ich, wie wohl kaum einer, die Armut. In der Praxis habe ich nunmehr zum ersten Male, allerdings überaus gründlich, die materielle Armut kennengelernt."[285] Noch drückender als die materielle Armut und das Fehlen des „elementarsten Lebensbedarfs" fand *Weber* den Verlust aller seiner wissenschaftlichen Hilfsmittel, seiner wissenschaftlichen Privatbibliothek und der Institutsbibliothek mit seiner caritaswissenschaftlichen Abteilung.

---

[283] Handgeschriebener Brief von Professor *Weber* an die Bischöfliche Finanzkammer bei Bauer *Schlüppmann*, Post Gimbte b. Münster (dort eingegangen 8.3.1945). Diözesanarchiv Münster. Bischöfliche Finanzkammer Sign. A III 2. Zu diesem Zeitpunkt hätte *Weber* jedoch auch noch nicht schreiben können, daß er von der Gestapo ausgewiesen wurde. Von Sooden-Allendorf schrieb *Weber* auch am 14. Februar 1945 an *Kreutz*, wie aus dessen Antwortbrief vom 6. März hervorgeht. *Kreutz* drückte seine Hilfsbereitschaft und sein Mitgefühl aus: „Wenn ich Dir mit etwas helfen kann, sofern Post und Bahn gehen, soll es recht gerne geschehen. Gib mir Bescheid! Ich kann mir denken, wie arm Du Dir selber vorkommst für den Fall [,daß; ergänzt M.H.] Deine schöne Bibliothek, Deine druckfertigen Manuskripte nicht unversehrt in Deiner Wohnung in Breslau erhalten blieben." Archiv DCV, Nachlaß Kreutz, Sign. 081/04- W.

[284] Direktor *Wewel* von der Bischöflichen Finanzkammer wies im Antwortschreiben vom 21. März 1945 an Professor *Weber* auf dessen Brief aus Liegnitz an *Tenspolde* hin, der sich aber nicht in den Archivbeständen findet. Ebd. - *Joseph Wewel* (geb. 12.9.1907 in Bevergern, gest. 5.2.1978) wurde am 29.7.1934 in Münster zum Priester geweiht, 1936 nach Breslau zur Akademie für kirchliche Verwaltung und Finanzwirtschaft und am 1. April 1939 an die Bischöfliche Finanzkammer in Münster beurlaubt. 1949 wurde er deren Direktor und Leiter. Am 20. Oktober 1965 wurde er zum Päpstlichen Hausprälaten ernannt. Karteikarte des Diözesanarchivs.

[285] Brief von *Weber* an *Auer* vom 1. Dezember 1945. Archiv DCV, Sign. 090/2-28.

Über körperliche und seelische Strapazen während der Flucht geht aus den spärlichen Nachrichten, die erhalten geblieben sind, fast nichts hervor. Es bedeutet aber sehr viel, wenn der mit persönlichen Äußerungen sehr zurückhaltende *Weber* schreibt, daß er sich „erst wieder etwas zurechtfinden muß". *Weber* war kein Mensch, der nach außen Gefühle zeigte, erst recht nicht andere damit belastete. Wenn man aber seinen kurzen Lebensweg nach diesen psychophysischen Belastungen betrachtet, dann ahnt man, daß sie so schwer waren, daß er sie kaum verkraften und verarbeiten konnte. Direktor *Wewel* traf in seinem Antwortbrief sicher *Webers* Stimmungslage, wenn er schrieb: „Ich kann mir vorstellen, daß das Verlassen Ihres Hauses und Ihrer Habe ebenso plötzlich und schmerzlich gewesen ist, als wenn wir hier im Westen nach einem Bombenangriff zurückkommen und unsere Habe nicht mehr vorfinden. Im ersten Augeblick freut man sich, dass man selbst aus dem Dreck herausgekommen ist, aber dann allmählich kommt doch die Besinnung und der Schmerz."[286]

Als der Krieg schließlich überstanden war, der in den letzten Monaten auch noch die Zerstörung von *Webers* Haus in Münster brachte, gelangte *Weber* im Frühsommer 1945 in seine Heimatstadt Recklinghausen und fand bei seiner Schwester erste Unterkunft[287].

---

[286] Ebd. Sign. A III 2.

[287] *Auer, Heinrich:* 1946, 53 (Anm. 6); *Neuloh, Otto:* Entstehungs- und Leistungsgeschichte der Sozialforschungsstelle Dortmund. In: *Neuloh, Otto et al.:* Sozialforschung aus gesellschaftlicher Verantwortung. Opladen: Westdeutscher Verlag 1983, 14. In einem Schreiben *Webers* an die Bischöfliche Finanzkammer vom 24. Juli 1945 taucht die Anschrift Recklinghausen, Springstr. 16 (bei *Bendheuer*) auf. *Bendheuer* hieß seine Schwester nach ihrer Heirat mit dem Hauptlehrer *Theo Bendheuer*. Nach Auskunft des Stadtarchivs Recklinghausen vom 7.8.1997 hat *Heinrich Weber* vom 23.7.1945 bis 21.5.1946 bei seiner Schwester in Recklinghausen gewohnt.

5. Nachkriegszeit

5.1. *Rückkehr nach Münster*

Seine berufliche Laufbahn konnte *Weber* nach dem Ende des Zweiten Weltkrieges an der Westfälischen-Wilhelms-Universität Münster fortsetzen. Der Antrag auf Restitution wurde im August 1945 von der Rechts- und Staatswissenschaftlichen Fakultät an das Oberpräsidium der Provinz Westfalen gestellt. Der Rektor der Universität, der Kirchenhistoriker *Georg Schreiber*, der selbst auch vom nationalsozialistischen Regime nach Braunsberg zwangsversetzt worden war, schrieb zur Begründung an die britische Militärregierung am 5. September 1945, daß *Weber* „wegen seiner ablehnenden Haltung zum Nationalsozialismus (...) ständig von den SS-Organisationen stärkstens angefeindet" wurde und daß deshalb ein „Unrecht wiedergutzumachen" sei. Dies könne nur durch Rückführung von Professor *Weber* in sein ursprüngliches Amt geschehen. Ferner würde seine Kraft unbedingt für den Wiederaufbau des nationalökonomischen Studiums, insbesondere des Instituts für Wirtschafts- und Sozialwissenschaften, das eines der bedeutendsten Institute der Universität darstelle, benötigt: „Das gesamte Institut wurde wesentlich von Prof. Weber aufgebaut und ausgebaut. Das gilt namentlich für die musterhaft Innenorganisation und die geradezu ausgezeichnete Fachbibliothek des Instituts. Die Gerechtigkeit verlangt, daß Prof. Weber nunmehr auch am Wiederaufbau des Instituts maßgebend beteiligt wird."[288] Am 6. September fügt der Dekan der Rechts- und Staatswissenschaftlichen Fakultät hinzu, daß die Wiedereinsetzung *Webers* wegen der von ihm „besonders gepflegten Fächer Volkswohlfahrt und Sozialpolitik sehr erwünscht" sei, „da die sozialen Fragen künftig ein erhöhtes Interesse gewinnen werden"[289].

Weber wurde am 22. September 1945 zunächst an die Katholisch-Theologische Fakultät mit Rückwirkung zum 1. Februar berufen[290], was sich aber als irrtümliche Entscheidung herausstellte, denn damit hatte *Weber* noch nicht die Position wieder erreicht, die er 1933 aufgrund des Drucks des nationalsozialistischen Regimes aufgeben mußte. Die Berufung in die Katholisch-Theologische Fakultät hätte keine volle Restituierung bedeutet. Der Antrag der Rechts- und Staatswissenschaftlichen Fakultät der Universität Münster vom August 1945 auf Ernennung zum Ordinarius in dieser Fakultät war von der Militärregie-

---

[288] Schreiben des Rektors der Westfälischen Wilhelms-Universität vom 5. September 1945. UA Münster, Neue Universität (Press), Pers.akten Nr. 81.

[289] Ebd. Kurator Pers.akte Nr. 3109.

[290] Oberpräsident *Dr. Amelunxen* an Prof. *Dr. Heinrich Weber*. UA Münster. Pers.akte Nr. 81. Amelunxen fügte der Ernennung persönlich hinzu: „Ich freue mich, daß durch diese Ernennung das Unrecht, das Ihnen in der verflossenen Terrorzeit zugefügt wurde, teilweise wieder gutgemacht wird." Und noch persönlicher: „Bei dieser Gelegenheit gedenke ich dankbar unserer einstigen jahrelangen Zusammenarbeit im Volkswirtschaftlichen Prüfungsamt der Universität Münster. Zu neuer Arbeit ein herzliches Glückauf."

rung versehentlich übersehen worden[291]. Am 25. März 1946 wurde *Weber* dann offiziell an die Rechts- und Staatswissenschaftliche Fakultät als Ordinarius für Volkswirtschaft unter Berücksichtigung der Sozialen Caritaswissenschaften versetzt, um seine Rechtsposition aus der Zeit vor der nationalsozialistischen Herrschaft wiederherzustellen[292]. Entsprechend dem Vertrag von 1922 nahm er gleichzeitig den Lehrauftrag an der Katholisch-Theologischen Fakultät wahr[293].

Im Wintersemester 1945/46 war der Semesterbetrieb an der Universität Münster bereits wieder angelaufen. *Weber* schrieb erfreut: „Ich bekleide mein altes Amt und pflege mein altes wissenschaftliches Arbeitsgebiet." Aber die Schwierigkeiten sachlicher Natur, diese Vorlesungen entsprechend seinem hohen qualitativen Anspruch zu gestalten, waren für ihn riesengroß, da sein Körper durch alle vorausgegangenen Strapazen geschwächt war, und ihm zudem seine gesamte Bibliothek und alle seine Manuskripte abhanden gekommen waren: „Jede Vorlesungsstunde muß ich ja neu ausarbeiten und dann fehlen dabei noch die elementarsten Hilfsmittel."[294] Als Bleibe hatte *Weber* in Münster nur ein Zimmer im Studentenheim[295]. Aber *Weber* verlor nicht den Mut, er ergriff die Initiative. Sein Haus an der Annette von Droste-Hülshoff-Allee wollte er wiederaufbauen, erhielt dazu aufgrund einer Dringlichkeitsbescheinigung bereits 1945 die Genehmigung der Baupolizei und verhandelte mit seinem Architekten[296].

Jeder kleine Fortschritt wurde unter dem Eindruck des vorangegangenen Kata-

---

[291] *Weber* selbst schrieb dazu am 20. Oktober 1945 an den Dekan der Katholisch-Theologischen Fakultät Prof. Dr. *Pascher* u.a.: „Der Oberpräsident der Provinz Westf. übersandte mir vom 22. September 1945 (...) die Ernennungsurkunde zum ordentlichen Professor der kath. theol. Fakultät in Münster. In einer mündlichen Besprechung erklärte er mir, dass ein Versehen der Militärregierung vorliegen müsse. Die Militärregierung habe offenbar einen Antrag des Kurators vom Juli 1945 versehentlich zugrundegelegt. Der nachträgliche Antrag der juristischen Fakultät vom August 1945 auf Ernennung zum Ordinarius in der Rechts- und Staatswissenschaftlichen Fakultät sei anscheinend übersehen worden. Die Angelegenheit sollte durch Rückfrage bei der Militärregierung geklärt werden.
2. Am 6. Oktober 1945 wurde vom Rektor an die Militärregierung der Antrag auf Zuweisung einer Professur „in der staatswissenschaftliche Abteilung der Rechts- und Staatswissenschaftlichen Fakultät" gestellt. Unter dem 9. Oktober erklärte sich die Militärregierung durch ein Schreiben (...) damit einverstanden." Gleichzeitig wies *Weber* darauf hin, daß eine Vertretung von *Tischleder* und eine Übernahme der moraltheologischen Vorlesung für ihn nicht in Betracht komme. UA Münster, Kath.-Theol. Fak. Pers. Akte Nr. 41.
[292] Schreiben des Oberpräsidenten Der Provinz Westfalen *Dr. Amelunxen* an Prof. *Weber*. UA Münster, ebd.
[293] *Hegel*, Geschichte, Teil 1, 1966, 556 (Anm. 4).
[294] Schreiben von *Weber* an *Heinrich Auer* vom 1.12.1945. Archiv DCV, Sign. 090/2-28.
[295] Schreiben von *Weber* an Direktor *Wewel* vom 27.10.1945. Diözesanarchiv Münster, Bischöfliche Finanzkammer, Sign. A III 2. Später, wohl im Mai 1946 fand *Weber* zusammen mit seiner Haushälterin *Agnes Lumme* Unterkunft bei dem Dogmatiker Prof. *Dr. Hermann Volk* am Nordplatz in Münster. Schreiben von *Webers* Neffen *Dr. Hans Herbert Weber* vom 25. Mai 1997.
[296] Schreiben von *Weber* an den Rektor der Universität Prof. *Dr. Schreiber* vom 19.12.1945. UA Münster, Neue Universität (Press), Pers.-Akte Nr. 81.

strophenerlebnisses dankbar begrüßt. Davon zeugt das (Antwort)schreiben von *Benedict Kreutz* an seinen Freund *Weber* vom 25. März 1946, in dem er seine Freude darüber zum Ausdruck brachte, daß *Weber* erfolgreich sein erstes Semester in Münster bestanden hat[297]. *Weber* plante, die Aufgaben des Breslauer „Instituts für kirchliche Verwaltung und Finanzwirtschaft" in Münster fortzusetzen[298]. Auch dachte *Weber* an die Wiederaufnahme der caritaswissenschaftlichen Publikationsarbeit und die Wiedererrichtung des Fachausschusses für Caritaswissenschaft[299].

5.2. Gründung der Sozialforschungsstelle Dortmund

Weber wurde in dieser Zeit äußerster eigener Bedürftigkeit maßgebend für die Gründung einer der bedeutendsten sozialwissenschaftlichen Forschungsstätten Deutschlands, der Sozialforschungsstelle Dortmund an der Universität Münster, des heutigen Landesinstituts Sozialforschungsstelle Dortmund. Erste Initiativen waren bald nach dem Zusammenbruch im Jahre 1945 von *Webers* ehemaligen Schüler *Otto Neuloh*[300] und dem späteren Dozenten an der Universität Dr. phil. habil. *Ernst Bornemann* ausgegangen. Da letzterer aber eher an ein psychologisches Institut auf privater Basis dachte, nahm *Neuloh* zur Verfolgung seines Projekts Kontakte zu dem Justitiar der Harpener Bergbau AG und Dozenten der Universität Münster *Gerhard Boldt*, zu Dortmunder Stadtpolitikern und bald auch zu Professor *Heinrich Weber* auf, der damals gerade Wohnung bei der Familie seiner Schwester in Recklinghausen, seiner ursprünglichen Heimat bezogen hatte[301]. *Weber* nahm das Projekt sehr positiv auf und stimmte einem gemeinsamen Entwurf für Struktur, Standort und Status des Instituts zu. Der Planungstitel lautete „Sozialwissenschaftliches Institut Ruhrbezirk". Die Bezeichnung „Sozialforschungsstelle Dortmund" wurde erst nach Gesprächen mit den Münsteraner Professoren *Walther Hoffmann*

---

[297] Schreiben von *Kreutz* an *Weber* vom 26. März 1946. Archiv DCV, Nachlaß Kreutz, Sign. 081/04-W.

[298] Vgl. *Stanzel*, 1992, 157. - Klaus Mörsdorf, 1945/46 Professor für Kirchenrecht an der Universität Münster und zum 1. Mai 1946 an die Universität München berufen, erreichte nach dem Tode *Webers* die Verlegung des „Instituts für kirchliche Verwaltung und Finanzwirtschaft" nach München und seine Einordnung in das von ihm dort gegründete „Kanonistische Institut". Die Fuldaer Bischofskonferenz bestätigte am 10. Oktober 1947 diese Übernahme: „Das bisher in Breslau beheimatete ‚Institut für kirchliche Verwaltung und Finanzwirtschaft' wird mit Zustimmung des Kapitelvikars von Breslau nach München verlegt und dem neugegründeten ‚Kanonistischen Institut' eingegliedert." *Stanzel*, 1992, 157/158, hier Fußnote 65.

[299] Vgl. Schreiben von *Weber* an *Auer* vom 1. Dezember 1945. Archiv DCV, Sign. 090/2-28.

[300] *Otto Neuloh* (geb. 15.11.1902 in Wanne-Eickel) hatte 1928 mit dem Thema „Arbeiterbildung im neuen Deutschland" bei *Weber* promoviert (erschienen 1930 in der von *Heinrich Weber* und *Richard Woldt* hrsg. Reihe „Arbeit und Sozialpolitik" im Verlag Quelle und Meyer, Leipzig). *Weber* hat in seinem Gutachten diese Arbeit als „über dem Durchschnitt der sonstigen Dissertationen" bezeichnet. (UA Münster, Rechts- und Staatswiss. Fak. Prom.-Akte Nr. 898). *Neuloh* wurde 1946 bei der Gründung Geschäftsführer der Sozialforschungsstelle Dortmund und war von 1947 bis 1961 zusätzlich Abteilungsleiter für Soziologie und Sozialpolitik, dann ab 1961 ordentlicher Professor für Soziologie an der PH Saarland und Direktor des Instituts für Empirische Soziologie in Saarbrücken.

[301] *Neuloh, Otto*: Entstehungs- und Leistungsgeschichte, 1983, 14 (Anm. 285).

und *Alfred Müller-Armack*[302] im Oktober 1945 gewählt, weil in Münster bereits in der Weimarer Zeit ein „Institut für Wirtschafts- und Sozialwissenschaften" bestand, das *Weber* mitgeleitet hatte und das wiedererrichtet werden sollte. Die neuzugründende Dortmunder Institution sollte als externe Forschungsstelle dieses Münsteraner Universitätsinstituts fungieren[303].

Weber erklärte sich bereit, die wissenschaftliche Leitung des Dortmunder Forschungsinstituts zu übernehmen. *Webers*, *Neulohs* und *Boldts* Kontakte zur Wirtschaft und zur Politik erwiesen sich für die Planung der Forschungsstelle in dieser Zeit des wirtschaftlichen Zusammenbruchs und des darniederliegenden Verkehrs als äußerst vorteilhaft. So gelang es *Weber* bereits im November 1945 mit dem damaligen Präsidenten der Industrie- und Handelskammer Dortmund zu vereinbaren, das von dieser getragene Harkort-Institut in die Planung der Sozialforschungsstelle Dortmund einzubeziehen.

Zusammen mit Persönlichkeiten aus Wirtschaft, Politik, Verwaltung und Wissenschaft fand am 17. April 1946 im Bibliotheksraum des Max-Planck-Instituts in Dortmund unter Leitung von Professor *Heinrich Weber* die Gründungsversammlung der Gesellschaft „Sozialforschungsstelle an der Universität Münster eingetragener Verein zu Dortmund" statt. Laut Protokoll dieser Gründungsversammlung stellte *Weber* folgende Aufgaben für die Sozialforschungsstelle heraus:

„1) Erforschung des sozialen Lebens des rheinisch-westfälischen Raumes in Vergangenheit und Gegenwart unter sozialpolitischen, sozialpsychologischen und sozialrechtlichen Gesichtspunkten.
2) Wirtschaftsgeschichtliche und wirtschaftsgeographische Erforschung des rheinisch-westfälischen Raumes und der mit ihm wirtschaftlich verflochtenen Gebiete.
3) Mitwirkung an der Lösung praktischer und sozialer Fragen durch Beratung und Gutachtertätigkeit.
4) Verwendung der Ergebnisse der wissenschaftlichen Arbeit in der Schulung und Fort-

---

[302] *Müller-Armack, Alfred* (geb. 28.6.1901 in Essen, gest. 16.3.1978 in Köln) studierte Volkswirtschaftslehre an den Universitäten Gießen, Freiburg i.Br., München und Köln, habilitierte sich 1926 in Köln, wurde dort 1934 Professor für Nationalökonomie, wechselte 1940 nach Münster, dann 1950 wieder nach Köln, wo er das „Institut für Marktwirtschaft" begründete. 1952 beauftragte ihn der Bundeswirtschaftsminister *Ludwig Erhard* mit der Leitung der Grundsatzabteilung seines Ministeriums. *Müller-Armack* erfand für seine wirtschafts- und sozialpolitische Konzeption den Begriff „soziale Marktwirtschaft" und setzte zusammen mit seinem Minister diesen wirtschaftspolitischen Kurs gegen den Widerstand der SPD, der Gewerkschaften und des linken Flügels der CDU durch. 1958 wurde er Staatssekretär mit besonderer Verantwortung für die Europäische Integration und blieb in diesem Amt bis 1963. *Starbatty, Joachim:* Müller-Armack. In: *Görres-Gesellschaft* (Hrsg.), Staatslexikon, 7. Aufl., Bd. 3. Freiburg i.Br.: Herder 1987, Sp. 1238-1240.
[303] Ebd., ferner *Boldt, Gerhard:* Die Entstehung der Sozialforschungsstelle. In: Sozialforschungsstelle an der Universität Münster Dortmund 1946-1956. S. 7.

bildung von Berufstätigen."[304]

Zielsetzung und Aufgaben entsprachen der multidisziplinären Arbeitsweise, die *Weber* bereits in der Weimarer Zeit im „Institut für Wirtschafts- und Sozialwissenschaft" in Münster zusammen mit Professor *Bruck* und dann später in Breslau im „Institut für kirchliche Verwaltung und Finanzwissenschaft" gepflegt hatte. Auch die Verknüpfung von Theorie und Praxis stimmte mit den Leitlinien der Wissenschaftsauffassung von *Heinrich Weber* überein. Ebenfalls trug der Gedanke der Verwertung von Wissenschaft in der Fortbildung die Handschrift *Webers*. Diese Erfahrungen wollte *Weber* zusammen mit ähnlich orientierten Persönlichkeiten[305] dem Neuaufbau von Staat und Gesellschaft widmen. So stellen *Otto Neuloh* und die Mitautoren die Entstehungs- und Leistungsgeschichte der Sozialforschungsstelle mit Recht unter das Leitmotiv „Sozialforschung aus gesellschaftlicher Verantwortung". Diese Verantwortung galt in der Gründungsphase in besonderer Weise dem durch die Kriegsereignisse schwer betroffenen und durch Demontagepläne weiter gefährdeten rheinisch-westfälischen Industriegebiet.

Nach Ausführungen von Professor *Dr. Bruno Kuske*[306] über die grundsätzliche Bedeutung einer solchen Forschungsstelle, von *Dr. Otto Neuloh* über die Organisation und von Dr. *Boldt* über den Entwurf einer Satzung beschloß die Versammlung einstimmig die Gründung der Gesellschaft „Sozialforschungsstelle an der Universität Münster" und wählte den Oberstadtdirektor a.D. *Dr. Hermann Ostrop* zum Präsidenten, Professor *Heinrich Weber* zum stellvertretenden Präsidenten der Gesellschaft und ersten wissenschaftlichen Direktor[307] und *Dr. Otto Neuloh* zum Geschäftsführer[308].

In der Fakultätssitzung der Rechts- und Staatswissenschaftlichen Fakultät vom 24. Juni

---

[304] Niederschrift über die Gründung der Gesellschaft „Sozialforschungsstelle an der Universität Münster eingetragener Verein zu Dortmund". In: *Neuloh, Otto et al.:* Sozialforschung aus gesellschaftlicher Verantwortung, 1983, 87 (Anm. 287).

[305] *Neuloh* schildert Situation und Motive der Präsidiumsmitglieder und Mitarbeiter der Gründungsphase wie folgt: „Die Sozialforschungsstelle war in den Gründungsjahren (...) für mehrere Gruppen eine Art Fluchtburg für Intellektuelle, die einen neuen Anfang nach der Katastrophe suchten (...). Die Gründungsgruppe in den Jahren 1946 bis 1950 war überwiegend von Motiven beherrscht, die ich selbst für die Planung eingehend begründet habe. Viele von ihnen hätten unmittelbar im Aufbau der neuen Gesellschaft in beamteter oder jedenfalls sicherer Position wieder Verwendung finden können, wie ich selbst als Regierungsrat in der Arbeitsverwaltung. Aber sie wollten mehr angesichts der Not der Zeit, die nicht durch Tagesarbeit allein zu bewältigen war. Dabei spielten Opferbereitschaft, aber auch wissenschaftliches Engagement eine große Rolle. Ebd. 30.

[306] Den Wirtschaftshistoriker *Bruno Kuske* (geb. 29.6.1876 in Dresden) hatte *Weber* bereits in der Zeit der Weimarer Republik kennengelernt und mit ihm sowie *Otto Most* zusammen 1931 das vielseitige Handbuch „Wirtschaftskunde für Rheinland und Westfalen" herausgegeben.

Zu *Bruno Kuske* vgl. ferner: Europa. Erbe und Auftrag. Eine Festschrift für Bruno Kuske zum 29. Juni 1951. Köln: Kölner Universitätsverlag 1951.

[307] *Neuloh, Otto:* Entstehungs- und Leistungsgeschichte, 1983, 22-23 (Anm. 287).

[308] Ebd. 16 und 87.

1946 erwirkte *Weber* einen Fakultätsbeschluß, die Forschungsstelle dem Institut für Wirtschafts- und Sozialwissenschaften in Münster anzugliedern. Die Rechtsbeziehungen zwischen der Universität Münster und der Gesellschaft Sozialforschungsstelle sollten durch einen Vertrag geregelt werden[309].

Eine Fülle neuer Aufgaben stand 1946 vor *Heinrich Weber*. Seine Ideen und Pläne galten dem wirtschaftlichen Wiederaufbau des zerstörten Deutschlands und der Neubegründung einer sozialen und demokratischen Gesellschaftsordnung. Die Erfolge seiner Mühen und Intentionen konnte er nicht erleben. Seine Kräfte waren infolge der Strapazen des Krieges und der Nachkriegszeit und die permanenten psychischen Belastungen durch den Nationalsozialismus verbraucht.

5.3.   *Krankheit und Tod*

Mitten im Aufbau der Sozialforschungsstelle und weiterer Pläne erkrankte *Heinrich Weber* Anfang Juli schwer. Der Arzt konstatierte zunächst eine Nierenentzündung. Da das Fieber auch nach drei Wochen bei 39 Grad lag, zog man den Medizinprofessor *Strauss* zu rate. Dieser veranlaßte sofort die Überführung in das Franziskushospital. „Die diagnostische Untersuchung schaffte keine Klarheit. Von der zuerst angenommenen Nierenentzündung kam man ab. Man hat 3 mal auf Typhus untersucht, aber mit negativem Erfolg. Um nun das Rätsel des Fiebers zu finden, wurde die Untersuchung auf Bangsche Krankheit gemacht. Wieder negativ. Im Anschluß daran ist man an die Zähne herangegangen. 7 Stück hat man ihm bis jetzt gezogen. Das scheint jedoch auch noch nicht die richtige Ursache zu sein, weil sich plötzlich eine Rippenfellentzündung eingestellt hat. Vor wenigen Tagen wurden ihm 500 ccm Wasser fortgenommen. Jetzt taucht wieder die Frage auf, woher kommt die Rippenfellentzündung? Die Lage ist immer noch ungeklärt und der Patient ungeheuer schwach und elend." So schrieb sein Freund *Tenspolde* am 9. August 1946 an *Benedict Kreutz* in Freiburg[310]. Anfang August erhielt *Weber* bereits die Krankensalbung, weil man die Lage als sehr ernst ansah. Mitte August waren seine Freunde wieder hoffnungsvoller. *Tenspolde* fuhr in seinem Schreiben fort: „Weber selbst glaubt, auf Zureden der Ärzte, daß nunmehr der Punkt erreicht sei, wo die Rekonvaleszenz eingesetzt habe." *Weber* dachte sogar an die Finanzkommissionssitzung, zu der er eigentlich nach Freiburg müßte, was aber verschoben werden müßte. Aber die Hoffnungen erfüllten sich nicht. „Der eigentliche Krankheitsgrund konnte nicht festge-

---

[309] Boldt, *Gerhard:* Die Entstehung der Sozialforschungsstelle. 1956, 8. (Anm. 303). Der Vertrag zwischen der Universität Münster und der Gesellschaft Sozialforschungsstelle an der Universität Münster, Sitz Dortmund, e.V. wurde am 16. November 1946 abgeschlossen. Vgl. *Neuloh, Otto,* Entstehungs- und Leistungsgeschichte, 1983, 91-92. (Anm. 287).

[310] Schreiben von *Tenspolde* an *Kreutz* vom 9.8.1946. Archiv DCV. Sign. 113.1 .025. Domdechant *Clemens Stolte* aus Hildesheim schrieb *Kreutz* am 16. August darüberhinaus, daß *Weber* von Mittwoch, den 17.7. bis Samstag, den 27.7. völlig bewußtlos gewesen sei. Ebd.

stellt werden."[311] *Heinrich Weber* verstarb, für viele unerwartet[312], am 29. August 1946 im Franziskus-Hospital in Münster. Die unmittelbare Todesursache war in einer Embolie zu suchen.

Nach feierlichem Trauergottesdienst in der Pfarrkirche Heilig-Kreuz wurde er am 3. September auf dem Zentralfriedhof in Münster beigesetzt. „Als Vertreter des Deutschen Caritasverbandes hat Prälat Domkapitular *Dr. Franz Müller*, der Vorsitzende des Caritasverbandes für die Erzdiözese Köln und Leiter des Caritas-Institutes in Köln-Hohenlind, am Begräbnis teilgenommen und die letzten Grüße und den Dank des Deutschen Caritasverbandes an den Entschlafenen in einer Traueransprache zum Ausdruck gebracht."[313] Sein Nachfolger als Vorsitzender des Diözesan-Caritasverbandes Münster, Weihbischof *Roleff*, hebt in einem Antwortschreiben an den Präsidenten des Caritasverbandes *Kreutz* „die herzliche Anteilnahme an den Heimgang unseres lieben gemeinsamen Freundes (...) und die Worte der warmen Anerkennung, die Sie ihm gewidmet haben" hervor und empfindet nach „den schmerzlichen Verlust, den auch Sie, Hochwürdigster Herr Präsident, erlitten haben, weil er Ihr vertrauter Ratgeber und Mitarbeiter war."[314]

Der Tagesspiegel schrieb in seinem Nachruf vom 7. September 1946: Seine Hauptwerke „haben dazu beigetragen, die katholische Sozialarbeit auch in Deutschland aus ihrem bis dahin nur ein publizistischen Dasein in die politischen Entscheidungen und in die Praxis zu führen (...). Das katholische Hochschulleben verliert in ihm, viel zu früh, eine seiner bedeutendsten Persönlichkeiten, einen Wissenschaftler von hohem Rang und internationalem Gewicht."[315]

Sein Lehrstuhl blieb bis August 1951 vakant. Erst dann wurde der am Priesterseminar in Trier Pastoraltheologie lehrende *Joseph Höffner*, der bereits ab dem Wintersemester 1949/50 eine Gastprofessur in Münster wahrnahm, den aber sein Trierer Bischof nicht

---

[311] Prof. Dr. *Walther Hoffmann*, Rechts- und Staatswissenschaftliche Fakultät Münster, am 3.9.1946 an Prof. Dr. *Friedrich Hoffmann*, Kiel. UA Münster, Rechts- und Staatswiss. Fak. Pers.akten 89). - Prof. Dr. *Walther Hoffmann* (geb. 8.2.1903 in Hartmannsdorf) wurde *Webers* Nachfolger als wissenschaftlicher Direktor der Sozialforschungsstelle Dortmund. Mit Prof. Dr. *Friedrich Hoffmann* und Prof. Dr. *Werner Friedrich Bruck* hatte *Weber* vor 1933 die „Münsterer Wirtschafts- und Sozialwissenschaftlichen Abhandlungen" herausgegeben. *Friedrich Hoffmann* war von 1924 bis 1931 und dann wieder von 1935 bis 1941 Professor der Wirtschaftswissenschaften in Münster, anschließend Professor in Kiel, wo er auch das Institut für Weltwirtschaft leitete.

[312] *Neuloh* schreibt, daß er in diesen Augusttagen zur Vorstellung der Sozialforschungsstelle beim Zonenbeirat der britischen Zone, zu deren Mitgliedern auch *Konrad Adenauer* zählte, in Hamburg war, als er „die erschütternde Nachricht" vom Tode *Webers* erfuhr. *Neuloh, Otto*, 1983, 15 (Anm. 287).

[313] *Auer. Heinrich:* Prälat Dr. theol. et rer. pol. Heinrich Weber. In: Caritas. Jg. 47 (1946), 52.

[314] Schreiben von Weihbischof *Heinrich Roleff* an den Präsidenten *Kreutz* vom 12. Oktober 1946. Archiv DCV, Sign. 125.63 Fasz.1. Das Schreiben von *Kreutz* an den Diözesan-Caritasverband Münster konnte nicht gefunden werden.

[315] Zum Tode von Professor Heinrich Weber. In: Der Tagesspiegel Nr. 209 vom 7. September 1946. Archiv DCV, Sign. 519,9 W.

freigeben wollte, endgültig berufen[316]. Die lange Vakanz des Lehrstuhls von mehr als vier Jahren in den Gründungsjahren der Bundesrepublik Deutschland hat erheblich zum frühen Vergessen von *Heinrich Weber* beigetragen. *Weber* hatte zwar zahlreiche Schüler vor seiner Zwangsversetzung nach Breslau in Volkswirtschaft promoviert, aber keiner hatte die Doppelqualifikation der gleichzeitigen Promotion in Theologie. Auch hatte *Weber* keinen seiner Schüler habilitieren können[317]. Zudem traf während der Vakanz am 20. Januar 1947 die Katholisch-Theologische Fakultät mit der Rechts- und Staatswissenschaftlichen Fakultät eine neue Vereinbarung über die Wiederbesetzung des Lehrstuhls, der nun in der Theologischen Fakultät verankert sein sollte. Diese Entscheidung verhinderte, daß einer der Schüler und ehemaligen Assistenten *Webers* sich um die Nachfolge bewerben konnte. Die Bewerbung von Frauen, die *Weber* promoviert hatte, auf einen theologischen Lehrstuhl war zu diesem Zeitpunkt noch unmöglich.

Auch beim Caritasverband riß *Webers* Tod eine schwer zu schließende Lücke. Ein Jahr nach *Webers* Tod schrieb *Kreutz* an *Webers* Haushälterin Frau *Lumme*: „Sein Andenken ist bei uns frisch, bei mir insbesondere, hatte ich doch ganz besondere Pläne mit seiner Person, die ich oft mit ihm besprochen habe, und die nun sein vorzeitiger Tod mir aus der Hand geschlagen hat. Sie glauben nicht, wie sehr er mir heute fehlt. Seine klare Sicht, seine unwandelbare Treue zur Gesamtbewegung, seine persönliche Freundschaft zu mir stärkten in mir immer das Gefühl der Selbstsicherheit."[318] Was meinte *Kreutz*, der sich nach dem Kriege alt und ohne Elan fühlte und dennoch seine letzten Energien mobilisierte, mit den besonderen Plänen? Hatte er *Weber* zu seinem Nachfolger als Präsidenten des Caritasverbandes vorgesehen?

---

[316] *Hegel,* Geschichte, 1966, 565 ff. (Anm. 4); *Furger, Franz,* Die Geschichte des ersten Lehrstuhls, 1995, 8 f. (Anm. 4).

[317] Ob *Weber* an der am 11.2.1933 erfolgten Habilitation des Wirtschaftswissenschaftlers *Eduard Willeke* beteiligt war, konnte aus der Habilitationsakte des Universitätsarchivs Münster nicht ermittelt werden. *Willeke* erhielt die Lehrbefugnis zunächst für Arbeitsmarktwissenschaften, also ein Aufgabengebiet, das *Weber* nur als Herausgeber entsprechender Schriftenreihen mitversah. *Willeke*, ohne Zweifel wirtschaftsethisch geprägt, kann zumindest nicht als *Webers* Schülers betreffs seines Gesamtforschungs- und -lehrgebietes angesehen werden.

[318] Schreiben von *Kreutz* an Frau *Agnes Lumme* vom 24. August 1947. Archiv DCV, Sign. 519,9 W. Frau *Goerdeler* nennt in ihrem Schreiben vom 30.5.1995 Frau *Agnes Lumme* den „guten Geist des Hauses". *Webers* Neffe *Dr. Hans-Herbert Weber* bezeichnet sie in einem Telefongespräch im November 1997 als die „Dame des Hauses". Sie besorgte für *Weber* auch Schreib- und Sekretärinnenarbeit.

II. Teil

Grundlinien und Gedankengefüge des Lebenswerkes von Heinrich Weber

6. Überblick über sein schriftliches Opus

Webers umfassendes Lebenswerk geht nicht auf in seiner schriftlichen Hinterlassenschaft. Zu *Webers* Lebensleistung zählt auch seine organisatorische und praktische Tätigkeit für den Caritasverband, seine vielfältigen Fortbildungsmaßnahmen, seine umfangreiche Gutachtertätigkeit, die wahrscheinlich nie vollständig aufgeklärt wird, weil zu viel den Bombenangriffen, der Vertreibung, wahrscheinlich auch dem mangelnden historischen Interesse vieler kirchlicher Organisationen und Verbände, für die *Weber* gearbeitet hat, zum Opfer gefallen ist. Obwohl *Weber* kein Schreibtischgelehrter war, hat er dennoch ein reichhaltiges wissenschaftliches Werk hinterlassen. Dieses umfaßt eine Reihe grundlegender sowie aktueller Arbeiten, darunter mindestens 22 Monographien und ein Handbuch, das er zusammen mit dem Moraltheologen *Peter Tischleder* herausgegeben hat. Die meisten Arbeiten sind zwischen 1917 und 1938 erschienen. Danach hat ihn wohl der Nationalsozialismus am Erscheinen weiterer Werke gehindert. Die in den Kriegsjahren erstellten Manuskripte sind bis auf einige Veröffentlichungen im Rahmen der Schriftenreihe „Kirchliche Verwaltungslehre" des „Instituts für kirchliche Verwaltung und Finanzwirtschaft" verlorengegangen.

6.1. *Promotionsschriften und Habilitationsarbeit*

Webers erste wissenschaftlichen Arbeiten haben ihren Standort und Stellenwert im Rahmen der Neuordnung der sozialen, politischen Verhältnisse nach dem Ersten Weltkrieg und der Einführung der Demokratie in Deutschland. *Weber* will an dieser Neugestaltung beitragen. Dissertationen und Habilitationsschrift sind wissenschaftlich durchdachte Beiträge zu Diskussionen der Neuordnung der Wohlfahrtspflege und Sozialpolitik. In seiner staatswissenschaftlichen Dissertation erweist er mit fundierten historischen, rechtlichen, ethischen und ökonomischen Argumenten die Berechtigung der freien Wohlfahrtspflege. Kritisch erörtert er die Positionen der philosophischen, volkswirtschaftlichen und politischen Gegner der Wohlfahrtspflege, insbesondere der freigemeinnützigen. Er wendet sich gegen die Allkompetenz des Staates und die Monopolisierung der gesamten Wohlfahrtspflege in den Händen der Kommunen unter Nichtberücksichtigung der karitativen Organisationen. Der alternativen Frageform: freigemeinnützige *oder* öffentliche Wohlfahrtspflege *oder* Sozialpolitik stellt er die positive Form gegenüber: freigemeinnützige *und* öffentliche Wohlfahrtspflege *und* Sozialpolitik[319].

---

[319] Weber, Heinrich: Das Lebensrecht, 1920, 112 (Anm. 55).

In seiner Habilitationsschrift erweist er die Notwendigkeit der Einführung bzw. des Ausbaus der Wohlfahrtskunde, der späteren Sozialarbeitswissenschaft, an den Universitäten. Diese weitblickende Zielsetzung konnte bis heute nicht in dem von *Weber* intendierten Sinne erreicht werden. Er hat sie wegen des intensiven Ausbaus der Wohlfahrtspflege und ihrer zunehmenden Komplexität bei der Neugestaltung der Weimarer Republik konzipiert. Im Rahmen einer empirischen Erhebung bei 549 Stadtverwaltungen von Städten mit mehr als 10 000 Einwohnern hat er den damaligen Organisationsstand der Jugend- und Wohlfahrtsämter zu erfassen gesucht und die Zahl der dort tätigen Fachkräfte und ihre fachliche Vorbildung ermittelt[320]. Da nur 1 % der in der Wohlfahrtspflege tätigen Männer und etwa 8 % der in diesen Aufgabenfeldern beschäftigten Frauen zu Beginn der zwanziger Jahre eine Fachschulung besitzen, *Weber* dies aber bei der wachsenden und immer differenzierter werdenden Wohlfahrtsarbeit als völlig unzureichend ansieht, bietet er ein überzeugendes Plädoyer für eine qualifizierte Ausbildung des wachsenden hauptamtlichen Personals. *Webers* Habilitationsschrift ist eine erste fundierte und systematische Theorie eines Ausbildungssystems für die verschiedenen Stufen der Mitarbeiter in der Wohlfahrtspflege, wobei er alle vorausgegangene Literatur zum Ausbildungsproblem in der Wohlfahrtspflege, darunter Schriften von *Alice Salomon, Christian Jasper Klumker, Wilhelm Liese, Kuno Joerger* berücksichtigt und auswertet[321]. Er gelangt zu eigenständigen Vorschlägen.

Die wissenschaftliche Ausbildung der leitenden Kräfte in der Wohlfahrtspflege begründet *Weber* 1. mit den Organisationsaufgaben der Wohlfahrtspflege, deren effiziente Durchführung für die Weiterentwicklung der sozialen Arbeit von wegweisender Bedeutung ist, 2. mit der Aufnahme neuer Handlungsfelder, wobei er der Prophylaxe einen wichtigen Stellenwert zuweist, 3. mit den Aufgaben der Anleitung und Fortbildung, die den leitenden Personen gegenüber den übrigen Mitarbeiterinnen und Mitarbeitern zukommt. Die „Wohlfahrtskunde" will er als selbständige Wissenschaft etablieren. Um das Verhältnis der Wohlfahrtskunde zu den anderen Wissensdisziplinen und ihren Standort im Rahmen der Universität aufzuzeigen, arbeitet er die Bedeutung der Wohlfahrtskunde für die einzelnen Fakultäten und die verschiedenen akademischen Berufe, vom Theologen und Philologen über den Mediziner bis zum Juristen und Volkswirt, auf. Für alle diese Berufe hält er eine Orientierung über Wohlfahrtsprobleme für erwünscht und notwendig. „Die Wohlfahrtspflege bedarf für die leitenden Stellen der akademisch-wissenschaftlichen Schulung, der Akademiker bedarf der Kenntnis der Wohlfahrtskunde"[322]. Leitende Stellen im Beruf des Sozialbeamten sollten vorwiegend den Volkswirten vorbehalten sein[323]. Diesen Gedanken vertritt *Weber* auch auf der Konferenz der Reichsgemeinschaft von Hauptverbänden der freien Wohlfahrtspflege im Oktober 1921: „Als die Fakultät, der der Lehrstuhl für Wohlfahrtskunde anzugliedern ist, möchte der Referent die staatswissen-

---

[320] *Weber, Heinrich:* Akademiker, 1922, 24 ff. (Anm. 60).
[321] Ebd. 33 ff.
[322] Ebd. 133.
[323] Ebd. 108.

schaftliche vorschlagen."³²⁴ *Weber* ist von der inneren Verwandtschaft der Wohlfahrtskunde zu den Wirtschaftswissenschaften, die damals weithin noch zu den Staatswissenschaften zählten, überzeugt. Dabei sollte gleichzeitig der soziologische Anteil dieses Studiums verstärkt werden.

Der wissenschaftlichen Lehre und der Ausbildung der leitenden Sozialbeamten räumt er den Vorrang gegenüber der Forschung ein. Die Schaffung eines Forschungsinstituts für das Fürsorgewesen scheint ihm ein erstrebenswertes Ziel, das er später selbst weiterverfolgt hat, aber es erscheint ihm im Unterschied zu *Christian Jasper Klumker*³²⁵ nicht als „unsere nächste Aufgabe"³²⁶. Aus Gründen der Aufklärung und der Erziehung ist ihm die Lehre vorrangig, denn „der Akademiker muß Verständnis für die Not der anderen Schichten und soziales Verantwortlichkeitsgefühl haben"³²⁷.

6.2. *Weitere Frühschriften*

Parallel zu seinen Promotions- und Habilitationsarbeiten sind in schneller Reihenfolge zahlreiche Aufsätze über soziale, caritative und sozialpädagogische Themen in Fachzeitschriften sowie erste weitere Monographien erschienen, u.a. „Sozial-caritative Frauenberufe" (1918) und in der Sammlung Berufsbilder „Die Wohlfahrtspflegerin" (1922). Sehr früh wendet sich *Weber* der Frauenfrage zu und weist eine Fülle von beruflichen Chancen für die Frau auf. Er gibt einen Überblick über die verschiedenen Frauenberufe im Dienst der Kinder und Jugendlichen wie der Erwachsenen, von der Kinderkrippe über den Kindergarten, die Schulpflege (Anfänge der Schulsozialarbeit), die Jugendpflege und -fürsorge, die Arbeitsberatung, Stellenvermittlung bis zur Familien-, Wohnungs- und Fabrikpflege und Kriegsbeschädigten- und Kriegshinterbliebenenfürsorge, die Anforderungen der Berufe an die Frau sowie die sozialpädagogische Ausbildung („Sozialer Unterricht" und „Soziale Erziehung") und die Ausbildungsstätten für „soziale Berufsarbeiterinnen"³²⁸. Diese Schriften hatten in ihrer Zeit hohen Informationswert für Mädchen und junge Frauen, die nach beruflichen Möglichkeiten Ausschau hielten. Von solch praktischem Nutzen war auch sein „Wegweiser durch die Wohlfahrtseinrichtungen der Stadt Münster i.W. für Katholiken" (1917), den er noch als Diözesansekretär des Caritasverbandes Münster herausgegeben hat. In der ihm eigenen klaren Systematik sammelt er die Daten der Wohlfahrtseinrichtungen für Kinder bis zur Entlassung aus der Schule, für Jugendliche nach der Entlassung aus der Schule, insbesondere für die weibliche

---

[324] *Weber, Heinrich:* Das Verhältnis von Wohlfahrtspflege und Hochschulstudium. o.O. o.J. [1921], 22. (Anm. 52). Archiv des Diakonisches Werks, Sign. D 1339. Andere Referenten traten für die Einführung eines etwa einjährigen Aufbaustudiums im Anschluß an ein beliebiges anderes Fach ein. Vgl. *Kaiser, Jochen-Christoph:* Sozialer Protestantismus im 20. Jahrhundert. 1989, 122. (Anm. 244). Entgegen *Kaisers* Auffassung ist ein Protokoll von dieser Konferenz, und zwar in gedruckter Form, erhalten.

[325] Vgl. Anm. 59.

[326] *Weber, Heinrich:* Akademiker, 1922, 131 (Anm. 60).

[327] Ebd. S. III.

[328] *Weber, Heinrich:* Sozial-caritative Frauenberufe. 2. Aufl. Freiburg i.Br.: Caritas-Verlag 1919.

Jugend, ferner für Erwachsene, Kranke, Arme, Altersschwache und Invaliden sowie sonstige caritative Einrichtungen wie den Arbeitsnachweis[329], den Raphaelsverein und die Gefängnis-Gesellschaft[330]. Seine unmittelbar nach dem Ersten Weltkrieg entstandene Arbeit „Die volkswirtschaftliche Bedeutung der katholischen Ordensschwestern" setzt sich mit den damaligen Vorurteilen der Sozialdemokratie gegenüber den Klöstern auseinander, die in einem Programmsatz zur Kommunalpolitik die „Ausschließung von Ordensleuten aus Kranken-, Waisenhäusern usw." gefordert hatte. *Weber* entkräftet die geläufigsten Einwände gegen die Orden und beschreibt sachlich und nüchtern, damit um so überzeugender, die Leistungen der katholischen Ordensschwestern in der Krankenpflege und bei der erzieherischen Tätigkeit[331].

1923 schreibt *Weber* unter dem Titel „Jugendfürsorge im Deutschen Reich", noch vor dem Inkrafttreten am 1. April 1924, einen der ersten Kommentare zum 1922 verabschiedeten Reichsjugendwohlfahrtsgesetz[332], in dem er die Bedeutung der Jugendwohlfahrt hervorhebt und die Grundgedanken der künftigen Jugendfürsorge entfaltet. Schon im Wintersemester 1922/23 hatte *Weber* zu dem Thema „Gestaltung der Jugendfürsorge nach dem neuen Reichsjugendwohlfahrtsgesetze" eine Vorlesung gehalten. Wie sehr ihm gerade die Jugendwohlfahrtspflege und Jugendfürsorge ein Anliegen war, ist daraus zu entnehmen, daß er diese Thematik in Lehrveranstaltungen der Sommersemester 1922, 1923, 1929, 1931, 1932 und des Wintersemesters 1927/28 behandelt hat[333]. Über die Aufgaben des neuen „kommunalen Jugendamtes" hat er zudem in den „Kommunalpolitischen Blättern" geschrieben. Diese Aufsätze wurden dann von der Kommunalpolitischen Vereinigung zu einer selbständigen Arbeit zusammengefaßt[334].

---

[329] Arbeitsnachweise waren Vorgängereinrichtungen des späteren Arbeitsamtes. Sie konnten vor dem „Gesetz über Arbeitsvermittlung und Arbeitslosenversicherung" vom 1. Oktober 1927 auch von privaten und freigemeinnützigen Einrichtungen betrieben werden.

[330] *Weber, Heinrich*: Wegweiser durch die Wohlfahrtseinrichtungen der Stadt Münster i.W. für Katholiken. Münster i.W. [1917]. - Solch informativ praktischen Wert hat auch der 1929 von ihm herausgegebene Sammel- und Dokumentationsband über die katholische Anstaltsfürsorge im Bistum Münster, der neben dem darstellenden Text umfangreiches Bildmaterial über die Anstalten, Heime, Hospize im Bereich der Gesundheits-, Wirtschafts- und Erziehungsfürsorge enthält. *Weber, Heinrich*: Die katholische Anstaltsfürsorge [1928]. (Anm. 119).

[331] *Weber, Heinrich*: Die volkswirtschaftliche Bedeutung der katholischen Ordensschwestern. Münster i.W. 1919. Mit Rücksicht auf die in der unmittelbaren Nachkriegszeit bestehenden Papierknappheit geht er auf die männlichen Genossenschaften und Orden nicht ein. Vgl. Vorwort.

[332] *Weber, Heinrich*: Jugendfürsorge im Deutschen Reich. Einführung in Wesen und Aufgaben der Jugendfürsorge und das neue Reichsjugendwohlfahrtsgesetz (= Schriften zur deutschen Politik, 6 und 7). Freiburg i.Br.: Herder 1923. Dieses Werk wird noch im Literaturverzeichnis neuerer Abhandlungen aufgeführt. Vgl. u.a. *Hasenclever, Christa*: Jugendhilfe und Jugendgesetzgebung seit 1900. Göttingen: Vandenhoeck & Ruprecht 1978, 234.

[333] Zusammenstellung der Vorlesungen und Seminare von *Heinrich Weber* mit Schreiben des Universitätsarchivs der Universität Münster vom 17. Juli 1995.

[334] Vgl. *Weber, Heinrich*: Das kommunale Jugendamt. 1. Aufl. Köln: Kommunal-Schriften-Verlag 1924, 2. Aufl. 1927.

6.3. Schriften seit der Mitte der zwanziger Jahre

Nach der Mitte der zwanziger Jahre wandte er sich umfassenderen Fragestellungen zu. Frucht dieser intensiven Arbeit ist die „Einführung in die Sozialwissenschaften"[335] und die mit *Peter Tischleder*[336] gemeinsam herausgegebene „Wirtschaftsethik" als erster Band des Handbuchs der Sozialethik[337]. Die „Einführung", die wie viele seiner anderen Werke aus Vorlesungen hervorgegangen ist, ist wohl das am ausgeprägtesten soziologische Werk *Webers*, wenn auch hier die Verknüpfung mit der Sozialphilosophie nicht fehlt. Nach einem gründlichen Überblick über Grundfragen der Gesellschaft und über Gesellschaftstheorien im ersten Teil, bietet er im 2. Teil einen Aufriß der Entwicklung der Sozialwissenschaften von der Antike (Vorsokratiker, Sophisten, *Sokrates*, *Platon*, *Aristoteles*, Epikureismus, Stoa) bis in die Moderne, wobei er die Gesellschaftslehre nicht auf eine Nur-Soziologie eingrenzt, sondern die „Sozialwissenschaften im Gefolge der Philosophie und Theologie" (*Augustinus*, *Albertus Magnus*, *Thomas von Aquin*) einbezieht.

Breiten Raum nimmt ein die Darstellung individualistischer Gesellschaftsauffassun; seit der Renaissance und die antiindivudualistische Gegenbewegung seit *Thomas Morus* und *Thomas Campanella* im 16. und 17. Jahrhundert über die sozialreformerische Bewegung der Romantik bis zum wissenschaftlichen Sozialismus im 19. und beginnenden 20. Jahrhundert. Sozialphilosophie und Soziologie werden nicht als Gegensätze gesehen, sondern eher als geschichtlich sich ablösende Gesellschaftstheorien.

Der dritte Teil widmet sich den modernen Sozialwissenschaften und ihrem System. Er setzt sich kenntnisreich und kritisch mit dem Wissenschaftscharakter der modernen Sozialwissenschaft auseinander und erörtert die moderne Sozialwissenschaft als Enzyklopädie, als formale Einzelwissenschaft (*Simmel*, *Vierkandt*, *von Wiese*) und als materielle Einzeldisziplin. Es folgt eine Darstellung der wichtigsten Richtungen der Soziologie: 1. Wurzeln der modernen Sozialwissenschaft (*Saint-Simon*, *Comte*, *von Stein*), 2. die „psychologische Richtung", wozu er u.a. *Le Bon* (Massenpsychologie), *Spann*, *Durkheim* (Völkerpsychologie) wie auch *Tarde*, *Tönnies*, *von Wiese* und *Simmel* (individualpsychologische Orientierung) rechnet, 3. die naturwissenschaftlich-biologische Richtung (u.a. *Spencer*, *Worms*, *Gumplowicz*, *Oppenheimer*) und die ethnologische Richtung (*Bachofen*, *Morgan*, *Engels* wie auch die Vertreter der Kulturkreislehre: *Graebner*, *Wilhelm Schmidt*, *Koppers*). Das als Lehrbuch gedachte Werk endet mit einer

---

[335] *Weber, Heinrich:* Einführung in die Sozialwissenschaften. Berlin: Gersbach & Sohn 1930.

[336] *Peter Tischleder* (geb. 22.2.1891 in Dromersheim/ Krs. Bingen, gest. 24.5.1947 in Mainz) hatte sich 1922 in Münster für Moraltheologie und Sozialethik habilitiert, wurde dort 1928 außerordentlicher und 1931 ordentlicher Professor für Moraltheologie. 1946 wurde er für Moraltheologie und Sozialethik nach Mainz berufen. *Hegel*, Teil II, 1971, 94 f. (Anm. 4).

[337] *Weber, Heinrich/ Tischleder, Peter:* Handbuch der Sozialethik. Bd. I: Wirtschaftsethik. Essen: Baedeker 1931.

Gliederung des Systems der modernen Sozialwissenschaft.[338]

Die „Wirtschaftsethik", die die Verfasser dem Andenken von *Franz Hitze* und *Heinrich Pesch* widmen, verknüpft grundsätzliche ethische Fragestellungen und Leitorientierungen für das wirtschaftliche Handeln mit einer kenntnisreichen ökonomischen Analyse der Marktwirtschaft. Nach einer sehr ausführlichen Einführung, die methodische Vorfragen des Verhältnisses von Ethik und Wirtschaftswissenschaften klärt und die ethischen Grundkräfte und Grundprinzipien der Wirtschaft sowie die wirtschaftswissenschaftlichen Grundbegriffe nebst ihren ethischen Korrelaten thematisiert, folgen drei Hauptteile, in denen Fundament und Organisation der Wirtschaft, der Wirtschaftsprozeß und seine Elemente (die Triebkräfte des Wirtschaftslebens: Bedarfsdeckung und Gewinnstreben, die Produktionselemente: Arbeit und Kapital) und der Markt als Ausgleichsfunktion im Wirtschaftsprozeß behandelt werden. Die Wirtschaft als ganzes und in ihreren Teilen werden bei Anerkennung ihrer relativen Eigengesetzlichkeit der ethischen Reflexion und Beurteilung unterzogen.

Weber und *Tischleder* zeichnen gemeinsam für das Werk und geben auch keine Teile an, die die einzelnen Autoren dazu beigetragen haben. Dennoch lassen sich begründete Aussagen über ihre jeweiligen Beiträge treffen. Die „Wirtschaftsethik" ist trotz ihres wirtschaftlichen Materialobjekts ein fundiertes philosophisches Werk, das deutlich scholastische Züge trägt, und auf dem Solidarismus von *Heinrich Pesch* aufbaut, wenn auch anders orientierte Philosophen wie *Max Scheler*, Soziologen wie *Helmut Pleßner*, *Georg Simmel* und *Max Weber*, Nationalökonomen wie *Gustav Schmoller*, *Werner Sombart* u.a. Berücksichtigung finden. *Heinrich Weber* dachte vorwiegend von den modernen Sozial-, Wirtschafts- und Kulturwissenschaften aus, während *Peter Tischleder* mehr in der Philosophie zu Hause war. Er hatte in mehreren Studien über den Staat in staatsphilosophischer Perspektive[339] sowie über die geistesgeschichtliche Bedeutung des heiligen *Thomas von Aquin* für Metaphysik, Ethik und Theologie[340] gearbeitet. Diesen Arbeiten eignet ein ahistorischer Essentialismus, wie er in der Neuscholastik generell gepflegt wurde. Dieser war verknüpft mit einer Naturrechtsphilosophie, die in der Natur (verstanden als Wesen oder Essenz) des Menschen verbindliche Gestaltmomente der schöpferischen göttlichen Vernunft erblickte. *Heinrich Weber* waren diese Gedanken-

---

[338] Präsident *Kreutz*, dem *Weber* ein Exemplar der „Einführung in die Sozialwissenschaften" zugesandt hatte, reagiert am 10. April 1930 herzlich und erfreut. „Ich darf Dir versichern, dass ich es schon fast durchgearbeitet habe und mich lebhaft auch in meine Musenzeit nach Münster zurückversetzt fühlte. Du bist der geborene Professor. Die Klarheit der Diktion, die Logik der Beweisführung geben Deinen wissenschaftlichen Arbeiten ein tiefes inneres Gewicht." Archiv DCV, Sign. 125.63.

[339] *Tischleder, Peter*: Ursprung und Träger der Staatsgewalt nach der Lehre des heiligen Thomas und seiner Schule. München-Gladbach: Volksvereins-Verlag 1923; *ders.*: Die Staatslehre Leos XIII. München-Gladbach: Volksvereins-Verlag 1925; *ders.*: Der Staat. München-Gladbach: Volksvereins-Verlag 1926; *ders.*: Staatsgewalt und katholisches Gewissen. Frankfurt a.M.: Carolus-Druckerei 1927.

[340] *Tischleder, Peter*: Die geistesgeschichtliche Bedeutung des hl. Thomas von Aquin für Metaphysik, Ethik und Theologie. Freiburg i.Br.: Herder 1927.

gänge nicht fremd, aber er behandelte sie historischer, wie in seiner „Einführung" nachprüfbar ist, wo er die Auffassung des Aquinaten von der „natürlichen Bestimmung des Menschen" und die Naturrechtslehre des 17. und 18. Jahrhunderts im Abschnitt „Charakteristische Entwicklungszüge der Sozialwissenschaften", dh. unter philosophiegeschichtlichen Gesichtspunkten betrachtet[341]. Insofern ist anzunehmen, daß die essentialistischen Passagen in der „Wirtschaftsethik" eher auf *Tischleder* zurückgehen. Trotz aller Maßstäbe, die von *Thomas von Aquin* für das wirtschaftliche Handeln ausgehen, warnen die Verfasser entgegen der damals weitverbreiteten katholischen Geisteshaltung davor, die Wirtschaft auf „bestimmte zeitgeschichtliche Wirtschaftsform des Mittelalters zurückzuzwingen und einzuengen"[342]. Den grundsätzlich gebotenen Ausgleich zwischen Individual- und Sozialprinzip hat jede Generation in der konkreten Gestaltung des Wirtschaftslebens jeweils neu zu schaffen. In der Anerkennung und in dem Herausarbeiten der Veränderbarkeit der wirtschaftlichen Verhältnisse je nach den geschichtlichen Notwendigkeiten und Bedingungen dürfte die Handschrift *Heinrich Webers* zu erkennen sein.

Eine bis heute vernachlässigtes und von den Fachbereichen für Sozialarbeit und Sozialwesen bis heute nicht wieder aufgegriffenes Thema behandelt *Weber* in seinem Büchlein „Caritas und Wirtschaft"[343], das ihn als Ökonom und Caritaswissenschaftler zugleich ausweist. Ferner begründet er eine Betriebswirtschaftslehre für caritative Organisationen[344].

Allein zwischen 1925 und 1933 veröffentlicht *Weber* mehr als 30 Artikel in Fachzeitschriften, Hand- und Jahrbüchern sowie Festschriften, zu caritaswissenschaftlichen, fürsorgerischen, sozialpolitischen und -sozialgeschichtlichen und wirtschaftswissenschaftlichen Themen[345]. Darunter sind Arbeiten, die mehr grundsätzlichen, andere, die mehr aktuellen Charakter haben. Es erstaunt die Spannweite seiner Arbeiten. Da finden sich Analysen auf empirisch-statistischer Grundlage „zur sozialen Gegenwartslage Deutschlands"[346], zu den „Arbeitsbedingungen in Rheinland und Westfalen"[347], zur Handwerks-

---

[341] *Weber, Heinrich:* Einführung, 1930, 48 ff., hier insbesondere 70 und 79 ff. (Anm. 335).

[342] *Weber, Heinrich/ Tischleder, Peter:* Wirtschaftsethik, 1931, 82 ; vgl. auch 235 (Anm. 337).

[343] *Weber, Heinrich:* Caritas und Wirtschaft, 1930 (Anm. 165).

[344] *Weber, Heinrich:* Betriebsführung, 1933 (Anm. 167). Diese Arbeit, die aus Vorlesungen und ursprünglich aus der Arbeit für die Finanzkommission des Caritasverbandes hervorgegangen ist, wurde 1932 verfaßt. Das Vorwort stammt vom Dezember 1932.

[345] Das Literaturverzeichnis von *EduardHegel* (1971, 97/98) weist einerseits Lücken auf, andererseits ordnet es *Heinrich Weber* einige Aufsätze zu, die nicht von ihm, sondern von *Helene Weber* (geb. 17.3.1881, gest. 25.7.1962), der Reichstagsabgeordneten des Zentrums und späteren Bundestagsabgeordneten der CDU stammen.

[346] *Weber, Heinrich:* Zur sozialen Gegenwartslage Deutschlands. In: Wirtschaftliche Nachrichten für Rhein und Ruhr. Jg. 8 (1927), 176-182.

[347] *Weber, Heinrich:* Die Arbeitsbedingungen in Rheinland und Westfalen. In: *Most, Otto/ Kuske, Bruno/ Weber, Heinrich* (Hrsg.), Wirtschaftskunde für Rheinland und Westfalen. Berlin: Hobbing 1931, 227-239.

wirtschaft[348], programmatische Schriften zur Verwaltungsakademiebewegung und zur Ausbildung und Fortbildung der Sozialbeamten[349], sozial- und verfassungsgeschichtliche Abhandlungen zu *Franz Hitze* und *Joseph Mausbach* und weiteren führenden Sozialreformern in Rheinland und Westfalen[350], Schriften zur Organisation der Caritas[351] und zu einzelnen speziellen Bereichen der Fürsorge wie der Kinder-, Erholungs-, Gesundheits- und Behindertenfürsorge[352] sowie eine caritasgeschichtliche und caritasorganisatorische Abhandlung über das gesamte Aufgabenfeld der Caritas im Bistum Münster[353].

Weber erhielt zwei ehrenvolle Aufträge zur Mitarbeit in renommierten Lexika und Handwörterbüchern. Für die 5. Aufl. des Staatslexikons der Görres-Gesellschaft schrieb er den mehrspaltigen Beitrag „Rationalisierung"[354] und für das „Internationale Handwörterbuch des Gewerkschaftswesens" den Artikel über die gerade erschienene Enzyklika

---

[348] *Weber, Heinrich:* Mensch und menschliche Beziehungskomplexe in der Handwerkswirtschaft. In: *Bruck, W[erner], F[riedrich]/ Weber H[einrich]* (Hrsg.), Probleme der Handwerkswirtschaft. Münster: Verlag der Westf. Verwaltungsakademie 1930, 7-24.

[349] *Weber, Heinrich:* Die Westfälische Verwaltungsakademie, 1925, 25-38 (Anm. 104); *ders.,* Die Ausbildung der männlichen Sozialbeamten. In: Soziale Berufsarbeit. Jg. 6 (1927). H. 9/10, 1-4; *ders.:* Stand und Entwicklungstendenzen 1928, 29-50 (Anm. 108); *ders.,* Die Ausbildung und Fortbildung 1928, 103-118 (Anm. 108).

[350] *Weber, Heinrich:* Joseph Mausbachs gestaltende Mitarbeit an der neuen Deutschen Reichsverfassung. In: *Meinerts, Max/ Donders, Adolf* (Hrsg.), Aus Ethik und Leben. Festschrift für Joseph Mausbach zur Vollendung des siebzigsten Lebensjahres. Münster: Aschendorff 1931, 232-250; *ders.,* Franz Hitze. In: Historische Kommission des Provinzialinstituts für Westfälische Landes- und Volkskunde [et al.] (Hrsg.), Rheinisch-Westfälische Wirtschaftsbiographien. Bd. I. Münster: Aschendorff 1932, 318-338; *ders.,* Führende Sozialreformer in Rheinland und Westfalen. In: *Most, Otto/ Kuske, Bruno/ Weber, Heinrich* (Hrsg.), Wirtschaftskunde für Rheinland und Westfalen. Berlin: Hobbing 1931, 134-152.

[351] *Weber, Heinrich:* Die Organisation (1928), 207-220 (Anm. 90).

[352] *Weber, Heinrich:* Die Unterbringung erholungsbedürftiger Stadtkinder in Landfamilien in sozial-ökonomischer Beleuchtung. In: Die Kindergesundheitsfürsorge in der Provinz Westfalen (= Beiträge zur sozialen Fürsorge; H. 3). Münster: Aschendorff 1925, 99-112, *ders.,* Der Landaufenthalt für Stadtkinder in sozialökonomischer Beleuchtung. In: Der Landaufenthalt für Stadtkinder. Schriften zur Jugendwohlfahrt. Bd. 5. Freiburg i.Br.: Caritasverlag 1925, 67-84; *ders.,* Allgemeines und Geschichtliches zur Krüppelfürsorge. In: Neuzeitliche Krüppelfürsorge (= Beiträge zur sozialen Fürsorge; H. 6). Münster: Aschendorff 1926, 7-19; *ders.,* Die Tuberkulosenheilstätten und -genesungsheime in der Provinz Westfalen. In: Tuberkulose und Tuberkulosenfürsorge (= Beiträge zur sozialen Fürsorge; H. 9). Münster: Aschendorff 1927, 106-124; *ders.,* Die Gesundheitsfürsorge im Rahmen der sozialen Fürsorge. In: *Jötten, K[arl] W[ilhelm]/ Weber, H.[einrich]:* Lehrbuch der Gesundheitsfürsorge. Berlin: Hobbing 1932, 7-24.

[353] *Weber, Heinrich:* Caritas im Bistum. In: *Emmerich, [Ferdinand]* (Hrsg.), Das Bistum Münster, 1934 (Anm. 118). An diesem reich und kunstvoll illustrierten Band, der als „Volksbuch zur Pflege des Heimatgedankens" gedacht war und einen Überblick über verschiedene Gebiete der kirchlichen Kultur brachte, und zu dem Bischof *Clemens August von Galen* das Geleitwort geschrieben hat, war der Caritasverband und seine Mitarbeiter in einem für einen Kunstband erstaunlichen Maße beteiligt.

[354] *Weber, Heinrich:* Rationalisierung. In: Görres-Gesellschaft (Hrsg.), Staatslexikon. 5. Aufl. Bd. 4. Freiburg: Herder 1931. Sp.538-546.

„Quadragesimo anno"[355]. Neben *Heinrich Weber* finden sich in diesem internationalen Nachschlagewerk über die Gewerkschaften Soziologen wie *Ferdinand Tönnies*, Wirtschaftswissenschaftler wie *Werner Sombart* und Sozialethiker wie *Gustav Gundlach* und *August Pieper*. 1992 hat dieses Handwörterbuch, das die Nationalsozialisten zu den verbotenen Büchern rechneten, einen Reprint erfahren. Die Aufnahme zeigt, daß *Weber* nicht allein in katholischen Kreisen eine bekannte und anerkannte Persönlichkeit war, sondern auch in Gewerkschaftskreisen sehr geschätzt wurde.

Seine Werke fanden in der Zeit der Weimarer Republik starke Beachtung. Viele Arbeiten haben eine zweite Auflage erreicht. Die einschlägigen Zeitschriften der Sozialarbeit und Sozialpolitik brachten Hinweise oder Rezensionen seiner Werke[356].

1934 erschienen von *Weber* noch zwei Artikel in der Zeitschrift „Caritas"[357], die in wissenschaftlich distanziertem Sprachstil auf die durch die nationalsozialistische Regierung bis dahin getroffenen Veränderungen in der Sozialpolitik und der Wohlfahrtspflege und auf diese Weise insbesondere die kirchlich caritativ interessierte Bevölkerung informieren. Besonders der zweite Artikel meldet aber auch die kirchenpolitischen Erwartungen an das neue Regime an. *Weber* berichtet über den Erlaß vom 25. Juli 1933, wonach die Reichsspitzenverbände der freien Wohlfahrtspflege auf vier reduziert sind: die Nationalsozialistische Volkswohlfahrt (NSV), die Innere Mission, den Caritasverband und das Rote Kreuz, die sich unter Umbenennung der früheren Liga zur „Reichsgemeinschaft der freien Wohlfahrtspflege" zusammenschlossen und die „neue deutsche Notstandsfront" bilden, die gemeinsam das „Winterhilfswerk des deutschen Volkes 1933/34" durchführten. *Weber* griff unvermeidlich den neuen Begriff „Notstandsfront" auf, relativiert diesen aber durch Verallgemeinerung: „Immer gab es auch Notstandsfronten, Gruppen hilfsbereiter Menschen, die fürsorgend und vorsorgend sich der Not entgegenstellten. Zahllos sind die Maßnahmen, die diese Menschen aus hilfsbereitem Herzen, die wir seit einigen Jahrzehnten mit dem Sammelnamen ´Wohlfahrtspflege´ bezeichnen."[358] Diese sachliche Aufklärung dürfte dem Regime unbehaglich gewesen sein, wenn es auch gegen diese Berichterstattung zu diesem Zeitpunkt noch nicht einzuschreiten wagte. *Weber* ging behutsam, nie provokativ, aber dennoch mutig noch einen Schritt weiter. Der Forderung

---

[355] *Weber, Heinrich*: Quadragesimo anno. In: *Heyde, Ludwig (Hrsg.)*, Internationales Handwörterbuch des Gewerkschaftswesens. Bd. 2. Berlin: Werk und Wirtschaft 1932, 1283-1286.

[356] Vgl. u.a. Soziale Praxis Jg. 31 (1922), Sp. 47; Jg. 33 (1924), Sp. 62; Jg. 40 (1931), Sp.1581; Jg. 41 (1932), Sp. 478 und 1214; Caritas Jg. 33 (1928), 253; Jg. 34 (1929), 376, Jg. 39 (1934), 104; Freie Wohlfahrtspflege Jg. 3 (1928), 493/494; Schönere Zukunft Jg. 6 (1931), 1146/ 1147. - Nach seinem frühen Tod nimmt die Aufmerksamkeit gegenüber seinen Werken rasch ab. Eine Ausnahme bildet das von *von Nell-Breuning* und *Sacher* hrsg. Wörterbuch der Politik, das ihn und eine Reihe seiner Werke im 3. Band „Zur sozialen Frage" nennt. *Nell-Breuning, Oswald von/ Sacher, Hermann*: Wörterbuch der Politik. H.3 „Zur sozialen Frage". 2. Aufl. Freiburg i.Br.: Herder 1958, 259.

[357] *Weber, Heinrich*: Die neue deutsche Notstandsfront. In: Caritas. Jg. 39 (1934), 141-146 und ders.: Der kirchliche Charakter caritativer Anstalten und Einrichtungen. In: Caritas. Jg. 39 (1934), 368-373 (vgl. Anm. 247).

[358] Ebd. 142.

der nationalsozialistischen Herrschaft nach Einheitlichkeit und Planmäßigkeit stellte er entgegen: „Doch Einheitlichkeit und Planmäßigkeit bedeuten noch keineswegs Uniformierung. Im Gegenteil, ein zu weitgehendes Uniformierungs- und Schematisierungsstreben würde besonders auf dem Gebiete der Fürsorge die starke Initiative und das kraftvolle Leben lähmen."[359] Er betonte deshalb die anfangs vom Regime noch versprochene „Selbständigkeit und Unabhängigkeit" der freien Wohlfahrtsverbände.

Als im Laufe des Jahres 1934 sich die Gleichschaltungspolitik des nationalsozialistischen Regimes verschärfte, hob *Weber* im Dezemberheft unter Hinweis auf das zwischen dem Heiligen Stuhl und dem Deutschen Reich am 20. Juli 1933 geschlossene Konkordat und mehrere offiziell weiter geltende Gesetze den Rechtscharakter der katholischen Kirche als Gesellschaft des öffentlichen Rechts und die „Caritasarbeit [als] Wesensbestandteil der kirchlichen Aufgaben und Zwecke" hervor. Er zitierte Bischof *Bornewasser*/ Trier: „Solange die Kirche besteht, wird auch die Caritas bestehen. Wer die Caritas der zerschlagen will, muß zuerst die Kirche selbst zerschlagen, denn die Caritas geh< Wesen der Kirche". Daraus zog *Weber* die Schlußfolgerung, daß „zwischen der För rung caritativer Zwecke und kirchlicher Zwecke überhaupt kein Unterschied gemacht werden" dürfe[360]. Daran knüpfen sich rechtliche Überlegungen zur Entscheidung im Einzelfalle, ob eine konkrete caritative Institution als kirchlich zu bezeichnen ist oder nicht, was bei Diözesen, Orden, religiösen Genossenschaften, kirchlichen Stiftungen und Verbände aufgrund des Art. 13 des Konkordates eindeutig zu bejahen wäre. Darüberhinaus wäre bei vielen caritativen Einrichtungen und Anstalten der kirchliche Charakter ausdrücklich durch Satzungsbestimmungen oder durch die Zugehörigkeit zu einem kirchlichen Spitzenverband festgelegt. *Webers* Ausführungen haben die Zielbestimmung, „eine möglichst praktische Handhabe für Zweifelsfälle [zu] bieten, in denen der kirchliche oder nichtkirchliche Charakter einer caritativen Einrichtung oder Anstalt nicht einwandfrei festgestellt werden kann"[361]. Welchen caritativen Einzelorganisationen *Webers* öffentliche Argumentation gegen die nationalsozialistische Gleichschaltungspolitik zum Überleben verholfen hat, konnte im Rahmen dieser Forschung nicht ermittelt werden. In den folgenden Jahren vermag sich *Weber* in dieser kirchenpolitischen Eindeutigkeit nicht mehr öffentlich zu äußern, sein weiteres Wirken für die Caritas und ihre Organisationen muß sich auf Gutachten und unermüdliche stille Diplomatie beschränken.

---

[359] Ebd. 145.
[360] Ebd.
[361] Ebd. 373.

6.4. „Caritaswissenschaft" - unvollendet gebliebenes Hauptwerk

Von den ursprünglich geplanten Lehrbüchern der Caritaswissenschaft ist nur der erste Band über „Das Wesen der Caritas" 1938 erschienen. Für den Aufbau des gesamten Lehr- und Nachschlagewerkes, das für das akademische Studium, den Unterricht an Fachschulen der Sozialarbeit und für die Praxis gedacht war, hatte *Weber* einen theoretischen und einen speziellen, praktischen Teil vorgesehen. Allein für den theoretischen Teil, der als „Allgemeine Caritaswissenschaft" die generellen, grundlegenden und wesenhaften Fragen der Caritas zum Gegenstand haben sollte, waren vier Bände geplant: Wesen - Werden - Wert - Wirken der Caritas. „Der spezielle Teil wird in einzelnen Publikationen die praktischen Arbeitsgebiete der Caritas: die Unterstützungs- und Wirtschaftsfürsorge, die soziale Fürsorge, die religiös-kirchliche Fürsorge, die Jugend- und Erziehungsfürsorge und die sonstigen wichtigeren Teilgebiete caritativen Wirkens zu behandeln haben."[362]

Wie er selbst im Vorwort des ersten Bandes schreibt, ist dieses caritaswissenschaftliche Lehr- und Nachschlagewerk aus den akademischen Vorlesungen und aus einer jahrzehntelangen Caritaspraxis des Verfassers entstanden[363]. Es kann damit gerechnet werden, daß *Weber* die Manuskripte weithin schon vor 1938 ausgearbeitet hatte und sicher in den folgenden Kriegsjahren weiter daran geschrieben hat. *Weber* schreibt in einem Brief vom 1. Dezember 1945 an *Heinrich Auer*, daß er seine Privatbibliothek und sämtliche Manuskripte verloren habe, darunter die „Manuskripte für die geplanten Publikationen (davon das fertig getippte Manuskript für vier Bände eines Lehrbuchs)"[364]. Dabei muß es sich um das geplante vierbändige Werk zur Caritaswissenschaft gehandelt haben. *Weber* kam sich vor „wie ein Schneider, der nicht mehr über Nadel und Faden verfügt". *Kreutz* erahnte bereits im März 1945 diesen herben Verlust: „Ich kann mir denken, wie arm Du Dir selber vorkommst für den Fall Deine schöne Bibliothek, Deine druckfertigen Manuskripte nicht unversehrt in Deiner Wohnung in Breslau erhalten blieben."[365] Eine Veröffentlichungschance bestand in den Kriegsjahren nicht mehr[366]. *Kleineidam* schreibt generell zur Ausweisung der Breslauer Professoren durch den Sicherheitsdienst: Sie „mußten alles

---

[362] *Weber, Heinrich:* Das Wesen der Caritas, 1938, XXVII (Anm. 22).

[363] Ebd.

[364] Brief von *Weber* an *Auer* vom 1. Dezember 1945, Archiv DCV, Sign. 090/2-28.

[365] Brief von *Kreutz* an *Weber* vom 6. März 1945. Archiv DCV, Nachlaß Kreutz, Sign. 081/04-W.

[366] Der Caritas-Verlag hatte bereits wegen einiger Passagen in dem ersten Band „politische Bedenken". *Weber* hatte am 5. Mai 1938 an *Kreutz* geschrieben: „Gleichzeitig füge ich meine Äußerung zu den Anregungen bzw. Bedenken der Verlagskommission bei. Ich möchte natürlich dem Verlage und dem Verbande auf keinen Fall irgendwelche möglichen Unannehmlichkeiten bereiten. Darum habe ich hinsichtlich der beiden politischen Bedenken der Verlagskommission das Erforderliche veranlaßt." Archiv DCV, Nachlaß Kreutz, Sign. 081/04-W.

zurücklassen, ihre Bibliotheken, ihre Manuskripte, all ihr Hab und Gut"[367]. Durch die Kriegs- und Nachkriegswirren ist also das unzweifelhaft umfassendste und gründlichste Lehr- und Handbuch der Caritaswissenschaft verlorengegangen. Trotzdem gibt das, was von *Weber* erschienen ist, bereits einen Überblick über die ungeheure Spannweite seines Denkens und Schaffens.

Heinrich Weber war ein vielseitiger Gelehrter, der gründliche Kenntnisse in der Nationalökonomie, Finanzwissenschaft, Wirtschaftsethik, Soziologie, Sozialethik und des Fürsorgewesens und der Caritaswissenschaft miteinander verband. Die Kombination von Wirtschafts- und Staatswissenschaften nicht allein mit Sozialethik, sondern auch mit Wohlfahrtskunde und der Caritaswissenschaft als theologischer Disziplin kann wohl als bisher einmalige wissenschaftliche Leistung angesehen werden.

6.5. Bedeutung als Herausgeber

Weber war nicht allein ein produktiver Autor, sondern auch ein eifriger Herausgeber und Mitherausgeber mehrerer wissenschaftlicher Reihen. Hier erwies er sich als moderner Wissenschaftsorganisator. Diese Arbeit begann, sobald das „Institut für Wirtschafts- und Sozialwissenschaften" 1925 eingerichtet war. Die wichtigste Schriftenreihe dieses Instituts waren die zusammen mit *Werner Friedrich Bruck* und *Friedrich Hoffmann* herausgegebenen „Münsterer Wirtschafts- und Sozialwissenschaftlichen Abhandlungen", von denen bis 1931 neun Hefte erschienen. Es sind sowohl wirtschaftstheoretische Arbeiten wie über die *Cassel*sche Theorie oder den Wirtschaftsbegriff *Franz Oppenheimers* als auch sozial- und wirtschaftspolitische Studien, z.B. über Gegenwartsfragen der deutschen Sozialversicherung, den internationalen Zolltarif, die Börsenumsatzsteuer oder die Bedeutung des Dortmund-Ems-Kanals und die deutsche Binnenschiffahrtspolitik, und soziologische Themen wie die Arbeit „Die Lebenswelt des Industriearbeiters" des Gewerkschaftsmannes *Richard Woldt* und von *Heinrich Lechtape* „Die deutschen Arbeitgeberverbände, ihre volkswirtschaftliche Funktion und ihre soziologischen Grundlagen". In dieser wie auch den anderen Reihen wurden u.a. Promotionsarbeiten des Instituts veröffentlicht.

Auch die dem Institut angeschlossenen Seminare publizierten eigene Reihen. Von *Heinrich Weber* und dem Direktor des Landesarbeitsamtes Westfalen-Lippe *Bernhard Ordemann* wurde ab 1926 „Der Arbeitsmarkt, Schriftenreihe des Seminars für Arbeitsvermittlung und Berufsberatung an der Universität Münster i.W." und ab 1927 „Fragen des Arbeitsmarktes. Dissertationsreihe des Seminars für Arbeitsvermittlung und Berufsberatung an der Universität Münster" herausgegeben. Zusammen mit dem Ministerialrat

---

[367] *Kleineidam, Erich*, Die Katholisch-Theologische Fakultät, 1961, 121 (Anm. 192).

und Honorarprofessor *Richard Woldt*[368] gab *Weber* ferner ab 1930 „Arbeit und Sozialpolitik. Schriftenreihe des Seminars für Gewerkschaftswesen beim Institut für Wirtschafts- und Sozialwissenschaften der Universität Münster i.W." heraus. Diese drei der Arbeitswelt gewidmeten Reihen sollten der Wissenschaft und der Praxis dienen. Die verschiedensten Themen der allgemeinen und der regionalen Arbeitsmarktpolitik, der Arbeitsmobilität, der Arbeitslosigkeit, der Arbeitsvermittlung, der Berufsberatung wurden in erkennbarer Systematik an Experten und Promovenden vergeben und anschließend zügig veröffentlicht.

Die Reihe "Der Arbeitsmarkt" wurde eröffnet mit einer organisationssoziologischen und wirtschaftswissenschaftlichen Studie über „Das deutsche Arbeitsnachweiswesen", wie es bis zur gesetzlichen Neuregelung durch das Gesetz der Arbeitsvermittlung und Arbeitslosenversicherung (AVAVG) vom 27. Juli 1927 bestanden hatte, durch den damaligen Assistenten des Seminars *Eduard Willeke*[369], den späteren bekannten Wirtschaftsprofessor. Die Arbeit ist methodisch stark an *Johann Plenge* orientiert. Wenn *Weber* diese Arbeit dennoch mitherausgibt, sogar mit ihr eine Reihe beginnt, so ist dies ein Beweis dafür, daß er trotz der diskriminierenden Vorwürfe seines einstigen Doktorvaters dessen wissenschaftliche Leistungen weiter geschätzt und gefördert hat. Es ist ein Zeichen seiner menschlichen Größe und seiner wissenschaftlichen Souveränität.

Band 3 von „Arbeit und Sozialpolitik" war die Dissertation von *Webers* späterem Mit-

---

[368] *Richard Woldt* (geb.1878; gest. 1952) war zunächst Techniker und Ingenieur, dann von 1919 bis wahrscheinlich 1933 Regierungsrat im Preußischen Kultusministerium (Referent für Arbeiterbildung). Vom Sommersemester 1924 an hielt er Vorlesungen für Betriebswirtschaft in der Rechts- und Staatswissenschaftlichen Fakultät der Universität Münster und wurde dort 1928 Honorarprofessor, das er bis 1933 blieb. 1919-21 war er ferner Mitglied des Preußischen Landtages (SPD). Von den Nationalsozialisten wurde er seiner Ämter enthoben. Nach dem Kriege 1945 war er Vizepräsident in Sachsen und 1947-49 Professor für Soziale Arbeitswissenschaften an der Technischen Hochschule Dresden. Vgl. *Ruck, Michael* (Bearb.): Die Gewerkschaften in den Anfangsjahren der Republik 1919 - 1923. Köln: Bund 1985, 1065; *Jahn, Peter* unter Mitarbeit von *Detlev Brunner:* Die Gewerkschaften in der Endphase der Republik 1930 - 1933. Köln: Bund 1988, 990. In beiden letzteren Werken wird die Ministerialratstätigkeit von *Woldt* bis 1923 angegeben, aber mit einem Fragezeichen versehen. Da bei der Schriftenreihe „Arbeit und Sozialpolitik" *Richard Woldt* sowohl als Ministerialrat wie als Honorarprofessor bezeichnet wird, kann davon ausgegangen werden, daß er diese Ämter bis zum Machtwechsel 1933 innehatte.

[369] *Willeke, Eduard:* Das deutsche Arbeitsnachweiswesen. Eine synthetische Darstellung des Arbeitsnachweisgesetzes in vier Tafeln (= Der Arbeitsmarkt; 1). Berlin: Grüner 1926. - *Willeke, Eduard* (geb. 16.3.1899 in Münster i.W., gest. 25.8.1974 in Wiesloch) war zunächst Assistent am Seminar für Arbeitsvermittlung und Berufsberatung des Instituts für Sozial- und Wirtschaftswissenschaften in Münster, erhielt am 11.2.1933 die Lehrbefugnis für Sozialwissenschaften, insbesondere für Arbeitswissenschaften, (eine Habilitationsakte ist leider im Universitätsarchiv der Universität Münster nicht vorhanden, so daß nicht ermittelt werden konnte, ob Professor *Weber* an dem Habilitationsverfahren beteiligt war.) Das Thema der Antrittsvorlesung „Der Universalismus als Gegenstand sozialwissenschaftlicher Betrachtung" läßt dies aber vermuten. 1937 wurde *Willeke* außerordentlicher Professor in Gießen und 1953 nach Gastprofessuren und Lehrstuhlvertretungen in Tübingen und Hamburg ordentlicher Professor der Volkswirtschaftslehre an der Wirtschaftshochschule Mannheim. Auch seine weiteren Arbeiten konzentrierten sich vorwiegend auf Fragen des Arbeitsmarktes.

arbeiter an der Sozialforschungsstelle Dortmund *Otto Neuloh* über die „Arbeiterbildung im neuen Deutschland". Diese wie auch die Studien über die Arbeiterbildung in England und Belgien entsprechen voll der Weiterbildungsintention des Herausgebers *Weber*. „Jenseits vom Kampf der Meinungen" wollte er „auf dem Hintergrunde wissenschaftlich-theoretischer Sicht" die Lebenswelt des Arbeiters, die er von seiner Jugend im Ruhrgebiet her kannte, erfassen, sich seinen sozialen Problemen zuwenden und die Lebenschancen der arbeitenden Menschen über die Bildung verbessern[370].

Für die Wohlfahrtspflege seiner Zeit waren bedeutsam die „Beiträge zur sozialen Fürsorge", die zunächst von *Heinrich Weber* zusammen mit *Bruno Jung*[371] im Auftrage des Westfälischen Provinzialverbandes, ab 1927 von ihm allein im Auftrag des Landeshauptmanns der Provinz Westfalen herausgegeben wurden. Insgesamt sind bis 1932 achtzehn Hefte erschienen. Sie erstrecken sich auf das Gesamtspektrum der Fürsorgewissenschaft, unter besonderer Hervorhebung aller Bereiche der Gesundheits- und Behindertenfürsorge (Kindergesundheits- und -erholungsfürsorge, Tuberkulose-, Blinden-, Gehörlosen-, Körperbehindertenfürsorge, Kriegsopferfürsorge, Fürsorge für Alkoholkranke). Die medizinische Orientierung der damaligen Sozialarbeit schlägt sich in vielen dieser Arbeiten nieder, aber auch wirtschaftliche und rechtliche Aspekte kommen zu Wort.

Begonnen wurde die Reihe 1925 mit einem Bericht über die Wohlfahrtstagung der westfälischen Provinzialverwaltung über allgemeine „Gegenwartsfragen der Wohlfahrtspflege" am 27. und 28. November 1924. Mit dem Inkrafttreten des Reichsjugendwohlfahrtsgesetzes von 1922 durch die Verordnung vom 14. Februar 1924 und der Reichsfürsorgepflichtverordnung vom 13. Februar 1924 und den dazu ergangenen Ausführungsbestimmungen der Länder waren die gesetzlichen Voraussetzungen für eine geregelte und organisierte Sozial- und Jugendarbeit erfolgt. Diese Sozialgesetzgebung hatte den Provinzialverbänden in Preußen weittragende Aufgaben auf dem Gebiet der allgemeinen Fürsorge und der Jugendwohlfahrtspflege übertragen. *Weber* hielt auf dieser Tagung ein grundlegendes Referat über „Die Zusammenarbeit der öffentlichen und privaten Wohlfahrtspflege", die er in der „Ergänzungsfähigkeit" der verschiedenen Organisationen unter Berücksichtigung der geschichtlichen Entwicklung gegeben sah und in dem er zu gegenseitigem Vertrauen aufrief[372]. Auch das 2. Heft über „wichtige Aufgaben der materiellen Fürsorge" widmete sich überwiegend den Fragen der Umsetzung der

---

[370] Vorwort der Herausgeber zu allen drei Bänden von „Arbeit und Sozialpolitik".

[371] Der 1886 geborene *Bruno Jung* war 1918 nach Münster gekommen und schnell zum ‚Superdezernenten' für alle sozialen Aufgaben des Provinzialverbandes aufgestiegen. 1924 wurde er erster Leiter des neugegründeten Landesfürsorgeverbandes. 1926 ging er als Oberbürgermeister nach Göttingen und schied deshalb auch als Mitherausgeber der „Beiträge zur sozialen Fürsorge" aus. Vgl. *Frie, Ewald*: Wohlfahrtsstaat und Provinz. Fürsorgepolitik des Provinzialverbandes Westfalen und des Landes Sachsen 1880 - 1930. Paderborn: Schöningh 1993. 114 und 238.

[372] *Weber, Heinrich*: Die Zusammenarbeit der öffentlichen und privaten Wohlfahrtspflege. In: *Jung, Bruno* und *Weber, Heinrich* (Hrsg.), Gegenwartsfragen der Wohlfahrtspflege (= Beiträge zur sozialen Fürsorge; H. 1). Münster i.W.: Aschendorff 1925, 109-122.

neuen Sozialgesetzgebung. Das Ziel der „Beiträge" war Information und Öffentlichkeitsarbeit, „Propaganda", wie man damals noch sagte, als das Wort noch nicht geschichtlich belastet war.

Die weiteren Hefte wandten sich den genannten speziellen Handlungsfeldern zu. Auch diese veröffentlichen mitunter Vorträge aus den „Vortragsreihen für Sozialbeamte und Sozialbeamtinnen"[373]. Bemerkenswert ist, daß in mehreren dieser Hefte Fragen der Berufsberatung, -ausbildung und -fortbildung der verschiedenen Klientenkategorien behandelt werden. So bietet das Heft 10 über die Gehörlosenfürsorge einen Überblick über die für männliche und weibliche Gehörlose geeigneten Berufe, über psychotechnische Eignungsprüfung, über Werkstättenunterricht, Lehrlingswerkstätten und die Notwendigkeit und die Chancen der Berufsfortbildung für diese Behindertengruppe[374]. Ein Beitrag des letzten Heftes über „Grundfragen der Jugendwohlfahrtspflege", das auf dem Hintergrund der Weltwirtschaftskrise und der verbreiteten Arbeitslosigkeit und Jugendarbeitslosigkeit geschrieben ist, erörtert Probleme der Berufswahl, Berufsberatung und beruflichen Ausbildung von lernbehinderten und sozialbenachteiligten Jugendlichen[375]. Weitere Hefte waren in Vorbereitung, als das nationalsozialistische Regime an die Macht kam und ein weiteres Erscheinen dieser Reihe verhinderte.

Neben Dissertationen, unter denen die von *Franz Xaver Rappenecker* über die „Kriegsopferfürsorge"[376] und von *Konrad Theiß* über „Alkoholismus und Sozialversicherung"[377] hervorstechen, bringen die „Beiträge zur sozialen Fürsorge" Vorträge und Artikel von Strafrechtlern, Medizinern, Verwaltungsjuristen und Spitzenkräften der Sozialverwaltung sowie von Praktikern und Organisatoren der freien Wohlfahrt wie z.B. der

---

[373] Z.B. Gesundheitsfürsorge und Kommunalverwaltung. (Hrsg. *Heinrich Weber:* Beiträge zur sozialen Fürsorge; H. 15). Münster i.W.: Aschendorff 1931.

[374] *Beermann, Georg:* Taubstummenwesen und Taubstummenfürsorge. Unter besonderer Berücksichtigung der westfälischen Verhältnisse. (Hrsg.: *Heinrich Weber:* Beiträge zur sozialen Fürsorge, H. 10). Münster i.W.: Aschendorff 1927, 80-90.

[375] *Weber, J.:* Die Praxis der Fürsorgeerziehung und die Überführung dieser Jugendlichen in das Wirtschaftsleben. In: Grundfragen de Jugendwohlfahrtspflege. Münster i.W.: Aschendorff 1932, 132-158. (Hrsg.: *Heinrich Weber:* Beiträge zur sozialen Fürsorge, H. 18).

[376] *Rappenecker, Franz X[aver]:* Kriegsopferfürsorge. (Hrsg.: *Heinrich Weber:* Beiträge zur sozialen Fürsorge, H. 11). Münster i.W.: Aschendorff 1928. *Weber* hatte *Rappenecker,* den Verlagsleiter des DCV im Fachausschuß für Caritaswissenschaft, kennengelernt. Später war *Rappenecker* Schulleiter einer der Wohlfahrtsseminare des Deutschen Caritasverbandes in Freiburg. Er starb 1965.

[377] *Theiß, Konrad:* Alkoholismus und Sozialversicherung. Münster i.W.: Aschendorff 1931. (Hrsg.: *Heinrich Weber:* Beiträge zur sozialen Fürsorge, H. 16/17). Die Arbeit war durch den Universitätspreis des Institutes für Caritaswissenschaft an der Universität Freiburg ausgezeichnet worden.

Generalsekretärin des Katholischen Fürsorgeverbandes *Elisabeth Zillken*[378].

Hohe Anerkennung in der Fachöffentlichkeit gewannen auch die zusammen mit dem Direktor der Caritasbibliothek *Heinrich Auer* und Professor *Franz Keller*, dem Direktor des Freiburger Instituts für Caritaswissenschaft, seit 1925 herausgegebenen „Schriften zur Caritaswissenschaft". Sie enthalten sehr bedeutsame Abhandlungen zur Caritasgeschichte, u.a. die von Professor *Wilhelm Liese* über „Lorenz Werthmann und den Deutschen Caritasverband"[379] und die von *Webers* Assistenten *Joseph Schlüter*[380] verfaßte Sozialgeschichte zur „Katholisch-sozialen Bewegung in Deutschland seit der Jahrhundertwende"[381]. Der Beschluß zu dieser Reihe wurde in dem von *Weber* geleiteten Fachausschuß für Caritaswissenschaft getroffen.

Im November 1932, also sehr kurz vor der Machtergreifung durch den Nationalsozialismus gab *Weber* zusammen mit *Karl Wilhelm Jötten*, dem Direktor des Hygienischen Instituts der Universität Münster, das umfangreiche Lehrbuch der Gesundheitsfürsorge heraus, das einen Gesamtüberblick über diesen ausdifferenzierten Bereich der sozialen Fürsorge und die einzelnen Personen- und Krankheitsgruppen gibt[382]. Es wendet sich nicht allein an die Medizinstudierenden, sondern auch an die Studenten der Wirtschafts- und Sozialwissenschaften, der Rechtswissenschaften, Theologie, Philologie und alle diejenigen, die sich in der Ausbildung zu einer späteren „sozialen Arbeit" befinden. Die Beiträge des Lehrbuches gehen aus einem Vortragszyklus hervor, der in den voraus-

---

[378] *Zillken, Elisabeth*: Das Lebens- und Erziehungsrecht der Unehelichen. In: Grundfragen der Jugendwohlfahrtspflege. (Hrsg.: *Heinrich Weber*: Beiträge zur sozialen Fürsorge, H. 18). Münster i.W.: Aschendorff 1932, 56-74. Zu *Elisabeth Zillken* (geb. 8.7.1888 in Wallerfangen/ Saar; gest. 28.11.1980 in Dortmund) vgl. *Mockenhaupt, Hubert*: Elisabeth Zillken (1888-1980). In: *Aretz, Jürgen// Morsey, Rudolf/ Rauscher, Anton* (Hrsg.), Zeitgeschichte in Lebensbildern. Bd. 6. Mainz: Grünewald 1984, 214-230.

[379] *Liese, Wilh[elm]*: Lorenz Werthmann, 1929 (Anm. 51).

[380] *Joseph Schlüter* (geb. 18.6.1901 in Münster) war seit 1923 Hilfsassistent, dann ab 1925 bis 1939 Wissenschaftlicher Assistent am Institut für Wirtschafts- und Sozialwissenschaften. Ab 1939 war er beim Oberpräsidenten der Provinz Westfalen (Landwirtschaftsamt), später beim Generalreferat Wirtschaft beschäftigt. Ab 1946 war er beim Wirtschaftsministerium, ab 1950 beim Sozialministerium des Landes Nordrhein-Westfalen tätig, wo er am 23. April 1952 zum Regierungsrat ernannt wurde. 1957 wurde er vorzeitig in den Ruhestand versetzt. Schreiben des Universitätsarchivs Münster vom 28.7.1997 und des Ministerium für Arbeit, Gesundheit und Soziales des Landes Nordrhein-Westfalen vom 2.9.1997.

[381] *Schlüter, Joseph*: Die Katholisch-soziale Bewegung in Deutschland seit der Jahrhundertwende. Freiburg i.Br.: Caritasverlag 1928. Diese Arbeit baut auf der sozialwissenschaftlichen Dissertation „Wesen, Verlauf und Entwicklungstendenzen der katholisch-sozialen Bewegung in Deutschland seit der Jahrhundertwende" von 1926 auf.

[382] *Jötten, K[arl] W[ilhelm]/ Weber, H.[einrich]*: Lehrbuch der Gesundheitsfürsorge, 1932 (Anm. 350). - *Karl Wilhelm Jötten* (geb. 4.3.1986 in Essen) hatte sich 1920 an der Universität Leipzig für Hygiene und Bakteriologie habilitiert und 1924 den Ruf als o.ö. Professor an die Universität Münster erhalten. Er gründete dort das Hygienische Institut und gliederte diesem am 1.9.1928 eine staatliche Forschungsabteilung für Gewerbehygiene an. Eines seiner Hautarbeitsgebiete war die Tuberkulose, und er war zur Bekämpfung dieser Volkskrankheit in mehreren wissenschaftlichen Gremien führend tätig. Vgl. Reichshandbuch der deutschen Gesellschaft. Bd. 1. Berlin: Deutscher Wirtschaftsverlag 1931, 854.

gegangenen Sommersemestern vom Institut für soziale Hygiene und soziale Fürsorge in Verbindung mit der medizinischen Fakultät der Universität Münster, dem von *Weber* geleiteten Fürsorgeseminar, dem Landesfürsorgeverband und der Landesversicherungsanstalt der Provinz Westfalen für Hörer aller Fakultäten veranstaltet wurde.

Mit *Werner Friedrich Bruck* hat *Weber* ferner die „Schriftenreihe der Westfälischen Verwaltungsakademie", die Festschrift „Beamtenschaft und Verwaltungsakademie" sowie 1930 den Band „Probleme der Handwerkswirtschaft" herausgegeben, für den *Weber* den Artikel „Mensch und menschliche Beziehungskomplexe in der Handwerkswirtschaft" schrieb. Zusammen mit dem Syndikus der Niederrheinischen Industrie- und Handelskammer *Otto Most*[383] und dem Kölner Professor für Wirtschaftsgeschichte *Bruno Kuske* veröffentlichte er 1931 das zweibändige Handbuch und Nachschlagewerk „Wirtschaftskunde für Rheinland und Westfalen", das eine zusammenfassende Darstellung des damaligen Standes und der Entwicklung des rheinisch-westfälischen Wirtschaftslebens gab und dabei auch die sozialen Probleme und die Bildungssituation berücksichtigte[384].

Auch in seiner Breslauer Zeit begründete *Weber* noch zwei Schriftenreihen, die mehr praktisch ausgerichtete Reihe „Kirchliche Verwaltungslehre", von der bis 1942 acht Hefte erschienen, und die der Grundlagenforschung gewidmeten „Beiträge zur kirchlichen Verwaltungswissenschaft", von der jedoch nur ein Band erschien, die umfangreiche, bei der Katholisch-Theologischen Fakultät der Universität Breslau eingereichte Dissertation des Lehrgangsteilnehmers und Trierer Finanzdirektors *Wilhelm Schwickerath* „Die Finanzwirtschaft der deutschen Bistümer. Ihre Gestaltung unter dem Einfluß pastoraler Aufgabe"[385]. Mit der letzteren Schriftenreihe plante *Weber* „Beiträge" zur Errichtung eines Wissenschaftsgebäudes, „das uns in seiner Vollendung als systematische ‚kirchliche Verwaltungswissenschaft' vorschwebt"[386]. Die Hefte der „Kirchlichen Verwaltungslehre" dienten der Information kirchlicher Organisationen und der Geistlichen, um sie vor

---

[383] *Otto Most* war 1918-20 Oberbürgermeister der Stadt Sterkrade gewesen und hatte 1920 das Amt des Syndikus der Niederrheinischen Industrie- und Handelskammer erhalten. Daneben hatte er politische Funktionen: 1917-20 Mitglied des Rheinischen Provinzial-Landtages, 1919-20 der deutschen Nationalversammlung und 1921-28 des Reichstages. Ferner war er seit 1926 Dezernent an der Westfälischen Verwaltungsakademie Bochum und seit 1927 im Nebenamt Privatdozent an der Universität Münster. 1929 wurde er zum Honorarprofessor ernannt. Er veröffentlichte zahlreiche Werke zur Wirtschaftsgeschichte der Rheinlande und zur Verwaltungskunde. Vgl. *Degener; Hermann A.L.* (Hrsg.): Wer ist`s? IX. Ausg. Leipzig: Degener 1928, 1076, ferner Reichshandbuch der deutschen Gesellschaft. Bd. 2. Berlin 1931, 1273.

[384] *Most, Otto/ Kuske, Bruno/ Weber, Heinrich* (Hrsg.): Wirtschaftskunde für Rheinland und Westfalen. Nebst Tabellenband. Berlin: Hobbing 1931.

[385] *Stanzel*, 1992, 154.

[386] *Weber, Heinrich*: Geleitwort. Zu: *Schwickerath, Wilhelm*: Die Finanzwirtschaft der deutschen Bistümer. Breslau: Verlag des Schlesischen Bonifatiusvereins-Blattes. 1942, VII.

Stanzel weiß zu berichten, daß es vor der Veröffentlichung dieser Dissertation zwischen Generalvikar *Josef Negwer* und der Institutsleitung zu einer heftigen Diskussion über die Frage gekommen ist, ob es opportun sei, das in der Arbeit enthaltene, z.T. interne Detailmaterial angesichts der kirchenpolitischen Situation zu veröffentlichen. *Stanzel*, 1992, 154, Fußnote 55.

Fehlentscheidungen in Fragen der kirchlichen Verwaltung und der Finanzgestaltung und vor Verurteilungen durch die nationalsozialistische Justiz und Beschlagnahmungen von Gütern, Geld- oder auch Naturalienspenden zu bewahren.

Diese vielseitige Herausgeberschaft *Webers* weist auf seinen Weitblick und seine Aufgeschlos-senheit sowie auf seine zahlreichen wissenschaftlichen Kontakte hin[387]. Er hat über die Universität Münster und den Deutschen Caritasverband ein weitverzweigtes soziales und wissenschaftliches Netzwerk mit Fachleuten der verschiedensten Disziplinen und führenden Praktikern und Organisationen der sozialen Arbeit und der öffentlichen Verwaltung aufgebaut und dieses durch die Schaffung der wissenschaftlichen Reihen institutionalisiert. Diese Kontakte beschränkten sich nicht auf Organisationen und Verbände des Katholizismus. Aufgrund der Praxis- und Politikrelevanz seiner sozial- und wirtschaftswissenschaftlichen Forschungsorientierung brach er aus dem katholischem Milieu, in dem er beheimatet war, in der Zeit der Weimarer Republik zu neuen Ufern auf. Er war ein inter- und multidisziplinär denkender Wissenschaftler, der selbst noch einen großen Teil der Sozial-, Wirtschafts- und Caritaswissenschaften überblickte und in allen diesen Wissenschaftsbereichen wegweisende Impulse zu geben verstand und diese Erfahrungen und Kenntnisse in die Öffentlichkeit hineinzutragen gewillt war.

Dem heutigen Blick fällt auf, wie viele Frauen unter den Doktoranden und von *Weber* protegierten Arbeiten sind. Mit *Emmy Aufmkolk, Marie Hoerner, Editha von Oppen, Elisabeth Schwarze, Maria Sender* und *Caroline Wernsing* hatte *Weber* wohl erheblich mehr Doktorandinnen als viele Professoren der Weimarer Zeit. *Weber* erkannte Leistungsfähigkeit und förderte sie, wo er sie antraf. Ein Beispiel für seine tatkräftige Hilfe bringt *Marie Hoerner* im Vorwort ihrer Arbeit über „Die Heimschulen in der englischen Arbeiterbildung" zum Ausdruck: „Für die Ermöglichung meiner Studienreise und die Anregung zu dieser Arbeit sage ich meinen hochverehrten Lehrern, Herrn Professor Dr. Dr. *H. Weber* und Herrn Ministerialrat Professor *Woldt*, Referent im Preußischen Ministerium für Wissenschaft, Kunst und Volksbildung, meinen verbindlichsten Dank."[388]

6.6. *Gutachterliche Tätigkeit*

Weber hat eine intensive Gutachter- und Beratungstätigkeit im Rahmen der Westfälischen Verwaltungsakademie, der Finanzkammer und vor allem des Breslauer Instituts für kirchliche Verwaltung und Finanzwirtschaft durchgeführt. Darunter waren zahlreiche Gutachten, die *Weber* im Auftrag des Episkopats oder des Vorsitzenden der Bischofskonferenz, Kardinal *Bertram* fertigte.

---

[387] Die Nationalsozialisten haben ihm später u.a. die Zusammenarbeit mit dem Sozialdemokraten *Richard Woldt* zum Vorwurf gemacht. *Gröger, Johannes*, Zwangsversetzung 1991, 171 (Anm. 176).

[388] *Hoerner, Marie:* Die Heimschulen in der englischen Arbeiterbildung (= Arbeit und Sozialpolitik; 1). Leipzig: Quelle & Meyer 1930, IX.

Manche dieser Gutachten entbehrten nicht einer politischen Brisanz, so das noch vor der Eröffnung des Instituts, näherhin vor dem 15. November 1935 von *Weber* für *Kardinal Bertram* erstellte Gutachten zur Bildung einer Fachschaft „Katholische Wohlfahrtspflege", das *Bertram* dem damaligen Präsidenten des Caritasverbandes, *Benedict Kreutz*, und an die Oberhirten aller deutschen Diözesen sandte. Der Hintergrund war die nationalsozialistische Gleichschaltungspolitik, die auch die kirchlichen Verbände einschließlich den Deutschen Caritasverband betraf. Durch die Überführung der ehemaligen Angestelltenverbände, auch der christlichen Angestellten-Organisationen in die Deutsche Arbeitsfront (DAF) war eine erhebliche Zahl von Mitarbeitern der Freien Wohlfahrtsverbände in die DAF gelangt. Die Nationalsozialisten drängten auf die Bildung einer Fachschaft „Katholische Wohlfahrtspflege". In dem von *Kardinal Bertram* erbetenen Gutachten führte *Weber* aus, daß die DAF als Gliederung der NSDAP „alle im Arbeitsleben stehenden Volksgenossen politisch, weltanschaulich und fachlich führen und zur nationalsozialistischen Gemeinschaft zusammenfassen" will, nach dem damals gültigen Recht aber Geistliche und Mitglieder der Orden oder anderen religiösen, ordensmäßig gebundenen Gemeinschaften (Schwestern, Brüder) nicht Mitglieder der DAF werden können, Betriebe aber nach der damaligen Rechtsprechung als untrennbare organische Einheiten aufgefaßt würden; und so gelangte *Weber* zu dem folgerichtigen Ergebnis: „Die Schaffung einer Fachschaft´ Betriebe der katholischen Wohlfahrtspflege´ hat dann aber keinen Sinn."[389] *Weber* bietet ein Beispiel, wie man mit juristischem Scharfsinn die Widersprüche des damaligen Rechtssystems nutzen und so mitunter den Intentionen des nationalsozialistischen Regimes trotzen konnte. Ferner wies *Weber* in seinem Gutachten auf „erhebliche Gefahren für die Organisationen, Anstalten und Einrichtungen der katholischen Caritas" hin, „denen mindestens durch gewisse Sicherungen nach Möglichkeit vorgebeugt werden muß."[390]

Einen Einblick in den Umfang der gutachterlichen Tätigkeit gibt der erhalten gebliebene Tätigkeitsbericht des Instituts für kirchliche Verwaltung und Finanzwirtschaft, wonach allein für ein einziges Berichtsjahr 839 gutachterliche Arbeiten für verschiedenste kirchliche Organisationen und Ordensgemeinschaften in mannigfachen Rechtsfragen nachgewiesen werden[391]. Die meisten Gutachten bezogen sich auf das Steuer- und Kirchensteuerrecht, andere aber auch auf das Arbeits- und Altersversorgungsrecht, auf das Arbeits-, Beamten- und Besoldungsrecht, auf Fragen des Versicherungswesens, das allgemeine Kriegsrecht und das Polizeirecht und vereinzelt auch auf das Fürsorgerecht.

---

[389] Gutachten *Webers* betr. Fachschaft Katholische Wohlfahrtspflege. *Stasiewski*, Akten III, 1979, Nr. 250 c, 78-84, hier 80.
[390] Ebd. 81.
[391] *Stanzel*, 1992, 154/155.

7. Systematik der Sozialwissenschaften

Heinrich Weber ist ein systematischer Denker gewesen. Er entwirft ein eigenes System der Sozialwissenschaften. Er unterscheidet drei Teildisziplinen: 1. eine historische, 2. eine theoretische und 3. eine praktische Gesellschaftslehre. Zu den historischen Sozialwissenschaften rechnet er vor allem die Sozialgeschichte, aber auch die Wirtschaftsgeschichte und die Rechtsgeschichte. „Die Sozialgeschichte hat sich mit dem Werden der sozialen Erscheinungen, ihrem Wandel und Wechsel im Ablauf der Zeit zu befassen."[392] Die Sozialgeschichte konzentriert sich nicht auf die Veränderungen isolierter Einzelphänomene, sondern hat die Aufgabe, die allgemeinen Wandlungen in der Struktur der Gesellschaft, die diesen Wandel bedingenden Kräfte und den Einfluß des sozialen Wandels auf soziale Teilphänomene zu untersuchen.

Die theoretische Gesellschaftslehre, die er als Erkenntnis- und Seinswissenschaft versteht, „hat die Aufgabe, ein Gesamtbild von der Struktur und den Lebenserinnerungen der modernen Gesellschaft zu entwerfen"[393]. Er versteht sie als Wirklichkeitswissenschaft. Sie hat Werturteile zu vermeiden. Als theoretische Gesellschaftslehre hat sie ein Gesamtbild der Gesellschaft zu zeichnen, das über die verwirrende Fülle und Mannigfaltigkeit der Einzelerscheinungen hinaus allgemeinere Ergebnisse enthält. Da die theoretische Gesellschaftslehre auf der Beobachtung von Tatsachen beruht, ist sie nach *Webers* Verständnis eine empirische Wissenschaft. Ihre Methode ist vor allem induktiv, aber sie könnte auch auf Deduktionen nicht ganz verzichten. Aber die deduktiven Folgerungen müßten auf der Richtigkeit der induktiv gewonnenen Ergebnisse aufbauen[394].

Der praktischen Gesellschaftslehre weist er drei Aufgaben zu: 1. Herausarbeitung eines Ideals der Gesellschaft, 2. Erforschung der Ursachen der Unvollkommenheiten einer Gesellschaft, 3. Darstellung der Möglichkeiten und Mittel, „die tatsächlichen Zustände dem Ideal so weit als möglich anzugleichen"[395]. Die praktische Gesellschaftslehre zielt nach ihm also „auf ein Handeln, nicht so sehr auf die Gewinnung abstrakt-theoretischer Erkenntnisse"[396]. Bei dieser praxisbezogenen Lehre tritt der Forscher den sozialen Phänomenen wertend, beurteilend, mit praktischem Umgestaltungswillen gegenüber. *Weber* muß sich mit dem Einwand auseinandersetzen, ob eine solche handlungsorientierte Gesellschaftslehre „Wissenschaft" sei. Er vertritt den Standpunkt, wenn man unter Wissenschaft allein das planmäßige Streben nach Erkenntnis faßt, dieser Zweifel berechtigt wäre. Man könnte aber auch den Begriff „Wissenschaft" weiter fassen. Dann läge der Charakter der Wissenschaftlichkeit in der systematischen Verbindung der sozialen Erscheinungen.

---

[392] *Weber, Heinrich:* Einführung, 1930, 136 (Anm. 335).
[393] Ebd. 137.
[394] Ebd. 138.
[395] Ebd. 140.
[396] Ebd.

Die Gestaltung und Beeinflussung der Gesellschaftsverhältnisse sieht er als Aufgabe der Gesellschaftspolitik, die er jedoch für noch nicht genügend ausgebaut betrachtet. Die praktische Volkswirtschaftslehre bzw. Wirtschaftspolitik wäre als wissenschaftliche Disziplin weiter entwickelt.

Die soziale Wohlfahrtspolitik oder Sozialpolitik zielt darauf, die sozialen Notstände ganzer Schichten und Klassen zu erfassen und zu beheben. Bei der Sozialpolitik handelt es sich um gesetzliche, nicht auf privater Initiative beruhende Maßnahmen. Von der *generellen* politischen Einwirkung auf die sozialen Verhältnisse unterscheidet er eine *spezielle*, fallweise, die er der Wohlfahrtspflege zuordnet. Die Wissenschaft von der Wohlfahrtspflege oder auch des Fürsorgewesens ist danach eine Teildisziplin der Sozialwissenschaften, und zwar der praktischen. *Weber* hat sich um die wissenschaftliche Verortung der Wohlfahrtspflege große Verdienste erworben. Ebenfalls ordnet er die Sozialethik der praktischen Gesellschaftslehre zu.

Die Wissenschaft über die Wohlfahrtspflege, die Wohlfahrtskunde, gliedert er in seiner Habilitationsschrift in eine Allgemeine und in eine Spezielle Wohlfahrtskunde. Die Allgemeine Wohlfahrtskunde hat nach ihm zum Gegenstand die religiös-ethischen, sozialen, wirtschaftlichen und rechtlichen Grundlagen, die geschichtliche Entwicklung, die Träger der Wohlfahrtspflege und ihre Organisationsprobleme; die Spezielle Wohlfahrtskunde behandelt die Maßnahmen a) zur wirtschaftlichen Hebung des Volkes (Armenpflege und Armenfürsorge, Auswandererfürsorge, Wohnungsfürsorge, Fürsorge für entlassene Strafgefangene, Erwerbslose), b) zur physischen Hebung des Volkes (Säuglingsfürsorge, Mutterschutz, Kleinkinderfürsorge, Schulgesundheitspflege, Behindertenfürsorge), c) zur geistig-moralischen Hebung des Volkes (Jugendpflege, Berufsberatung, Mädchenschutz, Jugendfürsorge, Volksbildungswesen)[397].

Wo ordnet dieser Systematiker die Caritaswissenschaft zu? Da er in seiner Dissertation zwischen Caritas als der durch die Gottesliebe getragenen Nächstenliebe und der Humanität als dem Ideal „einer allseitigen harmonischen Ausbildung der menschlichen Persönlichkeit" differenziert[398], hätte man vermuten können, daß *Weber* die Caritaswissenschaft im Unterschied zum Fürsorgewesen der Theologie zuordnet. In seinem grundlegenden Werk über die Caritas weist er darauf hin, daß der wissenschaftliche Standort der Caritaswissenschaft nicht eindeutig ist, er sieht die Caritaswissenschaft aber vorwiegend als „eine sozialethische Teildisziplin", weil es sich bei der Caritas um jene „Gemeinschaftsbestrebungen" handelt, „die aus dem christlichen Caritasgebot zur Milderung und Beseitigung der jeweiligen, vielfach sozial-ökonomisch bedingten Notstände hervorgehen"[399]. Die Caritaswissenschaft hat nach ihm einerseits enge Beziehungen zur Sozialökonomik, wozu er Soziologie, Sozialpolitik, Wirtschaftswissenschaften und Statistik rech-

---

[397] *Weber, Heinrich:* Akademiker, 1922, 19-20 (Anm. 60).
[398] *Weber, Heinrich:* Lebensrecht, 1921, 3 (Anm. 55).
[399] *Weber, Heinrich:* Das Wesen der Caritas, 1938, XXX (Anm. 22).

net, andererseits zur Moral- und Pastoraltheologie, insofern sie Wesen, Wert, Verpflichtung und Bedeutung der Caritas behandelt[400].

Weber, der als Vorsitzender des Diözesancaritasverbandes Münster immer mit den praktischen Problemen der Menschen konfrontiert war und um organisatorische, betriebswirtschaftliche und pädagogische Problemlösungsmöglichkeiten bemüht sein mußte, hat in den Vordergrund seiner eigenen Forschungen die praktische Gesellschaftslehre gestellt. Seine Forschung ist handlungsorientiert. Sie erfährt ihre Anstöße aus der Praxis der Sozialpolitik und der sozialen Arbeit; und sie ist kritische Reflexion und Auseinandersetzung dieser Praxis mit dem Ziel, diese Praxis effektiv und human zu gestalten. Er hat in seinen Publikationen und in seinen Lehrveranstaltungen zwar nicht die theoretische und historische Gesellschaftsforschung vernachlässigt, aber auch diese erhielt, wie aufzuzeigen ist, ihre Impulse aus praktischen Aufgaben und Fragestellungen.

---

[400] Ebd. XXX/XXXI.

8. Historische Sozialwissenschaft

8.1. *Geschichte der Wohlfahrtspflege als Organisationsgeschichte*

In zahlreichen Werken von *Heinrich Weber* finden sich längere geschichtliche Abschnitte. Die Geschichte ist ihm dabei kein Selbstzweck, sondern die historischen Abhandlungen dienen der Verdeutlichung der Problematik der Gegenwart. *Weber* will aufzeigen, wie Menschen in der Vergangenheit mit sozialen, caritativen und wirtschaftlichen Problemen umgingen, um daraus Anregungen für die Gegenwart zu schöpfen. Auch will er das Gewordensein der Gegenwart aufzeigen. Wer die Geschichte versteht, versteht auch besser die Gegenwart.

Deshalb enthalten bereits seine beiden Dissertationen längere sozialgeschichtliche Abschnitte. In diesen Arbeiten will er Zusammenhänge sowohl zwischen Sozialpolitik und Wohlfahrtspflege wie auch zwischen Weltanschauung und sozialer Arbeit aufzeigen. Beide Dissertationen bringen mehrere Kapitel zur Entwicklung der Wohlfahrtspflege und der Fürsorgearbeit vom Altertum über das Mittelalter bis zur Neuzeit. Die Darstellung der Geschichte der Wohlfahrt und Fürsorge im Altertum beschränkt sich nicht auf das christliche Altertum, das dem Gedanken der Mildtätigkeit und der hilfreichen Zuwendung gegenüber sozial Schwachen, Kranken, Witwen, Armen neue Impulse verliehen hat, sondern auch auf die vorchristliche Zeit in Griechenland, Rom und in Israel. Besonders die theologische Dissertation widmet sich den für die jüdische Fürsorgearbeit grundlegenden religiös-ethischen Orientierungen und ihrer motivierenden Bedeutung[401].

Umfangreiches Material stellt *Weber* zur Erfassung der Geschichte der Wohlfahrtspflege im Mittelalter zusammen. Er kommt zu dem Ergebnis, daß das Mittelalter eine fast verwirrende Vielheit und Vielartigkeit von sozialen Einrichtungen aufzuweisen hatte. „Die gesamte Tätigkeit ist freiwillig geübt, vorwiegend heilender, nur selten prophylaktischer Art. Zum ersten Mal treten neben die Kirche als Trägerin der Wohlfahrtspflege der Feudalverband, die freien Vereinigungen und die Städte."[402] *Weber* zeigt nicht allein Sinn für die Vielfalt der Hilfsangebote, sondern auch der Träger der Maßnahmen, er liest die caritasgeschichtlichen Literatur, die zuvor oft einen primär erbaulichen, oft wenig quellenkritischen Charakter hatte, unter einem neuen Blickfeld.

Die Neuzeit läßt *Weber* mit der Reformation beginnen. Als ihre wichtigsten Folgeerscheinungen im Bereich sozialer Arbeit sieht er, 1. daß zwei Kirchen als Träger wohlfahrtspflegerischer Arbeit nebeneinander treten und 2. daß die weltliche Gemeinde in immer wachsendem Maße die Aufgabe der Wohlfahrtspflege an sich nimmt[403]. Entsprechend betrachtet er für die Neuzeit als Träger der Wohlfahrtspflege die katholische und die

---

[401] *Weber, Heinrich:* Die religiös-ethischen Grundlagen, 1922, 49-81 (Anm. 61).
[402] *Weber, Heinrich:* Lebensrecht, 1921, 20 (Anm. 55).
[403] Ebd. 21.

evangelische Kirche mit ihren konfessionellen Einrichtungen, ferner die seit dem 18. und 19. Jahrhundert sich bildenden interkonfessionellen und humanitären Organisationen und schließlich die obrigkeitlichen Instanzen. *Webers* Perspektive einer Geschichte der sozialen Arbeit ist die einer Organisationsgeschichte. Er fragt nach den entscheidenden Initiatoren bei der Gründung neuer Organisationen im Bereich der beiden Kirchen, die er sowohl in Gremien (z.B. Konzil von Trient) wie in Einzelpersönlichkeiten sieht: auf katholischer Seite *Vinzenz von Paul* (1576-1660) und seine Organisation der „Barmherzigen Schwestern", auf evangelischer Seite *Johann Bugenhagen* (1485-1558), *August Hermann Francke* (1663-1727), *Johann Hinrich Wichern* (1808-1881) und *Theodor Fliedner* (1800-1864). *Weber* erkennt, daß mit der zunehmenden Entwicklung der sozialen Arbeit die Anstalten mit allgemeinem Charakter aufgegeben werden und eine zunehmende Differenzierung und Spezialisierung einsetzt. Bei der Fülle der entstandenen Einzelorganisationen sei es dann gegen Ende des 19. Jahrhunderts wieder erforderlich gewesen, diese „in großen, machtvollen Verbänden"[404] wie der Inneren Mission und dem Deutschen Caritasverband zu zentralisieren. Bei der Entwicklung der Wohlfahrtsarbeit interessiert *Weber* auch der Einfluß geistiger Strömungen wie der des Pietismus und des Rationalismus auf die Motivation und Gestaltung dieser Arbeit.

Zu den interkonfessionellen und humanitären Organisationen zählt *Weber* das Rote Kreuz, die Heilsarmee, den 1881 gegründeten „Deutschen Verein für Armenpflege und Wohltätigkeit", der 1919 in „Deutscher Verein für öffentliche und private Fürsorge" umbenannt wurde, und die 1891 gegründeten „Zentralstelle für Volkswohlfahrt" für „Arbeiterwohlfahrtseinrichtungen". Diese Nennung dient ihm als Beweis dafür, daß „neben die religiös und konfessionell motivierte Wohlfahrtspflege die humanitäre tritt"[405].

Weber zeigt zudem auf, wie seit dem Ende des Mittelalters die Städte Wohlfahrtseinrichtungen schufen, wie dann zunehmend seit dem Zeitalter des Absolutismus die „obrigkeitliche Gewalt" sich der Armenfrage annahm und sie durch polizeiliche Maßnahmen zu regulieren versuchte. Die Arbeit der Kirchen und ihrer Wohlfahrtseinrichtungen wurden eingeschränkt. Andererseits übernahm der Staat mehr und mehr Aufgaben der Sozialpolitik und Sozialarbeit.

Die bürgerliche Gesellschaft mit ihrer individualistischen Philosophie hätte zudem durch die starke Betonung des Selbsthilfegedankens die Wohlfahrtspflege zurückgedrängt. „In der Wirklichkeit führt eine kapitalistische Wirtschaftsweise solche Notstände herbei, daß der Wohlfahrtspflege immer neue Betätigungsfelder erstehen. Man erkennt die Unzulänglichkeit des Selbsthilfegedankens, man sieht die durch den Kapitalismus bedingte soziale Not, und als Folge davon muß man notgedrungen der Wohlfahrtspflege als sozial-karitativer Tätigkeit Raum gewähren."[406] *Weber* stellt die Geschichte der neuzeitlichen Wohl-

---

[404] Ebd. 23.
[405] Ebd. 29.
[406] Ebd. 32.

fahrtspflege hinein in die Auseinandersetzung um konkurrierende Ordnungsvorstellungen von Staat und Gesellschaft, die eng mit der Geschichte weltanschaulicher Konflikte verknüpft ist.

8.2. Beitrag zur Verfassungsgeschichte

Die Weite seines Geschichtshorizontes und sein Verständnis von der Einbettung der Sozialgeschichte in umfassendere politische Prozesse verdeutlicht *Weber* in einem Artikel, den er zu Ehren seines Kollegen, des „führenden katholischen Moraltheologen" *Joseph Mausbach* im Rahmen der Festschrift zur Vollendung dessen 70. Lebensjahres (7. Februar 1931) schreibt[407]. *Mausbach* war 1919 Mitglied der Nationalversammlung gewesen und hatte dort entscheidenden Anteil an dem Zustandekommen der Artikel, die sich mit Grundrechten und Grundpflichten befaßten. *Weber* stellt seinen Artikel „Josephs Mausbachs gestaltende Mitarbeit an der neuen Deutschen Reichsverfassung" in den zeitgeschichtlichen Kontext der Probleme der Neugestaltung der Staatsordnung nach der Erschütterung des Ersten Weltkriegs und der daraus erwachsenen verworrenen sozialökonomischen und geistig-kulturellen Lage Deutschlands. Die damals zu entwerfende Verfassung stellte ein grundlegendes Element für die Neugestaltung in der Umbruchszeit dar. „Die Verfassung ist das Fundament des Staates, dessen soziologische Grundfunktion in der Sicherung der Ordnung einer Ordnung innerhalb einer Gesellschaft besteht."[408] Da die Verfassung die grundlegenden Rechtssätze für die Gestaltung des innerstaatlichen Lebens enthält, rückt „jede Verfassung in den Kampfbereich weltanschaulicher Gegensätze"[409].

Die weltanschauliche Auseinandersetzung zwischen ungestümer individueller Selbstverwirklichung und kollektivistisch-sozialistischer Umgestaltung des Staates und der Wirtschaft spitzte sich nach der Novemberrevolution von 1918 zu. In diesem Ringen war es nach *Weber* Aufgabe der neuen Reichsverfassung, „eine bestmögliche Synthese zwischen Individual- und Sozialprinzip" zu finden[410]. Zur Überbrückung der Gegensätze und zur Hervorhebung des Einenden und Gemeinsamen war nach ihm der Augustinusforscher und Kenner der thomistischen Staats- und Gesellschaftslehre *Joseph Mausbach* bestens geeignet, zumal ihm überzeugende Dialogfähigkeit und Disputierkunst nachgesagt wurde. *Mausbach* konnte, wie *Weber* nachwies, bei der Grundrechtsdiskussion Brücken bauen zwischen der individualistischen Forderung nach Freiheitsrechten und der den Staat verpflichtenden Sozialrechten. Zudem setzte sich *Mausbach* erfolgreich für die Verankerung von Ehe und Familie in den Grundrechten, für die Regelung des Verhältnisses zwischen Staat und Kirche, für die Rechtsstellung der Kirchen als öffentliche Körperschaften, für den Schutz der Elternrechte im Bildungs- und Schulwesen, für die

---

[407] *Weber, Heinrich:* Joseph Mausbach, 1931 (Anm. 350).
[408] Ebd. 232.
[409] Ebd.
[410] Ebd. 235.

Verankerung des Religionsunterrichtes als ordentliches Lehrfach an öffentlichen Schulen und auch für gewisse Zugeständnisse der Sozialdemokratie gegenüber Privatschulen ein[411].

Weber erkennt in der Weimarer Reichsverfassung kein geschlossenes, gedanklich einheitliches System, er sieht ihren Kompromißcharakter, aber er stimmt mit *Mausbach* überein, „das Werk von Weimar nicht umzustürzen und zu verlästern, sondern die Verfassung in ihren gesunden Ideen, in ihren wertvollen Rechten und Freiheiten eindringend zu durchdenken und praktisch für Gesetzgebung und Leben möglichst fruchtbar zu machen"[412]. *Weber* hat nicht allein dem bis heute geschätzten Moraltheologen *Mausbach* ein anerkennendes Denkmal gesetzt, sondern selbst einen wertvollen Beitrag zum Ringen um die deutsche Verfassung von 1919, insbesondere zu den Diskussionen um die Grundrechte und ihren kultur- und kirchenpolitischen Teil, damit zur Verfassungsgeschichte geliefert.

8.3. *Geschichte der sozialen Bewegung*

Als Autor und Herausgeber ist *Weber* die Geschichte der sozialen Bewegung als Antwort auf die sozialen Herausforderungen des Industriezeitalters ein besonderes Anliegen. „Die soziale Frage löst aber immer, je brennender sie wird umso mehr, als Reaktion die Sozialreform aus."[413] *Weber* hegt die Überzeugung, daß je offenkundiger die Dissonanzen und Spannungen in einer Gesellschaft werden, desto eher werden auch Sozialreformen angestrebt. Die Formulierung von je-desto-Sätzen läßt den Soziologen bei der sozialgeschichtlichen Betrachtung erkennen. *Weber* will nicht einfach Sozialgeschichte schreiben, sondern Zusammenhänge erfassen.

Dennoch besticht seine Detailkenntnis. Seine Aufsätze „Die Sozialreformer in Rheinland-Westfalen" und die „Arbeitnehmer-Organisationen" verdeutlichen, welch gründliche Recherchen er bei der Literatur- und Quellensuche anstellt und wie er es versteht, ein anschauliches Bild von den sozialpolitischen Bestrebungen, den Sozialreformen und den Widerständen bei ihrer Verwirklichung zu zeichnen.

Im Zentrum seiner sozialhistorischen Darstellung steht die Arbeiterfrage und das Engagement zur Behebung der sozialen und wirtschaftlichen Mißstände. Seine Darstellungen beginnen bei den Reformen zur Kinderschutzgesetzgebung in den zwanziger und dreißiger Jahren des vorigen Jahrhunderts, wobei er neben dem bekannten Engagement des Generals *Heinrich Wilhelm von Horn* zugunsten der Reduzierung der Fabrikarbeit der

---

[411] Ebd. 239-247.

[412] Ebd. 248. *Weber* bezieht sich hier auf eine Passage in der Autobiographie von *Joseph Mausbach*, die in dem von *Erich Stange* herausgegebenen Werk: Die Religionswissenschaft der Gegenwart in Selbstdarstellungen. Leipzig: Meiner 1927, 57 ff. erschienen ist.

[413] *Weber, Heinrich:* Sozialreformer, 1931, 134 (Anm. 350).

Kinder auch auf weniger bekannte Initiativen wie die des Oberpräsidenten der Rheinlande *Ernst von Bodelschwingh* und des Fabrikanten *Schuchard* aus Barmen verweist[414].

Besondere Aufmerksamkeit wendet *Weber* der Gewerkschaftsbewegung zu, wobei er die freien Gewerkschaften ebenso wie die christlichen Gewerkschaften und die katholischen und evangelischen Arbeitervereine berücksichtigt. Die primäre Zielsetzung der Gewerkschaft erkennt er in der Besserung der Lage der Arbeiterschaft, vor allem ihrer Arbeitsbedingungen. Sekundäre Ziele wären die günstigere Verteilung des Marktangebotes über die einzelnen Marktbezirke und die finanzielle Unterstützung der Mitglieder, die Förderung der staatlichen Sozialpolitik, Ausarbeitung von Gutachten und Denkschriften und Verhandlungen mit den Parlamentariern. Als Organisationssoziologen interessiert ihn auch die Organisation der Gewerkschaften, ob sie nach dem Berufsprinzip oder dem Industrieverbands-Prinzip aufgebaut ist[415].

Für den christlichen Sozialwissenschaftler *Heinrich Weber* ist es eine legitime Aufgabe, vor allem der christlichen Sozialbewegung nachzugehen. Er würdigt die Leistungen von *Wilhelm Emanuel Freiherrn von Ketteler*, den sozialen Bischof von Mainz, und von *Franz Hitze*, seinen Vorgänger im Amt des Professors für christliche Gesellschaftslehre, den er den „Altmeister der deutschen Sozialpolitik" nennt. Er schildert seine „praktische Sozialarbeit"[416] als Mitbegründer und Generalsekretär von „Arbeiterwohl", dem wohl bedeutendsten katholischen Arbeiterverein des 19. Jahrhunderts, seine Verdienste um die sozialpolitische Gesetzgebung während seiner parlamentarischen Tätigkeit im Reichstag, wobei er auch auf den weniger bekannten Einfluß auf die Handwerkergesetzgebung hinweist, ferner die von ihm wesentlich beeinflußte Gründung des „Volksvereins für das katholische Deutschland" und seine dort geleistete Kulturarbeit und Erwachsenenbildung[417]. *Weber* wußte auch noch, wie sehr *Hitze* nicht allein in der Sozialpolitik, sondern auch in Fragen der Caritas und Caritaswissenschaft engagiert war. In seiner Habilitationsschrift wies er darauf hin, daß *Hitze* in einer Reihe von Jahren Vorlesungen über „systematische Caritaswissenschaft und Armenpflege" gehalten hat[418].

Erstaunlich viel weiß *Weber* auch über die evangelisch-kirchlich soziale Bewegung zu berichten. Er erwähnt Persönlichkeiten, die heute weithin vergessen sind, wie den Pastor *Ludwig Weber* und den Bergmann *Ludwig Fischer*, die Bedeutsames für die evan-

---

[414] Ebd. 134-136.

[415] *Weber, Heinrich:* Die Arbeitnehmer-Organisationen. In: *Most, Otto/ Kuske, Bruno/ Weber, Heinrich* (Hrsg.), Wirtschaftskunde für Rheinland und Westfalen. Berlin: Hobbing 1931, 191-196.

[416] *Weber, Heinrich:* Sozialreformer, 1931, 137 (Anm. 350). *Weber* dürfte einer der ganz wenigen Wissenschaftler sein, die bereits in der Weimarer Republik den Begriff „Sozialarbeit" gebrauchten, der sich erst nach dem Zweiten Weltkrieg gegenüber Wohlfahrtspflege und Fürsorge durchsetzt.

[417] Ebd. 136-138. Ferner hat *Weber Franz Hitze* einen eigenen Artikel gewidmet, an dessen Ende er auch das Schrifttum von *Franz Hitze* und über ihn zusammenträgt. *Weber, Heinrich:* Franz Hitze, 1932, 318-338 (Anm. 350).

[418] *Weber, Heinrich:* Akademiker, 1922, 75 (Anm. 60).

gelische Arbeitervereinsbewegung in Nordrhein-Westfalen geleistet haben[419].

Weber untersucht die Arbeitnehmer-Organisationen, nicht allein die Arbeiter-Organisationen, er bezieht also die Angestellten- und die Beamtenbewegung in die sozialgeschichtliche Behandlung mit ein. Dabei geht es ihm nicht um eine Aufzählung der bestehenden Organisationen, wie dies bei dem jetzigen kurzen Überblick über seine Forschungen erscheinen könnte, sondern um „Reaktionserscheinungen gegenüber bestimmten sozialökonomischen Verhältnissen, durch die sie veranlaßt und in ihren typischen Formen bestimmt wurden"[420]. Er zeigt auf, daß im Laufe der geschichtlichen Entwicklung die Arbeitsmarktposition der Angestellten immer schwieriger, ihre Existenzunsicherheit immer größer und in vieler Hinsicht „ihre sozialökonomische Lage verwandte Züge mit der Arbeiterschaft" annahm[421]. Deshalb erfolgte auch in der Angestelltenschaft als Reaktion die Bildung von Selbsthilfeorganisationen, die ursprünglich Unterstützungsvereine für die einzelnen Berufe waren und zunächst auch Selbständige umfaßten. Die jüngeren Verbände hätten jedoch den Interessengegensatz zwischen Arbeitgeberschaft und Angestelltenschaft betont und den Arbeitnehmerstandpunkt vertreten. Bei den Handlungsgehilfen reichten solche Organisationen bis in die 60er Jahre, bei den Technikern in die 80er Jahre und bei den Büroangestellten in die 90er Jahre des 19. Jahrhunderts zurück.

Trotz der Differenziertheit der Beamten gegenüber Arbeitern und Angestellten (Treueverhältnis auf Lebenszeit, dauernder Gehaltsbezug, Pensionsberechtigung und Hinterbliebenenversorgung) haben auch sie, wie *Weber* ausführt, Bedürfnis nach Interessenvertretung durch Selbsthilfeorganisationen, das in mannigfachen Beamtenwirtschaftsvereinigungen, Versicherungsvereinigungen und beruflichen Interessenverbänden seine Realisierung gefunden hat. Als Spitzenorganisation haben die Beamtenverbände den Deutschen Beamtenbund 1926 geschlossen, der es sich zum Ziel gesetzt hat, unter Wahrung parteipolitischer und konfessioneller Neutralität die rechtlichen, wirtschaftlichen und beruflichen Interessen seiner Mitglieder zu schützen und zu fördern[422].

Unter den sozialen Bewegungen vergißt er die Frauenbewegung nicht, deren Wesen er darin sieht, „daß die Frau selbst für die sozialökonomische, geistig-ethische und politische Hebung ihres Geschlechtes sich einsetzt"[423]. Es gelte vor allem die Berufs- und Bildungsfragen, die für die Stellung der Frau in Wirtschaft und Gesellschaft zentral seien, zu lösen und die Rechtsstellung der Frau gemäß ihren Ansprüchen an das

---

[419] Ebd. 143, ferner: Arbeitnehmer-Organisationen, 1931, 193 (Anm. 415).
[420] *Weber, Heinrich:* Arbeitnehmer-Organisationen, 1931, 191.
[421] Ebd. 197.
[422] Ebd. 198.
[423] *Weber, Heinrich:* Sozialreformer, 1931, 146 (Anm. 350).

öffentliche Leben sicher zu stellen. In *Hedwig Dransfeld* [424] erkennt er eine „starke Führerin" der Frauenbewegung, die aus allen Bevölkerungskreisen Frauen für ihre Organisation, den katholischen deutschen Frauenbund zu werben verstand[425].

8.4. Beiträge zur Caritasgeschichte

Im Rahmen der christlich-sozialen Bewegung ist *Weber* die sozial-caritative Bewegung ein besonderes Forschungsanliegen. Er berücksichtigt dabei die evangelischen Reformer ebenso wie die katholischen, ja er, der überzeugte Mann der Caritas, weist der evangelisch diakonischen Arbeit mitunter sogar Vorbildcharakter zu. So hebt er 1922 hervor, „daß in der evangelischen Kirche infolge der vortrefflichen Organisation der Inneren Mission die Entwicklung zur hauptamtlich sozialen Berufsarbeit schon weiter vorgeschritten ist"[426].

In Spezialgebieten wie der Behindertenfürsorge, die damals noch „Krüppelfürsorge" hieß, sind *Webers* Arbeiten bis heute eine historische Fundgrube. Er berichtet von den Anfängen der Institutionalisierung in den verschiedensten Sparten der körperlichen, geistigen und seelischen Behinderung, von dem Engagement des katholischen Rektors *Heinrich Sommer* und des evangelischen Pfarrers *Franz Arndt* für die Heimfürsorge, von *Friedrich von Bodelschwingh* für die Epileptiker und die Obdachlosen in Bethel, von *Hermann Krekeler*, dem Begründer der Anstalt „Wittekindshof", für Kranke und Gebrechliche[427]. *Weber* verfolgt die Entwicklung bis zum Preußischen Krüppelfürsorgegesetz vom 6. Mai 1920, das eine Grundlage bildete, „auf der ein erweiterter Bau systematisch durchgeführter Fürsorge errichtet werden" konnte[428].

Aufmerksamkeit widmete *Weber* auch der Geschichte des neuzeitlichen Wanderherbergswesens. Den Begründer sieht er in *Clemens Theodor Perthes*, der einer angesehenen Hamburger Buchhändlerfamilie entstammte. Er schuf im Rahmen der Inneren Mission den „Verein für hilfebedürftige Wanderer" und 1854 die erste „neue Herberge zur Heimat"[429].

Vor allem war *Weber* ein ausgezeichneter Kenner der Caritasgeschichte seines Heimatbistums Münster. Zeugnis gibt davon sein Vortrag „Die caritative Gesamtarbeit im

---

[424] *Hedwig Dransfeld* (geb. 24.2.1871 zu Hacheney bei Dortmund, gest. 13.3.1925 zu Werl i.W.) wurde 1912 Vorsitzende des deutschen katholischen Frauenbundes. 1919 war sie Mitglied der Nationalversammlung und des preußischen Landtages. Bis zu ihrem Tod blieb sie Mitglied des Reichstages.

[425] *Weber, Heinrich:* Sozialreformer, 1931, 146/ 147 (Anm. 350).

[426] *Weber, Heinrich:* Akademiker, 1922, 79 (Anm. 60).

[427] Vgl. *Weber, Heinrich:* Sozialreformer, 1931, 149-152 (Anm. 350), ferner: Allgemeines und Geschichtliches zur Krüppelfürsorge, 1926, 7-19 (Anm. 352).

[428] Ebd. 19.

[429] *Weber, Heinrich:* Sozialreformer, 1931, 150/151 (Anm. 350).

Bistum Münster" bei der Generalversammlung des Diözesan-Caritasverbandes im Rahmen des Katholikentages 1930 in Münster. Er zeigte caritasgeschichtlich auf, wie in Münster bereits zu Beginn des 18. Jahrhunderts mit *Clemens August von Droste*, dem Gründer der Genossenschaft der Klemensschwestern, das Fundament der Caritasarbeit gelegt wurde, und ging anschaulich auf das caritative Engagement von *Wilhelm Hüffer, Bernhard Overberg, Fürstin Gallitzin* und *Graf Ferdinand Leopold von Stolberg* ein. Eines der ältesten Gebiete kirchlicher Caritasarbeit sei die Anstaltsfürsorge. 1930 seien in diesem Bereich 4500 Pflegekräfte tätig. Ferner hob er die Leistungen des Caritasverbandes Münster im Bereich der Tuberkulosenfürsorge, der Erziehungsfürsorge, der Mütter-Erholungsfürsorge und der Fürsorge für Wandernde und Obdachlose hervor[430].

Einen ersten systematischen caritasgeschichtlichen Überblick über die caritativen Organisationen des Bistums Münster bringt sein 1934 in einem Kunst- und Heimatband „Das Bistum Münster" erschienener Artikel „Caritas im Bistum"[431]. In vier Kapiteln „Die Anstaltsfürsorge", „Die offene Fürsorge", „Die caritativen Fach- und Zentralverbände" und „Die caritativen Schwesternschaften" zeigt er die Hauptströmungen caritativen Wirkens in seinem Heimatbistum auf.

Die Anstaltsfürsorge verfolgt er zurück bis zu den Armenhäusern und Spitälern des Mittelalters, aus denen sich als erste die Krankenhäuser ausdifferenziert haben. Das älteste im Bistum Münster sei das Magdalenenhospital zu Münster, dessen Gründung in das 12. Jahrhundert zurückreicht. Aus den Krankenhäusern seien dann die Leprosenhäuser für ansteckend Kranke abgesondert worden. Einen großen Aufschwung hätte das Krankenhauswesen aber erst im 19. Jahrhundert genommen, wo im Bistum allein in der Zeit von 1850-1860 28 Neugründungen erfolgt wären. Das Bezeichnende für *Webers* Geschichtsbetrachtung ist, daß er nicht allein die Daten bringt, sondern auch die Gründe für Veränderungen aufzeigt: „Die Triebkräfte für diese rapide Entwicklung während des letzten Jahrhunderts sind einerseits der heftig einsetzende Industrialisierungsprozeß mit seinen mannigfachen gesundheitsgefährdenden Folgeerscheinungen und andererseits die riesigen Fortschritte der medizinischen, technischen und sozialökonomischen Wissenschaften."[432] In systemtheoretischer Perspektive zeigt er die weitere Differenzierung in mannigfache Spezialanstalten für verschiedene Gruppen von Kranken und Behinderten.

Eine weitere Folgeerscheinung des Industrialisierungsprozesses erkennt *Weber* in dem gesteigerten Anteil der Frau im Erwerbsleben, der in Westfalen besonders hoch war. Auch dieser Wandel erforderte das Engagement der Caritas, die Mädchenheime, Arbeiterinnenhospize, Fabrikkrippen, Kindergärten und Kinderhorte gründete.

---

[430] Vgl. Generalversammlung des Diözesan-Caritasverbandes, zugleich silbernes Verbandsjubiläum der katholischen Mädchenschutzvereine. In: Münsterischer Anzeiger vom 10. September 1930. Archiv DCV, Sign. 125.63.
[431] *Weber, Heinrich:* Caritas im Bistum, 1934, 106-120 (Anm. 118).
[432] Ebd. 108.

Im Kapitel „Offene Fürsorge" zeigt er nach dem Niedergang der Caritas im 17. und 18. Jahrhundert die Reformen der caritativen Armenpflege seit dem ausgehenden 18. Jahrhundert auf, wobei er sich besonders den vorwärtsweisenden caritativen Ideen von *Wilhelm Hüffer* (1773-1827) zuwendet, der bereits damals den Plan eines örtlichen Caritasverbandes für Münster verfolgte. Für die Geschichte der Jugendsozialarbeit und beruflichen Mädchenarbeit erwähnenswert sind die Bemühungen der Münsteraner Ordensschwestern um eine hauswirtschaftliche Vorbildung der jungen Mädchen: „Es ist meist wenig bekannt, daß die ersten caritativen Handarbeitsschulen im Bistum Münster bereits im 18. Jahrhundert (1792) entstanden sind."[433]

Um den Herausforderungen der Industrialisierung, der in Westfalen besonders rapiden Bevölkerungsvermehrung und den damit verbundenen Folgeproblemen begegnen zu können, entstand im Bistum eine gut organisierte caritative Vereinsfürsorge, die *Weber* als den „Anfang der Epoche der neuzeitlichen organisierten Caritasarbeit" ansieht. Der älteste caritative Fachverein im Bistum Münster wäre die 1848 gegründete „Barmherzige Bruderschaft zum hl. Vinzenz von Paul zu Münster i.W.", die verwahrloste junge Menschen privat bei katholischen Familien auf dem Lande unterbrachte und sie bei den Erziehungsmaßnahmen durch Geistliche und Lehrpersonen betreuen ließ. Im Jahr 1849 entstand die erste Vinzenzkonferenz als erste Fachorganisation für Hausarmenpflege und Familienfürsorge. Auf das 19. Jahrhundert geht auch der „Verein für katholische Arbeiterkolonien in Westfalen" zurück[434].

Das dritte Kapitel über die „caritativen Fach- und Zentralverbände" braucht hier nicht näher referiert zu werden, weil es eng mit der Gründung und der Geschichte des Diözesan-Caritasverbandes Münster und damit mit der Lebensgeschichte von *Heinrich Weber* verknüpft ist, die insgesamt in diesem Buch thematisiert wird. Es zeugt jedoch von seiner Bescheidenheit, wie sehr er sich in diesem Teil selbst zurücknimmt und die Leistungen als die des Diözesan-Caritasverbandes mit strengstem Bemühen um Objektivität darstellt, so daß der unwissende Leser darin gar nicht das Lebenswerk von *Heinrich Weber* erkennt. Es läßt aber noch einmal Revue passieren, welch unsagbarer Not der Diözesan-Verband gleich in seinem Gründungsjahr 1916 und in den folgenden Kriegs- und Nachkriegsjahren begegnen mußte.

Das vierte Kapitel wendet sich einer caritativen Bevölkerungsgruppe zu, die in modernen Abhandlungen über die Geschichte der Sozialarbeit in merkwürdiger Weise vergessen oder verdrängt wird, „ohne die eine umfassende Caritasarbeit", wie *Weber* hervorhebt, „einfach undenkbar wäre: unsere Ordensschwestern und -brüder"[435]. Als erste erwähnt er die „Genossenschaft der Barmherzigen Schwestern von der allerseligsten Jungfrau und schmerzhaften Mutter Maria", die in der Bevölkerung kurz „Klemensschwestern" ge-

---
[433] Ebd. 111/112.
[434] Ebd. 113.
[435] Ebd. 117.

nannt werden. Sie sind bereits 1808 im Zeitalter der Aufklärung und des Rationalismus als „Krankenwärterinnen-Institut" gegründet worden und damit die erste neuere weibliche religiöse Genossenschaftsgründung im Bistum Münster. Nach anfänglichen Schwierigkeiten aufgrund eines entgegenstehenden Zeitgeistes übertrug die Stadt Münster ihnen 1820 das Klemens-Hospital. Während die Klemensschwestern sich in erster Linie in den Dienst der Kranken stellten, widmeten sich die 1842 gegründeten „Schwestern von der Göttlichen Vorsehung" zur Hauptsache der Kinder- und Erziehungsfürsorge. Auf eine Initiative eines ehemaligen Franziskanerpaters geht die Gründung von Franziskusschwestern in Münster-St. Mauritz zurück, die sich ebenfalls kranker Menschen, aber auch der Waisenkinder annahmen. Eine ursprünglich niederländische Gründung ist die „Genossenschaft der Schwestern unserer Lieben Frau", die Anfang der 30er Jahre allein im Bistum Münster 56 Niederlassungen zählten und sich vor allem der Erziehung und dem Unterricht widmeten. Auf allen Gebieten der Caritas betätigen sich die „Töchter vom heiligen Kreuz", deren Genossenschaft 1833 in Lüttich gegründet wurde.

Bei der heutigen Größenordnung dieser Klöster kann man kaum mehr ihre ursprüngliche Bedeutung erfassen. Aber allein schon quantitativ war ihr Einsatz nicht zu unterschätzen, hatten doch diese Gemeinschaften zur Zeit *Webers* jede für sich über 2000 oder gar 3000 Mitglieder. Aber damit ist noch nichts über die qualitative im Stillen gewirkte caritative Arbeit gesagt. Sie versucht *Weber* einzufangen, wenn er aufzeigt, wie christlich motivierte Caritas auf die vielfältigen sozialökonomischen Umwälzungen und Erschütterungen durch Industrialisierung, Urbanisierung, Krieg, Währungsverfall und Inflation reagiert: „Dort überall, wo der finstere Schatten der Not sich zeigte, da trat auch die katholische Caritas auf den Plan, um Not zu lindern und zu bekämpfen, soweit sie es nur vermochte. Ungezählten war sie in dunklen Stunden des Leides, am Krankenlager oder am Sterbebette die einzige Helferin."[436]

Über die Caritasgeschichte hinaus ist es *Webers* caritative Erfahrung, daß hinter materieller und körperlicher Not seelische Not spürbar wird. Seine handlungsorientierte caritative Theorie aus diakonischer Perspektive wird sichtbar, wenn er schreibt: „In diese Tiefen des Menschenleides (...) gelangt nur eine Kraft, die nicht erst durch den langen Kanal eines aktenmäßigen Feststellungsverfahrens und das schwerfällige Medium eines behördlichen Apparates unter Wahrung des Instanzenzuges hindurchgeleitet zu werden braucht, eine Kraft, die nur unmittelbar von Auge zu Auge, von Herz zu Herz sich übertragen läßt: die einzelmenschliche, persönliche, warme Liebestat."[437] Diese urmenschliche einfühlsame Perspektive, die aus dem caritativ engagierten und mitempfindenden Wissenschaftler *Heinrich Weber* hervorbricht, bestimmt seine kritische Theorie, die sozialarbeiterische und sozialpolitische Engführungen behutsam, aber konsequent in ihre Schranken weist.

---

[436] Ebd. 120.
[437] Ebd.

Diese christlich-caritative, handlungsorientierte Perspektive durchformt seine Caritaswissenschaft, wie an späterer Stelle noch aufzuzeigen ist. Dieses Kapitel soll sich auf seinen Beitrag zur Geschichte der Caritaswissenschaft beschränken. Denn auch wer hierzu Daten sucht, wird an *Heinrich Weber* nicht vorbeikommen. Er weiß von frühen Anregungen zur Priesterausbildung auf caritativem Gebiet durch den bedeutenden Theologen *Ignaz Döllinger* und durch den Mainzer Bischof *von Ketteler*. Ferner findet sich bei *Weber* die Information, daß Geheimrat Professor *Faßbender* bei Etatberatungen im Preußischen Landtag am 30. April 1914 Professuren für Caritaswissenschaft beantragt und begründete. Im Rahmen seiner Habilitation hat *Weber* systematisch Informationen darüber gesammelt, an welchen katholisch-theologischen Fakultäten Vorlesungen über Caritaswissenschaft und Sozialethik Anfang der zwanziger Jahre gehalten wurden[438]. Schließlich sei erwähnt, daß *Weber* sowohl in Münster wie in Breslau mehrmals Vorlesungen über die Geschichte der Caritas und der Wohlfahrtspflege gehalten hat[439].

Wie sehr *Weber* die Erforschung der sozialen Bewegung am Herzen lag, ist daraus zu entnehmen, daß er seinen Assistenten *Joseph Schlüter* ermuntert hat, seine sozialwissenschaftliche Dissertation zu einem Buch über „die katholisch-soziale Bewegung in Deutschland seit der Jahrhundertwende" auszubauen und ihm, wie *Schlüter* im Vorwort schreibt, „ bei dem Zustandekommen der Arbeit mit Rat und Tat zur Seite gestanden hat"[440]. Zusammen mit *Keller* und *Auer* hat *Weber* dafür gesorgt, daß diese Arbeit als Band III in die „Schriften zur Caritaswissenschaft" aufgenommen wird. Die zentralen Gedanken und Leitlinien *Webers* kehren in dieser Arbeit wieder: die Hervorhebung der sozial-caritativen Bewegung innerhalb der katholisch-sozialen Bewegung und die organisationssoziologische Blickrichtung. Die Entwicklungstendenzen der katholisch-sozialen Bewegung werden als Streben nach Organisation, nach Spezialisierung, Zentralisation, übernationaler Vereinigung und als Streben nach Intensivierung in sozial-caritativer Berufsarbeit und wissenschaftlicher Erfassung und Vertiefung aufgezeigt. *Schlüter* bezieht wohl die Herausgeber ein, wenn er im Schlußwort schreibt: „Wir glauben damit die wesentlichen Tendenzen herausgehoben zu haben, ohne jedoch behaupten zu wollen, daß es die einzigen seien"[441]. Diese Arbeit ist bis heute für die Erforschung der sozialen Bewegung unverzichtbar, als sie einen fast 50seitigen bibliographischen Anhang über die Literatur zur sozialen Frage und die katholisch-soziale Bewegung von ihren Anfängen bis in die Mitte der zwanziger Jahre aufweist[442].

---

[438] *Weber, Heinrich:* Akademiker, 1922, 73-76 (Anm. 60).
[439] s. Vorlesungsverzeichnis von *Weber* im Quellen- und Dokumentationsanhang.
[440] *Schlüter, Joseph:* Die katholisch-soziale Bewegung in Deutschland seit der Jahrhundertwende. Freiburg i.Br.: Caritasverlag 1928.
[441] Ebd. 105.
[442] Ebd. 107-156.

9. Theoretische Gesellschaftslehre

9.1. Der Mensch und der Vergesellschaftungsvorgang

Webers theoretische Gesellschaftslehre trennt nicht scharf zwischen Sozialphilosophie und Soziologie. Dies würde seiner Anthropologie widersprechen, denn jeder Versuch, die Eigenart und das Wesen der Gesellschaft zu erfassen, weist zurück auf den Menschen. „Die Fragestellung: was ist Gesellschaft? [ist] zugleich und notwendig auch die Frage nach dem Wesen des Einzelmenschen und die weitere Frage nach der Relation zwischen dem Einzelmenschen (dem „Ich") und der Gesamtheit (dem Wir")"[443].

Entsprechend der aristotelisch-thomistischen Sozialphilosophie faßt *Heinrich Weber* den Menschen als physei zoon politikon, als soziales Wesen[444]. Diese grundlegende anthropologische Position füllt er mit modernen Erkenntnissen der Sozialpsychologie, der Soziologie und der Wirtschaftswissenschaft auf. Sozial ist der Mensch seiner physischen und seiner psychischen Konstitution nach. Als hilfloses Wesen ist der Mensch seit seiner Geburt auf die Mithilfe anderer Menschen angewiesen. Zur Befriedigung seiner vielfältigen leiblichen und geistigen Bedürfnisse muß er mit anderen Menschen zusammenleben und ist an ihre Mitwirkung gebunden. Seine Sprachfähigkeit weist zudem auf den sozialen Charakter des Menschen hin. Der Mensch hat das Bedürfnis sich anderen Menschen mitzuteilen. Die Knappheit der Güter erfordert vom Menschen den rationellen Umgang mit ihnen. Dieser Zwang zu wirtschaften ist für *Weber* „eine der bedeutsamsten gesellschaftsbildenden Kräfte"[445]. Wirtschaftliches Handeln ist soziales, gesellschaftliches Handeln[446]. Auch das vielfältige Gefahrenpotential für den Menschen, sei es durch Naturkräfte, sei es durch andere Menschen, hat gesellschaftsbildende Bedeutung. Schließlich haben Kultur und Religion gesellschaftsfördernden Einfluß.

Weber unterscheidet drei Arten, sich das Verhältnis von Individuum und Gesellschaft zu denken: 1. die individualistisch-mechanische Auffassung, 2. die kollektivistische Auffassung und 3. die organisch-universalistische Auffassung. Die individualistischen Gesellschaftstheoretiker gehen von der Tatsache aus, daß viele Individuen existieren, die Gesellschaft wird als ein Aggregat von Individuen gefaßt, als eine Summe von äußerlich zusammengefügten Elementen oder Atomen, denen das eigene innere Leben fehlt. Deshalb nennt *Weber* sie eine mechanistische Theorie.

Die kollektivistischen Gesellschaftstheoretiker sehen dagegen als das einzig Wirkliche im Menschheitsleben die Gesamtheit, die Gesellschaft. Die Individuen würden nur als

---

[443] *Weber, Heinrich:* Einführung, 1930, 13 (Anm. 335).

[444] Ebd. 56 und 70. Vgl. *Weber, Heinrich/ Tischleder, Peter:* Wirtschaftsethik, 1931, 89 und 205 (Anm. 337).

[445] *Weber, Heinrich:* Einführung, 1930, 8.

[446] Vgl. *Weber, Heinrich/ Tischleder, Peter:* Wirtschaftsethik, 1931, 72 (Anm. 337).

Bestandteile, Glieder des Ganzen gefaßt. Als extremen Vertreter dieser Theorie nennt er *Ludwig Gumplowitz*, der bezweifelt, daß der einzelne Mensch denkt, sondern die Quelle seines Denkens der sozialen Umwelt zuspricht.

Weber gibt den Vorzug der organisch-universalistische Auffassung, jedoch mit einigen bedeutenden Einschränkungen. Das Positive erkennt er im Unterschied zur mechanistischen Auffassung darin, daß in dieser Interpretation das wechselseitige Verhältnis der Glieder gesehen wird, die in ihrer Gesamtheit eine Einheit bilden, der eine innere Lebenskraft zu eigen ist. Aber die Gesellschaft sei „kein Organismus im strengen Sinne, weil ihren Gliedern die enge körperliche Verbundenheit fehlt, wie sie den Zellen des Tier- und Pflanzenkörpers eigentümlich ist"[447]. Auch ist ihm wichtig hervorzuheben, daß die einzelnen Gesellschaftsmitglieder ihre Freiheit und Selbständigkeit behalten. Organizistische Positionen lehnt er ab. „Gesellschaft ist nach dieser Auffassung nicht bloß eine Summe von Einzelwesen, die in loser Wechselwirkung nebeneinander stehen. Sie ist mehr. Sie ist ein reales ganzes, ohne jedoch die Einzelwesen völlig zu absorbieren."[448]

Weber distanziert sich von der universalistischen Auffassung von *Othmar Spann*, da sie sich nicht in der Mitte zwischen der individualistischen und der kollektivistischen Lehre hält. In der christlichen Gesellschaftslehre würde man statt von organischer von solidaristischer Gesellschaftsauffassung sprechen. *Weber* widerspricht auch *Spanns* Auffassung, wonach die gesellschaftlichen Gebilde rein geistige Einheiten wären[449]. Diese kritische Haltung gegenüber *Othmar Spann* ist insofern erwähnenswert, als dessen „universalistische" Soziologie mit ihren die Individualität verleumdenden „Ganzheits"-Vorstellungen gerade um 1930 weite Kreise der katholischen Gebildeten eroberte und, wie *Karl Buchheim* schreibt, ihre Widerstandskraft gegen den Nationalsozialismus lähmte[450].

Obwohl *Weber* die solidaristische Auffassung in der Sozialethik vertritt, erstaunt er in der „Einführung in die Sozialwissenschaften" mit der Bemerkung, daß sie den Nachteil hat, „daß sie einen zu starken ethischen Klang hat, weshalb sie hier vermieden werden soll."[451] *Weber* weiß also sehr wohl zwischen soziologischem und sozialethischem Denken zu differenzieren, jedoch ohne sich auf *Max Webers* Position von der Werturteilsfreiheit zu beziehen. Dieser spielt in *Heinrich Webers* Gesellschaftstheorie ohnehin fast keine Rolle. *Weber* stützt sich auf den französischen Soziologen *René Worms*, dessen letztes Hauptwerk „La Sociologie, sa nature, son contenu, ses attaches" von 1921 in Deutschland 1926 erschienen war. Dieser vertrat die Auffassung, daß die Wirklichkeit von sozialen Gruppen und der Gesellschaft sich nicht bestreiten läßt, aber sie nicht in

---

[447] *Weber, Heinrich:* Einführung, 1930, 19 (Anm. 335).
[448] Ebd. 21.
[449] Ebd. 20, 43 und 127.
[450] *Buchheim, Karl:* Der deutsche Verbandskatholizismus. Eine Skizze seiner Geschichte. In: *Hanssler, Bernhard* (Hrsg.), Die Kirche in der Gesellschaft. Paderborn: Bonifacius-Druckerei 1961, 81.
[451] *Weber, Heinrich:* Einführung, 1930, 20 (Anm. 335).

demselben Maße wirklich wären wie die einzelnen Menschen. Gleichzeitig wäre die Gesellschaft nicht als etwas außerhalb der Individuen Stehendes zu fassen. In diesem Denken von entgegengesetzten Standpunkten her käme *Hegels* Identität der Gegensätze zum Tragen. Die fast gleichzeitig erschienene Philosophie des Gegensatzes von *Romano Guardini*, die auch eine enantiologische Soziologie enthält[452], scheint *Weber* nicht zu kennen.

9.2. Auseinandersetzung mit soziologischen Theorien

Weber setzt sich in einer Zeit mit der Soziologie auseinander, als sie im Kanon der Wissenschaften noch keineswegs allgemein anerkannt wurde, sondern unter den Philosophen, Theologen und Historikern viele Gegner hatte, die ihr das selbständige Wissenschaftsobjekt absprachen und häufig auch bezweifelten, daß sie über eine eigene Methode verfügen würde. *Weber* zitiert als Kritiker einer universalen Sozialwissenschaft und über-haupt jeder Soziologie u.a. den Historiker *Georg von Below*, der das „Ungeheuer einer großen Wissenschaft, der Soziologie" als „Sammelsurium" bezeichnet hatte[453]. Obwohl auch *Weber* die Auffassung einer modernen Sozialwissenschaft, die lediglich die Ergebnisse anderer Wissenschaften sammelt und enzyklopädisch zusammenstellt, ablehnt, nimmt er eine differenzierte Position zur Soziologie ein.

Weber, der in seiner „Einführung" einen ausführlichen Überblick über die Sozialphilosophie vom Altertum bis in die Neuzeit gibt, und diese als ältere Sozialwissenschaft begreift, muß sich selbstverständlich fragen, was es mit der Soziologie als neuer Sozialwissenschaft auf sich hat. *Weber* begegnet jedem Neuen grundsätzlich aufgeschlossen, wenn auch keineswegs euphorisch. Er hat genügend Überblick, um Distanz wahren zu können. Dieses abgewogene Verhältnis von Nähe und Distanz zeigt er auch gegenüber der Soziologie. So lehnt er jene Auffassung ab, die die „Behandlung sozialer Probleme (...) einzig und allein den älteren Sozialwissenschaften" zugesteht[454].

Zur Abgrenzung von dem universalen Anspruch der Soziologie hatte *Georg Simmel* (1858-1918) die Soziologie als formale Einzelwissenschaft begründet. Er wollte die Formen des Miteinander und Füreinander untersuchen. Dieser formalen Soziologie folgt *Leopold von Wiese* in der von ihm so benannten Beziehungslehre. *Heinrich Weber* wendet gegen diese formale Soziologie ein, „daß sich eine wirkliche Scheidung zwischen den sog. Formen und Inhalten der sozialen Tatsachen nicht durchführen läßt"[455]. Der Inhalt der „Gemeinschaft" sei die gegenseitige Hilfe und die Geselligkeit, der Inhalt der

---

[452] Vgl. *Guardini, Romano:* Der Gegensatz. Versuche zu einer Philosophie des Lebendig-Konkreten. 1. Aufl. Mainz 1925. 3. Aufl. Mainz: Grünewald 1985.

[453] *Weber, Heinrich:* Einführung, 1930, 115 (Anm. 335). Vgl. ferner *Jonas, Friedrich:* Geschichte der Soziologie. Bd. IV. Reinbek b. Hamburg: Rowohlt 1968, 11.

[454] *Weber, Heinrich:* Einführung, 1930, 116.

[455] Ebd. 119.

„Herrschaft" sei die politische Ausnutzung und die wirtschaftliche Ausbeutung.

Aber eine neue Sozialwissenschaft sei „durchaus als materielle selbständige Disziplin möglich"[456]. Die gegenwärtige Spezialisierung und Aufteilung des Erfahrungsobjektes „Gesellschaft" in verschiedene Erkenntnisobjekte habe den Vorteil der gründlichen Erforschung der einzelnen Phänomene des Gesellschaftslebens, aber den Nachteil, den Blick für die Zusammenhänge der verschiedenen Erscheinungsformen aus dem Auge zu verlieren. Deshalb sieht *Weber* als Aufgabe der Soziologie, „unter Verwertung der von den anderen Wissenschaften gewonnenen Ergebnisse die Struktur des sozialen Ganzen aufzudecken und die Zusammenhänge zwischen den verschiedenen Seiten des Gesellschaftslebens und deren gemeinsame Prinzipien aufzusuchen"[457]. Eine völlig scharfe Grenze zwischen der modernen Soziologie und der älteren Sozialwissenschaft lasse sich aber nicht ziehen. Auch sei es noch nicht zu einem anerkannten und durchgeführten Ausbau der Soziologie gekommen. Eine klare Entwicklungslinie weise die Geschichte der Soziologie nicht auf. Vielmehr habe sich eine Mannigfaltigkeit der soziologischen Richtungen herausgeschält. Auch gäbe es nicht ihre allgemein anerkannte Klassifizierung. Dennoch bemüht sich *Weber* um eine solche Systematisierung. Als principium divisionis für seine Klassifizierung nutzt er den „Zusammenhang, in dem die soziologischen Systeme mit anderen Wissenschaften stehen" und gelangt auf diese Weise zu der eigenwilligen Einteilung in 1. eine psychologische, 2. eine organisch-biologische und 3. eine ethnologische Richtung.

Dieser von ihm als psychologisch eingestuften Richtung weist *Weber* auch den Begründer der modernen Soziologie *August Comte* (1798-1857) zu. *Weber* sieht *Comte* als Synthese zwischen der individualistisch, rational und revolutionär ausgerichteten Aufklärung und der universalistisch, irrational und historisch eingestellten Gegenaufklärung, trotz der bei ihm überwiegenden „kollektivpsychologischen" Orientierung[458]. Während *Weber* in der „Einführung" vorwiegend referiert, ist seine Kritik in der mit *Tischleder* geschriebenen „Wirtschaftsethik" eindeutig: So ist „die an *August Comte* anknüpfende soziologische Schule (...) in Wahrheit nur gewaltsame Deutung der Wirklichkeit im Sinne eines metaphysikscheuen Positivismus, der an die Stelle des Aufklärungsdogmas von der selbstherrlichen Einzelvernunft das positivistische Dogma von der alleinseligmachenden, jede Metaphysik leugnenden Wirklichkeit setzt"[459]. *Comte* wird dort begriffen als Gegner einer ethischen Beurteilung und Normierung des Gesellschafts- und Wirtschaftslebens[460]. Den kollektivpsychologisch orientierten Soziologen, die sich an *Comte* orientieren, rechnet *Weber* auch *Emile Durkheim* (1858-1917) zu.

---

[456] Ebd.
[457] Ebd. 120.
[458] Vgl. ebd. 124-126.
[459] Weber, Heinrich/ Tischleder, Peter: Wirtschaftsethik, 1931, 10 (Anm. 337).
[460] Ebd. 19.

Den kollektivistisch orientierten Soziologen stellt er die einseitig individualpsychologisch orientierten Autoren gegenüber, wozu er *Durkheims* Antipoden *Gabriel Tarde*, aber auch die deutschen *Georg Simmel* und *Leopold von* Wiese rechnet.

Die zweite Richtung nennt *Weber* die naturwissenschaftlich-biologische, die er wiederum in zwei Unterrichtungen unterteilt, 1. die organisch-organizistische Soziologie und 2. den soziologischen Darwinismus. Zu der ersteren rechnet er *Herbert Spencer* (1820-1903), *Paul von Lilienfeld* (1829-1903) und *René Worms* (1869-1926), zur letzteren *Ludwig Gumplowicz* (1838-1903). An der organizistischen Richtung kritisiert er, daß sie die Unterschiede zwischen dem Organismus und der Gesellschaft nicht richtig erkannt hätte. „Vor allem wird die Bedeutung des Geistigen, die Kräfte des Denkens und Wollens, die die Menschen in den Stand setzen, das Gesellschaftsleben bewußt zu beeinflussen, zu gering angeschlagen oder gar ganz verkannt."[461] Jedoch habe sich *Worms* in seinen Spätschriften selbst korrigiert. Gegenüber der darwinistischen Orientierung hebt er hervor, daß sie Vorgänge der Selbsterhaltung und der Wohlstandserhöhung als „Kampf um Herrschaft über andere soziale Gruppen" umdeutet. Alle Gruppenprozesse werden unter dem Druck zwingender Naturgesetze betrachtet. Der freie Wille der Individuen wird nicht anerkannt[462].

Die dritte, ethnologisch orientierte Soziologie ist im wesentlichen vergleichende Soziologie. Hier unterscheidet er eine ältere von einer neueren Richtung. Zu den Vertretern der älteren Orientierung zählt er *Johann Jakob Bachofen, Lewis Morgan* und *Friedrich Engels*, zu den Autoren der jüngeren Richtung *Fritz Graebner, Wilhelm Schmidt* und *Wilhelm Koppers*. Die älteren Versuche hätten soziale Zustände und Institutionen weniger zivilisierter Völker als Vorstufen entwickelter Völker interpretiert und Evolutionstheorien konstruiert. Die von der modernen Ethnologie geschaffene Kulturkreislehre beruhe dagegen nicht auf subjektiven Schätzungen, sondern auf objektiv gegebenen Befunden. „So sind von der neueren Ethnologie die Einseitigkeiten und Übertreibungen der älteren Autoren ad absurdum geführt worden."[463] Aber die Ethnologie könne ohnehin nicht alle Fragen der Gesellschaftslehre lösen. „Sie wird im wesentlichen nur den empirischen Unterbau für tiefergehende theoretische Forschungen und Beiträge zur Sozialgeschichte liefern können."[464]

Weber kann als einer der ersten katholischen Sozialwissenschaftler und Theologen bezeichnet werden, die sich zwar nicht unkritisch, aber doch erstaunlich positiv und differenziert mit der Soziologie auseinandergesetzt haben und diese in die eigene Forschung einbezogen haben. Dies muß um so stärker gewichtet werden, als der

---

[461] *Weber, Heinrich:* Einführung, 1930, 131 (Anm. 335).

[462] Ebd. 129-133.

[463] Ebd. 135. Auch die „Wirtschaftsethik" setzt sich kritisch mit den sozialistischen Evolutionstheorien von Ehe und Familie auseinander. *Weber, Heinrich/ Tischleder, Peter:* Wirtschaftsethik, 1931, 134-140 (Anm. 337).

[464] *Weber, Heinrich:* Einführung, 1930, 135 (Anm. 335).

Katholizismus als Sozialform der Soziologie in der Zeit der Weimarer Republik überwiegend ablehnend begegnete. Das Mißtrauen gegenüber den modernen Sozialwissenschaften war so groß, daß sich kaum ein bewußter und engagierter Katholik dem Studium der Soziologie zuwandte. Die Katholiken waren ohnehin gemessen an dem Konfessionsproporz in den Sozial- und Wirtschaftswissenschaften unterrepräsentiert[465].

---

[465] Vgl. u.a. *Erlinghagen, Karl:* Katholisches Bildungsdefizit. Freiburg i.Br.: Herder 1965.

10. Praktische Gesellschaftslehre

10.1. *Sozialethik*

Die Sozialethik, die *Weber* zur praktischen Gesellschaftslehre rechnet, untersucht systematisch „alle Bestrebungen und Vorgänge im menschlichen Gemeinschaftsleben"[466]. *Weber* denkt vom solidaristischen Gesichtspunkt der Gegenseitigkeit und des abgewogenen praktischen Verhältnisses von Gemeinwohl und Einzelwohl aus. Der Solidarismus baut auf der aristotelisch-thomistischen Sozialphilosophie auf. Er wurde in Frankreich von *Celestin Bouglé* (1890-1939) entwickelt. Der Nationalökonom und Sozialethiker *Heinrich Pesch* (1854-1926) hat ihn erstmals in Deutschland rezipiert und auf das Wirtschaftsleben angewandt und zu einem sozial- und wirtschaftsphilosophischen System ausgebaut. Er wollte die beiden einseitigen und einander entgegengesetzten weltanschaulichen Positionen des Individualismus und Kollektivismus in einer Synthese aufheben.

Die Ethik des Solidarismus fußt auf Anthropologie, auf einer nüchternen, vorurteilsfreien Erfassung der Wirklichkeit Mensch. Diese anthropologische Sicht erschöpft sich nicht in Empirie, sondern ist offen für metaphysische Einsichten. Der Mensch wird entsprechend diesem Ansatz von *Weber* als Individuum und soziales Wesen gesehen, als „selbsttätige, selbstzweckliche und selbstwertige" Person und als zoon politikon, als Glied der Gemeinschaft. Individualität und Sozialität sind gleich gewichtig, sie sind beide bestimmend für die Personalität.

Der menschlichen Person ist Würde zu eigen und entsprechend kommt ihr Recht zu. Recht und Rechtsfähigkeit gründen im menschlichen Personsein, „das jeden Menschen als Selbstwert und Selbstzweck mit der Vollmacht und Fähigkeit, gewisse Dinge als das Seinige zu beanspruchen und zu behandeln", ausstattet[467]. Aber dennoch wendet sich *Weber* gegen eine Rechtsauffassung, wonach das Recht „eine rein menschliche Schöpfung, speziell eine Schöpfung des Staates" sei und die Verbindlichkeit des Rechts allein auf dem Willen des staatlichen Gesetzgebers beruhe[468]. Zur Widerlegung dieser rechtspositivistischen Position weist er auf das geschichtlich-empirische Argument hin, daß gegen staatliche Willkürmaßnahmen immer wieder Protest erhoben und an ein höheres Recht appelliert worden sei. Das Recht sei letztlich im Menschen als Individuum und sozialem Wesen verankert. Recht gestaltet das Zusammenleben der Menschen, die Beziehungen der einzelnen Menschen zueinander und die Beziehungen der Gesellschaft zu ihren Mitgliedern. Recht ist für *Weber* das Fundament der Wirtschafts- und Gesellschaftsordnung, ohne das sie nicht bestehen könnte.

---

[466] *Weber, Heinrich*: Bedeutung der freien Wohlfahrtspflege für die Volkswohlfahrt. In: Freie Wohlfahrtspflege 1 (April 1926 bis März 1927), 8.
[467] Vgl. *Weber, Heinrich/ Tischleder, Peter:* Wirtschaftsethik, 1931, 41 (Anm. 337).
[468] *Weber, Heinrich,* Einführung, 1931, 30 ff. 8 (Anm. 335).

Entsprechend diesem Menschenbild grenzt sich *Weber* sowohl von der individualistischen Ideologie, die der Initiative der Einzelpersönlichkeit uneingeschränkten Spielraum läßt, deutlich ab, wie von seinem extremen Gegenüber, der kollektivistischen Ideologie, die im marxistischen Sozialismus eine besondere Ausprägung erfährt. *Weber* begreift den Kollektivismus als „eine Reaktion gegenüber den vielfach unzweifelhaft üblen und unerträglichen Auswirkungen des praktischen Liberalismus"[469]. Das würde seine Blindheit gegenüber den positiven Aspekten der liberalen Gesellschafts- und Wirtschaftsordnung und die Unterschätzung der Bedeutung der Eigeninitiative des Individuums erklären. Sowohl gegenüber dem liberalistischen Nichtinterventionsprinzip des Staates als auch gegenüber der klassenkämpferischen Skepsis in Bezug auf die Sozialreform hebt er den ethisch begründeten, unzweideutigen Verpflichtungscharakter zur Sozialpolitik und zu allgemeiner Wohlstandförderung hervor[470].

Die Verselbständigung der Sozialethik gegenüber der Moralwissenschaft hält er zusammen mit *Tischleder* aus zwei Gründen für erforderlich, erstens wegen der zunehmenden Komplexität der Wirklichkeit und der infolge immer weitergreifenden Spezialisierung auch der übrigen Wissenschaften, zweitens aus einem inneren sachlichen Grund, weil die Themen der Sozialethik, welche die Rechte und Pflichten des Menschen als eines Gesellschaftswesens behandeln, sich von der Individualethik genügend abheben[471]. Die Sozialethik hat mit der Soziologie dasselbe Materialobjekt, nicht aber das gleiche Formalobjekt, denn sie fragt nach der sittlichen Richtigkeit des Handelns, nach der Übereinstimmung oder Nichtübereinstimmung des menschlichen Handelns mit den ethischen Standards und Normen. *Weber* und *Tischleder* sprechen bewußt vom menschlichen Handeln und nicht vom Verhalten, denn „das menschliche Handeln als freigewollte, bewußte Tat kann nie in concreto sittlich indifferent sein"[472]. Einem naturwissenschaftlich orientierten Behaviorismus, der die Willensfreiheit des Menschen leugnet und das Handeln des Menschen ausschließlich fremdbestimmt sieht, erteilen sie eine Absage.

Wegen der Vordringlichkeit und Wichtigkeit gerade des wirtschaftlichen Lebens sprechen sich *Weber* und *Tischleder* gemeinsam für die Heraushebung der Wirtschaftsethik aus der Sozialethik und ihre Sonderbehandlung aus[473]. Erst der zweite Band der Sozialethik sollte der Gesellschaftsethik gewidmet sein, die dann wohl wegen der erzwungenen ideologischen „Gleichschaltung" durch den Nationalsozialismus wie auch andere Werke, die *Weber* im Manuskript erstellt hatte, nicht mehr erschienen ist. Der Begriff Sozialethik umfaßt nach diesem Vorentwurf Wirtschafts- und Gesellschaftsethik, eine Einteilung, der

---

[469] *Weber, Heinrich:* Die moderne deutsche Sozialpolitik. In: Die soziale Frage und der Katholizismus. Paderborn 1931, 267.
[470] Ebd. 268/269.
[471] *Weber, Heinrich/ Tischleder, Peter:* Wirtschaftsethik, 6-8 (Anm. 337).
[472] Ebd. 5.
[473] Ebd. 8.

einige Sozialethiker auch nach dem Zweiten Weltkrieg folgen[474].

Einen gemeinsamen Seminarzyklus zur christlichen Gesellschaftslehre und Gesellschaftsethik, der auch Fragen der Familien- und Staatsethik und praktische sozialpolitische Fragen umfaßte, haben *Weber* und *Tischleder* vom Sommersemester 1930 bis zum Wintersemester 1932/33 in der katholisch-theologischen Fakultät durchgeführt[475].

10.2.   *Wirtschaftsethik*

Weber und *Tischleder* erörtern in methodischen Vorüberlegungen Verhältnisbestimmung und Abgrenzung der Volkswirtschaftslehre und der Wirtschaftsethik. Sie erkennen - lange vor dem Zweiten Vatikanischen Konzil[476] - die relative Eigengesetzlichkeit der Wirtschaft und der Wirtschaftswissenschaft. Die Wirtschaftsethik ohne den Tatsachensinn der Volkswirtschaftslehre würde zu leicht der Gefahr erliegen, am wirklichen Leben vorbeizugehen und die Voraussetzungen und Bedingungen der wirtschaftlichen Verhältnisse zu wenig zu berücksichtigen; die beiden Autoren sehen aber auch, daß die Wirtschaftswissenschaft „ohne die Normierungstätigkeit der Sozialethik in große Gefahr" gerät, „eine in vielen Punkten doch sehr uniideale und reform- und normbedürftige Gesellschafts- und Wirtschaftswirklichkeit als naturgesetzliche und unabänderliche Mechanik hinzustellen"[477].

Weber und *Tischleder* erkennen mit dem Wissenschaftstheoretiker *Max Weber*, der hier zitiert wird, daß viele Wirtschaftsgesetze nur idealtypischen Charakter haben, d.h. gedankliche Konstruktionen sind, die nicht die Wirklichkeit wiedergeben und abbilden wollen, sondern heuristische Prinzipien sind, die auf allgemeine theoreitsche Zusammenhänge hinweisen. So sei der homo oeconomicus, der bei voller Informiertheit mit dem Ziel individueller Nutzenmaximierung rationale Kauf- und Verkaufsentscheidungen trifft, eine „ideal-typische Konstruktion"[478]. Andere „Gesetze" wie das „eherne Lohngesetz" *Lassalles* oder das *Malthus*sche Bevölkerungsgesetz haben nur hypothetischen Charakter.

Weber und *Tischleder* fragen nach den ethischen Grundkräften und Grundprinzipien der

---

[474] So betrachtet *Johannes Messner* politische Ethik bzw. Staatsethik, Gesellschaftsethik und Wirtschaftsethik als gesonderte Teile der Sozialethik. *Messner, Johannes:* Das Naturrecht. 6. Aufl. Innsbruck/ Wien/ München: Tyrolia 1966, 502-504. Ebenfalls rechnet *Alfred Klose* politische Ethik, Wirtschaftsethik, Rechtsethik, Kulturethik und Gesellschaftsethik (Ehe, Familie, Vereinigungen vielfältiger Art) als Teilbereiche einer weit gefaßten Sozialethik. *Klose, Alfred:* Kleines Lexikon der Politik. Wien/ München: Herold 1983, 123.

[475] Vgl. Lehrveranstaltungen von *Heinrich Weber* im Quellen- und Dokumentationsanhang.

[476] Vgl. Pastoralkonstitution „Die Kirche in der Welt von heute". Nr. 36. In: *Rahner, Karl/ Vorgrimler, Herbert:* Kleines Konzilskompendium. Freiburg i.Br.: Herder 1966, 482.

[477] *Weber, Heinrich/ Tischleder, Peter:* Wirtschaftsethik, 1931, 31 (Anm. 337).

[478] Ebd. 32.

Wirtschaft. Als für das Wirtschaftsleben maßgebend sehen sie „die Gerechtigkeit als grundlegendste, die Liebe als beseelende und krönende, Ehrlichkeit und Treue, Billigkeit und Wirtschaftlichkeit als ergänzende Sozialtugenden"[479]. Entsprechend der aristotelisch-thomistischen Tradition unterscheiden sie drei Arten der Gerechtigkeit: die gesetzliche oder allgemeine Gerechtigkeit, die das Gesellschaftsganze von all seinen Mitgliedern zu fordern hat, die austeilende Gerechtigkeit, die die Gesellschaft und der Staat gegenüber den Mitgliedern erfüllen muß, und die ausgleichende oder austauschende Gerechtigkeit, die das „Grundprinzip der Entgeltlichkeit und zwar der Gleichwertigkeit zwischen Preis und Ware, zwischen Lohn und Arbeit" darstellt[480].

Es erstaunt, daß in einem grundlegenden wirtschaftswissenschaftlichen Werk auch Bezug zur Caritas genommen wird. Im Rahmen zentraler philosophischer und theologischer Erwägungen zur Wirtschafts- und Sozialpolitik setzen sich die beiden Autoren mit der Soziallehre von *Ernst Troeltsch* auseinander, der einen unaufhebbaren Gegensatz zwischen Recht und christlicher Liebe, zwischen Religion und Vernunft konstruierte, die von Christus verkündete Botschaft als Verzicht auf das innerirdische Sozialideal interpretierte und der deshalb einer christlich motivierten Sozialpolitik skeptisch gegenüberstand. Dieser Position halten *Weber* und *Tischleder* entgegen: „Die christliche Caritas ist zwar nicht Ausdruck eines sozialen Reformprogramms, sie ist aber darum auch nicht Ablehnung und Verwerfung jeder vernünftigen Sozialreform und (...) der Sozialpolitik"[481]. Aus der Ethik der christlichen Caritas lassen sich kein bestimmtes Wirtschaftssystem und keine konkreten sozialpolitischen Programme herleiten; sie bietet kein bis in die kleinsten Einzelheiten festgelegtes Wirtschafts- und Sozialideal. Christentum und Evangelium dürften nicht entwertet werden zur bloßen Interessengemeinschaft sozialer und wirtschaftlicher Art, aber die Liebe, die Caritas, habe sich dennoch den jeweiligen besonderen historischen Verhältnissen anzupassen. In der Gegenwart nehme die Caritas die Gestalt der organisierten Wohlfahrtspflege an[482]. Ohne eine fundierte Caritastheorie können nach *Weber* nicht die Zusammenhänge von caritativer, sozialer und wirtschaftlicher Problematik erfaßt werden. Diese ist für die Bewältigung der Caritasprobleme, für eine erfolgreiche praktische Caritasarbeit von allergrößter Bedeutung[483].

Zu den Sozialtugenden rechnet *Weber* auch die Wirtschaftlichkeit. Sie ist „nicht eine wirtschaftliche und utilitaristische, sondern eine eminent ethische Kategorie"[484]. Nach ihm besteht die Pflicht der sorgsamen Haushaltsführung und des Sparens, die mit dem Ethos vernünftiger Entsagung und dem vernunftgemäßen Gebrauch der irdischen Güter übereinstimmt. Die Tugend der Wirtschaftlichkeit ist auch für die finanzielle Sicherung der

---

[479] Ebd. 34.
[480] Ebd. 39.
[481] Ebd. 49.
[482] Ebd. 50-51.
[483] *Weber, Heinrich:* Wesen der Caritas, 1938, XXXI/ XXXII.
[484] *Weber, Heinrich/ Tischleder, Peter:* Wirtschaftsethik, 1931, 60; vgl. auch 92.

caritativen Einrichtungen eine Lebensfrage[485].

Weber und *Tischleder* erkennen mit *Max Scheler* den „Umsturz der Werte" darin, daß die sozialen Tugenden nicht um ihres inneren Wertes willen angestrebt werden, „nicht darum, weil sie dem Menschen helfen, sein innerstes Selbst auch im Wirtschaftsleben sittlich zu bewahren, zu fördern, zu bewähren, sondern nur, weil sie Mittel sind zu wirtschaftlichen Vorteilen." Der die Neuzeit kennzeichnende Wertwandel besteht in der Umwertung der christlichen Tugenden in eine „Utilitätsmoral"[486].

In der „Wirtschaftsethik" folgt dem Aufweis der ethischen Grundkräfte und Grundprinzipien die Erörterung der wirtschaftswissenschaftlichen Grundbegriffe. Ausgangspunkt ist das wirtschaftliche Handeln des Menschen. Das Subjekt des wirtschaftlichen Handelns ist der Mensch[487], ein grundlegender Gedanke, der später in der Enzyklika „über die menschliche Arbeit" von Papst *Johannes Paul II.* wieder aufgegriffen wird[488]. Der Mensch „ist Träger der körperlichen Arbeitsleistung"[489], er ist „der persönliche Träger, Schöpfer und Gestalter der Produktion und Wirtschaft"[490]. Der Mensch ist angewiesen, mit anderen Menschen zusammenzuleben und zusammen zu handeln. „Sein wirtschaftliches Handeln ist infolgedessen soziales, gesellschaftliches Handeln."[491]

Da der Mensch seine Bedürfnisse nur durch Erwerb und Umformung der knappen Güter der Natur befriedigen kann, ist das wirtschaftliche Handeln auch ein notwendiges Handeln. Zugleich ist es ein „haushaltendes Handeln". Denn mit einem gegebenen Aufwand ist ein möglichst hoher Nutzeffekt zu erzielen (ökonomisches Prinzip)[492].

Gegenüber Tendenzen der Weltflucht und Weltverneinung und dem dieser Einstellung zugrundeliegenden einseitigen Spiritualismus, der zur Abwertung des Wirtschaftens neigt, heben *Weber* und *Tischleder* hervor, daß das wirtschaftliche Handeln mit zur Würde des Menschen gehört[493]. Sie verweisen auf vielfältige geistige Fähigkeiten, die Techniker, Chemiker, Börsenmakler, Kaufleute, Unternehmer im heutigen Wirtschaftsleben aufwenden und unter Beweis stellen müssen. Gegenüber der auch gerade unter Christen zu beobachten Wirtschaftsskepsis heben sie ein wenig euphorisch hervor: „Die

---

[485] Vgl. *Weber, Heinrich:* Caritas und Wirtschaft. 1930, 23/24.

[486] *Weber, Heinrich/ Tischleder, Peter:* Wirtschaftsethik, 1931, 64/65; vgl. *Scheler, Max:* Vom Umsturz der Werte. 2 Bde. Leipzig: Der Neue Geist-Verlag 1919.

[487] *Weber, Heinrich/ Tischleder, Peter:* Wirtschaftsethik, 1931, 71 f., 85, 105 f.

[488] Vgl. *Johannes Paul II.:* Der Wert der Arbeit und der Weg zur Gerechtigkeit. Enzyklika über die menschliche Arbeit. Mit einem Kommentar von *Oswald von Nell-Breuning SJ.* Freiburg - Basel - Wien: Herder 1981, 25 ff.

[489] *Weber, Heinrich/ Tischleder, Peter:* Wirtschaftsethik, 1931, 87.

[490] Ebd. 98.

[491] Ebd. 72.

[492] Vgl. ebd. 73.

[493] Vgl. ebd. 80.

Wirtschaft als Ganzes ist doch auch ein Wunderwerk des Menschengeistes, seiner Spannkraft und schöpferischen Energie."[494]

Dem Subjekt wirtschaftlichen Handelns steht das Objekt gegenüber, die Sachgüter und Dienstleistungen. In der hier angesiedelten Eigentumslehre wenden sich *Weber* und *Tischleder* gegen die altliberale Auffassung von der völligen Pflichtlosigkeit des Eigentums, ohne damit aber dem Widerpart des Sozialismus mit seiner Forderung nach Vergesellschaftung der Produktionsmittel das Wort zu reden. Aus der Theorie von der Subjekthaftigkeit des Wirtschaftens ziehen sie nicht die einseitige Folgerung von der menschlichen Arbeit als alleiniger Quelle aller Wirtschaftswerte[495]. Sie wollen das sachimmanente Verhältnis von Subjekt und Objekt des wirtschaftlichen Handelns weder aus wirtschaftsanalytischen noch aus wirtschaftsethischen Gründen aus dem Blick verlieren. Deshalb halten sie es für wirtschaftsethisch geboten, nicht allein nach dem größtmöglichen wirtschaftlichen Nutzen zu fragen, sondern danach, ob der Nutzen im rechten Verhältnis steht zu den Zwecken der Persönlichkeit sowohl des Arbeitgebers wie des Arbeitnehmers und zu den Zielen der Gesellschaft und des Gemeinwohls. Der Wirtschaftsethik von *Weber* und *Tischleder* eignet zu der klaren Wirtschaftsanalyse ihrer Zeit auch eine finale Betrachtung des Wirtschaftens. Das allgemeine Ziel des Wirtschaftens ist auf die Bedarfsdeckung der Menschen, ihre Bedürfnisbefriedigung gerichtet[496].

Diese generelle Zielsetzung bewahrt die Autoren dennoch vor einem Plädoyer für die Bedarfsdeckungswirtschaft, wie sie im Mittelalter im Rahmen einer vorwiegenden Naturalwirtschaft bestand. Es ist *Webers* Handschrift und geschichtliche Argumentation zu erkennen, wenn deren Relativität und zeitgeschichtliche Bedingtheit aus ihrem unausweislichen Zusammenbruch erklärt wird, für den die Überbevölkerung, die überseeischen Entdeckungen, der dadurch bedingte Handelsaufschwung und der technische Fortschritt als ursächlich gesehen werden. Den weltanschaulichen Einflüssen des Kalvinismus, worauf die Soziologie *Max Webers* so großes Gewicht legt, wird dagegen „nachgeordnete Bedeutung" beigemessen[497]. Im Unterschied zu der im Milieukatholizismus ihrer Zeit verbreiteten Auffassung betonen *Weber* und *Tischleder*, daß „es kein für alle Zeiten unveränderlich und absolut geltendes ethisches oder ‚katholisches' Wirtschaftssystem gibt und geben kann"[498].

Die grundlegenden wirtschaftsethischen Überlegungen werden konkretisiert und vertieft bei der Erörterung des Prozesses und der Organisation der Wirtschaft, des Verhältnisses

---

[494] Ebd. 88.

[495] Vgl. ebd. 93.

[496] Vgl. ebd. 102. Diesen Gedanken des Sachziels der Wirtschaft behält auch *Webers* Nachfolger *Joseph Höffner* in seinem Standardwerk „Christliche Gesellschaftslehre" bei. *Joseph Kardinal Höffner:* Christliche Gesellschafslehre. Hrsg., bearb. und erg. von *Lothar Roos*. Neuausgabe. Kevelaer: Butzon Bercker 1997, 180 ff.

[497] *Weber, Heinrich/ Tischleder, Peter:* Wirtschaftsethik, 1931, 235.

[498] Ebd. 236/237.

von Staat und Wirtschaft, der Produktionsfaktoren Arbeit und Kapital, der Bedingungen des Marktes als Kennzeichen einer modernen Verkehrswirtschaft, der Regelungsmechanismen der Konkurrenz, der Funktion der Börse[499], der Preis- und Einkommensbildung als Marktfunktionen und der besonderen Einkommensarten wie Grundrente, Kapitalertrag, Unternehmergewinn und Arbeitslohn.

Heinrich Weber und eingeschränkt *Peter Tischleder* gehören neben *Franz Hitze* und *Heinrich Pesch* im deutschen Katholizismus zu den Wegbereitern der Akzeptanz moderner Wirtschaftsprozesse. Sie haben entscheidend dazu beigetragen, geistige Barrieren des Katholizismus gegenüber der modernen Welt und ihrer Wirtschaft abzubauen. Von ihnen wurden gedankliche Weichen gestellt, die nach dem Zweiten Weltkrieg im Programm des „Sozialen Marktwirtschaft" ihre Ausgestaltung fanden. Es zeugt von dem geistigen Fluidum an der Universität Münster, daß der Schöpfer des Begriffes „Soziale Marktwirtschaft", *Alfred Müller-Armack*, einen wichtigen Schritt in seiner wissenschaftlichen Laufbahn in Münster nahm und dort zwölf Jahre wirkte[500].

Für *Weber* war es Lebensprogramm, Wirtschaft und Wirtschaftspolitik einerseits mit Sozialpolitik, andererseits mit Wohlfahrtspflege und praktischer Caritasarbeit zu verknüpfen. Seine Gedanken der wechselseitigen Befruchtung von Wirtschafts- und Sozialpolitik fanden beim institutionellen und organisatorischen Wiederaufbau der Bundesrepublik nach dem Zweiten Weltkrieg Realisierung, wenn man dabei auch weithin über die Ursprünge der Gedanken nicht nachsann. Gleiche Aufmerksamkeit wurde aber nicht dem Zusammenhang von Wirtschaft und Caritas gezollt.

Die Sozialpolitik kommt nicht ohne einen klaren Begriff von Gemeinwohl aus. Für *Weber* und *Tischleder* ist der Staatszweck das Gemeinwohl[501]. Entsprechend dem Solidarismus erschöpft sich das Gemeinwohl nicht in der Erstellung der Rahmenbedingungen für die Wohlfahrt der einzelnen, sondern bedeutet etwas qualitativ Eigenes. Es schließt ein „Gesamteinheitsgut und Gesamteinheitsrecht" ein[502]. Dennoch besteht zwischen Gemeinwohl und Einzelwohl kein Gegensatz. Das Gemeinwohl muß wirklich allen Mitgliedern der Gesellschaft zugute kommen. *Weber* und *Tischleder* grenzen sich vom individualistischen Staatsverständnis ab, wonach der Staat allein die Aufgabe hat, dem Einzelmenschen freie Bahn zu schaffen und ihm Rechtsschutz zu gewähren, wie

---

[499] Bei den Überlegungen zu Begriff, Wesen und Bedeutung der Börse wird die wenige Jahre zuvor in der katholisch-theologischen Fakultät der Universität Münster eingereichte Dissertation des damals jungen Jesuitenpaters *Oswald von Nell-Breuning* herangezogen. Ebd. 320 ff. Vgl. *Nell-Breuning, Oswald von*: Grundzüge der Börsenmoral. Freiburg: Herder 1928. - *Nell-Breuning* wurde noch im gleichen Jahr Professor für Moral- und Pastoraltheologie, Kirchenrecht, Gesellschafts- und Wirtschaftslehre an der philosophisch-theologischen Hochschule St. Georgen in Frankfurt/ Main. Inwieweit *von Nell-Breuning* bei *Weber* studiert hat, konnte nicht ermittelt werden.

[500] Es ist bemerkenswert, daß *Webers* Neffe *Hans Herbert Weber* nach dem Zweiten Weltkrieg bei *Müller-Armack* in Münster promovierte.

[501] *Weber, Heinrich/ Tischleder, Peter:* Wirtschaftsethik, 1931, 157.

[502] Ebd.

auch von dem sozialistischen Verständnis, das die Eigeninitiative der Individuen ausschaltet und allen ein Wohlfahrtsideal aufzwingt, indem der Staat die wirtschaftliche Produktion selbst regelt und die Güter und Gewinne so verteilt, „daß alle Staatsgenossen befriedigt und beglückt werden". Zweck des Staates im Sinne eines abgewogenen Gemeinwohlverständnis wäre dagegen, „nur diejenigen Aufgaben des Volkswohles zu verwirklichen, die die Kraft des Einzelnen übersteigen, die öffentlichen Güter des Rechts, der Ordnung, der Sicherheit, des Friedens zu wahren"[503].

10.3. *Sozialpolitik*

10.3.1. *Sozialpolitik und Wohlfahrtspflege*

Weber tritt an verschiedenen Stellen seines umfangreiches Werkes engagiert für die Weiterführung und Ausgestaltung der Sozialpolitik ein. Er wendet sich gegen die Verfechter eines Nichtinterventionsprinzips, das einer extrem individualistischen Welt- und Gesellschaftsauffassung entspringt und sich ausschließlich auf die freie Entfaltung der individuellen Kräfte stützt. Er lehnt auch die Gegenposition des marxistischen Sozialismus ab, wonach sozialpolitische Maßnahmen bloß „administrative Verbesserungen" brächten, die nur die Herrschaft der Bourgeoisie vereinfachten. Auch diese Position führe letztlich zur Ablehnung der Sozialpolitik. In Orientierung an der Enzyklika „Rerum novarum" betont *Weber* die unzweideutige Verpflichtung zur Sozialpolitik[504].

Sozialpolitik als wichtigster Teilbereich der Gesellschaftspolitik erstrebt „unter grundsätzlicher Anerkennung der bestehenden Gesellschafts- und Wirtschaftsordnung eine Milderung und einen Ausgleich sozialer Spannungen und Dissonanzen im Rahmen der herrschenden Ordnung"[505]. Sie hat nach *Weber* die Aufgabe des zweckmäßigen Ausgleichs der Spannungen zwischen Kapital und Arbeit. An die Stelle des bisherigen Interessenkonflikts müsse die politische Sorge um eine Interessengemeinschaft treten. Dieser Zielsetzung dienten die Sozialversicherungspolitik, Mitbestimmungsregelungen, das Tarifvertragswesen wie auch die Arbeitsschutzbestimmungen. *Weber* nennt in diesem Zusammenhang ausdrücklich „die Anerkennung der Koalitions- und Streikfreiheit, die Schaffung von Arbeiterausschüssen, Gruppen- und Betriebsräten, die gesetzliche Regelung des Tarifvertragswesens, [den] Ausbau des Schlichtungswesens und der Arbeitsgerichtsbarkeit"[506]. Der Sozialpolitik weist *Weber* also eine begrenzte Gestaltungsaufgabe im Rahmen der bestehenden Gesellschaftsordnung zu.

Der Sozialpolitik stellt er den Begriff der Sozialreform gegenüber. Diese zielt „auf eine mehr oder minder weitgehende Um- und Neugestaltung der Gesellschafts- und Wirt-

---

[503] Ebd. 161.
[504] Weber, Heinrich: Die moderne deutsche Sozialpolitik, 1931, 267 (Anm. 467).
[505] Weber, Heinrich: Sozialreformer, 1931, 148 (Anm. 350).
[506] Ebd. 272.

schaftsordnung"[507].

Soziologisch wies *Weber* bereits in der Mitte der zwanziger Jahre auf die Armut, die Wohnungsnot, die Arbeitslosigkeit und die soziale Zerklüftung des deutschen Volkes in der Zeit der Weimarer Republik hin. Er erkannte, daß die politischen, konfessionellen, sozialen und wirtschaftlichen Gegensätze so krass waren, daß daraus gefährliche Spannungen für den Zusammenhalt der Gesellschaft erwachsen konnten. Er diagnostizierte eine Unzufriedenheit in weiten Schichten des Volkes[508]. Deshalb plädiert er für „die Schaffung eines sozialen Eigentums- und Wirtschaftsrechts, vielleicht auch eine behördliche Begrenzung der Kapitalvertrustung und Kapitalkonzentration"[509] Er tritt für eine sozialpolitische Umverteilung des Einkommens und Vermögensbildung in Arbeitnehmerhand ein. In seinem Kommentar zur Enzyklika „Quadragesimo anno" hebt er hervor: "Durch die herrschende, völlig unbefriedigende Güterverteilung ist es bedingt, daß eine große Schicht proletarischer Menschen einer kleinen Gruppe von Überreichen gegenübersteht. Dadurch wird eine unheimliche Kluft durch die menschliche Gesellschaft gesprengt, die nur dadurch überbrückt werden kann, daß künftig die neugeschaffene Güterfülle anders verteilt und dem Proletariat die Möglichkeit zur Vermögensbildung gegeben werde."[510]

Weber ist an der Klärung des Verhältnisses von Sozialpolitik und Wohlfahrtspflege interessiert. In seinen wohlfahrtskundlichen Arbeiten stellt er als zentralen sozialethischen Begriff den der Wohlfahrt oder Volkswohlfahrt heraus. Wohlfahrt hat die Bedeutung von Einzelwohl und Volkswohlfahrt von Gemeinwohl. Damit der Mensch entsprechend seiner Veranlagung zum Wohlbefinden gelangt, müssen bestimmte ideelle und materielle Bedingungen erfüllt sein. Wird dieser Zustand des Wohlbefindens auf das gesamte Volk ausgeweitet, dann gebraucht *Weber* den Begriff der „Volkswohlfahrt" oder des „Volkswohlstandes"[511]. Er erinnert daran, daß eine Wissenschaft entstanden ist, die man ursprünglich „Volkswohlstandslehre" nannte. „Man erkannte in der Volkswohlfahrt ein Ideal, dem man zustreben muß, wenn es auch nie voll erreicht wird (...) Je klarer ein Ideal als solches erfaßt wird und je mehr man erkennen muß, wieweit man noch von ihm entfernt ist, desto lebhafter und vielgestaltiger wird natürlich das Streben nach ihm werden."[512] Die Volkswohlfahrt ist die Resultante aus verschiedenen Komponenten immaterieller und materieller Natur. Die Wohlfahrtspflege muß alle Unvollkommenheiten bei der Bedarfsdeckung der Menschen möglichst ausgleichen und beseitigen. „Die

---

[507] *Weber, Heinrich:* Sozialreformer, 1931, 148.

[508] Ebd. 15-16; vgl. ferner *Weber, Heinrich:* Zur sozialen Gegenwartslage (1927), 175-182 (Anm. 346).

[509] *Weber, Heinrich/ Tischleder, Peter:* Wirtschaftsethik, 1931, 262 (Anm. 337).

[510] *Weber, Heinrich:* „Quadragesimo anno", 1932, 1285 (Anm. 355).

[511] *Weber, Heinrich:* Bedeutung der freien Wohlfahrtspflege, 9 (Anm. 466). Den späteren Mißbrauch des Begriffes „Volk" kann man *Weber* wie vielen anderen Autoren der Weimarer Republik nicht anlasten.

[512] Ebd. 9.

Wohlfahrtspflege ist das Streben nach dem Ideal der Volkswohlfahrt"[513].

Die Wohlfahrtspflege ist jedoch allein nicht in der Lage, der vielfältigen Not großer Bevölkerungsgruppen erfolgreich zu begegnen. Die Sozialpolitik hat eine umfassendere Gestaltungsaufgabe. Sie kann anfangs zwar aufgreifen, was von der Wohlfahrtspflege vorbereitet worden ist, muß dann aber darüber hinaus gehen. *Weber* setzt sich mit der Frage auseinander, ob mit dem ständigen Fortschreiten der Sozialpolitik nicht die freie Wohltätigkeit verdrängt würde und damit wertvolle, unersetzliche Kräfte im Gesellschaftsleben brachlägen[514]. *Weber* verkennt nicht diese Gefahr, wendet sich überdies gegen einseitige Verstaatlichungstendenzen im Bereich der sozialen Wohlfahrt, betont aber doch „die grundsätzliche Pflicht des Staates zur Sozialpolitik"[515].

10.3.2. *Kampf um die Sozialversicherung*

Als einen Weg der Bekämpfung der sozialen Mißstände sieht *Weber* die Sozialversicherungsgesetzgebung an. Seit Ende der zwanziger Jahre meldeten sich Gegner der Sozialversicherung, vor allem unter dem Eindruck der Wirtschaftskrise und ihrer negativen Folgen für den Staatshaushalt, so intensiv zu Wort, daß manche Bevölkerungsteile um die Fortexistenz der Sozialversicherung besorgt waren. Deshalb sah sich *Weber* genötigt, in einer Schrift „Die deutsche Sozialversicherung als Kampfobjekt" über diese Gegner zu informieren und die Art ihrer Argumentation aufzuzeigen. Er stellt die Gegenwartsthematik in einen weiteren Kontext: „Der Gegenwartskampf ist nur eine Phase in dem permanenten Kampf, der um jede Sozialpolitik und damit auch um eine Sozialversicherung als Kernstück der deutschen Sozialpolitik geführt wird."[516]

Nach einem sozialhistorischen Überblick über die Fundamentierung sowie Perioden des Ausbaues und des Niedergangs der Sozialversicherung geht er auf den damaligen Gegenwartskampf um die Sozialversicherung ein. In dem Meinungsstreit scheinen ihm zwei Grundfragen vorrangig:
1. die Fragen um die Wertung der Sozialversicherung: Dabei geht es um die Erfolge der Sozialversicherung und die Abwägung der Vorteile gegenüber ihren Nachteilen.
2. die Fragen um die Reform der Sozialversicherung: Dabei stehen Verbesserungen, Ersparnisse und eine ökonomische Gestaltung zur Debatte.

Bei der Bewertung stand vor allem die Krankenversicherung im Schußfeld. Der Miß-

---

[513] Ebd. 54.
[514] *Weber, Heinrich:* Die moderne deutsche Sozialpolitik, 1931, 271 (Anm. 467).
[515] Ebd. 270.
[516] *Weber, Heinrich:* Die deutsche Sozialversicherung als Kampfobjekt. In: *Weber, Heinrich* (Hrsg.), Gegenwartsfragen der deutschen Sozialversicherung (= Münsterer Wirtschafts- und Sozialwissenschaftliche Abhandlungen; H. 9). Münster i.W.: Baader 1931, 2.

brauch der Institution spiele bei den Kritikern eine besondere Rolle. Sie verweisen auf Verweichlichung, Simulation und Bagatellfälle, die den Arzt unnötig beanspruchten, und unverantwortliche Vergeudung von Arzneimitteln. Der Invalidenversicherung wurde der baldige Bankrott prophezeit. Ähnliches wurde von der Angestelltenversicherung behauptet. Gegen die Arbeitslosenversicherung erginge sogar eine ganze Flut kritischer Beanstandungen. Nach der Darlegung dieser Positionen kommt *Weber* zu dem Ergebnis: „Von der negativen Wertung der Einzeleinrichtungen zu einer mehr oder minder weitgehenden Ablehnung der Gesamtinstitution der Sozialversicherung ist nur ein Schritt."[517]

Den Gegnern der Sozialversicherung stellt er ihre Freunde und die von ihnen veröffentlichte Literatur, z.B. von *Gerhard Albrecht* und *Frieda Wunderlich* gegenüber. Damit sich die Leser ein abgewogenes Urteil in diesem Meinungsstreit bilden können, hat *Weber* zudem für die gleiche Schrift „Gegenwartsfragen der deutschen Sozialversicherung" Vertreter der Versicherten, der Ärzte, der Politiker und der wissenschaftlichen Experten, u.a. die Professoren *Ludwig Heyde* und *Götz Briefs* gewonnen, die sich mit den Argumenten der Gegner differenziert auseinandersetzen und Reformmöglichkeiten aufzeigen.

Bei dem zweiten Fragenkomplex, dem Problem der Reform der Sozialversicherung, differenziert *Weber* drei Gruppen: die erste Gruppe, die sich auf Einzelfragen eines bestimmten Versicherungszweiges konzentrieren, die zweite Gruppe, die die Reform der Gesamtinstitution anstrebt, diese aber grundsätzlich für berechtigt und notwendig anerkennt, und eine dritte Gruppe, die der Sozialversicherung vorwiegend negativ und ablehnend gegenübersteht. Diese Gruppe charakterisiert er so: „Man sieht gewisse Mißstände, übertreibt und verallgemeinert dieselben vielfach und kommt dann zu dem pessimistischen ceterum censeo: Die jetzige Sozialversicherung ist im Prinzip verfehlt, sie muß ihrem Wesen nach üble Wirkungen haben und daher durch ein anderes System ersetzt werden."[518] Parallelen dieses Kampfes um die Sozialversicherung mit dem sozialpolitischen Streit Ende der neunziger Jahre sind unverkennbar.

Weber rügt an diesem Gegenwartskampfe nicht, daß er überhaupt geführt wird, - die sozialpolitische Auseinandersetzung sei erforderlich - , sondern „die vielfachen Einseitigkeiten und Übertreibungen sowie die unnötige Schärfe, mit der er oft geführt wird"[519]. Die Sozialversicherung könne nicht immer die gleiche bleiben, sie sei „kein Kräutlein Rühr-mich-nicht-an", sie unterliege der „Korrektur bestimmter sozial-ökonomischer Verhältnisse", stände „dauernd im Fluß der Entwicklung". „Darum darf die Sozialversicherung nie erstarren und verknöchern."[520] Bei der Hitze des politischen Streites dürfe aber auch nicht vergessen werden, „daß die Schaffung der deutschen Sozialversicherung in

---

[517] Ebd. 20.
[518] Ebd. 24.
[519] Ebd.
[520] Ebd. 25.

der ganzen Kulturwelt als ein neuartiger, bewundernswerter Weg der sozialen Selbsthilfe und Staatshilfe stets anerkannt wurde und auch in fast allen Kulturländern Nachahmung gefunden hat"[521].

10.3.3. *Solidarität als Maßstab der Sozialpolitik*

Weber sieht die soziale Frage jedoch nicht als eine ausschließlich ökonomisch bedingte an, sondern auch als eine religiös-ethische Frage. „Alle wohlgemeinten sozialpolitischen Bemühungen um Ausräumung der Konflikte zwischen Kapital und Arbeit werden und müssen erfolglos sein oder können höchstens vorübergehende, äußerliche Befriedigung erzielen, wenn nicht die innere Einstellung der Kontrahenten sich wandelt."[522] Hier zeigt sich die Grenze staatlicher Sozialpolitik. Die Entwicklung der sozialen Gesinnung halte nicht Schritt mit dem sozialpolitischen Institutionenumbau. Man dürfe sich aber über den erschreckenden Tiefstand der Sozialversicherungsmoral, die Ausbeutung und den Mißbrauch sozialpolitischer Institutionen nicht wundern, wenn nicht mehr Initiativen zur Pflege des Solidaritätsgedankens unternommen würden. *Weber* fragt bereits vor vielen Jahrzehnten nach den Versäumnissen in den allgemeinbildenden und den berufsorientierten Schulen und in der Erwachsenenbildung. Die Grundsätze von Solidarität und Gerechtigkeit seien nicht allein Maßstäbe für die kritische Wertung der Sozialpolitik der Vergangenheit und Gegenwart, sondern auch Wegweiser für „die so brennende Frage der Zukunftsgestaltung der Sozialpolitik"[523].

Bei aller staatlichen Verpflichtung zur Sozialpolitik wird *Weber* nicht müde herauszuarbeiten, daß gerade die freie Wohlfahrt die jeweils neu auftauchende Not entdeckt und die Pfadfinderin der öffentlichen Wohlfahrtspflege und der Sozialpolitik ist. Aber auch ihre Wirksamkeit ist an Voraussetzungen, soziale, rechtliche und politische Bedingungen gebunden, die im folgenden thematisiert werden sollen. Die Wohlfahrtspflege, die zwar das Verteilungsproblem nicht lösen kann, stellt sich aber ergänzend aus sozialethischen Motiven im besonderen Maße in den Dienst der Volkswohlfahrt.

10.4. *Wohlfahrtspflege und Fürsorge*

10.4.1. *Allgemeine Wohlfahrtspflege*

Weber hat sich um eine klare Begriffsbestimmung der Wohlfahrtspflege bemüht. Das ist um so verdienstvoller, als von Anfang an ein ziemlicher Begriffswirrwarr herrschte. In seiner staatswissenschaftlichen Dissertation sammelt er die verschiedensten Definitionen und setzt sich mit ihnen kritisch auseinander. Viele Definitionen der Wohlfahrtspflege sind ihm zu eng, sie beschränken z.B. das Tätigsein der Wohlfahrtspflege meist nur auf

---

[521] Ebd.
[522] *Weber, Heinrich:* Die moderne deutsche Sozialpolitik, 1931, 273 (Anm. 467).
[523] Ebd. 276.

die unteren Schichten. *Weber* arbeitet folgende charakteristischen Merkmale heraus:
„a) Die Wohlfahrtspflege ist eine freiwillige, nicht gesetzlich geordnete Tätigkeit wie die Sozialpolitik,
b) Sie bezweckt Hebung des Volkes, nicht nur einzelner Schichten des Volkes, wie die Sozialpolitik.
c) Sie ist eine organisierte, nicht nur planlose Tätigkeit, wie die Wohltätigkeit.
d) Sie wendet sich einer sozialen Gruppe zu, nicht nur dem Individuum, wie die Wohltätigkeit.
e) Sie wirkt vorbeugend und heilend, nicht ausschließlich heilend, wie die Wohltätigkeit."[524]

Weber gelangt auf diese Weise in seiner wirtschaftswissenschaftlichen Dissertation zu folgender Begriffsbestimmung: Die Wohlfahrtspflege ist „die Summe aller nicht gesetzlichen, sondern der freien Initiative entstammenden, planmäßig geordneten Maßnahmen mit vorwiegend vorbeugendem Charakter zur Hebung des Volkes und dadurch des einzelnen als eines Gliedes der Gesamtheit in wirtschaftlicher, körperlicher, geistiger und moralischer Hinsicht."[525]

Das erste Charakteristikum ist heute überholt, da die Sozialarbeit durch Verordnungen in der Weimarer Republik und das Bundessozialhilfegesetz von 1961 u.a. ebenfalls weithin geregelt ist. *Weber* selbst hat die zunehmende Verrechtlichung der sozialen Arbeit und die Zunahme der öffentlichen Fürsorge erkannt[526]; andere Kriterien wie der Organisiertheit treffen weiterhin zu. Sein Bemühen um theoretische Abgrenzung gegenüber der Sozialpolitik, die weithin Sozialversicherungspolitik ist, wie auch gegenüber der spontanen Wohltätigkeit ist bis heute verdienstvoll, wenn er auch sieht, daß sich sozialpolitische und fürsorgerische Maßnahmen oft sehr eng berühren[527]. Mit der Hervorhebung des prophylaktischen Charakters der Wohlfahrtspflege ist *Weber* für seine Zeit äußerst modern. Das Ziel der Hebung der Volkswohlfahrt verknüpft er mit der Methode der „individualisierenden Arbeit"[528].

Auch grenzt sich *Weber* deutlich von denen ab, die die Fürsorge, die heutige Sozialhilfe, auf wirtschaftliche Maßnahmen eingegrenzt sehen wollen. *Weber* setzt deutlich andere Akzente als *Christian Jasper Klumker*, der in Frankfurt/ Main einen Lehrstuhl für Fürsorgewesen innehatte, dort die „Centrale für private Fürsorge" aufgebaut und drei Jahrzehnte maßgeblichen Einfluß auf Wohlfahrtspflege und Fürsorge besaß. Dieser hob einseitig die wirtschaftlichen Gesichtspunkte der Fürsorge hervor: „Der grundlegende

---

[524] *Weber, Heinrich:* Lebensrecht, 119 (Anm. 55).
[525] Ebd. 119, vgl. ferner auch 2.
[526] Vgl. *Weber, Heinrich:* Die Ausbildung der männlichen Sozialbeamten, (1927), 1-2 (Anm. 342).
[527] Vgl. *Weber, Heinrich:* Gesundheitsfürsorge, 1932, 16 (Anm. 352).
[528] *Weber, Heinrich:* Jugendfürsorge, 1923, 2 (Anm. 332); vgl. *ders.,* Bedeutung der freien Wohlfahrts-pflege, (1926/27), 14 (Anm. 466).

Unterschied aller Fürsorge liegt darin, daß sie es mit unwirtschaftlichen Elementen zu tun hat, deren Unselbständigkeit, deren Unfähigkeit, selbst ihren Platz im Leben zu finden, ihre Aufgaben in Wirtschaftsleben und Gesellschaft zu erfüllen, die Grundlage aller fürsorglichen Maßregeln bildet."[529] Für *Klumker* war Fürsorge „Erziehung Unwirtschaftlicher, Versorgung Unwirtschaftlicher, Verwertung Unwirtschaftlicher. Ihr Ziel ist rein wirtschaftlich bestimmt"[530]. Er wandte sich deshalb gegen „Vermischungen" der ihm wesentlich erscheinenden wirtschaftlichen Aufgaben der Fürsorge „mit religiösen, moralischen, politischen Nebenzwecken"[531]. *Weber* argumentiert aus einer ganzheitlichen anthropologischen Sicht und hat deshalb auch eine weitere Perspektive von der Wohlfahrtspflege. Er verweist „auf jene geistigen und ideellen Kräfte und Werte (..), die in besonders hohem Maße der freien Wohlfahrtspflege immanent sind und für die Volkswohlfahrtsarbeit nutzbar gemacht werden können. Materielle Mittel allein genügen nicht, auch mit der Bereitstellung noch so vieler Menschen ist es nicht getan, es müssen innere Kraftquellen vorhanden sein, aus denen das bewußte Streben zum Ideal der Volkswohlfahrt stets neue Impulse schöpfen kann"[532]. Jede „soziale Arbeit" ist für ihn „im letzten Grunde Erzieherarbeit"[533]. Da der Mensch nicht nur ein körperliches, sondern zugleich ein geistig-ethisches Wesen ist, bedarf der in Not geratene Mensch auch der „geistig-kulturellen Fürsorge"[534]. Aber er übersieht keineswegs die wirtschaftliche Komponente der Wohlfahrtspflege. Sie hat Teile des Güterstroms „an jene Glieder der Volksgemeinschaft heranzubringen, die sonst überhaupt keinen Anteil bekommen oder deren Anteil nicht ausreicht"[535]. Deshalb wendet *Weber* besondere Aufmerksamkeit der Unterstützungsfürsorge zu, die aus der Armenpflege hervorgegangen ist. *Weber* sieht sie als das älteste Gebiet der Caritas an[536]. *Weber* differenziert zwischen 1. Gesundheitsfürsorge, wozu er auch die Wohnungsfürsorge rechnet, 2. geistig-kultureller Fürsorge, die er für das spezielle Aufgabengebiet kirchlicher Wohlfahrtspflege ansieht, 3. Wirtschaftsfürsorge, 4. Sozialfürsorge. Letztere zielt auf die Beseitigung oder Linderung der sozialbedingten individuellen Notstände wie auch seiner Probleme als Glied einer sozialen Gruppe, z.B. der Familie. Deshalb gehört zur Sozialfürsorge auch die Familienfürsorge, die nach ihm Eheberatung, Mütterberatung, Kinderreichenfürsorge und Witwenfürsorge u.a. einschließt[537]. Die vier Bereiche der Fürsorge gelten für die allgemeine Wohlfahrtspflege wie für die Jugendwohlfahrtspflege.

---

[529] *Klumker, Chr[istian] J[asper]:* Fürsorgewesen. Einführung in das Verständnis der Armut und der Armenpflege. Leipzig: Quelle & Meyer 1918, 25.

[530] Ebd. 73.

[531] Ebd. 75.

[532] *Weber, Heinrich:* Bedeutung der freien Wohlfahrtspflege, 53 (Anm. 466).

[533] *Weber, Heinrich:* Sozial-caritative Frauenberufe, 1919, 35; vgl. ferner Jugendfürsorge, 1923, 2 (Anm. 332).

[534] *Weber, Heinrich:* Gesundheitsfürsorge, 1932, 12/13 und 19 (Anm. 352).

[535] *Weber, Heinrich:* Bedeutung der freien Wohlfahrtspflege, (1926/27), 12 (Anm. 466).

[536] Vgl. *Weber, Heinrich:* Organisation, 207-220 (Anm. 90).

[537] Vgl. *Weber, Heinrich:* Gesundheitsfürsorge, 1932, 16 (Anm. 352).

10.4.2. Die Persönlichkeit in der Wohlfahrtspflege und Anforderungen an ihre Ausbildung

Für *Webers* Leitbild von Sozialarbeit und Wohlfahrtspflege ist entscheidend, daß sie von einer Persönlichkeit ausgeübt wird. Schon immer sei der Erfolg oder Mißerfolg in der Wohlfahrtspflege in besonders weitgehendem Maße abhängig von der Persönlichkeit gewesen. Zudem wären in den letzten Jahrzehnten die Anforderungen an diese Berufsarbeit so gestiegen, daß besondere Erwartungen an die Eignung und die Kenntnisse des Sozialarbeiters bestünden. Je komplizierter das gesellschaftliche und wirtschaftliche Leben würde und je schwieriger es werde, die Notleidenden zu befähigen, „desto mehr Anforderungen müssen an das Subjekt der Wohlfahrtspflege gestellt werden."[538] Deshalb seine immer wiederkehrenden Sorgen um die Ausbildung der Personen, die in der sozialen Arbeit wirken wollen.

So wichtig *Weber* die professionelle Qualifizierung der Sozialarbeit auch ist, dennoch rückt er die persönlichen Qualitäten an die erste Stelle. Folgende Eigenschaften stellt er als ethisches Profil des Sozialarbeiters heraus:

a) Wohlwollen
„Planmäßiges Wohltun ist Inhalt im Wesen der Wohlfahrtspflege, das Wohltun aber muß vom Wohlwollen veranlaßt und getragen sein, wenn das Ziel des Wohltuns, die Hebung der Notleidenden erreicht werden soll."[539]

b) Takt und psychologisches Feingefühl
„Der Wohlfahrtspfleger muß die natürliche Veranlagung besitzen, sich ganz in die Lage des Notleidenden hineinfühlen und hineindenken zu können."[540] *Weber* fordert eine Einstellung, die heute Empathie genannt wird.

c) Selbstlose Hingabe
Diese Forderung wäre an berufliche wie ehrenamtliche Kräfte zu stellen. „Wer in der Wohlfahrtsarbeit nur seinen Erwerb sucht, ist für dieselbe ungeeignet."[541] Diese Erwartung scheint heute oft vergessen und weithin dem Wertwandel anheimgefallen zu sein.

d) Charakterstärke
Diese Forderung stellt *Weber*, weil für ihn Wohlfahrtsarbeit Erziehungsarbeit ist, und nur derjenige zu erziehen vermag, der selbst geformt und erzogen ist.

Zudem erstaunt heute der Leser sicher, wenn er erfährt, daß *Weber* auch „geordnete

---

[538] *Weber, Heinrich:* Akademiker, 1922, 46 (Anm. 60).
[539] *Weber, Heinrich:* Lebensrecht, 1921, 107/108 (Anm. 55).
[540] *Weber, Heinrich:* Akademiker, 1922, 48 (Anm. 60).
[541] Ebd. 47.

wirtschaftliche Verhältnisse" zu den Forderungen an einen Wohlfahrtspfleger rechnet. Dies begründet er ebenfalls mit der notwendigen Selbsterziehung als Voraussetzung für die Förderung von Menschen, die Schwierigkeit bei der Bewältigung wirtschaftlicher Probleme haben. Dabei käme es nicht auf die Größe des Vermögens an. *Weber* geht von der Beobachtung aus, daß Personen, die sich redlich im Wirtschaftsleben durchschlagen, wenn sie sich auch aus den niedersten sozialen Schichten rekrutieren, sehr erfolgreiche Wohlfahrtsarbeit zu leisten vermögen[542].

Zu den ethischen Qualitäten sollen nach Weber für den tätigen Sozialarbeiter folgende geistige Qualifikationen hinzutreten: 1. Allgemeinbildung, 2. psychologisch-pädagogische, 3. volkswirtschaftliche und juristische, 4. sozialhygienische und 5. wohlfahrtspflegerische Kenntnisse[543]. Qualifikationen in diesem Fächerspektrum gehören heute meist zum Fachhochschulstudium, wobei soziologische Kenntnisse noch dazukommen, sozialhygienisch-medizinische Kenntnisse jedoch zurücktreten. Sozialhygienische Kenntnisse fordert *Weber* jedoch auch nur von jenen Wohlfahrtspflegern, die auf diesem Gebiet tätig sind.

Volkswirtschaftliche Kenntnisse hat *Weber* erwartet, weil die Wirtschaft ein zentraler Lebensbereich ist, der mit dem sozialen Leben aufs engste verknüpft ist, und zudem, weil er den Wohlfahrtspfleger auch für Fragen der Berufswahl, der Berufsberatung und der Stellenvermittlung zuständig sah. Erst aufgrund des Gesetzes über Arbeitsvermittlung und Arbeitslosenversicherung vom 27. Juli 1927 wurde dieser Aufgabenbereich den neugeschaffenen Landesarbeitsämtern und Arbeitsämtern zugeordnet und aus der kommunalen Verwaltung und damit auch aus den Jugendämtern ausgegliedert[544].

10.4.3. *Jugendwohlfahrtspflege*

Weber verfolgt seinen Ansatz auch im speziellen Bereich der Jugendwohlfahrtspflege und Jugendfürsorge. Unter Jugendwohlfahrtspflege versteht er „die Summe der jeweils durch Einzelpersönlichkeiten, Organisationen und die Gesellschaft getroffenen Maßnahmen und Einrichtungen zur Förderung der Jugend in wirtschaftlicher, körperlicher und geistig-moralischer Hinsicht"[545]. Sie ist „ein hervorragend wichtiges Teilgebiet" der gesamten Wohlfahrtsbestrebungen. Deshalb verfolgt er auch das Ziel, Kenntnisse über Wesen, Aufgaben und Ziele der Jugendwohlfahrt, die durch das Reichsjugendwohlfahrtsgesetz vom 9. Juli 1922 ihre einheitliche reichsgesetzliche Grundlage erfahren hatte, in der Presse, in den Schulen und in den Hochschulen möglichst weit zu ver-

---

[542] Ebd. 48.
[543] Ebd. 49-51.
[544] Vgl. *Hermanns, Manfred:* Jugendberufshilfe und Jugendsozialarbeit in der Weimarer Republik. In: *Breuer, Karl Hugo* (Hrsg.), Jahrbuch für Jugendsozialarbeit. Bd. X. Köln: Verlag „Die Heimstatt" 1989, 40-43.
[545] *Weber, Heinrich:* Jugendfürsorge, 1923, 3 (Anm. 332).

breiten⁵⁴⁶. *Weber* ist bestrebt, das neue Gesetz möglichst zügig mit Leben zu erfüllen.

Weber geht bei seinen Vorschlägen zur Jugendwohlfahrtspflege von jugendsoziologischen und jugendpsychologischen Überlegungen aus. Da sich die Jugend in einem Entwicklungsstadium befindet, hat sie einen anderen Existenzbedarf als der Erwachsene. Entsprechend müssen auch die wohlfahrtspflegerischen Maßnahmen für die Jugendlichen andere sein als für die Erwachsenen. Das Ziel der Förderung der Jugend sei auf zweifache Weise zu erreichen, „einmal durch vorwiegend vorbeugende Maßnahmen (Jugendpflege), anderseits durch vorwiegend heilende Maßnahmen (Jugendfürsorge)"⁵⁴⁷. Infolge der Wirren der Nachkriegszeit käme der Jugendfürsorge erhöhte Bedeutung zu.

Weber begründet die Aktualität der Jugendarbeit⁵⁴⁸ aus religiös-ethischen, politischen, sozial-kulturellen und wirtschaftlichen Erwägungen. „Die Jugendfürsorge hat wie die gesamte soziale Fürsorge aus religiösen Erwägungen heraus stets die stärksten Antriebe erhalten."⁵⁴⁹ In neuerer Zeit kämen humanitäre und philanthropische Motive hinzu. Die politischen Gründe der Sorge für die Jugend sieht er in der Zukunft des Staates und der Notwendigkeit des Wiederaufbaus, die sozial-kulturellen in der Erhaltung und Steigerung der kulturellen Errungenschaften. Die heranwachsende Jugend müsse dazu körperlich, sittlich und geistig ausgerüstet und ertüchtigt⁵⁵⁰ werden. Als eine der entscheidenden Neuerungen des Reichsjugendwohlfahrtsgesetzes sieht er die Verankerung der Erziehungsaufgabe in der Jugendhilfe⁵⁵¹. Wirtschaftliche Motive der Jugendarbeit erblickt er in der Steigerung der wirtschaftlichen Leistungsfähigkeit. Als einer der ersten sah er die Unterstützung bei der Berufsausbildung und die Berufsberatung als dringende Aufgabe der Jugendfürsorge. Er forderte die Jugendämter auf, „die Konjunktur und ihre Auswirkung auf die Jugend (zu) verfolgen", denn jeder wirtschaftliche und gesellschaftliche Wandel habe auch seine Auswirkungen auf die Berufschancen, den Ernährungs- und Gesundheitszustand der Jugend und damit auf das das Arbeitsgebiet der Jugendfürsorge⁵⁵². Konsequent wendet *Weber* die Gesichtspunkte der körperlichen, geistigen und gesellschaftlichen Ertüchtigung auch auf die Behinderten an, wofür das Preußische Krüppelfürsorgegesetz vom 6. Mai 1922 die gesetzliche Grundlage bot. Die

---

⁵⁴⁶ Ebd. VI.

⁵⁴⁷ Ebd. 3.

⁵⁴⁸ Ebd. 12. *Weber* ist ohne Zweifel einer der ersten Autoren, der den Begriff „Jugendarbeit" gebraucht, der sich heute für Jugendbildung und Jugendpflege durchgesetzt hat.

⁵⁴⁹ Ebd. 4.

⁵⁵⁰ In Anlehnung an Artikel 120 der Weimarer Verfassung hatte das Reichsgesetz für Jugendwohlfahrt im § 1 bestimmt: „Jedes deutsche Kind hat ein Recht auf Erziehung zur leiblichen, seelischen und gesellschaftlichen Tüchtigkeit". Zur Bedeutung des Begriffes „Tüchtigkeit" im Recht und in der Pädagogik *Brezinka, Wolfgang:* Tüchtigkeit. Analyse und Bewertung eines Erziehungszieles. München/ Basel: Reinhardt 1987. *Weber* interpretiert „seelisch" sowohl als das Geistige wie das Religiöse. *Weber Heinrich:* Jugendfürsorge,1923, 24 (Anm. 332).

⁵⁵¹ Ebd. 2, 29 und 61.

⁵⁵² *Weber, Heinrich:* Das kommunale Jugendamt, 1927, 86 (Anm. 334); vgl. auch Jugendfürsorge, 1923, 61f. (Anm. 332).

oft und lange vernachlässigte Erziehung und Berufsausbildung der jugendlichen Krüppel war ihm ein entschiedenes Anliegen[553].

Weber erkennt die Notwendigkeit des Reichsjugendwohlfahrtsgesetzes u.a. wegen der vorausgegangenen Zersplitterung der Jugendpflege und Jugendfürsorge[554] und der Notwendigkeit der Rechtsvereinheitlichung. Die Zentralisation aller Einrichtungen für Jugendpflege und Jugendfürsorge erfordert - darin stimmt er mit den Fachleuten seiner Zeit überein - das Jugendamt, das seit 1910 im Gespräch ist und in vielen Städten und Landkreisen auch bereits vor dem Inkrafttreten des RJWG geschaffen wurde. Gleichzeitig tritt er wegen der individualisierenden Erziehungstätigkeit auch für eine gewisse Dezentralisation der fürsorgerischen Tätigkeit ein.

Die Lösung eines ausgeglichenen Verhältnisses von Zentralisation und Dezentralisation erblickt er in der „Subsidiarität der öffentlichen Jugendhilfe"[555]. Diesen subsidiären Charakter sieht er sowohl im öffentlich-rechtlichen Erziehungsanspruch gegenüber dem privatrechtlichen, der eine Sozialisierung der Jugenderziehung ausschließen soll, wie in der unterstützenden Aufgabe des Jugendamtes gegenüber den freien Jugendwohlfahrtsorganisationen[556]. Mehrere Jahre vor der Sozialenzyklika „Quadragesimo anno" (1931) hat *Weber* also Begriff und Anwendungsbereiche des Subsidiaritätsprinzips herausgearbeitet. Auch bei dem zu errichtenden ‚Reichsbeirat für Jugendwohlfahrt' legt *Weber* Wert darauf, daß Vertretern der privaten Organisationen ein maßgebender Einfluß eingeräumt wird. *Weber* ist engagiert für ein Jugendhilfesystem eingetreten, dessen Grundzüge zu Beginn der Weimarer Republik geschaffen wurden und das bis heute, auch nach seiner Novellierung vom 28. August 1953 und dem Kinder- und Jugendhilfegesetz vom 26. Juni 1990, in seinen organisatorischen Grundstrukturen, in seinem Miteinander von kommunalen und freien Trägern erhalten geblieben ist.

Weber weiß um die Bedeutung der Persönlichkeit in der Jugendarbeit. In seinem Kommentar zum Reichsjugendwohlfahrtsgesetz hebt er die Bestimmung hervor, daß neben den leitenden Beamten in der Jugendwohlfahrt erfahrene und bewährte Männer und Frauen aller Bevölkerungskreise, besonders aus den privaten Fachorganisationen, für die Jugendarbeit zu berufen sind. Ihre Bildung ist ihm ein besonderes Anliegen. Die Hauptamtlichen müßten eine für die Aufgaben in der Jugendwohlfahrt hinreichende Ausbildung besitzen. Denn Jugendarbeit, auch im Jugendamt, ist für ihn Erziehungsarbeit. *Weber* weiß, daß die Beamten der bisherigen Armutsbehörden für die Erziehungsaufgabe gewöhnlich nicht die notwendige pädagogische Vorbildung mitbringen. Um der

---

[553] Vgl. *Jung, Bruno* und *Weber, Heinrich* (Hrsg.), Neuzeitliche Krüppelfürsorge (= Beiträge zur sozialen Fürsorge; H. 6). Münster i.W.: Aschendorff 1926. Siehe darin vor allem den Artikel von Pastor *Vietor*: Erziehung und Berufsausbildung der jugendlichen Krüppel. Ebd. 86-94.

[554] Diese Argumentation stimmt mit der von *Scherpner* überein. Vgl. *Scherpner, Hans*: Geschichte der Jugendfürsorge. Göttingen: Vandenhoeck & Ruprecht 1966, 172 ff.

[555] *Weber, Heinrich*: Jugendfürsorge, 1923, 22 (Anm. 332).

[556] Ebd. 22 und 27.

notwendigen Qualifikation willen nimmt in den Programmen der Fortbildungskurse seines Institutes gerade die Jugendwohlfahrt einen bevorzugten Platz ein. Diese Fortbildung sollte der Verwirklichung des Reichsjugendwohlfahrtsgesetzes dienen.

Auch die Jugendgerichtshilfe sieht *Weber* in Verbindung mit der Erziehungsarbeit der Jugendhilfe. Der Gedanke der Förderung der Jugendlichen wäre wichtiger als der Gedanke der Vergeltung und Strafe. Deshalb muß der Jugendrichter „über ein feines Einfühlungsvermögen verfügen, muß vor allem mit den zahlreichen Einrichtungen und Organisationen der Jugendfürsorge vertraut sein"[557]. Deshalb sollte auch der Jurist die Chance haben, an der Universität Wohlfahrtskunde zu studieren.

Aber Fachwissen allein reicht ihm nicht im Umgang mit den Jugendlichen. „Es muß hinzukommen die Fähigkeit der Einfühlung in einen Jugendlichen, Verständnis für die Nöte der Jugend, ein unwandelbarer Glaube an das Gute in ihr, eine Willenskraft, die nicht erlahmt, ehe nicht alle Hilfsmöglichkeiten ausgeschöpft sind."[558] *Weber* stellt für den Jugendhelfer über die Professionalität hinaus unverzichtbare Ansprüche an seine Persönlichkeit.

Weber hat bei der Verwirklichung seiner Ziele ständig mit der Geldarmut der Kommunen und des Staates zu kämpfen. Der galoppierende Währungsverfall im Herbst 1923 brachte die Gemeinden in solche Finanznot, daß sie sich zur Übernahme der Aufgaben nach dem damals neuen Reichsjugendwohlfahrtsgesetz außerstande sahen. Der Deutsche Städtetag richtete am 10. September 1923 eine Eingabe an das Reichsministerium der Finanzen, in der eine Verschiebung des Inkrafttretens des Reichsjugendwohlfahrtgesetzes auf unbestimmte Zeit gefordert wurde. Besonders forderte der Deutsche Städtetag die Abschaffung des Abschnitts V über die öffentliche Unterstützung hilfsbedürftiger Minderjährigen, in der auch Aufwendungen für eine Berufsvorbildung vorgesehen waren. Von der Durchführung wurden erhebliche Mehrkosten befürchtet. Der Widerstand des Deutschen Städtetages führte zur Verordnung der Reichsregierung vom 14. Februar 1924 über das Inkrafttreten des Reichsjugendwohlfahrtgesetzes, das den Einwänden des Deutschen Städtetages weithin Rechnung trug. Der Abschnitt V wurde aus dem Reichsjugendwohlfahrtsgesetz herausgenommen. Lediglich in dieser reduzierten Form trat das Reichsjugendwohlfahrtsgesetz am 1. April 1924 in Kraft[559]. In diese Auseinandersetzung sind *Webers* Beiträge zur Begründung der Jugendhilfeausgaben gesprochen. *Weber* läßt den auch heute wieder zu hörenden Einwand nicht gelten, daß kein Geld für die Jugendarbeit vorhanden sei. „Nichts ist kurzsichtiger als das, im Gegenteil, es gibt keine bessere

---

[557] *Weber, Heinrich:* Akademiker, 1922, 99 (Anm. 60).
[558] *Weber, Heinrich:* Jugendfürsorge, 1923,29 (Anm. 332).
[559] Vgl. *Sachße, Christoph/ Tennstedt, Florian:* Geschichte der Armenfürsorge, Bd. 2, 1988, 103 f. (Anm.1).

Kapitalanlage für die Volkswirtschaft als eine sorgsame Pflege der Jugend."[560] In einem Referat auf der Hagener Hauptversammlung der Kommunalpolitischen Vereinigung fragt *Weber* kritisch: „Werden wir dann wirklich auf die Dauer sparen, wenn wir die Jugend weniger betreuen und damit unseres Volkes Zukunft und Hoffnung vernachlässigen?"[561] Wenn auf die erzieherischen, jugendpflegerischen und prophylaktischen Maßnahmen verzichtet wird, befürchtet *Weber*, daß später höhere Kosten für Rechtsprechung, Strafvollzug usw. auf die Gesellschaft zukämen.

In der weiteren Argumentation zeigt sich der Organisationssoziologe und Betriebswirtschaftler *Weber*. Wenn die Finanzquellen nicht ausreichen und in der Wohlfahrtspflege gespart werden müßte, dann nicht an der fürsorgerischen Arbeit, auf die die Menschen einen existentiellen, naturrechtlichen Anspruch hätten, sondern auf der technischen Seite. „Daraus ergibt sich die Forderung nach Vereinfachung im Behördenorganismus. Wir haben hier die mannigfachsten Behörden und Stellen in Reich, Ländern und Gemeinden, die in der Wohlfahrtspflege sich bestätigen."[562] *Weber* sieht die Lösung in der Verschlankung im Behördenaufbau und in der Reduzierung der Ämter. *Webers* Plädoyer zeigte Wirkung: In der Verordnung der Reichsregierung vom 14. Februar 1924 über das Inkrafttreten des Reichsjugendwohlfahrtsgesetz traten die Bestimmungen über das Reichsjugendamt nicht in Kraft und die Errichtung von Landesjugendämtern wurde dem Ermessen der Länder überlassen.

10.4.4. *Gesundheitsfürsorge*

In der Weimarer Republik vollzog sich ein starker Umbruch im Bereich der Gesundheitsfürsorge. Infolge des Ersten Weltkrieges und des Hungers in den Nachkriegsjahren hatten die verheerenden „Volkskrankheiten" wie Tuberkulose, Geschlechtskrankheiten und Alkoholismus gravierend zugenommen. Allein die Tuberkulosesterblichkeit hatte sich im Laufe des Krieges auf das Niveau von 1897 vermehrt[563]. Ferner war die Zahl der Behinderten stark gestiegen (Kriegs- und Friedenskrüppel). Dies forderte die Gesundheitsfürsorge heraus, die von den traditionellen sanitätspolizeilichen Vorstellungen allmählich abrückte. Die medizinischen Zielvorstellungen Prophylaxe und Früherkennung begannen sich durchzusetzen. Die Hauptsorge der Sozialhygiene, die Zusammenhänge zwischen Krankheit und sozialer Lage erkannte, galt den chronischen Infektionskrankheiten, besonders der Tuberkulose.

Heinrich Weber hat einen nicht zu unterschätzenden Teil seines wissenschaftlichen

---

[560] *Weber, Heinrich:* Das kommunale Jugendamt, 7. „Das kommunale Jugendamt" erschien zuerst in den Jahren 1923/24 in Form von Artikeln in der Zeitschrift „Kommunalpolitische Blätter".

[561] *Weber, Heinrich:* Der Abbau der Wohlfahrtspflege. In: Kommunalpolitische Blätter. Jg. 15 (1924), 105. Wieder abgedruckt in der Monographie „Abbau der Wohlfahrtspflege" (= Schriften der Kommunalpolitischen Vereinigung; H. 4). Köln: Kommunal-Schriften-Verlag [1925], 3.

[562] Ebd.

[563] *Sachße, Christoph/ Tennstedt, Florian:* Geschichte der Armenfürsorge. 1988, 115 (Anm. 1).

Werkes und seiner praktischen Organisationstätigkeit im Rahmen des Diözesan-Caritasverbandes Münster in den Dienst der Sozialhygiene, die noch als oppositionelle Wissenschaft galt, und der Gesundheitsfürsorge gestellt.

Weber sieht die Gesundheitsfürsorge zwar als ein Spezialgebiet, das in erster Linie den Mediziner interessiert, das aber dennoch „mit den übrigen Teilgebieten der sozialen Fürsorge in engster Beziehung" steht. „In der Praxis zeigen sich diese Beziehungen zwischen Gesundheitsfürsorge, Jugendfürsorge, Wirtschafts- und Berufsfürsorge usw. auf Schritt und Tritt."[564] Deshalb ist es für *Weber* ein wissenschaftliches wie ein praktisches Anliegen, diese Zusammenhänge durch Veröffentlichungen und Fortbildungsmaßnahmen zu verdeutlichen und ins Bewußtsein der Öffentlichkeit zu bringen.

Allein 12 der insgesamt 18 von ihm zusammen mit dem Landes-Fürsorgeverband und der Landes-Versicherungsanstalt herausgegebenen Hefte „Beiträge zur sozialen Fürsorge" sind der Gesundheitsfürsorge gewidmet. Es gibt kein Thema dieses weitgefächerten Wohlfahrtsbereiches, das in dieser Schriftenreihe ausgelassen wäre. Das Heft 9 hat eines der schlimmsten Volksseuchen der damaligen Zeit, die Tuberkulose und ihre Bekämpfung zum Thema[565]. Die Schrift ist für die Praxis bestimmt und soll der Aufklärung dienen. Sie will in der Bevölkerung das Bewußtsein dafür schärfen, daß die Tuberkulose zwar übertragbar, aber doch bei entsprechenden Hygienemaßnahmen vermeidbar und auch - besonders im Anfangsstadium - heilbar ist. Als Autoren wurden verschiedene Fachleute, Medizinprofessoren, z.B. der Direktor der Medizinischen Universitätsklinik Professor Dr. *Paul Krause* wie praktische Ärzte aus der offenen und geschlossenen Fürsorge und Verwaltungsbeamte gewonnen. *Webers* Assistent *Joseph Schlüter* schreibt einen geschichtlichen Beitrag zur Grundauffassung der Tuberkulose im Lauf der Jahrhunderte. Ferner bietet er eine zwölfseitige Bibliographie zur Tuberkulose, die er der Zielsetzung einer möglichst vollständigen Information der Praxisstellen dient. *Weber* läßt es sich selbst nicht nehmen, in einem eigenen Artikel die Tuberkulosestätten und -genesungsheime in der Provinz Westfalen zu erfassen. Auch diese Zusammenstellung „will vor allem dem Praktiker eine Orientierungsmöglichkeit geben"[566]. Für die Gliederung unterscheidet er die Fürsorgemaßnahmen in therapeutische (Heilstätten) und prophylaktische (Genesungsheime). Bei den letzteren erscheinen ihm vor allem die Genesungsheime für Kinder, von denen er selbst als Vorsitzender des Diözesan-Caritasverbandes Münster einige geschaffen hatte, erwähnenswert.

Wie sehr *Weber* gerade die Gesundheit von Kindern am Herzen liegt, ist daraus zu entnehmen, daß bereits das dritte Heft dieser Reihe aus dem Jahr 1925 der „Kindergesund-

---

[564] *Weber, Heinrich:* Gesundheitsfürsorge, 1932, 7 (Anm. 352).
[565] Vgl. *Weber, Heinrich* (Hrsg.): Tuberkulose und Tuberkulosefürsorge (= Beiträge zur sozialen Fürsorge, H. 9,). Münster i.W.: Aschendorff 1927.
[566] *Weber, Heinrich:* Tuberkuloseheilstätten, 1927, 106 (Anm. 117).

heitsfürsorge in der Provinz Westfalen"⁵⁶⁷ gewidmet ist. In der Förderung dieses Themas kommt vor allem die prophylaktische Zielsetzung zum Ausdruck. Auch die hier gesammelten Beiträge von Medizinern, Geistlichen, Verwaltungsbeamten dienen der Information einer breiten Öffentlichkeit. Schon hier erscheint ein Beitrag eines Badearztes zum Thema „Die Bedeutung des Bades Lippspringe für die Bekämpfung der Tuberkulose im Kindesalter".

Weber, der im Krieg und in den ersten Nachkriegsjahren selbst aktiv in der Verschickung von Stadtkindern in bäuerliche Familien war, widmet sich dem Thema „Die Unterbringung erholungsbedürftiger Stadtkinder in Landfamilien in sozial-ökonomischer Beleuchtung". In diesem Artikel unterstreicht er noch einmal, wie sehr man in dem vorausliegenden Jahrzehnt der Not der deutschen Jugend durch die Unterbringung von notleidenden Stadtkindern bei gut gesinnten ländlichen Familien begegnen konnte. Hunderttausende von jungen Menschen seien in den Vorteil einer Erholungszeit auf dem Lande gekommen. Das Land habe der städtischen Jugend einen „unschätzbaren Dienst" erwiesen. Auch vom ökonomischen Standpunkt seien in der Kriegszeit die Auswirkungen der Kinderunterbringung auf die landwirtschaftliche und gewerbliche Produktion im allgemeinen günstig gewesen. 1925 könnte bei veränderten sozialen und politischen Bedingungen „unter dem Gesichtspunkt der Bedarfsdeckung die Unterbringung der Stadtkinder in Landfamilien in dem Umfange, wie sie früher geschah, nicht mehr als unbedingt erforderlich betrachtet werden"⁵⁶⁸. Er bestreitet nicht den Erholungswert der gesunden Landluft. Aber er wägt die Vorteile gegenüber den Nachteilen ab: Das Herausholen der Kinder aus ihrer vertrauten familiären Umgebung, negative Erfahrungen von Bauernfamilien mit Stadtkindern mit den daraus erwachsenen Vorurteilen, vor allem aber das Problem der Unterbrechung der geregelten geistigen Ausbildung. „Gerade wir Deutsche haben alle Veranlassung, die geistige Bildung unseres Nachwuchses im gegenwärtigen Zeitpunkt nicht zu vernachlässigen". Nach der militärischen Niederlage und der maßlosen Belastung der deutschen Wirtschaft „müssen wir alle Kräfte des Gesellschaftslebens durch Bildung heben"⁵⁶⁹. Es sei bei der sozialen Hilfe zu berücksichtigen, daß „Maßnahmen, die für eine bestimmte Zeit sich glänzend bewährten, unter anders gearteten Verhältnissen weniger zu empfehlen sind oder gar bedenklich und unratsam werden"⁵⁷⁰. Für kranke Kinder sollte man unbedingt die Heimunterbringung und für erholungsbedürftige den Aufenthalt in Waldschulen, Ferienkolonien u. dgl., wo geschultes Personal individualisierend auf die Kinder und Jugendlichen eingehen könnte, bevorzugen. *Weber* schließt seinen kritisch abgewogenen Artikel mit dem Leitsatz: „Salus infantium et societatis suprema lex esto!"⁵⁷¹

---

⁵⁶⁷ Die Kindergesundheitsfürsorge in der Provinz Westfalen (= Beiträge zur sozialen Fürsorge; H. 3). Münster i.W.: Aschendorff 1925.

⁵⁶⁸ *Weber, Heinrich:* Die Unterbringung erholungsbedürftiger Stadtkinder, 1925, 105 (Anm. 352).

⁵⁶⁹ Ebd. 107.

⁵⁷⁰ Ebd. 112.

⁵⁷¹ Ebd.

Weitere Themenhefte widmen sich der Blinden-, Taubstummen-, Geschlechtskranken- und Behindertenfürsorge, dem Alkoholismus und der Wohlfahrtspflege für Alkoholkranke, dem Schmutz und Schund als sozialpathologische Erscheinung sowie dem Gesundheitsamt. Ferner gibt *Weber* mit dem Münsteraner Mediziner und Direktor des Hygienischen Instituts *Karl Wilhelm Jötten* ein grundlegendes und umfassendes Lehrbuch der Gesundheitsfürsorge heraus[572], das die Gesundheitsfürsorge in den Gesamtrahmen der Gesundheitspolitik als Teil der staatlichen Innenpolitik und der allgemeinen Fürsorge stellt und Beiträge zu allen Einzelbereichen der Gesundheitsfürsorge und allen Krankheits- und Behindertengruppen bringt. In dem einleitenden Artikel dieses Lehrbuchs stellt *Weber* die Gesundheitsfürsorge in den Rahmen der sozialen Fürsorge und entwirft ein Gliederungsmuster für die arbeitsteilige Gesundheitsfürsorge. Zwei Gliederungsprinzipien sind nach ihm für die Gesundheitsfürsorge von hervorstechender Bedeutung: das sachliche und das personelle Prinzip. Das sachliche Prinzip gliedert nach den verschiedenen Kranken- und Behindertengruppen: Fürsorge für Tuberkulosekranke, Körperbehinderte, Geschlechtskranke, Geisteskranke, Rauschgiftsüchtige usw.; das personelle Aufgliederungsprinzip gliedert die Gesundheitsfürsorge in Maßnahmen und Einrichtungen für Säuglinge, Kleinkinder, Schulkinder, Jugendliche, Frauen usw.. Im Zuge fortschreitender Spezialisierung der Wissenschaften wäre auch im Bereich der Gesundheitsfürsorge die Spezialisierung unvermeidlich und zunächst positiv, sie hätte „aber auch ihre Schattenseiten, namentlich dann, wenn der Spezialist den Gesamtzusammenhang ignoriert, in den auch sein Spezialgebiet verwoben ist"[573]. Dieser offensichtlichen Gefahr der Isolierung der Spezialgebiete will das Lehr- und Sammelwerk mit seinen zahlreichen Beiträgen zu allen Bereichen der Gesundheitsfürsorge entgegenwirken. Dieses Lehrbuch ergreift Partei für die bereits in den zwanziger und frühen dreißiger Jahre umstrittene „Psychopathen-" und „Irrenfürsorge"[574].

Dieses Lehrbuch ist aus dem Vortragszyklus für Hörer aller Fakultäten hervorgegangen. Auch bei den Fortbildungsveranstaltungen der Westfälischen Verwaltungsakademie fehlt das Fach Sozialhygiene nicht, das ein fortschrittliches Gegenprogramm zur Rassenhygiene war. Immer geht es um einen verständnisvolleren Einblick in die Sorgen der belasteten Menschen, um gezielte Öffentlichkeitsarbeit und angestrebte Bewußtseinsänderung in Lebensbereichen, die oft mit Tabus, Vorurteilen und Diskriminierungen gegenüber den Betroffenen belastet waren und zum Teil heute noch sind. Wie sehr *Weber* die unheilvollen Entwicklungen gegenüber Geisteskranken und Geistigbehinderten bereits in der Zeit der Weimarer Republik voraussah, geht aus seinem Festvortrag zum 75jährigen Jubiläum der heilpädagogischen Einrichtung St. Bernardin für lern- und geistig behinderte Mädchen in Sonsbeck-Hamb am Niederrhein, das von Franziskane-

---

[572] Vgl. *Jötten, Karl Wilhelm/ Weber, Heinrich* (Hrsg.): Lehrbuch, 1932 (Anm. 352).

[573] *Weber, Heinrich:* Gesundheitsfürsorge, 1932, 23 (Anm. 352).

[574] Das Kapitel „Psychopathenfürsorge" schrieb der Direktor des Instituts für gerichtliche und soziale Medizin der Universität Münster, Prof. *Dr. Heinrich Többen* und das Kapitel „Irrenfürsorge" der Direktor der psychiatrischen und Nervenklinik der Universität Münster, Prof. *Dr. Ferdinand Kehrer*. Letzterer nimmt zu der zunehmend radikalisierten Eugenik-Debatte in kritischer Weise Stellung.

rinnen geleitet wurde, im Jahr 1928 hervor, in der er sehr kritisch zu beabsichtigten Maßnahmen gegenüber als „lebensunwert" betrachteten Menschen Stellung bezog: „Diese Anstalt ist ein hohes Lied der Caritas, die gottlob in voller Blüte steht. Ob es in Zukunft so bleibt, das weiß niemand. Kräfte sind am Ruder, die die Caritas untergraben wollen. Man will die Berechtigung des Lebens Unwertiger am Leben abschaffen. Wenn das eintritt, dann kann die Anstalt geschlossen werden und die Schwestern können das Haus verlassen. Auch politische Parteien wollen der Caritas das Lebenslicht ausblasen. Auf dem sozialdemokratischen Parteitage in Görlitz (1921) ist das Wort geprägt worden: Schmerzlose Vernichtung der Lebensunwertigen."[575] Wie *Frings* ermittelte, soll es sich bei der dortigen Diskussion um Fragen der Sterilisation von geistig Behinderten gehandelt haben. Humanitär-christliche Wertmaßstäbe hatten bei Fragen der Eugenik in weiten Bevölkerungskreisen, und nicht allein bei extrem rechtsgesinnten, an Bedeutung verloren[576].

Weber gehört durch seine engagierte Publikationsarbeit zu den Bahnbrechern eines neuen Denkens und neuer Interventionsformen in einer Zeit, die in der sozialen Arbeit in vielfältiger Weise zu neuen Ufern aufbrach. Weil durch die anschließende nationalsozialistische Zeit diese Neuaufbrüche gewaltsam wieder zugeschüttet wurden, ist vieles von den sozialen Ideen und Innovationen der Weimarer Republik bis heute unbekannt geblieben. Auch *Webers* bahnbrechende Leistungen auf diesem Sektor sozialer Arbeit blieben bis heute weithin der Fachwelt verborgen[577]. Dazu beigetragen hat, daß viele seiner Bücher wie das Lehrbuch der Gesundheitsfürsorge erst Anfang der 30er Jahre erschienen sind und den neuen Machthabern von 1933 nicht mehr genehm waren. Zwölf Jahre später wurden sie auch nicht mehr wiederentdeckt, zumal *Heinrich Weber* bereits 1946 verstarb und für die Neubelebung seiner Gedankenwelt nichts mehr unternehmen konnte. Zudem konnte sich keine Person vorstellen, daß ein Wissenschaftler so viele Themenbereiche der Sozialethik, der Wohlfahrtspflege und der Caritaswissenschaft zusammenspannen konnte.

---

[575] Festschrift zum 75jährigen Jubiläum St. Bernardins des Jahres 1928, 6. Archiv St. Bernardin. Zitiert in: *Frings, Bernhard:* Zu melden sind sämtliche Patienten... NS-‚Euthanasie' und Heil- und Pflegeanstalten im Bistum Münster. Münster: Aschendorff 1994, 11.

[576] Vgl. ebd. 10 ff.

[577] Selbst eine so kenntnisreiche Geschichte der Wohlfahrtspflege wie die von *Christoph Sachße* und *Florian Tennstedt*, die allein die Gesundheitsfürsorge der Weimarer Zeit auf 25 Buchseiten behandelt, erwähnt *Heinrich Weber* bedauerlicherweise mit keinem Wort. Es ist ein Hinweis darauf, wie viel in der Geschichte der Wohlfahrtspflege noch aufzuarbeiten ist.

11. Caritas und Caritaswissenschaft

11.1. *Caritas als christliche Fundamentalidee - Gegenstand der Caritaswissenschaft*

In seinem letzten großen Hauptwerk, das sich der Caritaswissenschaft widmet (1938), hat *Weber* die theoretischen Grundlagen weiter vertieft. Er fragt nach der Verortung der Caritaswissenschaft im Gesamtspektrum der Wissenschaften. Er betrachtet sie als „sozialethische Disziplin", denn die Caritas hätte es mit jenen „Gemeinschaftsbestrebungen zu tun, die aus dem christlichen Caritasgebot zur Milderung und Beseitigung der jeweiligen, vielfach sozialökonomisch bedingten Notstände hervorgehen"[578]. Sie hat nach ihm enge Beziehungen zur Soziologie, Sozialpolitik und zu den Wirtschaftswissenschaften, aber auch zur Moral- und Pastoraltheologie, insofern sie Wesen, Wert, Verpflichtung und Bedeutung der Caritas und das Wirken der Caritas im Dienst der Seelsorge zu behandeln hat[579].

Obwohl die Caritas in der Lehre der Kirche einen zentralen Stellenwert inne hat, beklagt *Weber* „die stiefmütterliche Behandlung der Caritaswissenschaft an den Hochschulen"[580]. Der Theorie der Caritas, die in lebendigem Bezug zur Praxis der Caritas stehen müsse, sei ein verstärktes Gewicht beizumessen. „Die Praxis würde unsicher, umständlich und weniger fruchtbar erden, wenn nicht eine exakte und klare Theorie ihr die Richtung und den Weg zeigen würde."[581] Bereits *Weber* hat sich mit einer Theorieverdrossenheit im Bereich der Caritas und der sozialen Arbeit auseinanderzusetzen. Gegen diese Theoriefeindlichkeit wird er nicht müde zu betonen, daß ohne eine fundierte Caritastheorie nicht die Zusammenhänge von caritativer, sozialer und wirtschaftlicher Problematik erfaßt werden können und diese für die Bewältigung der Caritasprobleme, für eine erfolgreiche praktische Caritasarbeit von allergrößter Bedeutung ist.

Unentbehrlich für die Caritaswissenschaft hält *Weber*, „einen möglichst klaren Begriff, also möglichst eindeutigen und scharfen Denkinhalt von der Caritas zu schaffen"[582]. Er ist sich bewußt, daß dies nicht einfach ist, denn nicht allein das deutsche Wort „Liebe" ist unendlich mannigfaltig und vieldeutig, auch das lateinische Wort Caritas wird unter verschiedenen Aspekten verwandt. „Liebe" und „Caritas" sind schwer präzise zu erfassen.

Weber versucht die Caritas als „reale Ganzheit" zu begreifen, zwar in der Analyse die verschiedenen Elemente festzustellen, die aber dennoch einen untrennbaren inneren Zusammenhang bilden. Die Caritas stellt er als die christliche Fundamentalidee dar, die

---

[578] *Weber, Heinrich:* Wesen der Caritas, 1938, XXX (Anm. 22).
[579] Vgl. ebd. XXXI.
[580] Ebd. XXX.
[581] Ebd. XXXI.
[582] *Ebd.* 117.

sich als christliche Nächstenliebe erweist. Caritas bedeutet sowohl eine Gesinnung als auch ein praktisches Handeln, schließlich muß das Wort auch verschiedene Institutionen und Maßnahmen umfassen, die aus der Fundamentalidee hervorgehen. Caritas als praktisches Handeln ist universal. „Die Universalität des christliches Hauptgebotes verbietet uns daher eine Verengung des Begriffes auf die Notleidenden"[583], wenn er auch wahrnimmt, daß sich auf diese der Begriffsinhalt im Alltagsleben konzentriert. Völlig gegen den damaligen Zeitgeist hebt *Weber* hervor: „Im Sinne des Christentums ist (..) jeder Mensch, auch der fernste, unser Nächster, gleichviel auf welchem Erdteil er wohnt, welchem Volke, welcher Rasse, welcher Nation, welchem Stande und welcher Klasse er angehört."[584] 1938 hat *Weber* den Mut auszusprechen, daß „Nationalitäts- und Universalitätsprinzip einander ausschließen"[585].

11.2. *Verknüpfung von Gottes- und Nächstenliebe*

Weber betont die Einheit und Untrennbarkeit von Nächsten- und Gottesliebe. Sie ist für ihn „Fundamentalgrundsatz der katholischen Caritaslehre"[586]. „Eine Behandlung der katholischen Caritasauffassung kann und darf niemals davon absehen, von der Behandlung der Gottesliebe ihren Ausgangspunkt zu nehmen, denn alle wirkliche Liebe ist zuhöchst und zuerst notwendig Gottesliebe."[587] Caritas ist zunächst einmal die Liebe Gottes zum Menschen. Die Liebe geht von Gott aus, hat in ihm ihren Ursprung und ihre Quelle. In Jesus Christus hat sich diese Liebe Gottes geoffenbart. Menschwerdung, Erlösung, Kreuz und Tod sind die bedeutendsten Manifestationen der göttlichen Caritas. Die Zeichen, die Jesus in seinem irdischen Leben gewirkt hat, kennzeichnet *Weber* als „Caritastaten": „Die Liebe Gottes erstreckt sich in besonderem Maße auf die Notleidenden und Hilfsbedürftigen."[588] Mit dieser grundlegenden Erfahrung, „daß der tiefste Wesenskern der Caritas die Liebe Gottes zum Menschen darstellt", hat das Christentum eine Wende zum Denken des Altertums eingeleitet, das sich nur eine Bewegung von unten nach oben vorstellen konnte[589].

Erst durch das Erlebnis der Liebe Gottes zu den Menschen wird Caritas als Gottesliebe auch Liebe des Menschen zu Gott. „Die Caritas als ‚Liebe Gottes' ist gleichsam das Schiff, das dem Menschen die Überquerung des Abgrundes zwischen Gott und Menschen ermöglicht."[590] Der Beziehung, die der Mensch zu Gott aufnehmen kann, ist letztlich ein Geschenk Gottes. Gott hilft dem Menschen, die Kluft zwischen dem Menschen

---

[583] Ebd. 124.
[584] Ebd. 145.
[585] Ebd. 147.
[586] Ebd. 71.
[587] Ebd. 46.
[588] Ebd. 102.
[589] Ebd.
[590] Ebd. 104.

und Gott zu überwinden.

Die zu Gott aufgebaute Beziehung hat Konsequenzen für das Leben des Menschen. Die Caritas weitet sich zu einem „Beziehungskomplex: Gott - Mensch - Mitmensch" aus. „Der innerlich von der Gottesliebe erfüllte Mensch muß diese nach außen hin naturnotwendig wieder ausstrahlen."[591] So ist die Nächstenliebe nicht in erster Linie eine Leistung des Menschen, sondern sie hat „die Gottesliebe als ihren Urgrund und Untergrund"[592].

Weber vergleicht die Caritas mit einem Bau. Es erscheint ihm merkwürdig, daß die Moderne häufig auf das Fundament des Hauses verzichten will, eine Einsicht, die auch für die Postmoderne der siebziger Jahre bis in die Gegenwart noch zutreffend ist. „So schwebt (...) das Ideengebäude der christlichen Nächstenliebe in der Luft, wenn nicht zuvor das Fundament der Gottesliebe und das Erdgeschoß der Selbstliebe errichtet sind."[593]

Die Selbstliebe sieht *Weber* in dem allgemein menschlichen Trieb der Selbsterhaltung begründet, der ethisch indifferent ist. Die natürliche Selbstliebe sei jedoch in der Gefahr, ein überspitztes Geltungsstreben zu entwickeln und die eigenen Grenzen zu überschreiten[594]. Mit dem Gedanken der Anerkennung der eigenen Grenzen kommt *Weber* nahe an den Gedanken heran, den *Romano Guardini* 1953 in dem Essay „Die Annahme seiner selbst" näher entfaltet hat[595]. *Weber* liegt jedoch nicht das entfaltende johanneische und dialogische Denken, wie es *Guardini* zu eigen war: er ist systematischer und wissenschaftlich stringenter.

Weber verdeutlicht die berechtigte Selbstliebe von den konträren selbstvernichtenden Verhaltenstendenzen aus, „die unmittelbar gegen das eigene Ich gerichtet sind: Selbsthaß, völlige Verzweiflung, Selbstverwünschungen, Selbstverstümmelungen, Selbstmord"[596]. Der Bezug zur Drogenproblematik fehlt jedoch in diesem ersten grundlegenden Teil des mehrbändig gedachten Werkes.

---

[591] Ebd. 105.

[592] Ebd. 106.

[593] Ebd. 47.

[594] Vgl. ebd. 63.

[595] Vgl. *Guardini, Romano:* Die Annahme seiner selbst. In: *Ders.* : Gläubiges Dasein. Die Annahme seiner selbst. Mainz: Grünewald/ Paderborn: Schöningh 1993, 7-31, insbesondere 16. („Die Annahme seiner selbst" ist hier die 6. Aufl. der 1960 im Werkbund-Verlag, Würzburg erschienenen Monographie; ursprünglich 1953 veröffentlicht in: *Guardini, Romano/ Kahlefeld, Heinrich/ Messerschmid, Felix (Hrsg.):* Christliche Besinnung. Würzburg: Werkbund, S. 5-30.) Es fällt jedoch auf, daß *Weber* offensichtlich *Guardini* nicht zitiert hat, obwohl er offiziell Kollege von *Weber* in Breslau war. *Guardini* lehrte jedoch nicht an der theologischen Fakultät in Breslau, wohin er 1923 berufen war, sondern nahm einen ständigen Lehrauftrag an der Humboldt-Universität in Berlin wahr.

[596] *Weber, Heinrich:* Wesen der Caritas, 1938, 60.

Bei dem Gedanken der Selbstliebe als Voraussetzung, Vorbild und Maßstab der Nächstenliebe stützt sich *Weber* wie auch an anderen Stellen des Werkes auf *Augustinus* und *Bonaventura*, die noch häufiger als *Thomas von Aquin* als theologische Zeugen herangezogen werden. *Weber* ist neuscholastisch geprägt, versteht aber das traditionelle theologische Denken immer wieder durch modernere Fragestellungen und Gedankengänge aufzulockern, die Phänomenologie, die Lebensphilosophie und das moderne Gegensatzdenken einzubeziehen, wenn er zusammenfassend zu dem Abschnitt „Der Wesensgehalt der christlichen Caritasidee" *Erich Przywara* zitiert: „Wie das Leben der Rhythmus ist, in dem die widerstreitenden Augenblicke sich schlingen, so ist die echte Liebe der Rhythmus der Gegensätze von Nächstenliebe und Selbstliebe, Gottesliebe und Menschenliebe."[597]

11.3. *Caritas in ihren verschiedenen Bedeutungen*

Weber reflektiert die Begriffe Liebe und Caritas in ihren mannigfaltigen Bedeutungen. Auch in seiner Zeit muß er sich mit verschiedenen Mißverständnissen und Fehldeutungen auseinandersetzen. *Weber* weiß, daß der Begriff Liebe sehr unterschiedliche Aspekte umfaßt, von der sinnlichen, sexuellen und erotischen, ja eifersüchtigen Liebe über die behütende, sorgende Liebe einer Mutter bis zum Streben nach allgemeiner Wohlfahrt: „So umschließt die Liebe das Höchste und das Niederste, das Edelste und das Gemeinste, das Segensreichste und das Verderblichste."[598]

Weber geht den hebräischen Wortbildungen ahab und sedaka nach, zudem den Bedeutungen der griechischen Worte Eros, Philia, Agape und der lateinischen Worte amor, dilectio und caritas. Da bis ins 20. Jahrhundert die Schreibweise „Charitas" üblich war und auch der Caritasverband und seine Zeitschrift bis zum Jahre 1909 diesen Namen führte, der von dem griechischen Wort Charis abgeleitet wurde, das Gabe, Geschenk, Liebenswürdigkeit, Dank bedeutet, hat sich *Weber* mit dieser Fragestellung noch auseinandergesetzt, sich aber für die Schreibweise caritas entschieden, die vom lateinischen Adjektiv carus = wert, teuer, lieb und dem entsprechenden Substantiv caritas abzuleiten ist. Aber auch das lateinische caritas habe eine mannigfache Bedeutung, und zwar a) Liebesmahl, b) Almosen, c) die freiwillige Gabe, d) den materiellen Wert, e) die seelische Hochschätzung, f) die Sorge, g) den Segen und h) die Anstalt als jene Stätte, in der die caritative Tätigkeit geübt wird[599].

Weber unterscheidet Caritas im allgemeinen Sinne von der Caritas im eigentlichen oder engeren Sinne sowie von der Caritas im weiteren und der Caritas im übertragenen Sinne. Die Caritas im allgemeinen Sinne gilt allen Menschen und zeichnet sich durch Mit-

---

[597] Ebd. 98/99. Zitat aus *Przywara, Erich:* Liebe. Der christliche Wesensgrund. Freiburg i.Br.: Herder 1924, 88.
[598] Ebd. 2.
[599] Vgl. ebd. 7-17.

menschlichkeit und freundliches Entgegenkommen aus. Die Caritas im engeren oder eigentlichen Sinne, der die Caritaswissenschaft am meisten interessiert, meint „das caritative Handeln des Menschen, das sich den Notleidenden zuwendet, die barmherzige Liebe"[600]. Unter Barmherzigkeitsübung faßt er aber nicht allein die materielle, sondern auch die ideelle Hilfeleistung in der Form aufmunternder, tröstender und aufrichtender Worte. Die Caritas im eigentlichen Sinne gilt den materiell und seelisch Notleidenden, den Armen, den Verlassenen und Verwahrlosten, aber auch den Kranken, wobei er die Geisteskranken und Geistesschwachen ausdrücklich einbezieht, und insbesondere den Kindern, wenn die Familie versagt oder fehlt. Neben den „leiblichen Werken der Barmherzigkeit": Kranke besuchen, Durstige tränken, Hungrige speisen, Gefangene loskaufen, Nackte bekleiden, Fremde aufnehmen kennt *Weber* auch die „geistigen Werke der Barmherzigkeit": Zweifelnde beraten, Menschen, die sich verfehlt haben, brüderlich zurechtweisen, Unwissende lehren, Leidende trösten, Beleidigern verzeihen, Unrecht geduldig ertragen und für die Lebenden und Verstorbenen zu Gott beten[601]. Leibliche und geistige Werke gehören zusammen, weil die Caritas den ganzen Menschen erfassen muß.

Die Caritas im weiteren Sinne ist universal und richtet sich nicht allein auf die Notleidenden, sondern verpflichtet in der Begegnung mit jedem Menschen, da jeder Mensch Ebenbild Gottes ist[602].

Die Caritas im eigentlichen Sinne bedarf zur Durchführung ihrer praktischen Unterstützungsarbeit der organisatorischen Hilfseinrichtungen, z.B. des Caritasverbandes. Praktische Caritas erfordert heute Ausbildung, Mittelbeschaffung und Organisation[603]. Dieses Verständnis ist Caritas im übertragenen Sinne. Mit dem Sprachgebrauch von Caritasliteratur, Caritaskollekten, Caritasverband, Caritassonntagen, Caritasbüro usw. hat sich eine Ausweitung des Caritasbegriffes vollzogen, die bei der zunehmenden Komplexität des soziökonomischen Lebens gewissermaßen unvermeidlich ist[604]. *Weber* sieht aber die Gefahr, daß dieser abgeleitete Sinn zum einzigen Sinn von Caritas wird: „Wie oft wird heute der organisatorische Apparat, also die Caritas im übertragenen Sinne, mit der katholischen Barmherzigkeitsübung, also mit der Caritas im eigentlichen Sinne, schlechthin identifiziert."[605] Dies hält er für eine oberflächliche, veräußerlichte, bereits damals verbreitete Auffassung, die die Caritasidee in bedauerlicher Weise verfälscht. *Weber*, der sein Leben so sehr in den Dienst des Caritasverbandes gestellt hat, scheut nicht vor Kritik gegenüber dieser Sprachverflachung zurück: „Unsere neuzeitliche Caritasliteratur (...) ist allzu stark in jenes oberflächliche Fahrwasser des Alltagslebens gelangt, in dem man mit dem Wort Caritas nur noch die Vorstellung der rein äußerlichen Unterstützung

---

[600] Ebd. 110.
[601] Ebd. 202-206.
[602] Vgl. ebd. 124.
[603] Vgl. ebd. 125/126.
[604] Vgl. ebd. 125.
[605] Ebd. 112.

und den Gedanken an die Caritasorganisation verbindet. Diese veräußerlichte Auffassung ist eine der bedauerlichsten Erscheinungen, die der Caritasbewegung unserer Tage ungeheuer schadet (...) Sie steht im Widerspruch zu der christlichen Erlösungslehre sowie zu der frühchristlichen Auffassung und Ausübung der Caritas."[606] Diese klare, unmißverständliche Kritik nicht eines Außenstehenden, sondern einer Persönlichkeit, die sich mit dem Caritasverband identifiziert hat, überdies sich durch caritasgeschichtliche Forschung und Lehre ausgewiesen hat, ist von besonderem Gewicht.

Obwohl *Weber* die Caritas, die Nächstenliebe entsprechend der biblischen Botschaft vom barmherzigen Samariter universal sieht und insofern den Fremden, ja den Feind einbezieht, und die Hilfsbedürftigkeit und nicht die Verwandtschaft oder die Konfessionszugehörigkeit den Mitmenschen zum „Nächsten" werden läßt, so betont er dennoch, daß es „bevorzugte Objekte der Caritas im allgemeinen Sinne" gibt, die Allernächsten im Familienkreise, die Eheleute, die eigenen Kinder, die eigenen Eltern, dann den Freundeskreis, ferner die Angehörigen des eigenen Volkes und die im Glauben Verbundenen[607].

11.4. *Liebe und Gerechtigkeit*

Bei der Begriffsabgrenzung ist es ihm, wie in der abendländischen philosophischen Tradition seit *Aristoteles* geläufig, Liebe und Gerechtigkeit in der Zielsetzung und in der Grundhaltung zu unterscheiden. Gerechtigkeit sieht *Weber* „als das Fundament und die Voraussetzung der Caritas": „Zunächst muß dem Mitmenschen das gegeben werden, was ihm zukommt, worauf er einen Rechtsanspruch hat. Zunächst gerechte Behandlung des Mitmenschen, dann caritatives Wohlwollen! Zunächst gerechter Lohn, dann caritative Spenden! Zunächst gerechte Preisbildung, dann caritatives Wohltun! (...) Das ist keine Caritas, die die Gerechtigkeit ersetzen will." Aber es folgt auch der Satz: „Das ist keine Gerechtigkeit, die die Caritas verdrängen möchte."[608] Diese einfachen, aber markanten Sätze kennzeichnen, daß *Weber* als Caritaswissenschaftler gleichzeitig Sozialethiker und Wirtschaftsethiker ist. Er nimmt keine weltfremden, utopischen oder rein gesinnungsethischen Positionen ein, sondern er ist bestrebt, eine gerechte Sozialpolitik und ein caritatives Fürsorgewesen gleichzeitig im Auge zu haben. Seine Aussage „Gerechtigkeit (wird) zum Fundament der Sozialpolitik, Caritas zum Fundament des Fürsorgewesens"[609] kann man bei fortschreitender Verrechtlichung der Sozialarbeit heute nicht mehr so eindeutig aufrechterhalten; dennoch verliert die heutige Sozialarbeit an Humanität, wenn sie der mitempfindenden Wärme, der kommunikativen Haltung, der personalen

---

[606] Ebd. 71/72.
[607] Vgl. ebd. 154-166.
[608] Ebd. 133.
[609] Ebd. 132.

Nähe, des einfühlenden Verstehens und der Gesinnung der Barmherzigkeit entbehrt[610].

Weber behält Aktualität, wenn er auf die notwendige Ergänzung von Liebe und Gerechtigkeit hinweist: „Die Caritas baut auf dem Fundament der Gerechtigkeit auf (...) Caritas ist das zartere, weichere und darum ebenso unentbehrliche Element in jeder Volksgemeinschaft. Caritas weckt warmes, lebendiges Leben, sie gleicht aus und versöhnt."[611] Die Gerechtigkeit allein ist ihm zu hart und zu kalt, als daß ein lebendiges Gemeinschaftsleben darauf aufbauen könnte. Dazu bedürfe eines konstitutiven Elementes, der christlichen Liebe, „die sich bemüht, positiv alles zu tun, was den Mitmenschen fördern und heben kann". Liebe geht über das harte strenge Müssen des Rechts hinaus und kann in ihrer Freiheit mehr tun, als das Recht unerbittlich fordert[612]. Bei seiner Rede auf dem Breslauer Katholikentag 1926 gipfelt die Gegenüberstellung in dem programmatischen Satz: „Fiat justitia, triumphet caritas! Es geschehe Gerechtigkeit, doch triumphieren möge die Liebe!"[613]

Weber hat sich immer wieder praktischen Fragen der Sozialpolitik und der Wohlfahrtspflege zugewandt, so der Reform der Sozialversicherung[614], den Ursachen der Arbeitslosigkeit während der Weltwirtschaftskrise, wirtschaftspolitischen Konzeptionen zu ihrer Beseitigung und Reduzierung sowie der Arbeitslosenhilfe für die Betroffenen[615]. Jahre zuvor hatte er bereits in Anbetracht des „unruhig wogenden Wirtschafts- und Gesellschaftslebens" die Berufsberatung als dringende Aufgabe der Jugendfürsorge gefor-

---

[610] Zur heutigen Situation vgl. die Erklärung der Kommission 7 „Sozial-caritativer Dienst" des Zentralkomitees der deutschen Katholiken: „Barmherzigkeit, Eine neue Sichtweise zu einem vergessenen Aspekt der Diakonie" vom 7. November 1995; vgl. auch *Hermanns, Manfred/ Stempin, Angela:* Barmherzigkeit unmodern? In: *Breuer, Karl Hugo* (Hrsg.): Jahrbuch für Jugendsozialarbeit. Bd. XVII. Köln 1996, 161-179; *Pompey, Heinrich:* Barmherzigkeit - Leitwort christlicher Diakonie. In: Die neue Ordnung. Jg. 51 (1997), 244-258.

[611] *Weber, Heinrich:* Wesen der Caritas, 1938, 135 (Anm. 22). *Weber* zitiert bei seinen Ausführungen über Gerechtigkeit und Liebe auch mehrfach die theologische Dissertation von *Joseph Höffner*, der sein Nachfolger auf dem Münsteraner Lehrstuhl werden sollte. Vgl. *Höffner, Joseph:* Soziale Gerechtigkeit und soziale Liebe. Versuch einer Bestimmung ihres Wesens. Saarbrücken: Saarbrücker Druckerei und Verlag 1935.

[612] *Weber, Heinrich/ Tischleder, Peter:* Wirtschaftsethik, 1931, 43 f. (Anm. 337).

[613] *Weber, Heinrich:* Die Herrschaft christlicher Grundsätze im Wirtschaftsleben. In: Reden gehalten in den öffentlichen und geschlossenen Versammlungen der 65. Generalversammlung der Katholiken Deutschlands zu Breslau 21. - 25. August 1926. Würzburg: Fränkische Gesellschaftsdruckerei 1926, 92.

[614] *Weber, Heinrich:* Die deutsche Sozialversicherung als Kampfobjekt, in: Caritas Jg. 35 (1930), 425-441, 550-573 und Caritas Jg. 36 (1931), 6-17, 107-112, 159-161 und 263-269. Vgl. auch Anm. 516.

[615] *Weber, Heinrich:* Stand und Ursachen der heutigen Arbeitslosigkeit. In: Schönere Zukunft. Wochenschrift für Kultur und Politik, Volkswirtschaft und Soziale Frage 6, II. Hälfte (April bis September 1931). 969-971; ders.: Linderungsmöglichkeiten der heutigen Arbeitslosigkeit, in: Ebd. 997-998; ders.: Freie Wohlfahrtspflege und Arbeitslosenhilfe, in: Freie Wohlfahrtspflege Jg. 7 (April 1932 bis März 1933), 301-309, 352-368.

dert[616]. *Weber* kann insofern als ein früher Anreger der Jugendberufshilfe angesehen werden, die erst nach dem Zweiten Weltkrieg aufgebaut wurde. Ein solch anregender und kritischer Geist, der unermüdlich für die helfenden, heilenden und erzieherischen Aufgaben der Wohlfahrtspflege warb und zugleich immer wieder auf die Grenzen des Staates hinwies, mußte der nationalsozialistischen Herrschaft unbequem und unwillkommen sein. Sie hat deshalb seinen Wirkungsraum sehr eingeengt.

---

[616] *Weber, Heinrich:* Das kommunale Jugendamt, 1927, 85, s. auch 10 (Anm. 334).

12. Konsequenzen der Verknüpfung von theoretischer und praktischer Gesellschaftslehre und der Caritaswissenschaft

12.1. *Caritas und Organisation*

12.1.1. *Grundsätzliche Erwägungen: Leben in einer organisierten Welt*

Weber erkennt aufgrund seines soziologischen Blicks, daß die Menschen im 20. Jahrhundert in einer organisierten Welt leben, und er war sich deshalb voll bewußt, daß moderne Wohlfahrtspflege, heutige Sozialarbeit, im Rahmen von Organisationen geleistet wird. Da private Wohlfahrtspflege den zunehmenden Aufgaben und Nöten in der Industriegesellschaft nicht mehr entsprechen kann, werden auf den verschiedensten Gebieten der sozialen Arbeit freigemeinnützige und öffentliche Organisationen geschaffen. In seiner Habilitationsschrift von 1922 interpretiert er die Schaffung von Organisationen für zahlreiche Kategorien Notleidender als „Tendenz zur Vergesellschaftung"[617]. Er belegt die Entwicklung an sozialgeschichtlichen Beispielen aus der Waisen- und Behindertenfürsorge und der Gesetzgebungspraxis seit Schaffung der Sozialversicherung. Seit Anfang der Weimarer Republik erfährt diese Tendenz aus seiner Sicht einen besonderen Entwicklungsschub. Als „Kultur- und Wohlfahrtsstaat" greift der moderne Staat, wie er zu Beginn der Weimarer Republik konzipiert war, immer mehr „positiv fördernd" in die Wohlfahrtsarbeit ein und übernimmt sie[618]. Die wachsende Bedeutung der öffentlichen Wohlfahrtspflege kommt in der zu Beginn der zwanziger Jahre forcierten Schaffung von Wohlfahrts- und Jugendämtern zum Ausdruck[619]. Organisationssoziologische Erwägungen durchziehen *Webers* gesamtes weiteres Lebenswerk. 1928 urteilt er: „In allen Bereichen menschlichen Lebens stoßen wir auf Organisationen, auch auf dem Gebiet der Fürsorge und der Caritas spielt in der Gegenwart das Organisationsproblem eine ungeheure Rolle."[620]

Entgegen dem damals noch verbreiteten organizistischen Denken grenzt *Weber* Organisation deutlich von Organismus ab. Er erkennt zwar den gemeinsamen etymologischen Ursprung von Organon, sieht den heutigen Begriff Organismus aber biologisch als ein individuelles, mit immanenter Lebenskraft ausgestattetes Zweckgebilde, dessen Teile naturgesetzlichen Wechselbeziehungen unterliegen. Demgegenüber faßt er den Organisationsbegriff soziologisch: „Die Organisation ist eine aus verschiedenen selbständigen, selbstwollenden und selbsttätigen Bestandteilen aus dem Bewußtsein eines gemeinsamen Zieles auf Grund rationaler Überlegungen geschaffene überindividuelle Einheit."[621]

---

[617] *Weber, Heinrich:* Akademiker, 1922, 6 ff. (Anm. 60).
[618] Ebd. 8.
[619] Ebd. 26 ff.
[620] *Weber, Heinrich:* Organisation, 207 (Anm. 90).
[621] Ebd. 208.

Organisationssoziologische Fragen erörtert *Weber* bei der Diskussion des Verhältnisses von öffentlichen und freien Trägern der Sozialarbeit sowie bei seinen Überlegungen über einen effektiven Aufbau kommunaler Ämter und der Einrichtungen in freier Trägerschaft. Er geht davon aus, daß Technik und Verwaltung im Dienst der Sozialarbeit stehen. „Die Wohlfahrtspflege darf nicht Selbstzweck, sondern nur Mittel zum Zweck sein. Das gilt für die freie sowohl wie für öffentliche."[622]

Aus organisatorischen Erwägungen begrüßt er die rechtliche Vereinheitlichung[623] und Zentralisierung der verschiedenen Aufgaben der Jugendhilfe und Jugendpflege in einem einzigen Jugendamt entsprechend dem Reichsjugendwohlfahrtsgesetz. Bei der vorangegangenen Zersplitterung bemühten sich oft „einerseits (...) um denselben Jugendlichen mehrere Organisationen in nutzlosem oder gar schädlichen Nebeneinanderarbeiten, andererseits wurden an anderen Orten wegen des Mangels rühriger Organisationen fürsorgebedürftige Jugendliche überhaupt nicht erfaßt"[624]. Pragmatisch geht er das Verhältnis von Jugendamt und Wohlfahrtsamt, dem heutigen Sozialamt an. In größeren Städten kann das Jugendamt selbständig aufgebaut sein, während es in kleineren Stadt- und Landkreisen als Teilamt dem Wohlfahrtsamt eingegliedert sein könnte[625].

Entsprechend den Gesichtspunkten der modernen Organisationssoziologie fragt *Weber* nach der Relation von Organisationsziel und Struktur. „Jede ökonomische Geschäftsführung muß an dem Ziel, dem sie dienen soll, sich orientieren, muß alle Kräfte und Mittel, die dem Ziele dienen, so auswählen und einsetzen, daß mit möglichst geringem Aufwand höchster Nutzeffekt erzielt wird."[626] Effizienz war für *Weber* ein unverzichtbares Kriterium bei der Verwirklichung von Mitmenschlichkeit. Das Organisationsziel z.B. des Jugendamtes sei die Förderung der Jugend, auf den der Organisationsablauf sich je nach den gesellschaftlichen und wirtschaftlichen Bedingungen einzustellen hätte.

12.1.2. Ziel und Struktur der Caritas

Organisationssoziologische Überlegungen trifft *Weber* auch in Bezug auf die Caritas. In diesem Rahmen stehen Klärungen des Begriffs Organisation.

Weber stützt sich bei seiner Organisationsanalyse und -planung u.a. auf Arbeiten von

---

[622] *Weber, Heinrich:* Abbau der Wohlfahrtspflege, o.J. [1926], 13-14.
[623] Durch das „Reichsgesetz für Jugendwohlfahrt" von 1922 wurden alle sozialpädagogischen Hilfen für Kinder und Jugendliche wie Erziehungshilfe, Jugendpflege, Jugendförderung, Jugendschutz, Jugendgerichtshilfe zusammengefaßt.
[624] *Weber, Heinrich:* Das kommunale Jugendamt, 5 (Anm. 334).
[625] Vgl. *Weber, Heinrich:* Jugendfürsorge, 1923, 30 (Anm. 332).
[626] Ebd. 85.

Götz Briefs und *Johann Plenge*[627]. Er ist aber wohl der erste, der organisationssoziologische Erkenntnisse auf das Gebiet der Sozialarbeit praktisch anwendet. Er weiß um die bis heute in Caritas und Diakonie bestehende Abneigung gegen solches Unterfangen, die Befürchtung um die erzwungene Unselbständigkeit und die „Organisationsmüdigkeit"[628]. Aber moderne Caritas kommt nicht mehr ohne Organisation aus. „Praktische Caritas erfordert theoretische Durchdringung und Verarbeitung des Gesamtgebietes, erfordert Schulung, Mittelbeschaffung und Organisation."[629] Die Notwendigkeit der Organisation ergibt sich für *Weber* aus dem gemeinsamen erstrebenswerten Ziel und aus der erfolgten Spezialisierung. Das Organisationsziel muß im Bewußtsein aller Mitarbeiter verankert sein. Die Erstrebenswürdigkeit des Zieles ist für die Motivation der Mitglieder der Organisation erforderlich. Motivierung und Zielsetzung der Caritas werden von *Weber* in einem gemeinsamen Kapitel behandelt[630]. Erkenntnismäßige, gefühlsmäßige und religiöse Motive schwingen bei der Verwirklichung des Caritaszieles zusammen.

Aber auch Arbeitsteilung und Arbeitsspezialisierung erfordern die Organisation. Die Caritasarbeit hat sich in verschiedene Arbeits- und Berufsfelder differenziert. „Die Spezialisierung der Caritastätigkeit (...) hat sich im Laufe der Jahrhunderte allmählich entwickelt und in der modernen Caritasarbeit sich weitgehend durchgesetzt. So hat notwendig die Arbeitsorganisation auch auf dem Felde der Caritasbetätigung siegreichen Einzug gehalten."[631]

Gemäß moderner Organisations- und Managementlehre denkt *Weber* auch an die Überprüfung des Organisationszieles. Ausschließliche Systemerhaltung, wie man heute sagen würde, ist ihm als Ziel nicht hinreichend für die Legitimation einer Organisation. „Deswegen ist es ein Unfug, wenn eine caritative Organisation (...) auf Grund eines vorhandenen Status, das früher einmal die äußere Formulierung eines erstrebenswerten Zieles war und den in Buchstaben gekleideten frischen Willen zur Zielerreichung atmete, immer noch Beiträge erhebt zur Finanzierung eines überflüssig gewordenen Bürobetriebes oder auch rein gewohnheitsmäßig, nachdem vielleicht die Zielsetzung überholt oder aber die Zielerstrebung rein platonisch geworden ist. Daraus ergibt sich die Konsequenz, daß jede caritative Organisation (...) immer wieder die Frage ihrer Existenzberechtigung überprüfen sollte."[632]

---

[627] Vgl. *Briefs, Götz:* Über das Organisationsproblem. Berlin: Germania 1918; *Plenge, Johann:* Drei Vorlesungen über die allgemeine Organisationslehre. Essen: Baedeker 1919.

[628] *Weber, Heinrich:* Organisation, 209 (Anm. 90).

[629] *Weber, Heinrich:* Wesen der Caritas, 1938, 125/126 (Anm.22). Wie sehr *Weber* die Organisationsfragen der Caritas beschäftigt haben, ist auch daraus zu ersehen, daß er bereits 1922 das Dissertationsthema „Die Organisation des deutschen Caritasverbandes" an *Maria Sender* aus Greven vergibt.

[630] Ebd. 219ff.

[631] Ebd. 214.

[632] *Weber, Heinrich:* Organisation, 1928, 209 (Anm. 90).

Sodann reflektiert *Weber* die Struktur der Caritas, und zwar am Beispiel der Unterstützungsfürsorge, die aus der Armenpflege hervorgegangen ist und der Aufgabenstellung nach bis heute eine zentrale Aufgabe der Sozialhilfe ist. Aufbauend auf der Struktur des Verhältnisses von Bischof und Diakonen in urchristlicher Zeit geht er der Frage von Zentralisation und Dezentralisation in seiner Zeit nach. Er hält die „dominierende Stellung des Bischofs" in der Armenpflege für erforderlich, und zwar aus pastoralen Gründen, weil „Armenpflege im christlichen Sinne Seelenpflege" sein muß[633]. *Weber* kennt noch nicht die modernen Überlegungen der Partizipation von Laien in der Kirche, dennoch weist er darauf hin, daß die zentrale Stellung des Bischofs „keineswegs eine Ausschaltung des Laienelementes bedeutet"[634]. *Weber* begründet den Vorteil der Zentralisation mit Hinweisen 1. auf die Vermeidung der Zersplitterung und 2. auf die Vermeidung von Mißbräuchen, z.B. von Doppelunterstützungen. Positiv sieht er in der Zentralisation der vorhandenen Mittel einen höheren Nutzeffekt. Also aus Effizienzgesichtspunkten hält er eine zentrale Leitung für angemessen. Der Zentralisation der Leitung widerspricht nicht eine Dezentralisation der pflegerischen Arbeit. Schon im Altertum hätten „sämtliche Gemeindemitglieder durch vereinte Anstrengung unter einheitlicher Leitung des Bischofs in der Liebe zu den Armen gewetteifert"[635]. Der Dezentralisation der praktischen Tätigkeit entspricht „das Prinzip der Hausarmenpflege, d.h. der individuell-fürsorgerischen Behandlung der Hilfsbedürftigen"[636].

Weber fragt nach dem Verhältnis von Caritasarbeit in den Gemeinden und dem Caritasverband sowie in den verschiedenen caritativen Vereinen. Als Modell erwähnt er den Organisationsaufbau im Bistum Münster, den er aus eigener Erfahrung am besten kennt und entscheidend mitgestaltet hat.. Er veranschaulicht sein Modell an einem übersichtlichen und in seiner Zeit wohl einmaligen Organisationsplan, der heute als Organigramm zu bezeichnen wäre. Als Ort der caritativen Tätigkeit sieht er die Gemeinde, die „Pfarrhilfe". Das Organ der Pfarrhilfe ist der „Pfarrausschuß", der in „demokratisch-parlamentarischer Form" die Zentralisation repräsentiert. Dies würde dem heutigen Pfarrgemeinderatsausschuß entsprechen. In diesem Ausschuß sind neben dem Pfarrer und seinem Stellvertreter alle caritativen Vereine, z.B. Vinzenzkonferenz und Elisabethverein vertreten.

Alle „Pfarrhilfen" einer Stadt oder eines Ortes bilden den Ortsausschuß des Caritasverbandes. Alle Pfarrausschüsse entsenden in den Ortsausschuß einen Vertreter. Ferner gehören ihm als quasi geborene Mitglieder die Vorsitzenden des örtlichen Caritasverbandes und die Präsidenten der Ortsverbände der caritativen Vereine an. *Weber* denkt nicht an eine Überschneidung der Aufgaben zwischen dem Ortsverband der Caritas und der „Pfarrhilfe". Der Caritasverband soll satzungsgemäß die Werke der Nächstenliebe fördern und pflegen und ein geordnetes Zusammenwirken aller auf caritativem Gebiet täti-

---

[633] Ebd. 210.
[634] Ebd.
[635] Ebd. 211.
[636] Ebd.

gen Personen und Institutionen herbeiführen, während die Pfarrhilfe vor allem die spezielle Aufgabe der Unterstützungsvorsorge durchführen soll[637]. Entsprechend den gewandelten und vermehrten Aufgaben der Sozialarbeit wird sicher heute eine neue Arbeitsteilung erforderlich sein; aber auch für die Gegenwart scheint bedenkenswert, daß *Weber* der Gemeinde im Aufbau der Caritasarbeit einen besonderen Platz zuweist und in dem diakonischen Engagement eine evangeliumsgemäße Lebenspraxis aller Gläubigen erblickt.

Dadurch bleibt den Gemeindemitgliedern Caritas als Grundfunktion der Kirche bewußt und wird nicht allein als Kompetenzbereich eines dafür spezialisierten professionellen Verbandes angesehen. *Weber* hebt die Universalität der subjektiven Caritasverpflichtung hervor: „Jeder Mensch ist nach katholischer Lehre Subjekt der Caritas, er muß Caritas üben. Niemand, auch nicht der Ärmste, ist davon ausgeschlossen und befreit."[638]

12.1.3. *Gefahr der Bürokratisierung*

Weber war sich als Soziologe der Gefahr der Institutionalisierung und Bürokratisierung caritativer Organisationen bewußt. Diese Gefahr sieht er zwar vor allem bei der öffentlichen Sozialarbeit, hält sie aber bei der Caritas nicht für ausgeschlossen[639]. „Der Caritasverein als Organisation ist immer - das folgt zwangsläufig aus dem Wesen der Organisation - Gefahren ausgesetzt, namentlich den Gefahren der Entseelung, der Bürokratisierung, der Technisierung und der Erstarrung."[640] Eine rationale Organisation könnte Statuten, Geschäftsordnung und formale Beschlußfassung überbetonen. „Die aktenmäßige Erledigung des ‚Falles' erscheint leicht wichtiger und dringender als die persönlich wirksame Aufrichtung des Menschen. Der organisatorische Apparat wird sorgfältig gehandhabt und gepflegt, der lebendige Mensch in seiner Not wird vernachlässigt und kommt zu kurz. Je größer und umfassender die Organisation, desto stärker diese Gefahren."[641]

Die Organisation bleibt für *Weber* immer Mittel zum Zweck, ist Hilfe „zur leichteren und sicheren Zielerreichung"[642]. Das Organisatorisch-Technische wie Statuten, Schriftführung, Formularwesen, Konferenzen, Statistik ist auf das unbedingt notwendige Maß zu beschränken. Bei aller klaren Perspektive für Strukturfragen ist er sich des Zeitproblems bewußt. Er weiß um die Belastung vor allem der ehrenamtlichen Kräfte. „Die Sitzungen seien regelmäßig und anregend, aber nicht zu häufig und nicht zu lang. Es handelt sich um ehrenamtliche Kräfte, die meist durch ihren Beruf schon voll in Anspruch genommen sind, denen man nicht mehr Zeitopfer zumuten sollte, als unbedingt notwendig ist, und

---

[637] Ebd. 213-217.
[638] *Weber, Heinrich:* Wesen der Caritas, 1938, 176 (Anm. 22).
[639] *Weber, Heinrich:* Caritas und Volkswirtschaft. In: Caritas. Jg. 37 (1932), 537.
[640] *Weber, Heinrich:* Wesen der Caritas, 1938, 216 (Anm. 22).
[641] Ebd.
[642] *Weber, Heinrich:* Organisation, 1928, 220 (Anm. 90).

denen man als Äquivalent für ihre Opferfreudigkeit möglichst viel Anregung bieten sollte."[643] Die nüchterne Organisationsanalyse und die praxisbezogenen Empfehlungen erweisen *Heinrch Weber* als Empiriker, der die genaue und prüfende Beobachtung über die betriebsblinde Ideologie stellt. In *Webers* Werk finden sich bis heute brauchbare Anregungen für Führung und Leitung von sozialen Organisationen.

Aus der kritischen Diagnose der Bürokratiegefährdungen von caritativen Organisationen zieht er Schlußfolgerungen für die Organisationsüberprüfung und -entwicklung. „Deshalb müßte insbesondere der Leiter jeder Caritasorganisation sich ständig kritisch fragen, wie weit der organisatorische Apparat noch Mittel zum Zweck ist, „oder wie weit ist er schon überflüssiger und schadenstiftender Selbstzweck geworden?"[644] Es bedürfte in den Caritasorganisationen immer wieder der Erneuerung aus der Caritasgesinnung. Das entscheidende Korrektiv gegen Erstarrung, Verknöcherung, Institutionalisierung sieht *Weber* in der „von wahrem Caritasgeiste durchdrungenen, aus lauteren Caritasmotiven arbeitenden und unentwegt auf das unverrückbare Caritasziel (..) gerichteten Caritaspersönlichkeit"[645]. Die Organisationslehre *Webers* entbehrt nicht der caritativen Motivationslehre. Hier ist für ihn entscheidend die „Einheit von Gottesliebe und Nächstenliebe, von Gottesdienst und Nächstendienst"[646].

12.2. *Kirchliche Verwaltung und Finanzwirtschaft*

12.2.1. *Aufgaben einer Wissenschaft der kirchlichen Verwaltung und Finanzwirtschaft*

Webers betriebswirtschaftliche Arbeiten, die bereits in seiner Münsteraner Zeit einsetzen, und die Aus- und Fortbildung der Sozialbeamten, die er an der Westfälischen Verwaltungsakademie Münster und im Rahmen seines dortigen Instituts für Wirtschafts- und Sozialwissenschaften der Universität durchgeführt hatte, prädisponierten *Weber* geradezu für die Leitung des bischöflichen Instituts für kirchliche Verwaltung und Finanzwirtschaft. Wahrscheinlich lag diese Tätigkeit auch in dem Spielraum, den ihm die Nationalsozialisten bei ihrem Argwohn ihm gegenüber gerade noch gewährten.

Die Notwendigkeit der fundierten Ausbildung in der kirchlichen Verwaltung und Finanzwirtschaft für Pfarrer und in der kirchlichen Verwaltungsarbeit tätigen Laien, insbesondere aber für die Spitzenkräfte in den Bistümern und den Ordensgemeinschaften begründet *Weber* aus vorausgegangenen negativen Erfahrungen wie auch aus tieferliegenden Rechtsgesichtspunkten. Verwaltungsarbeit und Finanzgestaltung waren in der Kirche sehr traditionsgebunden. Daraus hatten sich „Mißstände und Unzulänglichkeiten" erge-

---

[643] Ebd.
[644] *Weber, Heinrich:* Wesen der Caritas, 1938, 216 (Anm. 22).
[645] Ebd. 219.
[646] Ebd. 72.

ben⁶⁴⁷. Die Geschäfts- und Aktenführung arbeitete nach veralteten Methoden. „Im Zuge der planmäßigen steuerlichen Erfassung kirchlicher und klösterlicher Einrichtungen stießen die weltlichen Steuerbehörden auf eine für ihre Erfordernisse unzureichende oder gar ungeordnete Buchhaltung."⁶⁴⁸ *Weber* denkt dabei offenbar an die „Devisenprozesse", ohne sie jedoch ausdrücklich zu erwähnen und ohne die Schuldfrage aufzuwerfen. Zur Besserung dieser für die Kirche ärgerlichen Situation empfiehlt er die Verwirklichung folgender Aufgaben: „studere, consulere, erudire, publicare"⁶⁴⁹, also Forschen, Beraten, Ausbilden, Veröffentlichen. „Auch auf dem Gebiet der kirchlichen Verwaltungsarbeit kann nur planmäßige wissenschaftliche Arbeit zu methodisch einheitlich verknüpften Erkenntnissen und damit zu systematischem Wissen führen, worauf dann das praktische Können aufzubauen vermag."⁶⁵⁰ *Weber* denkt an die Schaffung einer „kirchlichen Verwaltungswissenschaft".

Eine solche kirchliche Verwaltungswissenschaft sei einerseits im eigenen Interesse der Kirche, die niemals auf eine „administratio bona" verzichten kann. Darüber hinaus sei sie im Hinblick auf die Rechtsordnung geboten. Verwaltung, entsprechend auf kirchliche Verwaltung dient nach ihm der Rechtsordnung, sie ist Mittel zu einem grundlegenderen Ziel. „Das oberste Ziel der Verwaltung besteht in der Verwirklichung der Rechtsordnung, in der Herbeiführung einer Objektivierung, Planmäßigkeit und Ordnung auf dem Gebiete der Erfüllung kirchlicher Aufgaben und der Pflege kirchlicher Interessen."⁶⁵¹

Auch für die kirchliche Finanzwirtschaft bietet *Weber* eine tieferliegende Begründung, die sich bereits in seinem Vorschlag zur Schaffung eines „Instituts für kirchliche Verwaltung und Finanzwirtschaft" vom Dezember 1935 findet. Er weist hin auf den „Treuhandcharakter des Kirchengutes": „Die katholische Bevölkerung übergibt das Kirchengut, vielfach aus den kleinsten Beträgen der ärmsten Bevölkerungsschichten stammend, den kirchlichen Stellen zu treuen Händen. Dieses Vertrauen darf nicht enttäuscht werden."⁶⁵² Daraus erwächst die moralische Verpflichtung zu rationell-ökonomischen Vorgehen, d.h. zur sparsamen Wirtschaftsführung. Bereits in der „Wirtschaftsethik" weist er nachdrücklich auf das wirtschaftliche Prinzip des Haushaltens und die von der christlichen Sozialethik her geforderte Pflicht des Sparens hin⁶⁵³. Dies ist für *Weber* nicht allein eine sozial- und wirtschaftsethische Forderung, sondern auch eine bürgerlich-rechtliche Pflicht. Ebenso wie ein modernes Krankenhaus nicht auf die Erkenntnisse der Röntgenologie verzichten kann, so müsse auch die kirchliche Verwaltung und Finanzwirtschaft der Tatsache des Ausbaues der systematischen Wissenschaft der Wirtschafts- und Betriebs-

---

[647] *Weber, Heinrich:* Geleitwort 1942, V. (Anm. 386).
[648] Ebd.
[649] Ebd. VI.
[650] Ebd.
[651] Ebd.
[652] *Weber, Heinrich:* Vorschlag zur Schaffung eines „Instituts für kirchliche Verwaltung und Finanzwirtschaft". Quellenanhang. In: *Stanzel,* 1992, 164 (Anm. 205).
[653] *Weber, Heinrich/ Tischleder, Peter:* Wirtschaftsethik, 1931, 60 (Anm. 337).

Betriebs-führung seit der Jahrhundertwende Rechnung tragen. Die Kirche sei auch ihrer eigenen großen kirchlichen Tradition, die Jahrhunderte hindurch auf dem Gebiet der Verwaltung und Ökonomie führend war, und dem Vorbild der weltlichen Behörden verpflichtet, die umfassende Maßnahmen zur Ausbildung, Schulung und dauernden Fortbildung ihrer Beamten geschaffen haben.

12.2.2. *Ausbildung in kirchlicher Verwaltung und Finanzwirtschaft*

Die Ausbildung in kirchlicher Verwaltung und Finanzwirtschaft muß seiner Ansicht nach „unter Zugrundelegung der Grundsätze der katholischen Wirtschaftsmoral und des kirchlichen Rechts im Rahmen der spezifisch kirchlichen Aufgaben" erfolgen[654]. Bei aller Nüchternheit und Zweckorientheit seines Denkens verliert *Weber* nie die pastorale Zielsetzung aus den Augen, der kirchliche Verwaltung und Betriebsführung zu dienen haben. *Weber* sieht aber auch die Gefahr bei den Seelsorgern, daß sie bei der Priorität geistlicher Aufgaben Mängel und Fehler im Umgang mit den materiellen und ökonomischen Dingen, bei dem Erwerb, der Verwendung und der Verwaltung der bona temporalia sich einschleichen lassen. Den geistlichen und den wirtschaftlichen Lebensbereich könne man wohl theoretisch unterscheiden, aber praktisch nicht trennen. Deshalb gehöre der sorgfältige Umgang mit den „bona temporalia zu den Aufgaben der Kirche und der Seelsorge. Sie ist keine wesensfremde, sondern eine wesensnotwendige Aufgabe des Seelsorgers."[655]

Aus den grundsätzlichen Überlegungen zieht *Weber* Konsequenzen für das Ausbildungsprogramm des Instituts für kirchliche Verwaltung und Finanzwirtschaft. Er will keine Massenausbildung, aber auch keine oberflächlich-dilettantische Schnellschulung, sondern eine wissenschaftlich fundierte Ausbildung von speziell ausgesuchten Persönlichkeiten in Grundlagen- und Spezialfächern: „Der Geistliche hat in erster Linie seelsorgliche Aufgaben, deshalb dürfen nur so viele für die Ausbildung ausgewählt werden, als voraussichtlich unbedingt nötig werden."[656]

Weber geht bei der Zielsetzung des Instituts von der in seinen Augen bewährten deutschen Hochschultradition der Verknüpfung von Forschung und Lehre aus. Für die Lehre folgt er der akademisch-wissenschaftlichen Methode, d.h. es werden Vorlesungen, Kolloquien und seminaristische Übungen durchgeführt. Zudem legt *Weber* Wert darauf, daß theoretische und praktische Schulung engstens miteinander verknüpft werden[657].

---

[654] *Weber, Heinrich:* Vorschlag zur Schaffung eines „Instituts für kirchliche Verwaltung und Finanzwirtschaft". Quellenanhang. In: *Stanzel*, 1992, 165.

[655] *Weber, Heinrich:* Rechtsgrundsätze für die Temporalienverwaltung. Breslau-Carlowitz: Antonius Verlag 1938, 7.

[656] *Weber, Heinrich:* Vorschlag (Anm. 654).

[657] Vgl. Ausbildungslehrgang 1936/37 des Bischöflichen Instituts für kirchliche Verwaltung und Finanzwirtschaft, S. 5. Archiv DCV, Sign. R 959.

Trotz der großen Verluste des Aktenmaterials des Instituts für kirchliche Verwaltung und Finanzwirtschaft blieben die Lehrpläne für die Ausbildungslehrgänge 1936/37 und 1939/40 beim Institut für kirchliche Verwaltung und Finanzwirtschaft erhalten. Diese sind erheblich detaillierter als die Planung von Dezember 1935. Die grundlegenden Fächer gliedern sich wie folgt (Detailgliederung im Anhang):

A. Grundlegende Fächer

I. Die rechtswissenschaftlichen Grundlagen der kirchlichen Verwaltung.
1. Einführung in die Rechtswissenschaft.
2. Die kirchliche Verwaltung und der bürgerliche Rechtsverkehr.
3. Die kirchliche Verwaltung und das öffentliche Recht.

II. Die wirtschafts- und sozialwissenschaftlichen Grundlagen der kirchlichen Verwaltung.
1. Entwicklung und Grundtatsachen der Volkswirtschaft.
2. Das Sozialrecht in der kirchlichen Verwaltung.

Die Spezialgebiete umfassen:

B. Kirchliche Verwaltungslehre.

I. Die allgemeine kirchliche Verwaltung.
1. Die Diözesanverfassung und Diözesanverwaltung.
2. Die Verwaltung des Pfarramtes.
3. Das kirchliche Prozeßverfahren.
4. Anstaltswesen und Anstaltsverwaltung.

II. Die kirchliche Vermögensverwaltung.
1. Die Rechtsgrundlagen der kirchlichen Vermögensverwaltung (formelle Vermögensverwaltung).
2. Besondere Aufgaben der kirchlichen Vermögensverwaltung.
3. Das kirchliche Rechnungswesen.
4. Das kirchliche Besoldungswesen.

C. Kirchliche Finanz- und Betriebswirtschaftslehre

I. Kirchliche Finanzwirtschaftslehre.
1. Grundzüge der allg. kirchl. Finanzwirtschaftslehre.
2. Die Geschichte der kirchlichen Finanzwirtschaft.
3. Steuerrecht.

II. Betriebswirtschaftslehre für kirchlich-caritative Institutionen.

1. Grundlegende Fächer.
2. Aufbauende Fächer.

D. Praktische Einzelvorträge.[658]

Wenn auch das Schwergewicht dieses Ausbildungsplans auf der allgemeinen kirchlichen Verwaltung und Finanzwirtschaft liegt, wie sie vor allem in der Bistumsverwaltung benötigt wird, so hat *Weber* auch hier nicht den Bedarf der caritativen Organisationen aus dem Blickfeld verloren. Aufschlußreich sind manche inhaltlichen Detailangaben zu den Themen. So steht bei Anstaltswesen und Anstaltsverwaltung „der caritative Grundzug der Anstalten" und die „Anstaltsseelsorge" neben der Anstaltsverwaltung und der Betriebswirtschaft der Anstalt mit auf dem Ausbildungsplan[659]. Bei aller nüchternen Sachgebundenheit der verwaltungs- und finanzwissenschaftlichen Orientierung dieses Lehrplans geht *Weber* nie der Blick für die pastoralen und caritativen Zielsetzungen dieser Organisationen und Institutionen verloren. Die Teilnehmer der Kurse erkennen in ihm den Theologen und Priester.

12.2.3. *Kirchliche Verwaltung und Recht*

Einen gewissen Einblick in die behandelten Themen geben die Schriften aus den Schriftenreihen „Kirchliche Verwaltungslehre" und „Beiträge zur kirchlichen Verwaltungswissenschaft". Zwei der Hefte hat *Weber* selbst geschrieben, ein drittes, die „Rechnungslegung in der kirchlichen Verwaltung", das keinen Verfassernamen aufweist, ist von seinen grundlegenden Gedanken wie auch von seinem Sprachstil geprägt. Das Heft 4 über „Sammlungsrecht und Kirche" stammt von einem Mitarbeiter des Dozentenkollegiums des Instituts, dem Landgerichtspräsidenten i.R. *Hans Engelmann*, und die Dissertation „Die Finanzwirtschaft der deutschen Bistümer" stammt von dem Lehrgangsteilnehmer *Wilhelm Schwickerath*. Die Arbeiten weisen aus, wie wirtschafts- und finanzwissenschaftliche, rechtliche, verwaltungswissenschaftliche und organisationssoziologische Abhandlungen und Erörterungen aufeinander bezogen sind. Es tauchen viele der Themen und Fragestellungen wieder auf, die *Weber* auch schon während der Zeit der Weimarer Republik und insbesondere seit der Weltwirtschaftskrise beschäftigt haben. Unter dem nationalsozialistischen Druck erfährt das Recht eine verstärkte Beachtung unter seinem Denken. Wenn auch das Regime das Recht selbst mit Füßen trat, war dennoch die rechtliche Argumentation die einzige, die öffentlich vorgetragen werden durfte, um die Kirche und ihre Organisationen vor weiteren Übergriffen und Eingriffen zu schützen. Die Zeit der zwölfjährigen nationalsozialistischen Diktatur war zu kurz, um das gesamte Zivil-, Handels-, Wirtschafts- und Verwaltungsrecht zu ändern. Auf der Kontinuität des offizi-

---

[658] Lehrplan für den Ausbildungslehrgang 1939/40 beim Institut für kirchliche Verwaltung und Finanzwirtschaft. S. *Stanzel*, 1992, 184-192, ferner Archiv DCV, Sign. R 959.

[659] Ebd. 188. Der von *Heinrich Weber* häufig verwendete Begriff „Anstalt" war in der Soziologie und Ökonomie seiner Zeit durchaus geläufig. Auch *Max Weber* gebraucht diesen Begriff. *Max Weber*, Wirtschaft und Gesellschaft, 1. Halbband, 5. Aufl. Tübingen: Mohr (Paul Siebeck) 1976, 28

ellen Rechts baut *Webers* Argumentation auf. Deshalb beschäftigt er sich mit den „Rechtsgrundsätzen für die kirchliche Temporalienverwaltung", d.h. mit den Rechtsfragen für den Erwerb, die Verwendung und die Verwaltung materieller Güter.

Weber weiß, daß das ureigenste Aufgabengebiet der Kirche die bona spiritualia sind. Da die Kirche zwar nicht von dieser Welt ist, aber dennoch in dieser Welt steht, ist sie in die sozialökonomische Umwelt hineingebunden. Der ideelle (geistliche) und der materielle (wirtschaftliche) Lebensbereich der Kirche könnten zwar theoretisch unterschieden, aber praktisch nicht getrennt werden. Die Kirche bedürfe der materiellen und wirtschaftlichen Mittel zur Erfüllung ihres geistlichen Auftrags. Das Handeln im Bereich der bona temporalia gehörte insofern zu den Aufgaben der Kirche und der Seelsorge. Es „ist keine wesensfremde, sondern eine wesensnotwendige Aufgabe des Seelsorgers"[660].

Ähnlich wie heute muß *Weber* bereits damals einem einseitigen Spiritualismus begegnen, der sich darin zeigt, daß manche Seelsorger der Temporalienverwaltung wenig Neigung und Eignung, ja Geringschätzung entgegenbringen, die aber gerade in der nationalsozialistischen Zeit zu verhängnisvollen Fehlern und Mängeln führten, die dann gegen die Kirche schamlos ausgenutzt wurden.

Bereits bei seinen grundlegenden früheren Arbeiten hatte *Weber* aufgezeigt, wie der Mensch aufgrund seiner geistig-leiblichen Ausstattung und seiner elementaren biologischen und seiner kulturellen Bedürfnisse auf das Wirtschaften angewiesen ist. Er sieht die Gefahr der Überbewertung der materiellen Bedürfnisse, aber auch ihre Unterschätzung und wie entsprechend auch in der philosophisch-anthropologischen Beurteilung des Menschen das Pendel von einem Extrem zum anderen umschlagen kann. „Die christlich-thomistische Wirtschaftsethik findet und behauptet auf Grund ihrer gesunden und wirklichkeitstreuen Auffassung der Menschennatur die goldene Mitte zwischen dem extremen Spiritualismus einerseits und dem extremen Materialismus andererseits."[661] *Weber* sieht aber auch, wie der Pfarrer bei den modernen mannigfachen und verschiedenartigen Anforderungen an seinen Beruf leicht überfordert ist. Deshalb will er sich bei seinem Büchlein, das den Seelsorgern ein Doppeltes: „Erkenntnis und Kenntnis" vermitteln will, auf die „Rechtsgrundsätze, die sowohl im kirchlichen als auch im weltlichen Rechte für die Temporalienverwaltung sich finden, beschränken"[662].

Weber beginnt seine Arbeit mit der Darlegung der fundamentalen Bedeutung des Kirchenvermögens für die Arbeit der Kirche als sichtbarer Gemeinschaft und der Seelsorge. „Das Kirchenvermögen bildet gleichsam im Gebäude der Kirche und der Seelsorge das tragende Geschoß, auf dem das Obergeschoß der Pflege der bona spiritualia ruht. Ohne dieses tragende Geschoß vermag weder die Kirche als Gottesreich auf

---

[660] *Weber, Heinrich:* Rechtsgrundsätze, 1938, 7 (Anm. 655).
[661] *Weber, Heinrich/ Tischleder, Peter:* Wirtschaftsethik, 1931, 85 (Anm. 337).
[662] *Weber, Heinrich:* Rechtsgrundsätze, 1938, 8 (Anm. 655).

Erden ihre Sendung zu erfüllen, noch vermag der einzelne Seelsorger ohne dieses Fundament seine geistliche Arbeit zu verrichten."[663]

Wie bei jedem Vermögensbestand müsse zwischen der Trägerschaft (Eigentümerschaft) und der Verwaltung des Vermögens unterschieden werden. Dies gelte besonders im Bereich der Kirche, da hier Eigner und Verwalter meist unterschieden wären. Die Geistlichen wie die Rendanten seien fast ausschließlich Verwalter. Da die Temporalienverwaltung ein Zweig der allgemeinen Verwaltung ist, scheint *Weber* hier eine Definition angemessen, die er in soziologischer und rechtlicher Präzision vorträgt: „Unter der allgemeinen kirchlichen Verwaltung verstehen wir die Gesamtheit aller durchführenden (nicht leitenden), objektivierenden, ordnenden und sorgenden Funktionen, die von einem kirchlichen Amt oder Amtsträger im Hinblick auf die Rechtsordnung im Dienste des kirchlichen Aufgaben- und Interessengebietes vollzogen werden."[664] Des weiteren erläutert er, was er unter einer durchführenden, objektivierenden, ordnenden und sorgenden Tätigkeit versteht. Die durchführende ist keine leitende, sondern an Vorschriften gebundene Tätigkeit, die objektivierende Tätigkeit bedarf der entsprechenden Buchführung, die ordnende Tätigkeit ist eine wirtschaftliche, die auf die relativ höchste Effizienz ausgerichtet ist, und die sorgende Tätigkeit richtet sich auf die optimale Erhaltung, Nutzbarmachung und Verwendung der Temporalien.

Mitarbeiter in kirchlichen und caritativen Organisationen sind zu einer geordneten Vermögensverwaltung und Wirtschaftsführung verpflichtet. „Das schulden sie den Hilfsbedürftigen, deren Treuhänder sie gleichsam sind, das schulden sie dem Gesamtwohl"[665]. In der Broschüre über die „Rechtsgrundsätze für die kirchliche Temporalienverwaltung" verfolgt *Weber* Ursprung und Bedeutung der Treuhandidee. Er verweist auf eine lange Tradition, wonach die Kirche als Treuhänderin die Gaben der Besitzenden entgegennahm, um sie, der Intention der Geber entsprechend, für mildtätige oder kirchliche Zwecke zu verwenden[666]. Im Laufe der Zeit habe der Treuhandbegriff jedoch eine rechtliche, wirtschaftliche und ethische Ausweitung erlangt. Zur Verdeutlichung der Treuhandfunktion differenziert *Weber* zwischen dem Treugut, dem Treugeber, dem Treuzweck, dem Treunehmer, der Treuform und dem Treuprinzip, das auch als Prinzip von „Treu und Glauben" bekannt sei. Aus dem Wesen des Treugutes und dem Charakter der Treuhandfunktion ergeben sich mit logischer Konsequenz bestimmte tragende Rechtsgrundsätze, die teils negativer, verbietender Art: Das Risikoverbot, das Pflichtwidrigkeitsverbot[667] und das Eigennutzverbot, teils positiver, gebietender Art sind: die Sorgfaltspflicht,

---

[663] Ebd. 12.
[664] Ebd. 15.
[665] *Weber, Heinrich:* Betriebsführung, 1933, 29 (Anm. 167).
[666] *Weber, Heinrich:* Rechtsgrundsätze, 1938, 23 (Anm. 655).
[667] Unter das Pflichtwidrigkeitsverbot zählt die pflichtwidrige unerlaubte Veräußerung von Kirchengut und die zweckentfremdete Verwendung von Spenden oder Sammlungserträgen. Ebd. 41 f..

die Zuverlässigkeitspflicht und die Rechenschaftspflicht[668]. Derartige Rechtsgrundsätze enthalte nicht allein die weltliche, sondern auch die kanonische Gesetzgebung. Die genaue und gewissenhafte Einhaltung dieser Maxime sei nicht allein eine formal-juristische Aufgabe, sondern im eigenen Interesse dessen, dem Kirchengut als Treugut anvertraut ist, aber „auch im Interesse des öffentlichen Ansehens der Kirche"[669]. *Webers* zivil- und kirchenrechtliche Ausarbeitungen dienen letztlich der Seelsorge.

12.3. *Caritas und Wirtschaft*

12.3.1. *Gemeinsamkeiten und Unterschiede*

Weber war sich in seiner Zeit bewußt, daß Caritas und Wirtschaft, wie auch heute noch, kaum zusammen gesehen werden. Er stellt deshalb die Frage: „Caritas und Volkswirtschaft - ist das nicht eine eigenartige Zusammenstellung? Was haben diese beiden denn miteinander zu tun? Sind sie nicht zwei völlig heterogene Dinge? Ist nicht die Caritas eine löbliche, aus weichem Gemüt geborene Sonntagsbetätigung frommer Seelen, ist sie nicht eigentlich Frauensache? Und ist nicht die Volkswirtschaft eine bitter notwendige, aus der Vernunft geborene, harte und zielklare Alltagsarbeit willensstarker Menschen? (...) Und diese beiden Dinge ‚Caritas und Volkswirtschaft' wagt man zusammenzustellen?"[670]

In seinem Buch „Caritas und Wirtschaft" wie in seinem Artikel „Caritas und Volkswirtschaft" prüft *Weber* Gemeinsamkeiten und Unterschiede. Die Caritas hat mit der Wirtschaft gemeinsam, daß sie Sachgüter (Gebäude, Grundstücke, Hilfsmittel) braucht, daß sie der Dienstleistungen (Pflegepersonal, Fürsorgekräfte) und daß sie unter den heutigen Bedingungen des Geldes bedarf. „Die Caritas steht eben in der heutigen Verkehrswirtschaft und kann sich ihr nicht entziehen."[671] *Weber* sieht darüberhinaus eine gemeinsame Zielsetzung, die aus seiner Auffassung vom Menschen und vom menschlichen Zusammenleben erwächst: „Beide haben (..) letzten Endes dasselbe große gemeinsame Ziel, die Volkswohlfahrt zu fördern."[672]

Weber unterscheidet zwischen der finis operantis, dem persönlichen Ziel des wirtschaftenden Subjekts, und dem finis operis, dem Sachziel der Wirtschaft überhaupt, das der Bedarfsdeckung aller Menschen dient[673]. Sieht man vom Vorgang der Kapitalbildung, also der Verwendung der produzierten Güter als Produktionsmittel, ab, erfordert es das Gemeinwohl, „daß eine hinreichende Menge von Bedarfsgütern zur Verfügung steht, die

---

[668] Vgl. ebd. 36-59.
[669] Ebd. 61.
[670] *Weber, Heinrich:* Caritas und Volkswirtschaft, (1932), 466-467 (Anm. 639).
[671] *Weber, Heinrich:* Caritas und Wirtschaft, 1930, 23 (Anm. 165).
[672] *Weber, Heinrich:* Caritas und Volkswirtschaft, (1932), 539 (Anm. 639).
[673] Vgl. *Weber, Heinrich/ Tischleder, Peter:* Wirtschaftsethik, 1931, 239 (Anm. 337).

eine den jeweiligen Verhältnissen entsprechende Versorgung der Gesamtheit und der Einzelnen gewährleistet."[674] *Weber* erkennt aber, daß das subjektive Erwerbsprinzip, das Verdienenwollen, unter den Bedingungen des kapitalistischen Wirtschaftssystems gegenüber dem objektiven Ziel der Wirtschaft, der Güterversorgung aller Menschen vorherrscht. Es entstehen Gefahren für das oberste Wirtschaftsziel, wenn er auch gleichzeitig wahrnimmt, daß das engagierte Selbstinteresse zu immer rationelleren Wirtschaftsmethoden, zu intensiverer Ausnutzung der natürlichen Ressourcen dränge. „Die verfügbaren Gütermengen steigerten sich in einem ganz ungeahnten Maße und gewannen durch die vollkommneren technischen Mittel, die nun zur Anwendung kamen, auch in mannigfacher Hinsicht an Qualität."[675] Dennoch können bei ungezügeltem Erwerbs- und Konkurrenzprinzip sich die Güter in der Hand weniger konzentrieren, während viele besitzlos bleiben. Es stellt sich das Problem der gerechten Verteilung der Güter. Sozialpolitik und Sozialarbeit haben für den Fall, daß die Wirtschaft ihr Sachziel nicht erreicht, eine für die Versorgung der Gesellschaft ergänzende Funktion, die aber auf dasselbe Ziel, die materielle Wohlfahrt aller Gesellschaftsmitglieder ausgerichtet sind.

Weber weiß selbstverständlich, daß die Wege und Methoden von Wirtschaft und Sozialarbeit verschieden sind; er weiß auch, daß die kapitalistische Wirtschaftsweise, vor allem in der Zeit der Weltwirtschaftskrise, „trennend, sozial zerklüftend" wirkt; er weiß um die Spannungen und die Gegensätze, die dieser Wirtschaftsprozeß hervorruft[676]. Demgegenüber spricht er der Caritas eine ausgleichende Funktion zu. „Wirkt der kapitalistische Wirtschaftsgeist trennend, so wirkt die Caritasarbeit verbindend."[677] Die Caritas hat nach ihm eine Brückenfunktion zwischen den verschiedenen gesellschaftlichen Gruppen und Schichten. Dabei erkennt er ihre begrenzte Wirkmöglichkeit, dazu müssen die öffentliche Fürsorge und die Sozialpolitik treten.

12.3.2. *Funktionen der Caritas im Rahmen der Volkswirtschaft*

Dennoch soll die volkswirtschaftliche Bedeutung der Caritas nicht unterschätzt werden. Insgesamt weist *Weber* ihr im Rahmen der Volkswirtschaft drei Aufgaben zu: als Helferin, als Ärztin und als Mittlerin. Als Helferin übernimmt die organisierte Caritas die Funktion der Unterhaltsfürsorge für diejenigen, die es aus eigener Kraft nicht vermögen. "Die Volkswirtschaft braucht nicht nur eine Ergänzung ihrer Unterhaltsfunktion, sie braucht vor allem auch, als Voraussetzung (..) ihrer eigenen Betätigung, eine gesunde Bevölkerung (...). Hier tritt die Caritas mit ihrer ärztlichen, heilenden, pflegenden Funktion auf den Plan."[678] Als Mittlerin kommt ihr eine ausgleichende Funktion in der

---

[674] *Weber, Heinrich:* Bedeutung der freien Wohlfahrtspflege, (1926/27), 13 (Anm. 466).
[675] *Weber, Heinrich/ Tischleder, Peter:* Wirtschaftsethik, 1931, 248 (Anm. 337).
[676] *Weber, Heinrich:* Caritas und Volkswirtschaft, (1932), 538 (Anm. 639).
[677] Ebd.
[678] Ebd. 472.

Gesellschaft zu, und zwar im materiellen wie im ideellen Sinne[679].

Weber erörtert nicht allein die Hilfsbereitschaft der Caritas, sondern auch ihre Leistungsfähigkeit. Wie jede Wirtschaft benötigt sie zur Erfüllung ihrer Aufgaben Sachgüter, Geldmittel und menschliche Arbeitskraft, also Humankapital[680]. Für ihren Real- und Personalbedarf hat sie einen Gestehungspreis, einen bestimmten Marktpreis (vgl. Pflegesätze). Viele Leistungen erfolgen nicht unentgeltlich. Darüberhinaus kann die Caritas auf Hilfsfonds für Notleidende und auf freiwillige Spenden zurückgreifen, die volkswirtschaftlich nicht unbedeutend sind. Dennoch beklagt er, daß die wissenschaftlichen Daten seiner Zeit unzureichend sind, um das volle Ausmaß der freiwilligen Spenden zur Deckung des Bedarfs Hilfsbedürftiger und damit zur Hebung der allgemeinen Wohlfahrt statistisch erfassen zu können[681]. Bei dem Humankapital kann *Weber* 1932 auf mehr als 70 000 Ordensschwestern und 3 150 Brüder, 8 900 sonstige hauptamtliche Kräfte im Dienst der katholischen Caritas und „eine riesige Schar selbstloser, opferbereiter Helfer und Helferinnen" hinweisen[682]. Dabei sei nicht allein die Quantität der Mitarbeiter, sondern vor allem ihre Qualität und ihre bewußte solidarische Haltung als Gegengewicht zu dem streng ökonomischen Prinzip von Leistung und Gegenleistung entscheidend.

Weber sieht es als wirtschaftliche Notwendigkeit, daß die caritativen Organisationen an die Zukunftssicherung denken müssen. „Eine gesicherte und ausreichende wirtschaftliche Basis ist für die caritativen Einrichtungen eine Lebensfrage oder doch wenigstens von größter Bedeutung."[683]

Obwohl die Caritas Überschüsse erstreben soll, dürfen Gewinn und Rentabilitätsprinzip bei ihr nicht zuoberst stehen. „Trotzdem die Caritas im Hauptzweck nicht auf Gewinn ausgehen soll, darf sie bei ihrer fürsorgerischen Tätigkeit, die ihr primärer Zweck ist und bleiben muß, wirtschaftliche Belange nicht außer acht lassen."[684] *Weber* sieht das Wirtschaftlichkeitsprinzip dann für berechtigt an, wenn dadurch der Leistungsgrad der caritativen Organisation erhöht werden kann. Dabei unterscheidet er zwischen verschiedenen caritativen Unternehmenstypen, bei denen entweder das caritative Prinzip oder das Wirtschaftlichkeitsprinzip überwiegen. Wie sehr unterscheidet sich diese sachliche und realistische Behandlung wirtschaftlicher Fragen der Caritas und Fürsorge von den überwiegend ideologischen, wirtschaftsfremden Orientierungen vom Ende der sechziger Jahre an[685], aber auch von einseitigen Ökonomisierungstendenzen der Sozialarbeit heute.

---

[679] Insgesamt zu dieser Thematik ebd. 467-475; 536-539.
[680] Vgl. ebd. 471.
[681] *Weber, Heinrich:* Bedeutung der freien Wohlfahrtspflege, 51 (Anm. 466).
[682] Vgl. *Weber, Heinrich:* Caritas und Volkswirtschaft, (1932), 469 (Anm. 639).
[683] Ebd. 24.
[684] Ebd.
[685] *Watrin, Christian:* Spätkapitalismus? In: *Scheuch, Erwin K.* (Hrsg.), Die Wiedertäufer der Wohlstandsgesellschaft. Köln: Markus 1968, 40-61; *Brezinka, Wolfgang:* Die Pädagogik der Neuen Linken. Analyse und Kritik. 6. Aufl. München/Basel: Reinhardt 1981.

12.3.3. *Betriebswirtschaft der Caritas*

Webers Überlegungen sind nicht allein grundsätzlich und theoretisch, sondern von erheblicher praktischer Bedeutung. In seiner Abhandlung „Betriebsführung in caritativen Anstalten", die aus Vorlesungen im Rahmen eines Fachkursus vor Wirtschaftsprüfern hervorgegangen und in der Reihe „Der Wirtschaftsprüfer" erschienen ist, verdeutlicht er die Eigenart der caritativen Organisationen als Dienstleistungsunternehmen. Sie dienen der Bedarfsdeckung und sind auf Ertragszielung angewiesen, sie unterliegen dem Leistungsprinzip und tragen Risiko. Die Wirtschaftskrise Anfang der dreißiger Jahre, die zur Einschränkung der Leistungen der öffentlichen Hand und zum Rückgang der freiwilligen Spenden bei gleichzeitigem Anstieg der Zahl der Notleidenden und zu zunehmender Verarmung führte, gaben zusätzliche Impulse zu einer „gewissenhaften Betriebsführung"[686].

In seiner Betriebswirtschaftslehre unterscheidet *Weber* zwischen Unternehmen und Betrieb. Der Betrieb ist für ihn „die technisch-organisatorische Einheit zur fortdauernden Realisierung des Unternehmenszweckes"[687]. Nach *Weber* ist eine sorgfältige Wirtschafts- und Betriebsführung caritativer Organisationen im dringendsten Interesse der Allgemeinheit. Er begegnet einer damals wie heute in caritativen Organisationen und in Kreisen der Sozialarbeit verbreiteten „Mentalität, die mehr oder minder unbewußt der Forderung eines geordneten Rechnungswesens ablehnend oder gleichgültig gegenübersteht"[688]. Eine streng geordnete und rationelle Wirtschaftsführung schulden die caritativen Anstalten „den Hilfsbedürftigen, deren Treuhänder sie gleichsam sind, das schulden sie dem Gesamtwohl"[689]. Die sorgsame Wirtschaftsführung ist deshalb um so verpflichtender, weil caritative Organisationen häufig durch Spendengelder einfacher Bevölkerungskreise aufgebaut worden sind und von ihnen ausgestattet und unterhalten werden. *Weber* plädiert deshalb für eine spezielle Betriebswirtschaftslehre für caritative Anstaltsunternehmungen und -betriebe, da die allgemeine Betriebswirtschaftslehre den Eigenarten caritativer Organisationen nicht gerecht wird[690]. Bis heute ist diese Anregung nicht verwirklicht: Dieses Fach fehlt an den Fachhochschulen für Sozialarbeit. Sie ließe sich heute mit einer Managementlehre sozialer Organisationen verbinden.

Zur rationellen Betriebsführung gehört die Verpflichtung der verantwortlichen Betriebsleitung, die einen Überblick über die Sach- wie die Personalkosten haben muß. „So ergibt sich für jeden Betriebsleiter, der seine wirtschaftliche Funktion wirklich erfüllen will, ganz zwangsläufig die Notwendigkeit, alle Einzeltatsachen im Betrieb möglichst genau zu erfassen, also Statistik, Buchführung, Kassenverwaltung recht sorgsam zu

---

[686] *Weber, Heinrich:* Betriebsführung, 1933, 26 (Anm. 167).
[687] Ebd. 2.
[688] Ebd. 28.
[689] Ebd. 29.
[690] Vgl. ebd. 3.

pflegen."[691] Dazu gehört auch das Disponieren auf lange Sicht, um auf Krisenzeiten vorbereitet zu sein, ferner die Unentbehrlichkeit einer Wirtschaftsführung und Betriebskontrolle. Die Buchführung in caritativen Betrieben sollte einen klaren und übersichtlichen Nachweis über alle finanziellen Betriebsvorgänge liefern. *Weber* überträgt die Bilanzierungsgrundsätze: Bilanzklarheit, Bilanzwahrheit, Bilanzeinheit, Bilanzkontinuität auf die caritativen Betriebe[692]. Ferner weist er auf die rechtliche und nicht allein moralische Buchführungspflicht caritativer Anstalten hin.

Diese Zielsetzungen und Maßstäbe behält *Weber* auch in Krisenzeiten bei. In der Zeit äußerster weltanschaulicher und finanzieller Bedrängnis für den Caritasverband 1939 widersteht *Weber* der Versuchung, einen Gegensatz zwischen Caritasidee und Caritasorganisation, zwischen Caritasidee und Caritasfinanzen aufkommen zu lassen. Dieses Verständnis verfolgt er als Wirtschafts- und Finanzwissenschaftler, aber auch als Theologe. Der Caritasverband müsse an der Ganzheitsschau in echt paulinischem und theologischem Sinne festhalten. „Derjenige, der einseitig die Bedeutung der Caritasfinanzen betonen würde, müßte einem unheilvollen Materialismus anheimfallen. Ebenso aber wird unstreitig derjenige, der einseitig die Bedeutung der Caritasidee akzentuiert, einem nicht minder unheilvollen einseitigen Spiritualismus verfallen. Caritasidee und Caritasfinanzen sind keine Gegensätze, sie gehören vielmehr untrennbar zusammen." Ohne finanzielle Mittel könne die Caritasidee nicht gepflegt, gefördert und verwirklicht werden. Deshalb widerspricht er denen - und diese Stimmen gab es offenbar im Caritasverband - , die in der Zeit der Finanzknappheit eine Kluft zwischen der Caritasidee und der materiellen Basis der Caritasarbeit aufreißen wollen[693]. So zeigt *Weber* bereits vor 60 Jahren in einer Zeit politischer Existenzbedrohung des Caritasverbandes als Wohlfahrtsverband und trotz der damaligen drastischen finanziellen Engpässe auf, wie die caritative Arbeit aus der Kraft christlichen Glaubens, die die Solidarität im Spendenaufkommen einschließt, weiter aufrecht erhalten werden kann und so das immer neu auftretende Spannungsfeld von Caritas zwischen Wirtschaftlichkeit und Menschlichkeit auszuhalten und zu bewältigen ist.

---

[691] Ebd. 29.
[692] Vgl. ebd. 39-41.
[693] Bericht der Finanzkommission über das Jahr 1939, 14/15. Archiv des DCV Sign. 113.2. .059. Fasz. 2.

13. Ausblick und Würdigung

Heinrich Weber hat in der Umbruchszeit der Weimarer Republik und, soweit es der einschränkende politische Rahmen der nationalsozialistischen Diktatur zuließ, auch noch über diese Zeit hinaus, wegweise Akzente für Sozial- und Wirtschaftsethik und für Theorie und Praxis der Caritasarbeit gesetzt. Die Kombination seiner Funktionen als Professor für Wirtschaftswissenschaften, Gesellschaftslehre und Fürsorgewesen, ab 1935 für Caritaswissenschaft und viele Jahre gleichzeitig Vorsitzender des Diözesancaritasverbandes Münster sowie der Finanzkommission der Zentrale des Caritasverbandes, sodann der Leitung der Bischöflichen Finanzkammer wie des Instituts für kirchliche Verwaltung und Finanzwirtschaft haben ihn gefordert, Kenntnisse und Einsichten miteinander zu verknüpfen, die sonst verschiedenen Experten vorbehalten sind.

Weber hat nicht allein eine Fülle von Themen im Bereich von Sozial- und Wirtschaftsethik, Finanzwissenschaft, Wohlfahrtskunde und Caritaswissenschaft aufgegriffen, sondern darüber hinaus in erstaunlichem Maße ausgebaut und vertieft. Als einer der ersten Theologen hat er empirisch soziologisches Wissen in theologische und philosophische Theorie und die praktische Gestaltung von Kirche eingebracht und ist damit ein Brückenbauer der Kirche in die Moderne gewesen. *Heinrich Weber* war von seiner Herkunft her ohne Zweifel vom Milieukatholizismus als der unter Katholiken vorherrschenden Sozialform geformt und geprägt, und er hat als so geformte und doch selbstbewußte Persönlichkeit in diesen Katholizismus anregend, gestaltend, ermutigend und stabilisierend hineingewirkt. Dies war ihm aber nur möglich, weil er bewahrende und vorwärtsweisende Elemente in seiner Person zu verbinden vermochte. Er hat es verstanden, seine katholisch geprägte Identität in den Diskurs der Wissenschaften einzubringen und insofern zahlreiche Kontakte zu Personen in Wissenschaft, Politik, Verwaltung, Gesundheitswesen und praktischer Sozialarbeit zu knüpfen, die eine liberal-protestantische oder gewerkschaftlich-sozialdemokratisch orientierte Sozialisation erfahren hatten. Er hat seine eigene engagierte katholische Position in diesem Diskurs nie verschwiegen, aber er hat aufmerksam andere Positionen wahrnehmen und in seinem Denken berücksichtigen können. Er hat von ihnen gelernt, ohne das Eigene zu verraten. Er ist in seinem Handeln und in seinem Dialog glaubwürdig gewesen. Aufgrund dieser Integrationskompetenz konnte er sich einbringen in die Entwicklung der Sozialarbeit und die denkerische Reflexion dieser Sozialarbeit, die in der Umbruchszeit der Weimarer Republik einen vorwärtsweisenden Schub erfuhr.

Vorbildhaft selbst für spätere Generationen ist seine Fähigkeit der Verknüpfung von Theorie und Praxis. *Weber* hat gewußt und in seinen wissenschaftlichen Arbeiten durchgehalten, daß die Theorie die Praxis nicht ignorieren darf, vielmehr von den tatsächlichen praktischen Verhältnissen ausgehen, sich an ihnen orientieren und vor allem an ihnen erproben lassen muß. Er selbst hat in der Praxis der Wohlfahrt gearbeitet und ist während seiner gesamten wissenschaftlichen Tätigkeit mit der Praxis in Fühlung geblieben[694]. Er hat aber auch hervorgehoben, daß die Praxis sich ohne die richtungsweisende Theorie nicht zurechtfinden kann, wie er immer wieder an verschiedenen Stellen seines umfangreichen Werkes hervorhebt: „Praxis sine theoria est caecus in via."[695] Seine wissenschaftliche Methode, die in vielen seiner Bücher und Artikel durchschlägt, könnte heute als Handlungsforschung bezeichnet werden: Forschung aus dem Handlungsfeld über das Handlungsfeld für das Handlungsfeld. Seine Handlungsforschung war Handlungsforschung in theologisch-caritativer Perspektive, die später weithin wieder vergessen wurde und mühselig wieder entdeckt werden muß. *Weber* hat die caritative Praxis auch nicht einfach reduplizierend beschrieben, sondern, wenn erforderlich, durchaus kritisch begleitet. Er hat nicht gescheut, Fehlentwicklungen und Mißstände in der caritativen Arbeit zu benennen, dies ohne jeden Anflug von „kritischer Theorie", sondern aus der selbstauferlegten Distanz eines engagierten und durchaus von der Not leidender Menschen betroffenen und einfühlsamen Wissenschaftlers, der einen geschärften Blick für den Kairos der Situation hat und erkennt, welche Maßnahmen und Reformen in welcher Notlage am zweckmäßigsten zu ergreifen sind. Seine Kritik erwächst aus der aufmerksamen Beobachtung und der Reflexion caritativer Praxis in theologischer Perspektive. Seine erfahrungs- und handlungsorientierte Theorie hat er zudem in verständlicher, in einer für seine Zeit erstaunlich modernen Wissenschaftssprache mit einem ausgeprägten Gespür für Stilsicherheit und Wortgewandtheit darzulegen vermocht.

Seine wirtschaftswissenschaftlichen wie auch seine organisationssoziologischen Kenntnisse bewahrten ihn vor verzerrender Ideologiebildung. Seine sozialpolitischen und sozialpädagogischen Perspektiven, Zielsetzungen und Maßstäbe sind nüchtern und realistisch. Das für die Bewältigung der konkreten sozialen Probleme seiner Zeit nützliches Detailwissen konnte selbst im Rahmen dieses Buches nicht voll verdeutlicht werden. Dieses nachzuzeichnen, wäre auch heute nicht mehr sinnvoll gewesen, weil es mit der Veränderung der Probleme veraltet. Dennoch soll der Hinweis auf diese Konkretionen des Wissens verdeutlichen, wie man ohne es auch die praktischen Probleme der je neuen Gegenwart nicht zu lösen vermag. *Weber* ist über dieses Detailwissen nicht zu einem begrenzten und einseitigen Experten geworden. Er hat es einzuordnen vermocht in die grundlegenden und entscheidenden Orientierungslinien seines Denkens, dessen Schwerpunkt in sozialethischer und theologisch-caritativer Perspektive lag, aber seine wichtige und lebensgestaltende Ergänzung durch die Sozial- und Kulturwissenschaften hatte.

Die Kombination seiner Themen ist bis heute nicht weiter verfolgt werden. Die Zeit des Nationalsozialismus und sein früher Tod in der unmittelbaren Nachkriegszeit haben die Kontinuität seines Denkens und Forschens verhindert. Die Nachkriegswissenschaftler, auch im Bereich der Christlichen Sozialwissenschaften, waren mit neuen Sorgen des Wiederaufbaus und des demokratischen Neubeginns so sehr beschäftigt, daß sie nicht

---

[694] 20 Jahre Diözesan-Caritasverband, [1936], 72 (Anm. 47).
[695] *Weber, Heinrich:* Caritas, XXIX (Anm. 22).

mehr aufgriffen, was ihre Vorgänger in der Zeit der Weimarer Republik gedacht hatten. Hinzu kam, daß die Sozialethiker der Nachkriegszeit weithin Fragen der Sozialarbeit und Sozialpädagogik nicht mehr reflektiert und in das Gesamtkonzept ihrer wissenschaftlichen Fragestellung einbezogen haben.

Die Verknüpfung der von *Weber* überschauten und integrierten Wissenschaftsdisziplinen ist nicht mehr gepflegt worden, sie ist *Webers* bisher einmalige Leistung geblieben. Der Verbindung von Wirtschaftswissenschaften und Sozialethik wenden sich auch in der Gegenwart häufiger Forscher zu; aber der gleichzeitige Einbezug der Wohlfahrtskunde, der heutigen Sozialarbeitswissenschaft, und der Caritaswissenschaft als theologischer Disziplin hat leider keine Fortsetzung gefunden. Dabei hat der soziale und der wirtschaftliche Beitrag der Sozialarbeit im Rahmen des gesamten sozial-ökonomischen Handelns und der Sozialpolitik eher zugenommen.

Obwohl sich die Berufsfelder der Sozialarbeit in den letzten Jahrzehnten stark vermehrt und erweitert haben, wurden die sozialethischen Grundlagen der Theorie und Praxis der Sozialarbeit kaum mehr bedacht, zum Nachteil der Ausbildung von Sozialarbeit und letztlich der Klientel der Sozialarbeit. So erfährt die Gesellschaft zwar einen beachtlichen und nicht zu unterschätzenden Ausbau der sozialen Organisationen und Institutionen; aber der organisatorische und institutionelle Ausbau garantiert nicht, daß die caritative Gesinnung damit Schritt hält.

Organisationen können, wie *Weber* bereits erkannte, Selbstzweck werden. Es droht in einer rational organisierten Welt vergessen zu werden, was *Weber* in seinen Vorträgen, Vorlesungen und Publikationen bei aller nüchternen Betrachtung der Organisationsprobleme und der Wirtschaftlichkeit von Wohlfahrtspflege und Caritas in der Sprache seiner Zeit hervorgehoben hat: „Der caritative Geist ist die Grundlage jeder Caritasarbeit. Die schönsten Statuten und Instruktionen sind wirkungslos, wenn nicht alle Gemeindeangehörigen, namentlich die Mitglieder der caritativen Vereine, von echter Caritasgesinnung durchdrungen sind. Nur aus dem Caritasgeist kann die Caritastat hervorwachsen, und die Caritastat wird umso freudiger und reicher sein, je tiefer und wahrer der Caritasgeist ist."[696] Bei *Weber* lassen sich grundlegende Gedanken für ein modernes Leitbild von Caritas finden.

Werden Wissenschaft und Praxis der sozialen Arbeit auf die Dauer auf diese Perspektiven und Motivationen verzichten können? Die vielfältigen wegweisenden Anregungen und interdisziplinär gewonnenen Perspektiven von *Heinrich Weber*, die in die Probleme der Weimarer Zeit hinein formuliert sind, sollten nicht allein die Sozialgeschichte interessieren, sondern auch in den Sozialwissenschaften der Gegenwart wie Soziologie, Sozialpolitik, Caritaswissenschaft, Sozialarbeitswissenschaft neu bedacht, wieder aufgegriffen und erneut in ihrem Theorie-Praxis-Bezug reflektiert werden.

---

[696] *Weber, Heinrich:* Organisation, 219 (Anm. 90).

14. Quellen- und Dokumentationsanhang

Nr. 1

Plan von 1921 für ein „Handbuch der Wohlfahrtskunde"

„Wohlfahrtskunde"
Handbuch für Unterrichtszwecke, Lehrgänge und den Gebauch in der Praxis[697]

Inhalt

Einleitung:	Begriffliches (*Heinrich Weber*)
1. Teil:	Allgemeine Wohlfahrtskunde
1. Abschnitt:	Geschichte der Wohlfahrtspflege (*Heinrich Weber*)
§ 1.	Die vorchristliche Zeit
§ 2.	Das christliche Altertum
§ 3.	Das Mittelalter
§ 4	Die Neuzeit
2. Abschnitt:	Wesen und Wert der Wohlfahrtspflege (*Heinrich Weber*)
§ 5.	Das Gebiet der Wohlfahrtspflege
§ 6.	Ziele und Formen der Wohlfahrtspflege
§ 7.	Die Systeme der Wohlfahrtspflege
§ 8.	Aufgaben und Bedeutung des Wohlfahrtsamtes
§ 9.	Die Persönlichkeit in der Wohlfahrtspflege
§ 10.	Die Lebensverhältnisse der verschiedenen Bevölkerungsklassen
§ 11.	Wohlfahrtspflege und Volkswirtschaft
III. Abschnitt:	Die Träger der Wohlfahrtspflege (*Heinrich Auer* und *Heinrich Weber*)
§ 12.	Die katholische Caritas (*Heinrich Weber*)
§ 13.	Die Innere Mission der evangelischen Kirche (*Heinrich Weber*)
§ 14.	Die jüdische Wohlfahrtspflege (*Heinrich Auer*)
§ 15.	Die interkonfessionelle und humanitäre Wohlfahrtspflege (*Heinrich Auer*)
§ 16.	Die politisch-orientierte Wohlfahrtspflege (*Heinrich Auer*)
§ 17.	Die staatliche und gemeindliche Wohlfahrtspflege (*Heinrich Weber*)
§ 18.	Sonstige Träger der Wohlfahrtspflege (*Heinrich Weber*)

---

[697] Quelle: Archiv DCV, Nr. 113,3 .025 Ausschuß für Caritaswissenschaft

2. Teil:	Spezielle Wohlfahrtskunde
IV. Abschnitt:	Die sozial-wirtschaftliche Fürsorge (*Heinrich Weber*)
§ 19.	Armenfürsorge
§ 20.	Wanderarmenfürsorge
§ 21.	Auswandererfürsorge
§ 22.	Wohnungspflege
§ 23.	Fürsorge für Kriegsopfer
§ 24.	Fürsorge für entlassene Strafgefangene
§ 25.	Arbeitsnachweiswesen
§ 26.	Erwerbslosenfürsorge
V. Abschnitt:	Die sozial-hygienische Fürsorge (*Hildegard Hübinger*)
§ 27.	Säuglings- und Kleinkinderfürsorge
§ 28.	Schulkinderfürsorge
§ 29.	Die Krankenfürsorge
§ 30.	Fürsorge für die Abnormen
§ 31.	Fürsorge für invalide und alte Leute
§ 32.	Mütterschutz und Wochenhilfe
VI. Abschnitt:	Die sozial-hygienische Fürsorge (*Hildegard Hübinger*)
§ 33.	Bekämpfung des Alkoholismus
§ 34.	Bekämpfung der öffentlichen Unsittlichkeit
§ 35.	Volksbildungswesen
VII. Abschnitt:	Die Jugendwohlfahrt (*Alexe Hegemann* und *Josef Beeking*)
	Abgrenzung nach persönlicher Übereinkunft)
§ 36.	Die erziehliche Kinderfürsorge (*Alexe Hegemann*)
§ 37.	Fürsorge für die verwaiste und verlassene Jugend
§ 38.	Fürsorge für die gefährdete und verwahrloste männliche und weibliche Jugend
§ 39.	Berufsberatung und Lehrstellenvermittlung
§ 40.	Die Jugendpflege
§ 41.	Die Jugendbewegung
Anhang:	(gesondert herauszugeben)

Verzeichnis der wichtigsten Adressen   (*Heinrich Auer*)

Nr. 2

Lehrveranstaltungen von Heinrich Weber[698]

Wintersemester 1920/21[699]

Das Problem der Armut (2 Std.)
Jugendfürsorge und -pflege unter Zugrundelegung des neuen Reichsjugendwohlfahrtsgesetzes (1 Std.)

Sommersemester 1922[700]

Fürsorgewesen in Staat und Gemeinde (2 Std.)
Die ethischen Grundlagen moderner Fürsorgearbeit (für Hörer aller Fakultäten) (1 Std.)
Praktische Fragen der Jugendfürsorge und Jugendpflege (Mittelseminar, 2 Std.)

Wintersemester 1922/23

Das Armenwesen und seine Stellung im Rahmen der sozialen Fürsorge (2 Std.)
Gestaltung der Jugendfürsorge nach dem neuen Reichsjugendwohlfahrtsgesetze (1 Std.)
Die Hauptorgane der Wohlfahrtspflege (Mittelseminar, 2 Std.)

Sommersemester 1923

Ursprung und Wesen des Gesellschaftsorganismus (1 Std.)
Soziale Aufgaben des Staates (2 Std.)
Neuere Sozialgesetzgebung (1 Std.)
Einzelfragen der Jugendfürsorge und Jugendpflege (Mittelseminar, 2 Std.)

Wintersemester 1923/24

Einkommensverteilung als soziales Problem (1 Std.)
Die soziale Fürsorgearbeit (2 Std.)
Allgemeine theoretische Sozialökonomik (4 Std.)
Übungen zur Sozialpolitik (Mittelseminar, 2 Std.)

---

[698] Vorlesungsverzeichnisse der Westfälischen Wilhelms-Universität Münster. UA Münster nebst anderen zusätzlichen Quellen. Meist wird zunächst die Vorlesung in der Katholisch-Theologischen Fakultät, dann die Vorlesungen in der Rechts- und Staatswissenschaftlichen Fakultät aufgeführt.

[699] Zusätzliche Quelle: Soziale Praxis und Archiv für Volkswohlfahrt Jg. XXIX (1919/1920), Nr. 49, Sp. 1170.

[700] Zusätzliche Quelle: Soziale Praxis und Archiv für Volkswohlfahrt Jg. XXXI (1922). Nr. 18, Sp. 494.

Sommersemester 1924[701]

Einführung in die soziale Frage (2 Std.)
Allgemeine (theoretische) Sozialökonomik (4 Std.)
Übungen zum sozialen Fürsorgewesen (1 Std.)
Sozialpolitische Übungen (Mittelseminar, 2 Std.)
Übungen über die Enzykliken Leo XIII. betr. den Sozialismus und die Arbeiterfrage (1 Std.).

Wintersemester 1924/25[702]

Die Arbeiterfrage (2 Std.)
Sozialpolitik (4 Std.)
Besprechung sozialer und caritativer Einzelfragen (2 Std.)
Einführung in das soziale Fürsorgewesen (2 Std.)
Über Sozialismus (Mittelseminar, 2 Std.)
Hauptseminar: Besprechung selbständiger Arbeiten der Mitglieder und vorbildlicher Einzelschriften (2 Std.)

Sommersemester 1925[703]

Agrarfrage und ländliche Wohlfahrtspflege (2 Std.)
Allgemeine (theoretische) Gesellschaftslehre (4 Std.)
Der neuere Kommunismus und Sozialismus (Mittelseminar, 2 Std.)
Besprechung sozialer und caritativer Einzelfragen (2 Std.)
Einführung in die Wirtschafts- und Sozialwissenschaften (Übungen für Juristen 2 Std.)
Hauptseminar (2 Std.)[704]

Wintersemester 1925/26[705]

Wesen und Entwicklung des Sozialismus (2 Std.)
Sozialpolitik (4 Std.)
Besprechung sozialer und caritativer Einzelfragen (2 Std.)
Das Armenwesen und soziale Fürsorge (I. Allg. Teil) (2 Std.)
Sozialökonomische Übungen (Die menschliche Arbeit in Wirtschaft und Gesellschaft)

---

[701] Zusätzliche Quelle: Soziale Praxis und Archiv für Volkswohlfahrt Jg. 33 (1924). Nr. 20 (15. Mai 1924). Sp. 405.

[702] Zusätzliche Quelle: Soziale Praxis und Archiv für Volkswohlfahrt. Jg. 33 (1924). Nr. 46 (13. November 1924). Sp. 972.

[703] Zusätzliche Quelle: Soziale Praxis und Archiv für Volkswohlfahrt, Jg. 34 (1925), Nr. 25, Sp. 541.

[704] Auch in den folgenden Semestern hält *Weber* jeweils ein zweistündiges Hauptseminar, das nicht eigens aufgeführt wird, da das Vorlesungsverzeichnis nicht die Thematik des Seminars angibt.

[705] Zusätzliche Quelle: Soziale Praxis und Archiv für Volkswohlfahrt, Jg. 34 (1925), Nr. 37, Sp. 819.

Sommersemester 1926[706]

Der neuere Kommunismus und Sozialismus (2 Std.)
Allgemeine (theoretische) Sozialökonomik (4 Std.)
Besprechung sozialer und caritativer Einzelfragen (2 Std.)
Praktische sozialökonomische Übungen (Sozialpolitik und Gewerkschaftswesen) (Mittelseminar zusammen mit *Woldt*, 2 Std.)

Wintersemester 1926/27

Caritaswissenschaft (2 Std.)
Sozialpolitik (4 Std.)
Sozialpolitische Übungen (Mittelseminar 2 Std.)
Kolloquium über sozial- und betriebswirtschaftliche Gegenwartsprobleme mit Exkursionen (zusammen mit *Bruck, Hoffmann* und *Woldt*)

Sommersemester 1927[707]

Der soziale Katholizismus in Deutschland (2 Std.)
Praktische Gesellschaftslehre (Soziale Frage) (4 Std.)
Praktische sozialpolitische Übungen (Mittelseminar, 2 Std.)
Übungen zur Sozialethik (zusammen mit *Tischleder* 1 Std.)

Wintersemester 1927/28[708]

Sozialpolitik (4 Std.)
Sozialpolitische Übungen (Mittelseminar, 2 Std.)
Übungen zur Sozialethik: Wirtschaftsethik (zusammen mit *Tischleder*, 1 Std.)

Sommersemester 1928[709]

Armenwesen und Armenpolitik (2 Std.)
Allgemeine (theoretische) Sozialökonomik (4 Std.)
Praktische Sozialpolitische Übungen (Mittelseminar, 2 Std.)
Übungen zur Sozialethik (Wirtschaftsethik) (gemeinsam mit *Tischleder* 1 Std.)
Praktische Volkswirtschaftliche Übungen für Juristen (2 Std.)
Ausgewählte Fragen der praktischen Wohlfahrtspflege mit Besichtigungen (gemeinsam mit *Schlüter*, 1 Std.)

---

[706] zusätzliche Quelle: Soziale Praxis und Archiv für Volkswohlfahrt, Jg. 35 (1926), Nr. 17, Sp.428.

[707] zusätzliche Quelle: Soziale Praxis und Archiv für Volkswohlfahrt. Jg. 36 (1927)

[708] zusätzliche Quelle: Soziale Praxis und Archiv für Volkswohlfahrt. Jg. 36 (1927), Nr. 43, Sp.1084.

[709] Zusätzliche Quelle: Soziale Praxis, Jg. 37 (1928), Nr. 18, Sp. 425.

Wintersemester 1928/29[710]
Wesen und Wert der Wohlfahrtspflege (2 Std.)
Sozialpolitik (4 Std.)
Praktische Sozialpolitische Übungen (Mittelseminar, 2 Std.)
Übungen zur Sozialethik: Wirtschaftsethik (zusammen mit *Tischleder*, 2 Std.)

Sommersemester 1929
Geschichte der Caritas und Wohlfahrtspflege (2 Std.)
Allgemeine (theoretische) Gesellschaftslehre (4 Std.)
Übungen zur christlichen Gesellschaftslehre und Gesellschaftsethik (zusammen mit *Tischleder*, 2 Std.)
Praktische Sozialpolitische Übungen (2 Std.)
Volkswirtschaftliche Übungen für Juristen (2 Std.)
Ausgewählte Kapitel der Jugendwohlfahrtspflege (mit Besichtigungen) (zusammen mit *Schlüter*, 1 Std.)
Besprechung neuerer fürsorgewissenschaftlicher Literatur (zusammen mit *Schlüter*, 2 Std.)

Wintersemester 1929/30
Caritas und Wohlfahrtspflege (2 Std.)
Sozialpolitik (4 Std.)
Moderne Unterstützungsfürsorge (gemeinsam mit *Schlüter*, 1 Std.)
Übungen zur christlichen Gesellschaftslehre und Gesellschaftsethik

Sommersemester 1930
Soziale Frage und Sozialreform (2 Std.)
Allgemeine Volkswirtschaftslehre (4 Std.)
Die Gesundheitsfürsorge im Rahmen der sozialen Fürsorge (mit Besichtigungen und Exkursionen (gemeinsam mit *Schlüter*, 1 Std.)
Praktische Sozialpolitische Übungen (Mittelseminar, 2 Std.)
Übungen zur christlichen Gesellschaftslehre und Gesellschaftsethik (zusammen mit *Tischleder*, 1 Std.)

Wintersemester 1930/31
Die neuzeitliche öffentliche Wohlfahrtspflege (1 Std.)
Sozialpolitik (3 Std.)
Einführung in die moderne Soziologie (Beziehungslehre) (1 Std.)
Die freie Wohlfahrtspflege in Deutschland (gemeinsam mit *Schlüter*, 1 Std.)
Praktische Sozialpolitische Übungen (Mittelseminar, 2 Std.)

---

[710] Zusätzliche Quelle: Soziale Praxis. Jg. 37 (1928), Nr. 44, Sp. 1062.

Volkswirtschaftliche Übungen für Juristen (2 Std.)
Übungen zur christlichen Gesellschaftslehre und Gesellschaftsethik (zusammen mit *Tischleder*, 1 Std.)

Sommersemester 1931
Grundfragen der modernen Volkswirtschaft (2 Std.)
Allgemeine (theoretische) Gesellschaftslehre (4 Std.)
Jugendwohlfahrtspflege (zusammen mit *Schlüter*, 1 Std.)
Praktische Sozialpolitische Übungen (Mittelseminar, 2 Std.)
Übungen zur christlichen Gesellschaftslehre und Gesellschaftsethik (zusammen mit *Tischleder*, 1 Std.)

Wintersemester 1931/32
Allgemeine Wohlfahrtskunde (2 Std.)
Einführung in das Wirtschafts- und Sozialleben zum Verständnis der Gegenwart (2 Std.)
Spezielle Volkswirtschaftslehre (3 Std.)
Private Fürsorge und öffentliche Wohlfahrtspflege (2 Std.)
Praktische Sozialpolitische Übungen (Mittelseminar 2 Std.)
Übungen zur christlichen Gesellschaftslehre und Gesellschaftsethik (zusammen mit *Tischleder*, 1 Std.)

Sommersemester 1932
Entwicklungszüge der Caritas und Wohlfahrtspflege (2 Std.)
Finanzwissenschaft (3 Std.)
Volkswirtschaftliche Grundbegriffe und Grundtatsachen (Proseminar, 2 Std.)
Jugendpflege und Jugendfürsorge (mit Besichtigungen und Exkursionen) (zusammen mit *Schlüter*, 1 Std.)
Praktische Sozialpolitische Übungen (Mittelseminar, 2 Std.)
Übungen zur christlichen Gesellschaftslehre: Familie und Staat im Licht des Katholizismus (insbesondere der päpstlichen Enzykliken) (zusammen mit *Tischleder*, 1 Std.)

Wintersemester 1932/33[711]
Überblick über das moderne Fürsorgewesen (2 Std.)
Sozialpolitik (4 Std.)
Übungen zur sozialökonomischen Dogmengeschichte (2 Std.)
Sozialpolitische u. arbeitsrechtl. Übung (zusammen mit *Mansfeld*[712], 2 Std.)
Übungen zur christlichen Gesellschaftslehre: Aktuelle Gesellschaftsfragen im Lichte der päpstlichen Enzykliken (zusammen mit *Tischleder*, 1 Std.)
Kolloquium über Einzelfragen des Fürsorgewesens (zusammen mit *Schlüter*, 2 Std.)

---

[711] zusätzliche Quelle: Soziale Praxis. Jg. 41 (1932). Sp. 1309.
[712] *Werner Mansfeld* war Privatdozent für Arbeits- und Wirtschaftsrecht.

Sommersemester 1933

Armenwesen und Armenfürsorge (2 Std.)
Allgemeine (theoretische) Volkswirtschaftslehre (4 Std.)
Die Gesundheitsfürsorge und Wohlfahrtspflege (zusammen mit *Schlüter*, 1 Std.)
Der Sozialismus (Mittelseminar, 2 Std.)
Übungen zur christlichen Gesellschaftslehre: katholische Staatsauffassung und Staatspolitik (unter Berücksichtigung der päpstlichen Enzykliken) (zusammen mit *Tischleder* , 1 Std.)

Wintersemester 1933/34

Das soziale Problem und der Katholizismus (2 Std.)
Einführung in das Wirtschafts- und Sozialleben zum Verständnis der Gegenwart (2 Std.)
Öffentliche Wohlfahrtspflege (mit Schlüter, 1 Std.)
Sozialökonomische Tagesfragen (Mittelseminar, 2 Std.)

Sommersemester 1934

Finanzwissenschaft (4 Std.)
Sozialpolitik (3 Std.)
Gesundheitsfürsorge und Wohlfahrtspflege (gemeinsam mit *Schlüter*, 1 Std.)
Grundfragen der Wohlfahrtspflege (2 Std.)

Wintersemester 1934/35

Einführung in das wirtschaftliche und soziale Leben zum Verständnis der Gegenwart (2 Std.)
Die deutsche Volkswirtschaft (2 Std.)
Das neuzeitliche Fürsorgewesen (Übung, 2 Std.)

Sommersemester 1936[713]

Allgemeine Caritaswissenschaft (2 Std.)

Wintersemester 1936/37

Praktische Caritaslehre (2 Std.)
Caritaswissenschaftliches Seminar: Armenwesen und Armenfürsorge (2 Std.)

---

[713] ab Sommersemester 1936: Uniwersytet Wroclawski, Bibliotheka Uniwersytecka 27159 II GSL Schlesische Friedrich-Wilhelms-Universität SS 1936 - S 1944/45.

Sommersemester 1937

Allgemeine Caritaswissenschaft (2 Std.)
Caritaswissenschaftliches Seminar: Religion und Wohlfahrtspflege (2 Std.)
ferner in der Jubiläumswoche:
Katholizismus und Caritas (2 Std.)

Sommersemester 1938

Allgemeine Pastoraltheologie I (2 Std.)
Caritaswissenschaftliches Seminar: Katholizismus und Caritas (2 Std.)

Wintersemester 1938/39

Allgemeine Pastoraltheologie II (2 Std.)
Caritaswissenschaftliches Seminar: Geschichtliche Caritasfragen (2 Std.)

Sommersemester 1939
Homiletik (2 Std.)
Allgemeine Caritaswissenschaft (2 Std.)

Wintersemester 1939/40

Katechetik (2 Std.)
Caritasgeschichte (2 Std.)

1. Trimester 1940

Allgemeine Pastoraltheologie (4 Std.)
2. Trimester 1940
Liturgik (3 Std.)

3. Trimester 1940

Homiletik (2 Std.)
Allgemeine Caritaswissenschaft (2 Std.)
Pastoraltheologisches Seminar: Vorbilder kirchlicher Redekunst (1 Std.)

Trimester 1941

Katechetik (3 Std.)
Caritasgeschichte (1 Std.)

Sommersemester 1941

Allgemeine Pastoraltheologie (4 Std.)
Pastoraltheologisches Seminar (nach Vereinbarung)

Wintersemester 1941/42

Liturgik (4 Std.)
Pastoraltheologisches Seminar (nach Vereinbarung)

Sommersemester 1942

Homiletik (3 Std.)
Allgemeine Caritaswissenschaft (1 Std.)
Pastoraltheologisches Seminar (nach Vereinbarung)

Wintersemester 1942/43

Caritasgeschichte (1 Std.)
Katechetik (3 Std.)
Pastoraltheologisches Seminar (nach Vereinbarung)

Wintersemester 1943/44

Liturgik (4 Std.)
Pastoraltheologisches Seminar (nach Vereinbarung)

Sommersemester 1944

Homiletik (3 Std.)
Allgemeine Caritaswissenschaft (1 Std.)
Pastoraltheologisches Seminar (nach Vereinbarung)

Wintersemester 1944/45

Caritasgeschichte (1 Std.)
Katechetik (3 Std.)
Pastoraltheologisches Seminar (nach Vereinbarung)

Wintersemester 1945/46[714]

Grundfragen der christlichen Gesellschaftslehre
Allgemeine kirchliche Verwaltungslehre

Sommersemester 1946

Grundfragen der Wirtschaftsethik
Die kirchliche Temporalienverwaltung

---

[714] Ab Wintersemester 1945/46 Quelle wieder Archiv der Universität Münster.

Nr. 3

Lehrplan für die einjährigen Kurse des Instituts für Wirtschafts- und Sozialwissenschaften der Universität Münster für Sozialbeamte in leitender Stellung 1925[715]

A. Vorausgesetzte Mindestgrundlagen der akademischen Ausbildung (gegebenenfalls neben dem Kursus nachzuholen),
I. der Staatswissenschaften,
   1. Einführung in die Volkswirtschaftslehre,
   2. Allgemeine Gesellschaftslehre,
   3. Einführung in die soziale Frage und die Sozialpolitik,
   4. Gemeindepolitik.
II. der Rechtswissenschaften,
   1. Einführung in die Rechtswissenschaft
   2. Allgemeines Staatsrecht,
empfohlen wird:
   3. Einführung in das BGB.
   4. Verwaltungsrecht.

B. Vorlesungen und Übungen des Kursus,
I. der Staatswissenschaften,
   1. Die praktischen Aufgaben der Jugendfürsorge und Jugendpflege unter Zugrundelegung d. betr. Reichs- und Landesgesetze,
   2. Fürsorgewesen in Staat und Gemeinde bzw. Anstaltswesen evtl. mit Besichtigungen,
   3. Die Hauptorgane der Wohlfahrtspflege,
   4. Geschichte des Arbeitsnachweis- und Berufsberatungswesens,
   5. Die Technik des Arbeitsnachweis- und Berufsberatungswesens,
   6. Die Entwicklung und Bedeutung der Berufsberatung,
   7. Der Arbeitsmarkt und seine Einrichtungen,
   8. Die Sozialgesetzgebung auf dem Gebiete des Arbeitsmarktes,
   9. Arbeitslosenfürsorge und Arbeitslosenversicherung,
   10. Wohnungs- und Siedlungswesen.
II. der Rechtswissenschaften,
   1. Jugendrecht - Stellung der Jugend im allgem. Recht, insbesondere im Familien-, Vormundschafts- und Erziehungsrecht,
   2. Jugendfürsorgerecht einschl. Jugendstrafrecht und Jugendgerichtswesen,
   3. Arbeitsrecht,
   4. Armenwesen und Armenpolitik bzw. rechtliche Grundlagen der Armenfürsorge,

---

[715] *Weber, Heinrich:* Sozialwissenschaftliche Forschungs- und Ausbildungsarbeit im Münsterer Institut für Wirtschafts- und Sozialwissenschaften. In: Deutsche Zeitschrift für Wohlfahrtspflege. Jg. 1 (1925/26), S.301.

III. der Medizin.
   1. Die Hygiene des Säuglings- und Kindesalters,
   2. Soziale Hygiene mit bes. Berücksichtigung des Jugendalters,
   3. Die Physiologie und Bekämpfung der Verwahrlosung der Jugendlichen,
   4. Psychopathologie der Jugendlichen.
IV. der Philosophie,
   1. Psychologie mit bes. Berücksichtigung der Pädagogik,
   2. Psychologie des Kindes und des Jugendlichen bzw. Jugendkunde,
   3. Die Jugendbewegung,
   4. Pädagogische Übungen,
   5. Die Grundlagen der Wirtschaftspsychologie,
   6. Die Praxis der psychologischen Berufsberatung,
   7. Die psychologische Berufsanalyse.

Nr. 4

Lehrplan
für den Ausbildungslehrgang 1936/37
beim Institut für kirchliche Verwaltung und Finanzwirtschaft [716]

A. Grundlegende Fächer.

I. Rechtswissenschaftliche Fächer.
1. Das bürgerliche Recht in der Seelsorgpraxis.
    Juristische Person, Geschäftsfähigkeit, Vertrag, Verjährung, Selbstverteidigung Familienrecht: Bürgerliches Eherecht, Unterhaltspflicht, Stellung des ehelichen und unehelichen Kindes, Vormundschaft, Kindesannahme - gesetzliche Erbfolge, letztwillige Verfügung - Schutz des Arbeits- und Dienstlohnes, Geistliche als Vormund und Schuldner, Schutz des Amts- und Dienstgeheimnisses, Zeugnisverweigerungsrecht des Geistlichen, Glockenbenutzung, Friedhofsrecht.
2. Das bürgerliche Recht in der Verwaltungspraxis.
    Die bedeutsamsten Formen der Schuldverhältnisse: Kauf, Schenkung, Miete, Pacht, Leihe, Darlehn, Dienst- und Werkvertrag, Haftung für andere - Inhalt, Begründung, Erlöschen der Schuldverhältnisse - die nichthandelsrechtlichen Gesellschaften - Bürgschaften.
3. Die öffentlich-rechtlichen Reichsjustizgesetze.
    Gerichtsverfassung - Zivil- und Strafprozeß - Zwangsvollstreckung (außer Immobiliarzwangsvollstreckung) - freiwillige Gerichtsbarkeit (außer Grundbuchrecht) - materielles Strafrecht.
4. Grundfragen des Handelsrechts.
    Die einzelnen handelsrechtlichen Gesellschaften und Genossenschaften: Aktiengesellschaften, Gesellschaft mit beschränkter Haftung usw.
5. Das Recht des Bankverkehrs und der Wertpapiere
    Die wesentlichen Rechtsgrundlagen der Bankgeschäfte - Wechselrecht - Scheckrecht - Devisenrecht.
6. Praktische Fragen des Agrar- und Bodenrechts.
    Erbhofgesetzgebung - Patronate - Siedlungsfragen.
7. Die wichtigsten Gesetze aus der allgemeinen Verwaltung.
    Behördenaufbau - Vereinsgesetz - Polizeiverwaltungsgesetz - Verwaltungsstreitverfahren - Sammlungsgesetz - Blutschutz- und Ehegesundheitsgesetz.

II. Wirtschaftswissenschaftliche Fächer.
1. Überblick über die Geschichte der Wirtschaft und der Wirtschaftslehre
    Kurze Charakterisierung der wichtigsten Epochen in der deutschen Wirtschaftsentwicklung - Überblick über die Geschichte der sozialökonomischen Lehrmeinungen.
2. Sozialökonomische Grundtatsachen und Grundbegriffe.
    Die wichtigsten soziologischen Grundbegriffe - Struktur und Leben der Volksgemeinschaft -

---
[716] Archiv DCV, Sign. R 959.

Grundlagen und Elemente der Volkswirtschaft - der Konjunkturablauf im sozialökonomischen Prozeß.

3. **Das deutsche Wirtschaftsleben.**

Die wichtigsten Tatsachen und Größenverhältnisse in der deutschen Volkswirtschaft - Landwirtschaft und Reichsnährstand - Organisation und öffentlich-rechtliche Vertretungen der gewerblichen Wirtschaft - Bedeutung und Aufgaben des Verkehrsgewerbes.

4. **Geld- und Währungsfragen**

Grundprobleme und Entwicklung der Theorie des Geldes - die Messung des Geldwertes (Indexziffern) - der Geld- und der Geldkapitalmarkt - die Währung als rechtliche Geltung des Geldes - Währungssysteme - Entwicklung der Währungsverfassung im Deutschen Reiche.

B. Kirchliche Verwaltungslehre.

I. **Die allgemeine kirchliche Verwaltung.**

1. **Die kirchenrechtlichen Grundlagen für die Verwaltung des kirchlichen Vermögens.**

Erwerb, Verwaltung, Nutznießung des kirchlichen Vermögens - die kirchlichen Abgaben - die Beaufsichtigung des Kirchenvermögens.

2. **Das kirchliche Prozeßverfahren.**

Die kirchlichen Gerichte (Instanzen) - der Strafprozeß - der Eheprozeß.

3. **Die Diözesanverfassung und Diözesanverwaltung.**

Kurze geschichtliche Einführung - der Bischof und sein Amtsbereich - die Curia dioecesana: Generalvikar, Generalvikariat, die Hilfsbeamten und Ämter der Verwaltung, die Mitwirkung des Domkapitels bei der Verwaltung, der Kapitelsvikar, die kirchliche Gerichtsbehörde, die Einteilung der Diözese in Verwaltungsbezirke, Diözesan-Synoden, Konferenzen - die Aufsichtsinstanzen über die Diözesanverwaltung: Verkehr mit dem Heiligen Stuhl. Verkehr der Diözesanverwaltung mit weltlichen Behörden - Formalia der Diözesanverwaltung: Gesetze, Verordnungen, Verfügungen.

4. **Die Verwaltung des Pfarramtes.**

Die Pfarrei, Errichtung und Veränderung derselben - Pfarrer, Besetzung der Pfarrei - Rechte und Pflichten des Pfarrers- die Einrichtungen der Pfarrkanzlei, des Pfarrarchivs usw. - die Führung der Matrikelbücher - Pfarrstatistik - Nutzungsrechte des Pfarrers: Widmut, Kirchensteuern, Staatszuschüsse, Stolgebühren - Hilfsorgane des Pfarrers: Kapläne, Rendant, Küster, Pfarrhelfer - der Amtsverkehr des Pfarrers: mit den Behörden, mit der Gemeinde.

5. **Anstaltswesen und Anstaltsverwaltung.**

Kurzer geschichtlicher Rückblick auf die Entwicklung des Anstaltswesens - Krankenhäuser -- Altersheime - Heime zur Fürsorge für Behinderte - Heime zur Fürsorge für Gefährdete - Kinderheime - Anstaltsleitung - Anstaltsverwaltung - Anstaltsverpflegung.

II. **Die kirchliche Vermögensverwaltung**

1. **Die formelle Vermögensverwaltung (Rechtsgrundlagen, Verwaltungs- und Aufsichtsorgane).**

Die geltenden Rechtsnormen: Allgemeines, das Vermögensverwaltungsgesetz vom 24.7.1924, Bischöfliche Geschäftsanweisungen - das Objekt der Vermögensverwaltung: Das eigentliche

Kirchenvermögen, das Benefizialvermögen, das Stiftungsvermögen - Rechtsträger, Verwaltungsorgane: Rechtsträger, Kirchenvorstand, Gemeindeverbände, Aufsichtsrechte der Bischöflichen Behörde, staatliche Aufsichtsrechte, Teilnahme des Kirchenpatrons an der Vermögensverwaltung.

2. **Die materielle Vermögensverwaltung im allgemeinen.**

Das Vermögensverzeichnis - Rechnungswesen: Allgemeines, Rechnungsjahr, Voranschlag, Kassen- und Rechnungsführung - Erwerb und Veräußerung von Kirchen-, Pfarr- und Stiftungsvermögen: Zuwendungen und Stiftungen, Grunderwerb, Erwerb kirchlicher Einrichtungsgegenstände, Veräußerung von Kirchengut - Patronatsrecht.

3. **Die besondere Verwaltung einzelner Vermögensstücke.**

Verwaltung der Liegenschaften, der Gebäude - Verfahren bei kirchlichen Bauten - Verwaltung der beweglichen Sachen - Verwaltung der Kapitalien - kirchliche Kunst- und Denkmalpflege - Archivalien - Wahrnehmung kirchlicher Belange bei Siedlungen.

C. Kirchliche Finanz- und Betriebswirtschaftslehre

I. **Kirchliche Finanzwirtschaftslehre.**

1. **Grundzüge der allgemeinen Finanzwissenschaft.**

Allgemeinde Grundfragen: Ausgangspunkt, Eigenart und Gestaltung der öffentlichen Finanzwirtschaft - die öffentliche Ausgabenwirtschaft: der öffentliche Bedarf, das öffentliche Haushaltswesen, Träger und Kontrolle der öffentlichen Finanzwirtschaft, Lastenausgleich - die öffentliche Einnahmewirtschaft aus steuerlichen und nichtsteuerlichen Quellen.

2. **Abriß der staatlichen und kommunalen Finanzwirtschaftsgeschichte.**

Die Anfänge der öffentlichen Finanzwirtschaft - Die bürgerliche Finanzwirtschaft im Mittelalter - Die Finanzwirtschaft der öffentlichen Körperschaften in der Ära des Absolutismus und Merkantilismus - Die Entfaltung des öffentlichen Finanzwesens der deutschen Länder bis zur Reichsgründung - Wandlungen und Entwicklungstendenzen der staatlichen und kommunalen Finanzwirtschaft im Deutschen Reiche.

3. **Die Geschichte der kirchlichen Finanzwirtschaft.**

Die finanzwirtschaftliche Lehre und Praxis der Kirche im antiken Kulturkreis: das Experiment des „urchristlichen Kommunismus", Oblationen und Schenkungen, Folgender Rechtsfähigkeit seit dem 4. Jahrhundert, Kirchenväter und kirchlicher Besitz, die Vierteilung der Einkünfte - Das Finanzgebaren der mittelalterlichen Kirche: Die Radizierung auf Grund und Boden, das Kloster als Kolonisator, die finanzwirtschaftliche Bedeutung der Immunität, die Verflechtung der Kirche in die Geld und Kreditwirtschaft, montes pietatis, Zinsproblem und Rentenkauf, kirchliche Zwangsabgaben, die Finanzverwaltung, finanzwirtschaftliche Bedeutung der Reformation - Die neuzeitliche Finanzwirtschaft der Kirche: Säkularisation, die Differenzierung nach Ländern, das kirchliche Geldsteuersystem, die neueste Entwicklung des kirchlichen Finanzbedarfs, die praktischen Maßnahmen zur Deckung des kirchlichen Finanzbedarfs.

4. **Der kirchliche Finanzbedarf und seine Deckung.**

Der kirchliche Personalbedarf: Gehälter, Ruhegehälter, besondere Vergütungen - der kirchliche Sachbedarf - die Deckung des Kirchlichen Finanzbedarfs: freiwillige Spenden, privatwirtschaftliche Einnahmequellen, Beiträge öffentlich-rechtlicher Körperschaften, kirchliche Zwangs-

abgaben, Gebühren.
5. Das Kirchensteuerrecht.
>Das Steuerrecht der katholischen Kirchengemeinden - die Kirchensteuergesetzgebung in Deutschland - Veranlagung, Erhebung, Verwaltung und Einziehung der Kirchensteuer.

II. Betriebswirtschaftslehre für kirchlich-caritative Institutionen.
1. Grundlegende Fächer.
   a) Allgemeine Betriebswirtschaftslehre.
   > Betriebswirtschaftliche Grundbegriffe - die verschiedenen Unternehmensformen in ihrer betriebswirtschaftlichen Bedeutung - Zahlungs- und Kreditverkehr in der Betriebswirtschaft.

   b) Geschäfts- und Vertragstechnik.
   > Die wichtigsten Vertrags- und sonstigen Rechtsbestimmungen unter betriebswirtschaftlichen Gesichtspunkten - Anleitung zum Entwurf von Verträgen und zur korrekten Geschäftsführung.

   c) Einführung in das Rechnungswesen (I.Teil).
   d) Einführung in das Steuerrecht (I. Teil).

2. Aufbauende Fächer.
   a) Rechnungswesen (II. Teil).
   > Abschluß - Wirtschaftlichkeit - Betriebsvergleich - Liquidität.

   b) Rechnungswesen und Organisation.
   > Wesen und Bedeutung der Betriebsorganisation - die technischen Methoden und Formen der Wirtschaftsführung - Wege und Hilfsmittel zum Aufbau und zur Verbesserung der Organisation.

   c) Revisions- und Treuhandwesen.
   > Wesen, Aufgaben und Bedeutung des Revisions- und Treuhandwesens - der gegenwärtige Stand in Deutschland - die gesetzliche Regelung.

   d) Wichtige Steuerfragen der Praxis (Steuerrecht II. Teil).

III. Die Arbeits- und Verwaltungsorganisation in kirchlich-caritativen Institutionen.
1. Die deutsche Sozialpolitik in den kirchlichen Verwaltungen und Betrieben.
   > Grundsätzliche Bedeutung der Sozialpolitik - der sozialpolitische Aufbau des Deutsches Reiches - Betriebsführer und Vertrauensrat - die Treuhänder der Arbeit - die soziale Ehrengerichtsbarkeit - die Deutsche Arbeitsfront.

2. Die Sozialversicherungsgesetzgebung in der kirchlichen Verwaltungsarbeit.
   > Die Entwicklung der deutschen Sozialversicherung - die geltenden gesetzlichen Grundlagen - Aufbau, Träger und Behörden der Sozialversicherung - die Zweige der Sozialversicherung - die praktische Handhabung in der kirchlichen Verwaltung und in den kirchlichen Betrieben.

3. Büroorganisation und Schriftverkehr.
   > Neuzeitliche Anlage, Entwicklung und Organisation des Büros - Büromaschinen für den Schriftverkehr, sowie für das Kassen-, Buchungs- und Rechnungswesen - Normierung und Normformate im Bürobetriebe - Aktenordnung und Aktenordnungssysteme - Behandlung der Fristsachen - die Registratur - die Kanzlei.

4. Besoldungswesen und Anstellungsverträge.
   > Grundsätze und Normen für die Besoldung der Kirchenangestellten, der Hilfsgeistlichen, der

Pfarrer - die geltenden Bestimmungen - Anstellungsverträge für Kirchendiener, Küster, Organisten usw.

5. Grundfragen der Anstaltsplanwirtschaft.

Planwirtschaft - Wirtschaftsplanung - die Zwangswirtschaft des Weltkrieges - Wirtschaftsplanung auf dem Anstaltsgebiet im allgemeinen - Wirtschaftsplanung der einzelnen Anstalten.

D. Praktische Einzelvorträge

Diese sollen jeweils nach Bedarf stattfinden und von führenden Fachleuten auf den betreffenden Spezialgebieten in Einzelstunden gehalten werden.

Bemerkung: Die obige Stoffaufteilung ist als Gesamtplan anzusehen, innerhalb dessen gewisse Änderungen und Umstellungen, falls sie sich praktisch als notwendig erweisen sollten, vorbehalten bleiben. Insbesondere ist in Aussicht genommen, den Ausbildungsplan durch jene Materien zu ergänzen, die für Ordensleute eine größere Bedeutung haben. Das wird geschehen, wenn eine größere Zahl von Ordensleuten an dem Ausbildungslehrgang sich beteiligt. In diesem Falle ist eine Gabelung der Ausbildung dahingehend gedacht, daß die Mitglieder von Ordensgenossenschaften an bestimmten Vorlesungen, die für sie ein geringeres Interesse haben, nicht teilnehmen, und dafür Sondervorlesungen für die Ordensangehörigen veranstaltet werden.

15. Literatur

15.1. Schriften Heinrich Webers

15.1.1. Bücher und andere Monographien

Wegweiser durch die Wohlfahrtseinrichtungen der Stadt Münster i.W. für Katholiken. Münster i.W.: Schöningh o.J. [1917].

Ausbildungsgelegenheiten für soziale Berufsarbeiterinnen. Freiburg: Caritasverband 1918.

Sozial-caritative Frauenberufe. Freiburg i.Br.: Caritas-Verlag 1918, 2. Aufl. 1919.

Die volkswirtschaftliche Bedeutung der katholischen Ordensschwestern. Münster i.W.: Verlag des Caritas-Verbandes Münster i.W. 1919.

Elternausschüsse. Wesen und Aufgaben der Elternausschüsse. (Flugschrift Nr. 21 der Organisation der Katholiken Deutschlands zur Verteidigung und Förderung der christlichen Schule und Erziehung). Düsseldorf: Zentralstelle der katholischen Schulorganisation 1919.

Jahresbericht des Diözesan-Caritasverbandes Münster für das Geschäftsjahr 1917/18. Freiburg i.Br.: Caritas-Druckerei 1919.

Die Erziehung der Schwererziehbaren. Bigge i.W.: Josefs-Druckerei 1920.

Das Lebensrecht der Wohlfahrtspflege. (= Staatswissenschaftliche Beiträge, H. 6). Essen: Baedeker 1920.

Akademiker und Wohlfahrtspflege im Volksstaat. (Habil. Schr.) Essen: Baedeker 1922.

Die Wohlfahrtspflegerin. (Am Scheidewege. Berufsbilder. Hrsg. von *Hans Vollmer*). Berlin-Wilmersdorf: Paetel 1922.

Jugendfürsorge im Deutschen Reich. Einführung in Wesen und Aufgaben der Jugendfürsorge und das neue Reichsjugendwohlfahrtsgesetz. (= Schriften zur deutschen Politik; H. 6/7). Freiburg i.Br.: Herder 1923.

Das kommunale Jugendamt. Köln: Kommunal-Schriften-Verlag 1924.

Abbau der Wohlfahrtspflege. (= Schriften der Kommunalpolitischen Vereinigung; H. 4). Köln: Kommunal-Schriften-Verlag o.J. [1926].

Das kommunale Jugendamt. 2. erw. Aufl. Köln: Kommunal-Schriften-Verlag 1927.

Die katholische Anstaltsfürsorge im Bistum Münster. Düsseldorf: Lindner o.J. [1928].

Caritas und Wirtschaft. Freiburg i.Br.: Caritasverlag 1930.

Einführung in die Sozialwissenschaften. Berlin: Gersbach & Sohn o.J. [1930].

zusammen mit *Peter Tischleder:* Handbuch der Sozialethik. Bd. 1 Wirtschaftsethik. Essen: Baedeker 1931.

Streit und Wahrheit um die deutsche Sozialversicherung. Freiburg: Caritas-Verlag 1931.

Betriebsführung in caritativen Anstalten (= Der Wirtschaftsprüfer; H. 5). Berlin: Julius Springer 1933.

Die Einkommenssteuer der Geistlichen (= Kirchliche Verwaltungslehre; 1). Breslau: Antonius-Verlag 1937. 5. Aufl. Breslau: Schlesisches Bonifatiusvereins-Blatt 1941. Nachtrag 1942.

Das Wesen der Caritas. (= Caritaswissenschaft, Bd. 1.). Freiburg: Caritas-Verlag 1938.

Rechtsgrundsätze für die kirchliche Temporalienverwaltung (= Kirchliche Verwaltungslehre; 4). Breslau-Carlowitz: Antonius-Verlag 1938.

15.1.2. *Artikel*

Der Priester und die Caritas. In: Caritas. Jg. 23 (1917). S. 27-30.

Die wirtschaftlichen Leistungen der katholischen Ordensschwestern im Bistum Münster. In: Caritas. Jg. 24 (1918/19). S. 170-176.

Das Verhältnis von Wohlfahrtspflege und Hochschulstudium. In: Konferenz über die Fragen der Ausbildung zur sozialen Arbeit vom 24.-26. Oktober 1921 in Weimar. Veranstaltet von der Reichsgemeinschaft von Hauptverbänden der freien Wohlfahrtspflege. o.O. O.J. [1921]. S. 21-22.

Ein neues Problem in der Wohlfahrtspflege. In: Caritas. Jg. 27 (1. Neue Folge). (1922). S. 27-31.

Grundsätzliches zur Neuregelung des öffentlichen Unterstützungswesens. In: Soziale Praxis und Archiv für Volkswohlfahrt. Jg. XXXII. (1923). Sp. 131-136.

Sozialpolitik und Jugend. (Grundsätzliches zum Reichsjugendwohlfahrtsgesetz). In: Deutsche Allgemeine Zeitung. Jg. 62 (1923). Nr. 522.

Der Abbau der Wohlfahrtspflege. In: Kommunalpolitische Blätter. Jg. 15 (1924). S. 105-107.

Katolisco-socialno gibanje v Nemciji v novosjem casu. (Die katholisch-soziale Bewegung in Deutschland in der neueren Zeit). In: Cas. Znanstvena Revija „Leonove Druzbe". Letn. 19 (1924/25). S. 26-54.

Die Zusammenarbeit der öffentlichen und privaten Wohlfahrtspflege. In: Gegenwartsfragen der Wohlfahrtspflege. Heft 1 der Beiträge zur sozialen Fürsorge. Münster i.W.: Aschendorff 1925. S. 109-122.

Die Unterbringung erholungsbedürftiger Stadtkinder in Landfamilien in sozialökonomischer Beleuchtung. In: Die Kindergesundheitsfürsorge in der Provinz Westfalen. H. 3 der Beiträge zur sozialen Fürsorge. Münster i.W.: Aschendorff 1925. S. 99-112.

Die Westfälische Verwaltungsakademie. In: Das Beamtenbildungswesen und die Westfälische Verwaltungsakademie. Heft 1. der Schriftenreihe der Westfälischen Verwaltungsakademie, hrsg. von *W[erner], F[riedrich] Bruck* und *H[einrich] Weber*. Münster: Verlag der Westfälischen Verwaltungsakademie. 1925. S. 25-38.

Der Landaufenthalt für Stadtkinder in sozialökonomischer Beleuchtung. In: Der Landaufenthalt für Stadtkinder. Schriften zur Jugendwohlfahrt. Bd. 5. Freiburg i.Br.: Caritasverlag 1925. S. 67-84.

Sozialwissenschaftliche Forschungs- und Ausbildungsarbeit im Münsterer Institut für Wirtschafts- und Sozialwissenschaften In: Deutsche Zeitschrift für Wohlfahrtspflege. Jg. 1 (1925/26). S. 296-302.

Allgemeines und Geschichtliches zur Krüppelfürsorge. In: Neuzeitliche Krüppelfürsorge. (= Beiträge zur sozialen Fürsorge; H. 6). Münster: Aschendorff 1926. S. 7-19.

Die wichtigste Literatur über Krüppelfürsorge. In: Neuzeitliche Krüppelfürsorge. H. 6 der Beiträge zur sozialen Fürsorge. Münster: Aschendorff 1926. S. 136-139.

Die Herrschaft christlicher Grundsätze im Wirtschaftsleben. In: Die Reden gehalten in den öffentlichen und geschlossenen Versammlungen der 65. Generalversammlung der Katholiken Deutschlands zu Breslau 21. - 25. August 1926. Würzburg: Fränkische Gesellschaftsdruckerei 1926. S. 91-97. Wieder abgedruckt in: *Furger, Franz* (Hrsg.), Akzente christlicher Sozialethik. Schwerpunkte und Wandel in 100 Jahren „Christlicher Sozialwissenschaften an der Universität Münster. Münster: Lit 1995. S. 41-48.

Die Bedeutung der freien Wohlfahrtspflege für die Volkswohlfahrt. In: Freie Wohlfahrtspflege. Jg. 1 (April 1926 bis März 1927). S. 8-18; 49-55.

Zur sozialen Gegenwartslage Deutschlands. In: Wirtschaftliche Nachrichten für Rhein und Ruhr. Jg. 8 (1927). S. 176-182.

Die Tuberkuloseheilstätten und -genesungsheime in der Provinz Westfalen. In: Tuberkulose und Tuberkulosenfürsorge (= Beiträge zur sozialen Fürsorge; H. 9). Münster: Aschendorff 1927. S. 106-124.

Die Ausbildung der männlichen Sozialbeamten. In: Soziale Berufsarbeit. Jg. 6 (1927). H. 9/10, S. 1-4.

Die katholischen kaufmännischen Vereine als Glied des sozialen Katholizismus. In: Mercuria. Blätter für katholische Kaufleute und Angestellte in Handel und Industrie. Jg. 47 (1927/1928). Nr.21, S. 229-232.

Stand und Entwicklungstendenzen der Verwaltungsakademiebewegung in Deutschland. In: Festschrift zur Tagung des Reichsverbandes Deutscher Verwaltungsakademien, Juni 1928, in Münster und Bochum. Münster: Westfälische Vereinsdruckerei 1928. S. 29-50.

Die Ausbildung und Fortbildung der Sozialbeamten im Rheinisch-Westfälischen Industriebezirk. In: Festschrift zur Feier der Einweihung des neuen Gebäudes der Westfälischen Verwaltungsakademie, Abteilung Bochum. 1928. S. 103-118.

Die Organisation der katholischen Unterstützungsfürsorge. In: Caritas. Jg. 33 (7. Neue Folge), (1928). S. 207-220.

Pfarrer Schütte, Münster, Westf. und seine Verdienste um den Caritasverband. In: Caritas. Jg. 34 (8. Neue Folge) (1929). S. 63-64.

Mensch und menschliche Beziehungskomplexe in der Handwerkswirtschaft. In: *Bruck, W[erner], F[riedrich]/ Weber H[einrich]* (Hrsg.), Probleme der Handwerkswirtschaft. Münster: Verlag der Westfälischen Verwaltungsakademie 1930. S. 7-24.

Caritas und Wirtschaft. In: Jahrbuch für Caritaswissenschaft. Freiburg i.Br.: Caritasverlag 1930. S. 9-36.

Caritas und Wirtschaft. In: *Keller, Franz* (Hrsg.), Jahrbuch der Caritaswissenschaft 1930. Freiburg i.Br.: Institut für Caritaswissenschaft an der Universität Freiburg i.Br. 1930. S. 9-36.

Die deutsche Sozialversicherung als Kampfobjekt. In: Caritas. Jg. 35 (9. Neue Folge) (1930). S. 425-441; 550-573; Jg. 36 (10. Neue Folge) (1931). S. 6-17; 107-112; 159-161; 263-269.

Die deutsche Sozialversicherung als Kampfobjekt. In: *Weber, Heinrich* (Hrsg.), Gegenwartsfragen der deutschen Sozialversicherung. (Münsterer Wirtschafts- und Sozialwissenschaftliche Abhandlungen; H. 9). Münster i.W.: Baader 1931. S. 1-49.

Joseph Mausbachs gestaltende Mitarbeit an der neuen Deutschen Reichsverfassung. In: *Meinerts, Max/ Donders, Adolf* (Hrsg.), Aus Ethik und Leben. Festschrift für Joseph Mausbach zur Vollendung des siebzigsten Lebensjahres. Münster: Aschendorff 1931. S. 232-250.

Rationalisierung. In: *Sacher, Hermann* (Hrsg.) im Auftrag der Görres-Gesellschaft, Staatslexikon. 5. neubearb. Aufl., Bd. 4. Freiburg i.Br.: Herder 1931. Sp. 538-546.

Die moderne deutsche Sozialpolitik im Lichte der Grundsätze des Rundschreibens. In: Die soziale Frage und der Katholizismus. Festschrift zum 40jährigen Jubiläum der Enzyklika „Rerum novarum". (Veröffentlichungen der Sektion für Sozial- und Wirtschaftswissenschaften der Görres-Gesellschaft zur Pflege der Wissenschaften im katholischen Deutschland.) Paderborn: Schöningh 1931. S. 265-276.

Stand und Ursachen der heutigen Arbeitslosigkeit. In: Schönere Zukunft. Wochenschrift für Kultur und Politik, Volkswirtschaft und Soziale Frage. Jg. 6, II. Hälfte (April bis September 1931). S. 969-971.

Linderungsmöglichkeiten der heutigen Arbeitslosigkeit. In: Schönere Zukunft. Wochenschrift für Kultur und Politik, Volkswirtschaft und Soziale Frage. Jg. 6, II. Hälfte (April bis September 1931). S. 997-998.

Das Sozialleben. Führende Sozialreformer in Rheinland und Westfalen. In: *Most, Otto/ Kuske, Bruno/ Weber, Heinrich* (Hrsg.), Wirtschaftskunde für Rheinland und Westfalen. Berlin: Hobbing 1931. S. 134-152.

Die Arbeitnehmer-Organisationen. In: *Most, Otto/ Kuske, Bruno/ Weber, Heinrich* (Hrsg.), Wirtschaftskunde für Rheinland und Westfalen. Berlin: Hobbing 1931. S. 191-198.

Die Arbeitsbedingungen in Rheinland und Westfalen. In: *Most, Otto/ Kuske, Bruno/ Weber, Heinrich* (Hrsg.), Wirtschaftskunde für Rheinland und Westfalen. Berlin: Hobbing 1931. S. 227-239.

Zur Soziologie der Jugend. In: *Weber, Heinrich* (Hrsg.), Grundfragen der Jugendwohlfahrtspflege. Münster: Aschendorff 1932. S. 1-31.

Die Gesundheitsfürsorge im Rahmen der sozialen Fürsorge. In: *Jötten, K[arl]W[ilhelm] und Weber H[einrich]* (Hrsg.), Lehrbuch der Gesundheitsfürsorge. Berlin: Hobbing 1932. S. 7-24.

Quadragesimo anno. In: *Heyde, Ludwig* (Hrsg.), Internationales Handwörterbuch des Gewerkschaftswesens. Bd. 2. Berlin: Werk und Wirtschaft 1932. S. 1283-1286. Reprint Frankfurt a.M.: Antiquariat und Verlag Keip 1992.

Freie Wohlfahrtspflege und Arbeitslosenhilfe. In: Freie Wohlfahrtspflege. Jg. 7 (1932/1933). S. 301-309; 352-368.

Caritas und Volkswirtschaft. In: Caritas. Jg. 37 (11. Neue Folge), (1932) S. 466-475; 536-539.

Das Wandererwesen als sozialökonomisches Problem. In: Der Weg. Beilage zur „Caritas". Vierteljahresschrift für Wanderer- und Straffälligenfürsorge. Jg. 3 (1932). S. 46-55.

Franz Hitze. In: Historische Kommission des Provinzialinstituts für Westfälische Landes- und Volkskunde [et al.] (Hrsg.), Rheinisch-Westfälische Wirtschaftsbiographien. Bd. I. Münster: Aschendorff 1932. S. 318-338.

Zum Tode des Erzbischofs Dr. Johannes Poggenburg in Münster. In: Caritas. Jg. 38 (12. Neue Folge), (1933). S. 21-22.

Johannes von Gott. Der Schöpfer des modernen Krankenhauswesens. In: Caritas. Jg. 38 (12. Neue Folge), (1933). S. 97-102.

Caritaspropaganda. In: *Keller, Franz* (Hrsg.), Jahrbuch der Caritaswissenschaft. Freiburg: Institut für Caritaswissenschaft an der Universität Freiburg i.Br. 1933. S. 110-114.

Caritas im Bistum Münster. Ein Beitrag zur Caritas- und Bistumsgeschichte. In: *Emmerich, [Ferdinand]* (Hrsg.), Das Bistum Münster. Berlin-Wilmersdorf: Archiv-Gesellschaft für kirchliche und caritative Monographien der Bistümer 1934. S. 106-120.

Die neue deutsche Notstandsfront. In: Caritas Jg. 39 (13. Neue Folge) (1934). S. 141-146.

Der kirchliche Charakter caritativer Anstalten und Einrichtungen. In: Caritas. Jg. 39 (13. Neue Folge) (1934). S. 368-373.

Caritaswissenschaft und volkskundliche Forschung. In: Caritas. Jg. 41 (15. Neue Folge), (1936). S. 41-43.

15.1.3. *Von Heinrich Weber herausgegebene und mitherausgegebene Werke*

Schriften zur Caritaswissenschaft (Schriftenreihe im Auftrage des Deutschen Caritasverbandes, hrsg. von *Heinrich Weber, Heinrich Auer und Franz Keller*). Freiburg i.Br.: Caritasverlag 1925 ff.

darunter Bd. 1: *Meffert, Franz:* Caritas und Volksepidemien. Freiburg i.Br.: Caritasverlag 1925.

Bd. 2: *Meffert, Franz:* Caritas und Krankenwesen bis zum Ausgang des Mittelalters. Freiburg i.Br.: Caritasverlag 1927.

Bd. 3: *Schlüter, Joseph:* Die Katholisch-soziale Bewegung in Deutschland seit der Jahrhundertwende. Freiburg i.Br.: Caritasverlag 1928.

Bd. 4: *Zoepfl, Friedrich:* Mittelalterliche Caritas im Spiegel der Legende. Freiburg i.Br.: Caritasverlag 1929.

Bd. 5: *Liese, Wilhelm:* Lorenz Werthmann und der Deutsche Caritasverband. Freiburg i.Br.: Caritasverlag 1929.

Bd. 6: *Angermaier, Rupert:* Die Schutzaufsicht eine Pflicht der christlichen Gemeinschaft. Eine moraltheologische Untersuchung. 2 Teile. Freiburg i.Br.: Caritasverlag 1934.

Beiträge zur sozialen Fürsorge. Hrsg. im Auftrage des Westfälischen Provinzialverbandes von *Bruno Jung* und *Heinrich Weber* Münster: Aschendorff 1925 ff. Ab Heft 9 hrsg. im Auftrage des Landeshauptmannes der Provinz Westfalen von *H[einrich] Weber* in Verbindung mit dem Landes-Fürsorgeverband, dem Landes-Jugendamt, der Landes-Versicherungsanstalt der Provinz Westfalen.

darunter Heft 1: Gegenwartsfragen der Wohlfahrtspflege. Münster i.W.: Aschendorff 1925.

Heft 2: Wichtige Aufgaben der materiellen Fürsorge. Münster i.W.: Aschendorff 1925.

Heft 3: Die Kindergesundheitsfürsorge in der Provinz Westfalen. Münster i.W.: Aschendorff 1925.

Heft 4: *Lüke, Alfred:* Das Blindenwesen in der Provinz Westfalen. Münster i.W.: Aschendorff 1925.

Heft 5: *Flotho, Clemens:* Das großstädtische Gesundheitsamt. Unter besonderer Berücksichtigung der Verhältnisse der Stadt Gelsenkirchen. Münster i.W.: Aschendorff 1925.

Heft 6: Neuzeitliche Krüppelfürsorge. Münster i.W.: Aschendorff 1926.

Heft 7: Schmutz und Schund als sozialpathologische Erscheinung. Münster i.W.: Aschendorff 1926.

Heft 8: Alkoholismus und soziale Fürsorge. Münster i.W.: Aschendorff 1927.

Heft 9: Tuberkulose und Tuberkulosefürsorge. Münster i.W.: Aschendorff 1927.

Heft 10: *Beermann; Georg:* Taubstummenwesen und Taubstummenfürsorge. Unter besonderer Berücksichtigung der westfälischen Verhältnisse. Münster i.W.: Aschendorff 1927.

Heft 11: *Rappenecker, Franz X.:* Kriegsopferfürsorge. Münster i.W.: Aschendorff 1928.

Heft 12: *Schwarze, Elisabeth:* Die moderne Unterstützungsfürsorge und ihre Organisation. Münster i.W.: Aschendorff 1930.

Heft 13/14: Geschlechtskrankheiten und Geschlechtskrankenfürsorge. Münster i.W.: Aschendorff 1930.

Heft 15: Gesundheitsfürsorge und Kommunalverwaltung. Münster i.W.: Aschendorff 1931.

Heft 16/17: *Theiß, Konrad:* Alkoholismus und Sozialversicherung. Mit einem Geleitwort. Münster i.W.: Aschendorff 1931.

Heft 18: Grundfragen der Jugendwohlfahrtspflege. Münster i.W.: Aschendorff 1932.

Westfälische Verwaltungsakademie (Schriftenreihe hrsg. von *W[erner]F[riedrich]Bruck und H[einrich]Weber).* Münster: Verlag der Westfälischen Verwaltungsakademie 1925 ff.

darunter Heft 1: Das Beamtenbildungswesen und die Westfälische Verwaltungsakademie. 2 Vorträge. Münster i.W.: Verlag der Westfälische Verwaltungsakademie 1925.

Heft 2: *Elleringmann, Rudolf:* Die Ausbildung und die Fortbildung der preußischen Kommunalbeamten. Münster i.W.: Verlag der Westfälischen Verwaltungsakademie 1926.

Heft 3: Gegenwartsprobleme des deutschen Sparkassenwesens. Vorträge. Berlin: Gersbach & Sohn 1928.

Heft 4: *Elleringmann, Rudolf:* Die Neuregelung der Gemeinde- und Amtsverfassung in Westfalen und Rheinland. Berlin: Gersbach & Sohn 1928.

Münsterer Wirtschafts- und Sozialwissenschaftliche Abhandlungen (Schriftenreihe, hrsg. von *W[erner]F[riedrich]Bruck, F[riedrich]Hoffmann* und *H[einrich]Weber*). Leipzig: Quelle & Meyer 1926 ff., von Heft 5 Münster i.W.: Baader.

darunter Heft 1: *Woldt, Richard:* Die Lebenswelt des Industriearbeiters. Leipzig: Quelle & Meyer 1926.

Heft 2: *Bruck, W[erner] F[riedrich]:* Das Ausbildungsproblem des Beamten in Verwaltung und Wirtschaft. Geschichtliches und Reformvorschläge. Leipzig: Quelle & Meyer 1926.

Heft 3: *Lechtape, Heinrich:* Die deutschen Arbeitgeberverbände, ihre volkswirtschaftliche Funktion und ihre soziologischen Grundlagen. Leipzig: Quelle & Meyer 1926.

Heft 4: *Kromphardt, Wilh[elm]:* Die Systemidee im Aufbau der Casselschen Theorie. Leipzig: Quelle & Meyer 1927.

Heft 5: *Genzmer, Hans:* Die Bestrebungen zur Schaffung eines international-einheitlichen Zolltarifschemas. Eine historisch - kritische Studie. Münster i.W.: Baader 1929.

Heft 6: *Pöhler, Hermann:* Die Börsenumsatzsteuer. Eine finanzwissenschaftliche Studie. Münster i.W.: Baader 1930.

Heft 7: *Böckenhoff, Karl:* Der Wirtschaftsbegriff Franz Oppenheimers. Münster i.W.: Baader 1930.

Heft 8: *Paxmann, Walther:* Die Bedeutung des Dortmund-Ems-Kanals, zugleich kurzer Überblick über die deutsche Binnenschiffahrtspolitik, mit einem Vorwort von *W[erner] F[riedrich]Bruck*. Nach einem Vortrag. Münster i.W.: Baader 1930.

Heft 9: *Weber, Heinrich* (Hrsg.): Gegenwartsfragen der deutschen Sozialversicherung. Münster: Baader 1931.

Der Arbeitsmarkt. Schriftenreihe des Seminars für Arbeitsvermittlung und Berufsberatung an der Universität Münster i.W. (hrsg. von *Heinrich Weber* und *Bernhard Ordemann*). Berlin: Grüner 1926 ff.

darunter Bd. 1: *Willeke, Eduard:* Das deutsche Arbeitsnachweiswesen. Eine synthetische Darstellung des Arbeitsnachweisgesetzes in vier Tafeln. Berlin: Grüner 1926.

Bd. 2: *Homann, Nanni:* Der Kampf um die Berufsberatung. Bernau: Grüner 1932.

Bd. 3: *Oppen, Editha von:* Landarbeiterwohnungsbau und Landarbeitersiedlung in ihrer arbeitsmarktpolitischen Bedeutung. Bernau: Grüner 1932.

Bd. 4: *Rolfes, Heinrich:* Der wandernde Erwerbslose und das Problem seiner Zuführung zum Arbeitsmarkt. Diss. Bernau: Grüner 1932.

Fragen des Arbeitsmarktes. Dissertationsreihe des Seminars für Arbeitsvermittlung und Berufsberatung an der Universität Münster i.W. (Hrsg. von *Heinrich Weber* und *Bernhard Ordemann*). Münster i.W.: Selbstverlag des Seminars für Arbeitsvermittlung und Berufsberatung 1927 ff.

darunter Heft 1: *Wernsing, Caroline:* Die Wanderungen auf dem deutschen Arbeitsmarkt in der Nachkriegszeit unter besonderer Berücksichtigung des bergbaulichen Arbeitsmarktes im rheinisch-westfälischen Industriegebiet. Münster i.W.: Selbstverlag des Seminars für Arbeitsvermittlung und Berufsberatung 1927.

Heft 2: *Hausin, Adolf:* Der Arbeitsmarkt der badischen Textilindustrie. Münster i.W.: Selbstverlag des Seminars für Arbeitsvermittlung und Berufsberatung 1927.

Heft 3: *Finckh, Hans:* Arbeitsmarktverhältnisse in Schleswig-Holstein. Münster i.W.: Selbstverlag des Seminars für Arbeitsvermittlung und Berufsberatung 1928.

Heft 4: *Abeler, Paul:* Die Arbeitsmarktverhältnisse der Schwarzwälder Uhrenindustrie in der Nachkriegszeit. Münster i.W.: Selbstverlag des Seminars für Arbeitsvermittlung und Berufsberatung 1928.

Heft 5: *Knoop, Fritz:* Der Arbeitsmarkt der bergischen Textilindustrie unter besonderer Berücksichtigung seiner Nachkriegskonjunktur. Münster i.W.: Selbstverlag des Seminars für Arbeitsvermittlung und Berufsberatung 1928.

Heft 6: *Raue, Franz:* Die Saisonarbeit als sozialpolitische Problem. Münster i.W.: Selbstverlag des Seminars für Arbeitsvermittlung und Berufsberatung Berlin: Grüner 1928.

Heft 7: *Schnaas, Hermann:* Der Arbeitsmarkt der Angestellten und die Arbeitsmarktpolitik der Angestellten-Organisationen unter besonderer Berücksichtigung der Nachkriegszeit. Münster i.W.: Selbstverlag des Seminars für Arbeitsvermittlung und Berufsberatung 1929.

Heft 8: *Jaerisch, Gerhard:* Eine Enquete über den Arbeitsmarkt in der schlesischen Textilindustrie. Ein methodisch-kritischer Beitrag zur deutschen Arbeitsmarktstatistik. Münster i.W.: Selbstverlag des Seminars für Arbeitsvermittlung und Berufsberatung 1929.

Heft 9: *Schöne, Günther:* Die deutsche Arbeitsmarktkrise 1925/26. Münster i.W.: Selbstverlag des Seminars für Arbeitsvermittlung und Berufsberatung 1930.

Beamtenschaft und Verwaltungsakademie. Festschrift zur Tagung des Reichsverbandes Deutscher Verwaltungsakademien am 1. und 2. Juni 1928 in Münster i.W. und Bochum. Dargereicht von W[erner] F[riedrich] Bruck und H[einrich] Weber. Münster i.W.: Westfälische Vereinsdruckerei 1928.

Arbeit und Sozialpolitik. Schriftenreihe des Seminars für Gewerkschaftswesen beim Institut für Wirtschafts- und Sozialwissenschaften der Universität Münster i.W. (hrsg. von H[einrich] Weber und R[ichard] Woldt). Leipzig: Quelle & Meyer 1930.

Bd. 1: *Neuloh, Otto:* Arbeiterbildung im neuen Deutschland. Leipzig: Quelle & Meyer 1930.

Bd. 2: *Klein, Wilhelm:* Arbeiterbildungsbestrebungen in Belgien. Leipzig: Quelle & Meyer 1930.

Bd. 3: *Hoerner, Marie:* Die Heimschulen in der englischen Arbeiterbildung. Leipzig: Quelle & Meyer 1930.

Probleme der Handwerkswirtschaft (hrsg. *W[erner] F[riedrich] Bruck* und *H[einrich] Weber).* Münster: Verlag der Westfälischen Verwaltungsakademie 1930.

Wirtschaftskunde für Rheinland und Westfalen (Unter Förderung der Provinzialverbände der Rheinprovinz und der Provinz Westfalen hrsg. von *Otto Most / Bruno Kuske* und *Heinrich Weber).* Berlin: Hobbing 1931 .

Lehrbücher zur Beamtenfortbildung. Hrsg. von *W[illibald] Apelt, W[alter] Pietsch, H[einrich] Weber.* Berlin: Gersbach & Sohn 1930.

darunter:

Band 1: *Weber, Heinrich:* Einführung in die Sozialwissenschaften. Berlin: Gersbach & Sohn o.J. [1930].

Band 2: *Manz, Gustav:* Die Kunst der Rede und des Verhandelns. Berlin: Gersbach & Sohn 1930.

Lehrbuch der Gesundheitsfürsorge (hrsg. von *K[arl] W[ilhelm] Jötten* und *H[einrich] Weber).* Berlin: Hobbing 1932.

Die kirchliche Verwaltung und Finanzwirtschaft. Loseblatt-Lexikon. Breslau 1936/37 ff.

Kirchliche Verwaltungslehre. (= Schriftenreihe des Bischöflichen Instituts für kirchliche Verwaltung und Finanzwissenschaft"). Hrsg. von *Heinrich Weber.*

darunter Heft 1: *Weber, Heinrich:* Die Einkommenssteuer der Geistlichen. Breslau-Carlowitz: Antonius-Verlag 1937. (3. Aufl.: Ebd. 1939; 5. Aufl. Breslau: Verlag des Schlesischen Bonifatius-Blattes 1941, mit Nachtrag 1942).

Heft 2: Die Rechnungslegung in der kirchlichen Verwaltung. Richtlinien für kirchliche und caritative Einrichtungen und Anstalten. Breslau-Carlowitz: Antonius-Verlag 1937.

Heft 3: *Kaps, Johannes:* Das Testament der Geistlichen. Breslau-Carlowitz: Antonius-Verlag 1938 (2. Aufl. 1940; 3. Aufl. 1941).

Heft 4: *Weber, Heinrich:* Rechtsgrundsätze für die kirchliche Temporalienverwaltung. Breslau-Carlowitz: Antonius-Verlag 1938.

Heft 5: *Will, Josef:* Das Grundstücksrecht in der kirchlichen Verwaltungspraxis. Unter besonderer Berücksichtigung der Erfordernisse der Kirchengemeinden. Breslau-Carlowitz: Antonius-Verlag 1938.

Heft 6: *Molitor, Raphael:* Orden und Kloster als kirchliche Persona moralis. Eine canonistische Studie. Breslau-Carlowitz: Antonius-Verlag 1939.

Heft 7: *Engelmann, Hans:* Sammlungsrecht und Kirche. Richtlinien für die Praxis. Breslau: Verlag des Schlesischen Bonifatiusvereins-Blattes 1940.

Heft 8: *Alma, Marius:* Die Kirchenbeiträge in Österreich. Breslau: Verlag des Schlesischen Bonifatiusvereins-Blattes 1941.

Beiträge zur kirchlichen Verwaltungswissenschaft. (= Schriftenreihe des Bischöflichen Instituts für kirchliche Verwaltung und Finanzwissenschaft; Bd. 1) Hrsg. von *Heinrich Weber*.

Bd. 1: *Schwickerath, Wilhelm:* Die Finanzwirtschaft der deutschen Bistümer. Breslau: Verlag des Schlesischen Bonifatiusvereins-Blattes 1942.

Loseblatt-Lexikon „Die kirchliche Verwaltung und Finanzwirtschaft". Breslau 1937 ff

15.2. Sekundärliteratur

Auer, Heinrich: Die caritativ-soziale Tätigkeit der Katholiken Deutschlands. In: *Krose, Hermann A./ Sauren, Joseph* (Hrsg.), Kirchliches Handbuch für das katholische Deutschland. Freiburg i.Br. 1925, S. 149 - 348.

Auer, Heinrich: Prälat Dr. theol. et rer. pol. Heinrich Weber. In: Caritas. Jg. 47 (1946). S.52-54.

Aufmkolk, Emmy: Die gewerbliche Mittelstandspolitik des Reiches (unter besonderer Berücksichtigung der Nachkriegszeit). Emsdetten i.W.: Lechte 1930.

Bergmann, Alfons: Entstehung und Entwicklung der Westfälischen Verwaltungsakademie. In: Beamtenschaft und Verwaltungsakademie. Festschrift zur Tagung des Reichsverbandes Deutscher Verwaltungsakademien am 1. und 2. Juni 1928 in Münster i.W. und Bochum. Münster i.W.: Westfälische Vereinsdruckerei 1928. S. 106-114.

Boldt, Gerhard: Die Entstehung der Sozialforschungsstelle. In: Sozialforschungsstelle an der Universität Münster Dortmund 1946 - 1956. o.O. [Dortmund] o.J. [1956]. S. 7-10.

Boskamp, Peter/ Knapp, Rudolf (Hrsg.): Führung und Leitung in sozialen Organisationen. Handlungsorientierte Ansätze für neue Managementkompetenz. Neuwied/ Kriftel/ Berlin: Luchterhand 1996.

Brezinka, Wolfgang: Die Pädagogik der Neuen Linken. Analyse und Kritik. 6. Aufl. München/ Basel: Reinhardt 1981.

Brezinka, Wolfgang: Tüchtigkeit. Analyse und Bewertung eines Erziehungszieles. München/ Basel: Reinhardt 1987.

Briefs, Götz: Über das Organisationsproblem. Berlin: Germania 1918.

Bruck, W[erner] F[riedrich]: Das Ausbildungsproblem des Beamten in Verwaltung und Wirtschaft. Geschichtliches und Reformvorschläge. (Münsterer Wirtschafts- und Sozialwissenschaftliche Abhandlungen; Bd. 2). Leipzig: Quelle & Meyer 1926

Bruck, W[erner] F[riedrich]: Institut für Wirtschafts- und Sozialwissenschaften. In: Taschenbuch für die Studierenden der Westfälischen Wilhelms-Universität Münster i.W.. Hrsg. von der Studentenhilfe Münster e.V. Ausg. 2. 1926. S.28-33.

Bryk, Kurd: Blick durchs Röllinghäuser Schulfenster. In: Vestischer Kalender 1962. S. 58-64.

Buchheim, Karl: Der deutsche Verbandskatholizismus. Eine Skizze seiner Geschichte. In: *Hanssler, Bernhard (Hrsg.),* Die Kirche in der Gesellschaft. Der deutsche Katholizismus und seine Organisationen im 19. und 20. Jahrhundert. Paderborn: Bonifacius-Druckerei 1961. S. 30-83.

Caritas-Verband für das Bistum Münster e.V. Berichtsjahr 1924. Münster: Buchdruckerei Ferdinand Theissing 1925.

Caritas-Verband für die Diözese Münster e.V. Bericht 1930. Münster i.W.: Druck der Westfälischen Vereinsdruckerei o.J. [1930].

Degener, Hermann A.L. (Hrsg.): Wer ist's? VIII. Ausg. Leipzig: Degener 1922.

Degener, Herrmann, A.L. (Hrsg.): Wer ist's? IX. Ausg. Leipzig: Degener 1928.

Diözesansynode des Bistums Münster. Münster i.W.: Kommissionsverlag der Regensbergschen Buchhandlung o.J. [1925].

Dollinger, Heinz (Hrsg.): Die Universität Münster 1780-1980. Münster: Aschendorff 1980.

Dorider, Adolf: Geschichte der Stadt Recklinghausen in den neueren Jahrhunderten (1577 bis 1933). Recklinghausen: Vestisches Archiv 1955.

Elleringmann, Rudolf: Die Westfälische Verwaltungsakademie, „Abteilung Industriebezirk", Sitz Bochum. In: Beamtenschaft und Verwaltungsakademie. Festschrift zur Tagung des Reichsverbandes Deutscher Verwaltungsakademien am 1. und 2. Juni 1928 in Münster i.W. und Bochum. Münster i.W.: Westfälische Vereinsdruckerei 1928, S. 115-125.

Erlinghagen, Karl: Katholisches Bildungsdefizit. Freiburg i.B.: Herder 1965.

[Eröffnungsfeier] Die Eröffnungsfeier der Abteilung Osnabrück der Westfälischen Verwaltungs-Akademie zu Münster i.W. In: Beamtenjahrbuch. Jg. 13. Berlin 1926. S. 235-237.

Frie, Ewald: Wohlfahrtsstaat und Provinz. Fürsorgepolitik des Provinzialverbandes Westfalen und des Landes Sachsen 1880 - 1930. (Forschungen zur Regionalgeschichte; Bd. 8). Paderborn: Schöningh 1993.

Frings, Bernhard: Zu melden sind sämtliche Patienten... NS-'Euthanasie' und Heil- und Pflegeanstalten im Bistum Münster. Münster: Aschendorff 1994.

Furger, Franz: Ein wegweisender Impuls aus der Universität Münster - Katholische Soziallehre als akademische Disziplin. In: *Nacke, Bernhard* (Hrsg.), Visionen und Realitäten. Persönlichkeiten und Perspektiven aus der christlich-sozialen Bewegung Münsters. Münster: Regensberg 1993. S. 25-44.

Furger, Franz: Die Geschichte des ersten Lehrstuhls zur „Soziallehre der Kirche". In: *Furger, Franz* (Hrsg.), Akzente christlicher Sozialethik. Schwerpunkte und Wandel in 100 Jahren „Christlicher Sozialwissenschaften" an der Universität Münster. Münster: Lit 1995. S. 1-15.

Glatzel, Norbert/ Pompey, Heinrich (Hrsg.), Barmherzigkeit oder Gerechtigkeit. Zum Spannungsfeld von christlicher Sozialarbeit und christlicher Soziallehre. Freiburg i. Br.: Lambertus 1991.

Gosebruch, Karl: Franz Hitze und die Gemeinschaftsidee. Warendorf: Buchdruckerei Karl Darpe 1927 (Diss. rer.pol.).

Gröger, Johannes: Schlesische Priester auf deutschen Universitätslehrstühlen seit 1945. (Arbeiten zur schlesischen Kirchengeschichte, Bd. 3). Sigmaringen: Thorbecke 1989.

Gröger, Johannes: Die Zwangsversetzung von Professor Heinrich Weber nach Breslau. Ein Beitrag zur nationalsozialistischen Hochschulpolitik, in: Archiv für schlesische Kirchengeschichte Jg. 49 (1991). S. 165-176.

Guardini, Romano: Der Gegensatz. Versuche zu einer Philosophie des Lebendig-Konkreten. 1. Aufl. Mainz: Grünewald 1925.

Guardini, Romano: Gläubiges Dasein. Die Annahme seiner selbst. (Romano Guardini Werke). Mainz: Grünewald/ Paderborn: Schöningh 1993. (1. Aufl. 1953 in: *Guardini, Romano/ Kahlefeld, Heinrich/ Messerschmid, Felix* (Hrsg.): Christliche Besinnung Würzburg: Werkbund, S. 5-30.)

Hasenclever, Christa: Jugendhilfe und Jugendgesetzgebung seit 1900 (Uni-Taschenbücher; 794). Göttingen: Vandenhoeck & Ruprecht 1978.

Hegel, Eduard: Geschichte der Katholisch-Theologischen Fakultät Münster 1733 - 1964. Münster: Aschendorff. Teil 1 1966, Teil 2 1971.

Hehl, Ulrich von/ Kösters, Christoph (Bearb.): Priester unter Hitlers Terror. Eine biographische und statistische Erhebung. Bd. 2. 3. wesentlich veränderte und erw. Aufl. Paderborn: Schöningh 1996.

Henning, Rudolf: Die Bedeutung des Münsteraner Instituts für die Entwicklung der Christlichen Sozialwissenschaften in Deutschland. In: *Furger, Franz/ Wiemeyer, Joachim* (Hrsg.): Christliche Sozialethik im weltweiten Horizont. Münster: Aschendorff 1992. S. 1-5.

Hermanns, Manfred: Jugendberufshilfe und Jugendsozialarbeit in der Weimarer Republik. In: *Breuer, Karl Hugo* (Hrsg.), Jahrbuch für Jugendsozialarbeit. Bd. X. Köln: Verlag „Die Heimstatt" 1989. S. 3-65.

Hermanns, Manfred: Impulse von Heinrich Weber für die Caritaswissenschaft. Ein Profil zum 50. Todestag. In: *Breuer, Karl Hugo* (Hrsg.), Jahrbuch für Jugendsozialarbeit. Bd. 17. Köln: Verlag „Die Heimstatt" 1996. S. 337-342.

Hermanns, Manfred: Die Verknüpfung von Sozialethik und Caritaswissenschaft bei Heinrich Weber. In: *Furger, Franz* (Hrsg.), Jahrbuch für Christliche Sozialwissenschaften. Bd. 38. Münster: Regensberg 1997. S. 92-114.

Hermanns, Manfred: Problemlösungsperspektiven im Spannungsfeld Organisation - Wirtschaft - Caritas in den 20er und 30er Jahren bei Heinrich Weber (1888 - 1946). In: *Pompey, Heinrich* (Hrsg.), Caritas im Spannungsfeld von Wirtschaftlichkeit und Menschlichkeit. Würzburg: Echter 1997. S. 311-326.

Hermanns, Manfred/ Stempin, Angela: Barmherzigkeit unmodern? In: *Breuer, Karl Hugo* (Hrsg.): Jahrbuch für Jugendsozialarbeit. Bd. XVII. Köln: Verlag „Die Heimstatt" 1996, S. 161-179.

Höffner, Joseph: Soziale Gerechtigkeit und soziale Liebe. Versuch einer Bestimmung ihres Wesens, Saarbrücken: Saarbrücker Druckerei und Verlag 1935.

Höffner, Kardinal Joseph: Christliche Gesellschaftslehre. Neuausgabe hrsg, bearbeitet und ergänzt von *Lothar Roos.* Kevelaer: Butzon & Bercker 1997.

Hoffmann, Friedrich: Hochschulwesen. In: *Most, Otto/ Kuske, Bruno/ Weber, Heinrich* (Hrsg.), Wirtschaftskunde für Rheinland und Westfalen. Berlin: Hobbing 1931. S. 408-415.

Holling, Theodor: Gegenwartsschaffen der Caritas im Bistum. In: *Emmerich, Ferdinand* (Hrsg.), Das Bistum Münster. Berlin-Wilmersdorf: Archiv-Gesellschaft für kirchliche und caritative Monographien der Bistümer 1934. S. 132-138.

Jahn, Peter unter Mitarbeit von *Detlev Brunner:* Die Gewerkschaften in der Endphase der Republik 1930 - 1933. Köln: Bund 1988.

Joerger, K[uno]: Der 29. Deutsche Caritastag vom 28. August bis 4. September 1929 zu Freiburg i.Br.. In: Caritas. Jg. 34 (1929) (8. Neue Folge). S. 450-467.

Johannes Paul II.: Der Wert der Arbeit und der Weg zur Gerechtigkeit. Enzyklika über die menschliche Arbeit. Mit einem Kommentar von *Oswald von Nell-Breuning SJ.* Freiburg - Basel - Wien: Herder 1981.

Jonas, Friedrich: Geschichte der Soziologie. Bd. IV: Deutsche und amerikanische Soziologie. Mit Quellentexten. Reinbek bei Hamburg: Rowohlt 1968.

Kaiser, Jochen-Christoph: Sozialer Protestantismus im 20. Jahrhundert. Beiträge zur Geschichte der Inneren Mission 1914 - 1945. München: Oldenbourg 1989.

Kerssen, Ludger: Johann Plenges Ruhrkampfpropaganda. In: *Schäfers, Bernhard* (Hrsg.), Soziologie und Sozialismus. Organisation und Propaganda. Abhandlungen zum Lebenswerk von Johann Plenge. Stuttgart: Enke 1967, S. 45-60.

Kirchliches Amtsblatt der Diözese Münster. Jahrgänge XLVI (1912), L (1916), LVII (1923).

Kleineidam, Erich: Die Katholisch-Theologische Fakultät der Universität Breslau 1811-1945. Köln: Wienand 1961.

Klose, Alfred: Kleines Lexikon der Politik. Wien/ München: Herold 1983.

Klumker, Chr[istian], J[asper]: Fürsorgewesen. Einführung in das Verständnis der Armut und der Armenpflege, Leipzig: Quelle & Meyer 1918.

Koch, Helmut/ Timm, Herbert: Die Wirtschaftswissenschaften an der Universität Münster. In: *Dollinger, Heinz* (Hrsg.), Die Universität Münster 1780-1980. Münster: Aschendorff 1980. S. 281-283.

Kommission 7 „Sozial-caritativer Dienst" des Zentralkomitees der deutschen Katholiken: Barmherzigkeit. Eine neue Sichtweise zu einem vergessenen Aspekt der Diakonie. Bonn November 1995. (ZdK Dokumentation).

Konferenz über die Fragen der Ausbildung zur sozialen Arbeit vom 24.-26. Oktober 1921 in Weimar. Veranstaltet von der Reichsgemeinschaft von Hauptverbänden der freien Wohlfahrtspflege. o.O. o.J. [1921].

Krose, Hermann (Hrsg.): Kirchliches Handbuch für das katholische Deutschland. Bd. 11: 1922-1923. Freiburg i.Br.: Herder 1923.

Krose, Hermann/ Sauren, Joseph (Hrsg.): Kirchliches Handbuch für das katholische Deutschland. Bd. 12: 1924-1925. Freiburg i.Br.: Herder 1925.

Kürschners Deutscher Gelehrten-Kalender 1931. 4. Ausg. Berlin und Leipzig: Gruyter 1931.

Kürschners Deutscher Gelehrten-Kalender 1940/41. 6. Ausg. Berlin: de Gruyter 1941.

Linhardt, Hanns (Hrsg.): Cogito ergo sumus. Eine Auswahl aus den Schriften von Johann Plenge 1874 - 1963 über Wirtschaft und Gesellschaft, Geschichte und Philosophie, Sozialismus und Organisation. Berlin: Duncker & Humblot 1964.

Löffler, Peter: Bischof Clemens August Graf von Galen. Akten, Briefe und Predigten 1933-1946. 2 Bände (Veröffentlichungen der Kommission für Zeitgeschichte, Reihe A: Quellen, Bd. 42). 2. erw. u. durchgesehene Aufl. Paderborn: Schöningh 1996.

Maoro, Bettina: Die Zeitungswissenschaft in Westfalen 1914 - 45. Das Institut für Zeitungswissenschaft in Münster und die Zeitungsforschung in Dortmund. (Dortmunder Beiträge zur Zeitungsforschung; Bd. 43). München et al.: Saur 1987.

Messner, Johannes: Das Naturrecht. Handbuch der Gesellschaftsethik, Staatsethik und Wirtschaftsethik. 6. Aufl. Innsbruck/ Wien/ München: Tyrolia 1966.

Mockenhaupt, Hubert: Elisabeth Zillken (1888-1980). In: *Aretz, Jürgen/ Morsey, Rudolf/ Rauscher, Anton* (Hrsg.), Zeitgeschichte in Lebensbildern. Bd. 6: Mainz: Grünewald 1984. S. 214-230.

Möllenhoff, Gisela/ Schlautmann-Overmeyer, Rita: Jüdische Familien in Münster 1918 bis 1945. Teil 1: Biographisches Lexikon. Münster: Verlag Westfälisches Dampfboot 1995.

Morsey, Rudolf: Georg Schreiber (1882-1963). In: *Morsey, Rudolf* (Hrsg.), Zeitgeschichte in Lebensbildern. Bd.2. Mainz: Grünewald 1975. S. 177-185.

Morsey, Rudolf: Schreiber. In: *Görres-Gesellschaft* (Hrsg.), Staatslexikon. Bd. 4. 7. Aufl. Freiburg - Basel - Wien: Herder 1988. Sp. 1058-1059.

Morsey, Rudolf: Stegerwald. In: *Görres-Gesellschaft* (Hrsg.), Staatslexikon. Bd. 5. 7. Aufl. Freiburg - Basel- Wien: Herder 1989. Sp. 275-277.

Mühlen, Franz: Topographie der Kunstdenkmale, in: *Theiss, Konrad/ Schleuning, Hans* (Hrsg.), Der Kreis Recklinghausen. Stuttgart: Theiss 1979, S. 160-176.

Neises, Gerd: Christian Jasper Klumker. Schriften zur Jugendhilfe und Fürsorge. Frankfurt/M.: Eigenverlag des Deutschen Vereins für öffentliche und private Fürsorge 1968.

Nell-Breuning, Oswald von: Grundzüge der Börsenmoral. Freiburg: Herder 1928.

Nell-Breuning, Oswald von/ Sacher, Hermann: Wörterbuch der Politik, H. 3 „Zur sozialen Frage". 2. Aufl. Freiburg i. Br.: Herder 1958

Neuloh, Otto: Arbeiterbildung im neuen Deutschland Leipzig: Quelle und Meyer 1930.

Neuloh, Otto: Die Sozialforschungsstelle Dortmund als Modell für die Entwicklung der sozialwissenschaftlichen Forschung seit 1945. In: Gesellschaft zur Förderung der Sozialforschung in Dortmund e.V. Dortmund 1978.

Neuloh, Otto: Entstehungs- und Leistungsgeschichte der Sozialforschungsstelle Dortmund. In: *Neuloh, Otto et al.:* Sozialforschung aus gesellschaftlicher Verantwortung. Entstehungs- und Leistungsgeschichte der Sozialforschungsstelle Dortmund. Opladen: Westdeutscher Verlag 1983. S. 13-102.

Onnau, Hans Elmar: Die Görres-Gesellschaft im Dritten Reich. Paderborn: Schöningh 1997.

Ostrop, H[ermann].: Organisation und Entwicklung der Gesellschaft Sozialforschungsstelle an der Universität Münster e.V. In: Sozialforschungsstelle an der Universität Münster Dortmund 1946 - 1956. o.O. o. J. [1956]. S. 11-13.

Panzram, Bernhard: Franz Xaver Seppelt. In: *Neubach, Helmut/ Petry, Ludwig (Hrsg.),* Schlesier des 15. bis 20. Jahrhunderts (Schlesische Lebensbilder; Bd. 5). Würzburg: Holzner 1968. S. 215-227.

Plenge, Johann: Drei Vorlesungen über die allgemeine Organisationslehre. Essen: Baedeker 1919.

Plenge, Johann: Das Institut für Organisationslehre und Soziologie 1923/25. Bericht für die Chronik der Westfälischen Wilhelms-Universität. Münster 1925.

Plenge, Johann: Zur Ontologie der Beziehung. Münster i.W.: Staatswissenschaftliche Verlagsgesellschaft 1930.

Poll, Christel: Frau Prof. Dr. Emmy Aufmkolk zum Gedenken. In: Paderborner Studien. 1974, S. 20-21.

Pompey, Heinrich : Barmherzigkeit - Leitwort christlicher Diakonie. In: Die neue Ordnung. Jg. 51 (1997). S. 244-258.

Pompey, Heinrich (Hrsg.): Caritas im Spannungsfeld von Wirtschaftlichkeit und Menschlichkeit. (Studien zur Theologie und Praxis der Caritas und Sozialen Pastoral, Bd. 9) Würzburg: Echter 1997.

Rahner, Karl/ Vorgrimler, Herbert: Kleines Konzilskompendium. Freiburg i.Br.: Herder 1966.

Reichshandbuch der deutschen Gesellschaft. Das Handbuch der Persönlichkeiten in Wort und Bild. Bd. 1 und 2. Berlin: Deutscher Wirtschaftsverlag 1931.

Repgen, Konrad: Hubert Jedin (1900-1980). In: *Aretz, Jürgen/ Morsey, Rudolf/ Rauscher, Anton* (Hrsg.), Zeitgeschichte in Lebensbildern. Bd. 7. Mainz: Grünewald 1994. S.175-191.

Rohe, Karl/ Jäger, Wolfgang/ Dorow, Uwe: Politische Gesellschaft und politische Kultur. In: *Köllmann, Wolfgang u.a.* (Hrsg.), Das Ruhrgebiet im Industriezeitalter. Bd. 2. Düsseldorf: Schwann im Patmos Verlag 1990. S. 419-507.

Ruck, Michael (Bearb): Die Gewerkschaften in den Anfangsjahren der Republik 1919 1923. Köln: Bund 1985.

Sachße, Christoph/ Tennstedt, Florian: Geschichte der Armenfürsorge in Deutschland. Bd. 2: Fürsorge und Wohlfahrtspflege 1871 bis 1929. Stuttgart et al.: Kohlhammer 1988.

Schäfers, Bernhard (Hrsg.): Soziologie und Sozialismus. Organisation und Propaganda. Abhandlungen zum Lebenswerk von Johann Plenge. Mit einem Geleitwort von *Leopold von Wiese.* Stuttgart: Enke 1967.

Schäfers, Bernhard: Plenge, Johann. In: *Bernsdorf, Wilhelm/ Knospe, Horst* (Hrsg.), Internationales Soziologenlexikon. Bd. 1: Beiträge über bis 1969 verstorbene Soziologen. 2. neubearb. Aufl. Stuttgart: Enke. 1980. S. 333-335.

Scheidgen, Hermann-Josef: Die verbandliche Caritas und die katholische Kirche in Deutschland in den letzten 100 Jahren unter besonderer Berücksichtigung der Erzdiözese Köln. In: *Feldhoff, Norbert/ Dünner, Alfred* (Hrsg.), Die verbandliche Caritas. Freiburg i.Br.: Lambertus 1991. S. 21-51.

Scheler, Max: Vom Umsturz der Werte. 2 Bde. 2. durchgesehene Aufl. Leipzig: Der Neue Geist-Verlag 1919.

Scherpner, Hans: Geschichte der Jugendfürsorge, Göttingen: Vandenhoeck & Ruprecht 1966.

Schildt, Axel: Ein konservativer Prophet moderner nationaler Integration. Biographische Skizze des streitbaren Soziologen Johann Plenge (1874-1963). In: Vierteljahrshefte für Zeitgeschichte. Jg. 35. 1987. S. 523-570.

Schlüter, Joseph: Das Seminar für Fürsorgewesen an der Universität Münster i.W. In: Caritas. Jg. 32 (6. Neue Folge). 1927. S. 147 ff.

Schrader, Einhard: Theorie und Praxis. Johann Plenges Programm eines organisatorischen Sozialismus. In: *Schäfers, Bernhard* (Hrsg.), Soziologie und Sozialismus - Organisation und Propaganda. Stuttgart: Enke 1967. S. 17-44.

Sender, Maria: Die Organisation des Deutschen Caritasverbandes. Unveröffentlichte Diss. der Rechts- und Staatswiss. Fakultät der Universität Münster 1922.

Stalmann, Gustav: Die Abteilung Osnabrück der Westfälischen Verwaltungsakademie. In: Festschrift zur Tagung des Reichsverbandes Deutscher Verwaltungsakademien am 1. und 2. Juni 1928 in Münster i.W. und Bochum. Münster i.W.: Westfälische Vereinsdruckerei 1928, S. 128-130.

Stanzel, Josef G.: Das Institut für kirchliche Verwaltung und Finanzwirtschaft in Breslau 1936 - 1945. Vorgeschichte und Nachfolgeeinrichtungen. Versuch einer kirchenpolitischen und wirtschaftsgeschichtlichen Einordnung. Zugleich ein Beitrag zu Leben und Werk von Adolf Kardinal Bertram und Heinrich Weber. In: *Stasiewski, Bernhard* (Hrsg.), Adolf Kardinal Bertram. Sein Leben und Wirken auf dem Hintergrund der Geschichte seiner Zeit. Teil I: Beiträge (Forschungen und Quellen zur Kirchen- und Kulturgeschichte Ostdeutschlands). Köln - Weimar - Wien: Böhlau 1992. S. 135-197.

Starbatty, Joachim: Müller-Armack. In: *Görres-Gesellschaft* (Hrsg.), Staatslexikon, Bd. 3. 7. Aufl. Freiburg - Basel - Wien: Herder 1987, Sp. 1238-1240.

Stasiewski, Bernhard (Bearb.): Akten deutscher Bischöfe über die Lage der Kirche 1933 - 1945. Bd. I: 1933-1934, Bd. II: 1934 - 1935, Bd. III: 1935 - 1936. Mainz: Grünewald 1968-1979 (zitiert *Stasiewski*, Akten I, II, III).

Stehkämper, Hugo: Benedikt Schmittmann (1872-1939). In: *Aretz, Jürgen/ Morsey, Rudolf, Rauscher, Anton* (Hrsg.), Zeitgeschichte in Lebensbildern. Bd. 6. Mainz: Grünewald 1984. S. 29-49.

Tenspolde, Josef: Die katholischen Standesvereine und ihre Bedeutung für die Volkspflege. Ungedr. Diss. rer. pol. Münster i.W. 1924.

Tischleder, Peter: Ursprung und Träger der Staatsgewalt nach der Lehre des heiligen Thomas und seiner Schule. München-Gladbach: Volksvereins-Verlag 1923.

Tischleder, Peter: Die Staatslehre Leos XIII. München-Gladbach: Volksvereins-Verlag 1925.

Tischleder, Peter: Der Staat. Staatsidee, Staatsgewalt, Staatszweck, Völkergemeinschaft. München-Gladbach: Volksvereins-Verlag 1926;

Tischleder, Peter: Staatsgewalt und katholisches Gewissen. Frankfurt a.M.: Carolus-Druckerei 1927.

Tischleder, Peter: Die geistesgeschichtliche Bedeutung des hl. Thomas von Aquin für Metaphysik, Ethik und Theologie. Freiburg i.Br.: Herder 1927.

Többen, Heinrich: Die Jugendverwahrlosung und ihre Bekämpfung. 2. Aufl. Münster i.W.: Aschendorff 1927.

Tönnies, Ferdinand: Kritik der öffentlichen Meinung. Berlin: Julius Springer 1922.

Volk, Ludwig (Bearb.): Akten deutscher Bischöfe über die Lage der Kirche 1933 - 1945. Bd. V: 1940-1942. Bd. VI: 1943-1945. Mainz: Grünewald 1983-1985 (zitiert *Volk*, Akten V, VI).

Walk, Joseph: Kurzbiographien zur Geschichte der Juden 1918 - 1945. Hrsg.: Leo Baeck Institute, Jerusalem. München/ New York/ London/ Paris: K.G. Saur 1988.

Watrin, Christian: Spätkapitalismus? In: *Scheuch, Erwin K.* (Hrsg.), Die Wiedertäufer der Wohlstandsgesellschaft. Eine kritische Untersuchung der „Neuen Linken" und ihrer Dogmen. Köln: Markus Verlag 1968. S. 40-61.

Weber, Max: Wirtschaft und Gesellschaft, 1. Halbband, 5. Aufl. Tübingen: Mohr (Paul Siebeck) 1976.

Wirtschafts-Historischer Verein an der Universität Köln e.V. (Hrsg.): Europa. Erbe und Auftrag. Eine Festschrift für *Bruno Kuske* zum 29. Juni 1951. Köln: Kölner Universitätsverlag 1951.

Wollasch, Hans-Josef: Beiträge zur Geschichte der deutschen Caritas in der Zeit der Weltkriege. Zum 100. Geburtstag von Benedict Kreutz (1879-1949). Freiburg i.Br.: Deutscher Caritasverband 1978.

Wollasch, Hans-Josef: „Sociale Gerechtigkeit und christliche Charitas". Leitfiguren und Wegmarkierungen aus 100 Jahren Caritasgeschichte. Freiburg i.Br.: Lambertus 1996.

[Zwanzig Jahre] 20 Jahre Diözesan-Caritasverband Münster e.V. Bericht 1916/ 1936. Münster i.W.: Druck der Westfälischen Vereinsdruckerei o.J. [1936].

[Hundert Jahre] 100 Jahre Bischöfliches Collegium Borromäum zu Münster 1854-1954. Münster: Aschendorff 1954.

16. Quellenverzeichnis

Archiv Deutscher Caritasverband Freiburg (= Archiv DCV):

- 110 .055   Zentralvorstands-Sitzungen.
- 111 .055   Zentralrat. Berichte.
- 113,1 .025   Wirtschaftsbeirat. Korrespondenz.
- 113,1 .055   Wirtschaftsbeirat.
- 113,2   Finanzkommission.
- 113,3   Ausschüsse: Fachausschuß IX Caritaswissenschaft.
- 125.63   Diözesan-Caritasverband Münster.
- 519,9 W   Weber, Dr. Dr. Heinrich.
- Findbuch Nachlaß Benedict Kreutz.
- 806   Nachlaß Benedict Kreutz.
- R 959   Institut für kirchliche Verwaltung und Finanzwirtschaft.
- Karteikarten.

Archiv Diakonisches Werk der Evangelischen Kirche in Deutschland e.V.

- CA 980 II.
- D 1339.

Bistumsarchiv der Diözese Münster:

- *Löffler, Peter* (Bearb.): Findbuch zum Bestand Bischöfliche Finanzkammer der Kölner Kirchenprovinz. Münster 1976/1984.
- Bischöfliche Finanzkammer, A 1; A III 1; A III 2; A 11; A 24.
- Karteikarte Heinrich Roleff.
- Karteikarte Albert Schütte.
- Karteikarte Heinrich Weber.
- Karteikarte Joseph Wewel

Bundesarchiv Berlin:

R 21 Reichsministerium für Wissenschaft, Erziehung und Volksbildung
- Personalkarte W.63 des ehemaligen Berlin Document Center

Stadtarchiv Recklinghausen

- Schulchronik Röllinghausen I. Sign.: Bibliothek F 714
- Amtsarchiv Nr. 940.

Universitätsarchiv Münster (= UA Münster):

Neue Universität. Personalakte Nr. 233.

Neue Universität (Press) Personalakte Nr.81.

Kath.-Theologische Fakultät:

- Personalakte Nr. 41.

Rechts- und Staatswissenschaftliche Fakultät:

- Prom.akten Nr. 274, 392, 475, 609, 797, 870, 878, 898.
- Rechts- und Staatswissenschaftliche Fakultät C I, Nr. 4, Bd. 1.
- Kurator Fach 14, Nr. 1, Bd. 1.
- Kurator Personalakte Nr. 3109.

Personal- und Vorlesungsverzeichnisse Sommersemester 1922 bis Wintersemester 1934/35 und Wintersemester 1945/46 sowie Sommersemester 1946

Universitätsarchiv Tübingen (= UA Tübingen):

- *Weber, Heinrich:* Die religiös-ethischen Grundlagen der Fürsorgearbeit in Judentum und Christentum. Diss. theol. Univ. Tübingen 1922. (Nicht veröffentlicht, Sign. 184/654).
- Sign. 184/547: Promotionsverfahren Heinrich Weber.

Universitätsbibliothek der Universität Bielefeld:

- Nachlaß Johann Plenge.

Uniwersytet Wroclawski Archiwum (Archiv der Universität Breslau)

S 220 - Personalakte von Heinrich Weber.

TK 35 - Anstellung der Professoren.

S 112 - S 129 Vorlesungs- und Personalverzeichnis der Schlesischen Friedrich-Wilhelms-Universität zu Breslau.

17. Personenregister

Abeler, Paul	208
Adamski, Stanislaw	68
Adenauer, Konrad	90
Albertus Magnus	96
Albrecht, Gerhard	141
Alma, Marius	209
Althaus, Hermann	79
Amelunxen, Rudolf	84, 85
Angermaier, Rupert	205
Apelt, Willibald	209
Aretz, Jürgen	33. 45, 67, 106, 214, 216, 217
Aristoteles	96
Arndt, Franz	120
Auer, Heinrich	4, 36, 45-48, 79, 81-83, 85, 86, 90, 102, 107, 124, 183, 184, 205, 210
Aufmkolk, Emmy	70, 77, 109, 210, 215
Augustinus	96, 158
Bachofen, Johann Jakob	96, 129
Baumstark, Anton	53
Bednorz, Herbert	69
Beeking, Josef	18, 80, 184
Beermann, Georg	106, 206
Below, Georg von	127
Bendheuer, Antonia, geb. Weber	11, 83
Bendheuer, Gregor	11
Bendheuer, Heinz	11
Bendheuer, Liselotte	11
Bendheuer, Theodor	11, 83
Bergmann, Alfons	34, 210
Berning, Wilhelm	59-61
Bernsdorf, Wilhelm	18, 216
Bertram, Adolf Kardinal	5, 57, 59, 61, 64, 66, 68, 72, 78, 82, 109, 110, 217
Bodelschwingh, Ernst von	118
Bodelschwingh, Friedrich von	120
Böckenhoff, Karl	207
Boldt, Gerhard	86, 87, 89, 210
Bolzau, Hermann	45
Bonaventura	158
Bornemann, Ernst	86
Bornewasser, Franz Rudolf	101
Boskamp, Peter	3, 210
Bouglé, Celestin	131
Breitinger, Hilarius OMC	68
Breuer, Karl Hugo	161, 212, 213
Brezinka, Wolfgang	147, 177, 210
Briefs, Götz	141, 164, 210
Bruck, Werner Friedrich	25, 27-30, 33, 34, 88, 90, 99, 103, 107, 187, 202, 203, 206-210
Brunner, Detlef	103, 213
Bryk, Kurd	10, 209
Buchheim, Karl	126, 211
Bücher, Karl	18
Bugenhagen, Johann	115
Burghardt, Werner	VI, 10, 11, 15
Comte, Auguste	96, 128
Darwin, Charles	78
Degener, Hermann A.L.	70, 108, 211
Döllinger, Ignaz	124
Dollinger, Heinz	25, 211, 214
Donders, Alfred	23, 24, 99, 203
Dorider, Adolf	10, 12, 211
Dorow, Uwe	11, 216
Dransfeld, Hedwig	45, 120
Droste, Clemens August von	121
Dünner, Alfred	75, 216
Dünner, Julia	46
Durkheim, Emile	96, 128, 129
Elleringmann, Rudolf	36, 206, 211
Emmerich, Ferdinand	37, 40, 99, 204, 212
Engelmann, Hans	67, 69, 76, 172, 209
Engels, Friedrich	96, 129
Erhard, Ludwig	87
Erlinghagen, Karl	130, 211

Fassbender, Martin 45, 124
Feldhoff, Norbert 75, 216
Finckh, Hans 208
Fischer, Ludwig 118
Fliedner, Theodor 115
Flotho, Clemens 206
Francke, August Hermann 115
Frie, Ewald 105, 211
Frings, Bernhard 154, 211
Fromm (Pater, Mitglied des Kuratoriums des Breslauer Instituts) 65, 66
Fulda (Stadtrat) 33
Furger, Franz 3, 4, 91, 202, 211-213

Galen, Clemens August Kardinal von 5, 16, 56, 57, 73, 99
Gallitzin, Fürstin Adelheid Amalie 121
Genzmer, Hans 207
Gerullis, Georg 52
Giesler, Robert VI
Glatzel, Norbert 3, 212
Goebbels, Josef 52
Goerdeler, Anne Marie 4, 11, 79
Gosebruch, Karl 29, 212
Graebner, Fritz 96, 129
Groeger, Johannes 53, 55, 108, 212
Guardini, Romano 127, 157, 212
Gumplowicz, Ludwig 96, 97, 126, 129
Gundlach, Gustav 100

Haase, Felix Arthur 58
Haenisch, Konrad 18
Hanssler, Bernhard 126, 211
Hartmann, Felix von 14, 38
Hasenclever, Christa 95, 212
Hausin, Adolf 208
Hegel, Eduard 3. 21, 22, 24, 53, 66, 85, 91, 98, 212
Hegel, Georg Friedrich Wilhelm 127
Hegemann, Alexe 184
Hehl, Ulrich von 79, 212
Henning, Rudolf 3, 212
Hermanns, Manfred 4, 146, 160, 212, 213

Heyde, Ludwig 100, 141, 204
Hilgenfeldt, Erich 72
Hitze, Franz VII, 4, 21, 29, 97, 99, 118, 137, 212
Hobbes, Thomas 78
Höffner, Joseph VI, 90, 136, 161, 213
Höfler, Heinrich 81
Hoerner, Marie 109, 209
Hoffmann, Friedrich 29, 30, 36, 90, 103, 187, 207, 213
Hoffmann, Walther 86, 90
Holling, Theodor 39-42, 44, 213
Homann, Nanni 207
Horn, Heinrich Wilhelm von 117
Hübinger, Hildegard 18, 45, 184
Hüffer, Wilhelm 121, 122

Jäger, Wolfgang 11, 216
Jaerisch, Gerhard 208
Jahn, Peter 103, 213
Jedin, Hubert 67, 215
Joerger, Kuno 43, 44, 93, 213
Joetten, Karl Wilhelm 99, 107, 153, 204, 209
Johannes Paul II 135, 213
Jonas, Friedrich 127, 213
Jung, Bruno 104, 148, 205

Kahlefeld, Heinrich 157, 212
Kaiser, Jochen-Christoph 72, 75, 94, 213
Kaps, Johannes 209
Kehrer, Ferdinand 153
Keller, Franz 21, 43, 45-49, 80, 106, 124, 203-205
Kerssen, Ludger 26, 213
Ketteler, Wilhelm Emanuel von 118, 124
Klein (Reichsbahninspektor) 33
Klein, Wilhelm 208
Kleineidam, Erich 58, 64, 66, 81, 102, 213
Klieber, Arthur Hugo 46, 48, 80
Klose, Alfred 133, 214
Klumker, Christian Jasper 19, 93, 94, 143, 144, 214, 215

Knapp, Rudolf	3, 220	Meinertz, Max	99, 203
Knoop, Fritz	208	Meister, Karl	69, 70, 77
Knospe, Horst	18, 215	Merk, Gerhard	VI
Koch, Helmut	25, 214	Messerschmid, Felix	157, 212
Köllmann, Wolfgang	11, 216	Messner, Johannes	133, 214
Kösters, Christoph	79, 212	Milik, Karol	68
Kollmann, Hans Georg	12, 13, 30	Mockenhaupt, Hubert	106, 214
Koppers, Wilhelm	96, 129	Möllenhoff, Gisela	25, 214
Krause, Paul	151	Mörsdorf, Klaus	86
Krautscheidt, Joseph August	68	Mohler, Ludwig	53
Krebs, Engelbert	45	Mohr, Victor	VI
Krekeler, Hermann	120	Molitor, Raphael	209
Kreutz, Benedict	4, 18, 22-25, 30, 42, 43, 56, 57, 60, 64-66, 68, 72, 77-82, 86, 89-91, 97, 102, 109, 218, 219	Morgan, Lewis H.	96, 129
		Morsey, Rudolf	22, 33, 45, 67, 106, 214-217
		Most, Otto	36, 88, 98, 99, 108, 118, 204, 209, 213
Kromphardt, Wilhelm	207	Mühlen, Franz	10, 215
Krose, Hermann A.	36, 38, 210, 214	Müller, Franz	90
Kuske, Bruno	36, 88, 98, 99, 108, 118, 204, 209, 213, 218	Müller-Armack, Alfred	87, 137, 217
Lassalle, Ferdinand	133	Nacke, Bernhard	3, 211
Le Bon, Gustave	96	Nar, Johannes N.	48
Lechtape, Heinrich	103, 207	Negwer, Josef	67, 108
Leo XIII	186	Neises, Gerd	19, 215
Liese, Wilhelm	17, 43, 46, 93, 106, 107, 205	Nell-Breuning, Oswald von	100, 135, 137, 213, 215
Lilienfeld, Paul von	129	Neubach, Helmut	64, 214
Linhardt, Hanns	29, 214	Neuloh, Otto	83, 86-90, 104, 208, 215
Löffler, Peter	VI, 8, 62, 81, 214, 219	Nietzsche, Friedrich	78
Löhr, Joseph	45, 46		
Luckner, Gertrud	81	Onnau, Hans Elmar	54, 215
Lüke, Alfred	205	Oppen, Editha von	109, 207
Lürken, Franz-Hermann	14	Oppenheimer, Franz	96
Lukaschek, Hans	69	Ordemann, Bernhard	103, 207
Lumme, Agnes	85, 91	Ostrop, Hermann	88, 215
		Overberg, Bernhard	10, 121
Mahringer, Alois	67		
Mansfeld, Werner	189	Panzram, Bernhard	215
Manz, Gustav	209	Pascher, Joseph	85
Maoro, Bettina	28, 29, 53, 214	Paxmann, Walther	207
Masnitza, Wilhelm PSM	68	Peerenboom, Else	45
Mausbach, Joseph	99, 116, 117	Perthes, Clemens Theodor	120
Meffert, Franz	46, 205	Pesch, Heinrich	97, 131, 137

Petry, Ludwig	64, 215	Scherpner, Hans	148, 216
Pieper, August	21, 100	Scheuch, Erwin K.	177, 218
Pieper, Josef	4, 29, 100	Schildt, Axel	27, 216
Pietsch, Walter	209	Schilling, Otto	20
Piontek, Ferdinand	67, 68	Schlautmann-Overmeyer, Rita	25, 214
Platon	96	Schleuning, Hans	10, 215
Plenge, Johann	V, 9, 18, 19, 21-30, 43, 51, 53, 104, 164, 215, 216, 220	Schlüppmann (Landwirt)	82
		Schlüter, Joseph	46, 107, 124, 151, 187-190, 205, 217
Pleßner, Helmut	97		
Pöhler, Hermann	207	Schmidt, Wilhelm	96, 129
Poggenburg, Johannes	13, 21, 23, 36-38, 204	Schmittmann, Benedikt	43, 45, 217
Polke (Rechtsanwalt)	67	Schmöle, Josef	26
Poll, Christel	215	Schmoller, Gustav	97
Pompey, Heinrich	VI, 3, 161, 212, 213, 216	Schnaas, Hermann	208
Protagoras	78	Schönartz, Wilhelm	68
Przywara, Erich	158	Schöne, Günther	208
		Scholz, Franz	4, 58
Rahner, Karl	133, 215	Schrader, Einhard	28, 217
Rappenecker, Franz Xaver	45, 106, 206	Schreiber, Georg	33, 45, 47, 53, 54, 84, 85
Raue, Franz	208		
Rauscher, Anton	33, 45, 67, 106, 214, 216, 217	Schubert, Franz	58
		Schuchard, Johannes	118
Repgen, Konrad	67, 216	Schütte, Albert	16, 21, 36, 219
Rohe, Karl	11, 216	Schulte, Josef Kardinal	61
Roleff, Heinrich	56, 90, 219	Schwarze, Elisabeth	29, 109, 206
Rolfes, Heinrich	207	Schwer, Wilhelm	45
Roos, Lothar	VI, 136, 213	Schwickerath, Wilhelm	108, 172, 210
Roselius, Ludwig	51	Sender, Maria	109, 165, 216
Ruck, Michael	103, 216	Seppelt, Franz Xaver	64, 66-68, 215
Rüping, Catharina geb. Harmecke	10	Severinus OP (Pater)	14
Rüping, Elisabeth	12	Simmel, Georg	96, 97, 127, 129
Rüping, Stephan	10	Sokrates	96
		Sombart, Heinrich	97, 100
Sacher, Hermann	100, 203, 215	Sommer, Heinrich	120
Sachße, Christoph	1, 33, 37, 149, 154, 216	Spann, Othmar	96, 126
Saint-Simon, Claude Henri de	96	Spencer, Herbert	96, 129
Salomon, Alice	V, 93	Stalmann, Gustav	36, 217
Sauer, Joseph	54	Stange, Erich	117
Sauren, Joseph	36, 38, 210, 214	Stanzel, Josef G.	61, 63-69, 86, 108, 110, 169, 170, 172, 217
Schäfers, Bernhard	18, 26, 28, 29, 51, 213, 217		
Schaub, Franz	44	Starbatty, Joachim	217
Scheidgen, Hermann Josef	75, 81, 216	Stasiewski, Bernhard	59, 61, 73, 110, 217
Scheler, Max	97, 135, 216	Stegerwald, Adam	22, 24, 214

Stehkämper, Hugo	45, 217	Walk, Joseph	25, 218
Stein, Lorenz von	96	Walz, Gustav Adolf	55, 58
Steinbüchel, Theodor	21	Watrin, Christian	177, 218
Stempin, Angela	VI, 161, 213	Weber, Aloysius	11
Stirner, Max	78	Weber, Antonia	11
Stolberg, Graf Ferdinand Leopold von	121	Weber, Elisabeh geb. Rüping	10, 30, 41
Stolte, Clemens	89	Weber, Hans Herbert	4, 11, 77, 85, 91, 137
Straubinger, Johannes	48, 49, 80	Weber, Helene	24, 98
Strauss, Leo-Heinrich	89	Weber, Johann Heinrich	10-12, 41
Strecker, Wolfgang	VI	Weber, Joseph (Großvater von Heinrich Weber)	10
Strzybny (Rechtsanwalt und Notar)	67	Weber, Joseph (Bruder von Heinrich Weber)	11
Tarde, Gabriel de	96, 129	Weber, J. (Jurist)	106
Taschner, Otto	68	Weber, Ludwig	118
Tauche, Robert	69	Weber, Max	97, 126, 133, 136, 172, 218
Tennstedt, Florian	1, 33, 37, 149, 154, 216	Weber, Theodor	10
Tenspolde, Joseph	40, 44, 61, 82, 89, 217	Weber, Wilhelm	79
Teusch, Christine	45	Wende, Erich	24
Theiss, Konrad	10, 215	Werner, Karl	49
Theiß, Konrad	106, 206	Wernsing, Caroline	109, 208
Thissen, Werner	VI	Werthmann, Lorenz	15, 17, 42, 43, 45, 106, 107
Thomas von Aquin	96-98, 158	Wewel, Joseph	82, 83, 85, 219
Thomas Campanella	96	Wichern, Johann Hinrich	115
Thomas Morus	96	Wiemeyer, Joachim	3, 212
Tietz, Bernhard	55	Wienken, Heinrich	78
Timm, Herbert	25, 214	Wiese, Leopold von	96, 127, 129, 216
Tischleder, Peter	9, 85, 92, 96-98, 125, 128-137, 139, 161, 169, 173, 175, 176, 187-190, 201, 217	Wildermann, Rudolf	21
		Willeke, Eduard	91, 104, 207
Többen, Heinrich	32, 33, 153, 218	Will, Josef	209
Tönnies, Ferdinand	51, 96, 100, 218	Woldt, Richard	86, 103, 104, 108, 109, 187, 207, 208
Treutler (Stadtrat und Steuerdezernent i.R.)	67	Wollasch, Hans-Josef	VI, 43, 76, 77, 81, 218
Troeltsch, Ernst	134	Wopperer, Anton	60, 63, 65
van Acken, Johannes	59, 80	Worms, René	97, 126, 129
Verres, Paul	12	Wunderlich, Frieda	141
Vierkandt, Alfred	96	Wurm, Hubert	68
Vinzenz von Paul	115	Wuttke (Ordinariats-Assessor und Notar)	67
Volk, Hermann	85		
Volk, Ludwig	69, 70, 218	Zillken, Elisabeth	106, 214
Vollmer, Hans	200	Zoepfl, Friedrich	20
Vorgrimler, Herbert	133, 215		

18. Sachregister

Agape	160
Agrarfrage	186
Albertus-Magnus-Verein	39
Alkoholismus	106, 150, 153, 184
Allgemeinbildung	146
Altersheime	37, 197
Altertum	114, 127, 156, 166, 183
amor	158
Angestelltenbewegung	119
Anstalt(en)	37, 39, 63, 71, 74, 95, 101, 110, 115, 154, 172, 178, 179, 199
Anstaltsfürsorge	38, 95, 120, 121
Anstaltsseelsorge	172
Anstaltsverwaltung	64, 66, 171, 172, 196
Anstaltswesen	73, 171, 172, 193, 196
Anthropologie	125, 131
Arbeit	32, 97, 134-136, 138, 142
Arbeiterbildung	105, 109
Arbeiterfrage	117, 186
Arbeiterheime	37
Arbeiterinnenhospize	121
Arbeiterkolonien	37
Arbeitervereine	16, 118
Arbeiterwohlfahrt	35, 115
Arbeitsberatung	94
Arbeitsdienst	41, 69
Arbeitslosenfürsorge	193
Arbeitslosenversicherung	41, 69, 104, 141, 146, 193
Arbeitslosigkeit	5, 104, 106, 139, 161
Arbeitsmarkt	32, 103, 193
Arbeitsmarktpolitik	104
Arbeitsmobilität	104
Arbeitsnachweis	95, 104, 184, 193
Arbeitsrecht	69, 110, 193
Arbeitsschutz	138
Arbeitsvermittlung	30, 32, 41, 103, 104
Archiv des Deutschen Caritasverbandes	8, 46, 70, 71, 77
Armenfrage	115
Armenfürsorge	112, 183, 190, 193
Armenhäuser	37, 121
Armenpflege	19, 112, 118, 122, 144, 165, 166
Armenpolitik	187, 193
Armenwesen	185, 186, 190, 193
Armut	82, 139, 185
Asyle	37
Aufklärung	123, 128
Auswandererfürsorge	112, 184
Auswanderungspolitik	44
Bahnhofsmission	39
Barmherzigkeit	38, 159, 161
Beamtenbewegung	119
Bedarfsdeckung	136, 175, 178
Bedarfsdeckungswirtschaft	136
Behindertenfürsorge	99, 105, 112, 120, 153, 163
Berufausbildung	106, 147, 148
Berufsausbildung	106, 147, 148
Berufsberatung	30, 32, 69, 103, 104, 106, 112, 146, 147, 161, 184, 193, 194
Berufsfortbildung	106
Berufsfürsorge	151
Berufskunde	69
Berufsvorbildung	149
Berufswahl	106, 146
Betriebsführung	50, 74, 169, 170, 178
Betriebswirtschaft	61, 104, 178, 198
Betriebswirtschaftslehre	98, 178, 198
- kirchliche	67, 171, 197
Bilanzgrundsätze	50, 179
Bildung	11, 105, 152
Bildungspolitik	1
Bischöfliche Finanzkammer	8, 59-63, 70, 73, 82, 83, 109, 180
Bischöfliche Finanzkammer Wien	68
Bischofskonferenz, Fuldaer	15, 61, 64, 66, 74, 78, 86

Bischofskonfernz, Freisinger	74
Blindenfürsorge	105, 153
Bundesrepublik Deutschland	91, 137
Bürokratisierung	167, 168
Caritas (allgemein)	3, 6, 15, 24, 38- 41, 46, 49-51, 79, 99, 101, 102, 123, 134, 144, 154, 175, 176, 182, 183, 188, 189, 191

Caritas
Begriff	155, 158
- im engeren, eigentlichen Sinne	159
- im weiteren Sinne	158
- im übertragenen Sinne	158, 159
christliche Fundamentalidee	155
Gesinnung	44, 134, 156, 168, 182
Grundfunktion der Kirche	167
Humanität	112
Nächstenliebe	112, 156
Organisation	6, 35, 73, 99, 160, 163-168, 176, 179
praktisches Handeln	112, 156
Schreibweise	158
Verband	17, 32, 51, 75, 159, 166, 177-179

„Caritas" (Zeitschrift)	41, 48, 74, 100
Caritasarbeit	17, 40, 45, 56, 57, 74, 101, 123, 137, 165-167, 176, 179, 180, 182
Caritasausschuß	36, 39, 166
Caritasbewegung	160
Caritasbüro	159
Caritasidee	38, 51, 76, 158, 159, 179
Caritasideologie	51
Caritasgeschichte	5, 38, 58, 107, 120-124, 188, 191, 192
Caritaskollekte	74, 76, 159
Caritas-Lichtbildgesellschaft	50
Caritasliteratur	159
Caritaspropaganda	51
Caritasschule	45
Caritasschulung	43
Caritassonntag	76, 159
Caritas-Stift	50
Caritastag	44, 46, 47
Caritastheorie	123, 134, 155
Caritasverlag	45, 48, 50, 78, 79, 102
Caritasverpflichtung	167
Caritaswissenschaft	2, 3, 5, 6, 21, 33, 41, 44-48, 55, 58, 102, 103, 106, 107, 109, 112, 118, 124, 154, 155, 159, 180, 182, 187, 190-192
Caritasziel	168
caritatives Prinzip	177
CDU	87, 98
Christliche Sozialarbeit	2
Christliche Soziallehre	2, 3
Collegium Borromäum	12, 14
Demokratie	1, 2, 4, 92
- parlamentarische	1
Deutsche Arbeitsfront (DAF)	72, 78, 110, 198
Deutsche Demokratische Partei	1
Deutsche Reichsverfassung	116
Deutscher Beamtenbund	119
Deutscher Caritasverband	4, 5, 15, 38, 39, 42-52, 60, 63-65, 69-81, 90-92, 98, 100, 106, 109, 110, 115, 179, 180
Deutscher Nationalverband der katholischen Mädchenschutzvereine	45
Deutscher Städtetag	149
Deutscher Verein für öffentliche und private Fürsorge	18, 115
Deutsches Reich	68, 74, 101, 196, 197
Devisenprozesse	62, 169
Dezentralisation	148, 166
dilectio	158
Diözesan-Caritasverband Bamberg	41
Diözesan-Caritasverband Eichstätt	75
Diözcsan-Caritasverband Münster	8, 15, 16, 36-42, 56, 57, 71, 90, 94, 113, 120-122, 151, 180, 200
Diözesan-Caritasverband Paderborn	41
Diözesansynode	38, 39
Drittes Reich	71, 81, 101
Dotalwesen	62
Eheberatung	144
Eigentum	136

Eigentumsrecht	139	Frauenfrage	94
Einzelwohl	131, 139	Fürsorge	5, 37, 101, 143, 144, 153
Elisabethverein	42, 166	- allgemeine	32, 105, 153
Elternrechte	116	- geistig-kulturelle	144
Empathie	145	- geschlossene	37, 151
Epikureismus	96	- halboffene	40
Episkopat	68, 69, 109	- öffentliche	35, 41, 143, 176
Erholungsfürsorge	99	- offene	37, 40, 122, 151
Erholungsheime	37	- private	143, 189
Eros	160	- religiös-kirchliche	102
Erwachsenenbildung	36, 118, 142	- soziale	102, 107, 147, 185, 186, 188
Erwerbslosenfürsorge	184	- sozial-hygienische	184
Erziehung	37, 94, 123, 147, 148	- sozial-wirtschaftliche	184
Erziehungsanstalten	37	- wirtschaftliche	32
Erziehungsarbeit	145, 148, 149	Fürsorge für entlassene Strafgefangene	112
Erziehungsfürsorge	37, 38, 95, 102, 121, 123	Fürsorge für Rauschgiftsüchtige	153
Essentialismus	97	Fürsorgeheime	37
Ethik	97	Fürsorgerecht	110
Ethnologie	129	Fürsorgetag	18
Eugenik	154	Fürsorgewesen	2, 19, 21-24, 26, 29, 39, 53, 103, 112, 160, 180, 185, 186, 189, 190, 193
Evolutionstheorie	129		
Fabrikkrippen	121	Fürsorgewissenschaft	105
Fabrikpflege	94		
Fachschaft „Katholische Wohlfahrtspflege"	72, 73, 110	Gefängnis-Gesellschaft	95
		Gegenaufklärung	128
Familienfürsorge	122, 144	Geheime Staatspolizei (Gestapo)	68, 72, 79-82
Familienpflege	94		
Familienrecht	194, 195	Gehörlosenfürsorge	105, 106
Ferienkolonien	152	Geisteskrankenfürsorge	153
Finanzwirtschaft	64, 67, 197	Gemeinwohl	131, 136-139, 175
- kirchliche	61, 63, 65, 66, 168-175, 197	Genesungsheime	151
		Gerechtigkeit	134, 160-162
Finanzwissenschaft	63, 67, 103, 180, 189, 190, 197	Geschichte der Sozialarbeit	5, 114, 115, 122-124, 183
Forschungsinstitut für Fürsorgewesen	94	Geschlechtskrankenfürsorge	153
Forschungsstelle für Beamtenfragen	34	Geschlechtskrankheiten	33, 150
Fortbildung	18, 32, 34-36, 88, 93, 106, 149, 153, 168, 169	Gesellschaftsethik	132, 133, 188, 189
		Gesellschaftslehre	2, 22, 23, 26, 27, 41, 96, 129, 137, 180, 193
Franziskusschwestern	123, 154	- christliche	2, 21-24, 70, 118, 126, 133, 188-190, 192
Frauenberufe	94		
Frauenbewegung	119, 120		

- historische	6, 111, 113	Infektionskrankheiten	33, 150
- praktische	6, 111-113, 131-154, 187	Inflation	45, 123
- theoretische	6, 111, 113, 125-130, 186, 188, 189	Innere Mission	35, 75, 100, 115, 120, 183

Institut für Caritaswissenschaft (Freiburg) 80, 106, 107
Gesellschaftsordnung 89, 131, 132, 138
Gesellschaftspolitik 112, 138
Gesellschaftstheorie 126
Institut für Gesundheitsfürsorge und Hygieneforschung (Köln) 50, 75
Gesundheitsamt 153
Gesundheitsfürsorge 32, 37, 38, 59, 95, 99, 105, 107, 150-154, 188, 190
Institut für kirchliche Verwaltung und Finanzwirtschaft (Breslau) 8, 58, 63-71, 86, 88, 92, 109, 110, 168-175, 180, 195-199
Gesundheitspolitik 153
Gewerkschaft 87, 100, 104
Institut für Wirtschafts- und Sozialwissenschaften (Münster) 29-34, 53, 84, 87-89, 103. 104, 107, 168, 193
Gewerkschaftsbewegung 118
Gewerkschaftswesen 30, 104
Gleichschaltung 53, 132
Institut für Christliche Sozialwissenschaften (Münster) 3
Gleichschaltungspolitik 62, 71-74, 101, 110
Görres-Gesellschaft 47, 67, 87, 99
Invalidenversicherung 69, 141
Gottesliebe 112, 156, 157, 168
Grundrechte 116
Jugend 95, 146, 147, 149, 150, 152, 184, 193
Jugendamt 93, 95, 147, 148, 163, 164
Handarbeitsschulen 122
Jugendarbeit 105, 147-149
Handelsrecht 195
Jugendarbeitslosigkeit 106
Handlungsforschung 181
Jugendberufshilfe 162
Handlungstheorie 6
Jugendbewegung 184, 194
Handwerkswirtschaft 99, 108
Jugenderziehung 148
Harkort-Institut (Dortmund) 87
Jugendförderung 164
Hausarmenpflege 122, 166
Jugendfürsorge 19, 33, 80, 94, 95, 102, 112, 146-149, 151, 161, 185, 189, 193
Heilsarmee 115
Heilstätten 37, 151
Jugendgerichtshilfe 149, 164
Heimfürsorge 120
Jugendhilfe 69, 147, 149, 164
Heimschulen 109
Jugendpflege 19, 33, 37, 94, 112, 147, 148, 164, 184, 185, 189, 193
Hildegardisverein 39
Homiletik 58, 191, 192
Jugendrecht 193
Hospize 37
Jugendschutz 39, 164
Humankapital 177
Jugendsozialarbeit 122
Hunger 150
„Jugendwohl" (Zeitschrift) 48, 76
Hygienisches Institut (Münster) 153
Jugendwohlfahrtspflege 32, 33, 95, 105, 106, 144, 146-150, 188

Individualethik 132
Individualismus 131, 132, 137, 138
Kalvinismus 136
Individualprinzip 98, 116
Kanonistik 174
Industrialisierung 10, 121-123
Kanonistisches Institut (München) 86
Industriegesellschaft 163
Kapital 97, 137, 138, 142, 175

Kapitalismus	115	Kulturwissenschaft	97, 181
Katechetik	58, 191, 192	Lebensphilosophie	158
Katholieke Economische Hoogeschool (Tilburg)	58	Lehrlingsheime	37
		Lehrlingswerkstätten	106
Katholikentag	44, 45, 121, 161	Lehrstätten	38
Katholische Volkshilfe	42	Leprosenhäuser	121
Katholisches Milieu	10, 109	Liberalismus	132
Katholizismus	23, 58, 79, 109, 130, 136, 137, 180, 187, 190, 191	Liebe	38, 134, 155, 158, 161
		Liga der freien Wohlfahrtspflege	72
Kinderfürsorge	33, 99, 112, 123, 184	Liturgik	58, 192
Kindergärten	37, 39, 121	Loseblatt-Lexikon	69, 70, 209
Kindergesundheitsfürsorge	99, 151, 152		
Kinderheilstätten	37	Mädchenarbeit	122
Kinderlandverschickung	16	Mädchenheime	37, 121
Kinderreichenfürsorge	144	Mädchenschutz	39, 112
Kinderschutzgesetzgebung	117	Mädchenschutzvereine	45
Kinder- und Jugendhilfegesetz	148	Markt	97, 137
Kirche	46, 59, 71, 101, 114, 116, 155, 166-170, 173-175, 180, 197	Marktwirtschaft	97
		Massenpsychologie	96
- evangelische	115, 120, 183	Materialismus	173, 179
- katholische	73, 75	Metaphysik	14, 97, 128, 131
Kirchengeschichte	12, 14, 33, 64	Milieukatholizismus	15, 180
Kirchenprovinz, Kölner	59, 61	Militärregierung	84, 85
Paderborner	61	Mitbestimmung	138
Kirchensteuer	198	Mittelalter	98, 114, 121, 136, 183
Klemensschwestern	121-123	Moraltheologie	14, 96, 97, 113, 137, 155
Körperbehindertenfürsorge	105, 153	Mütterberatung	144
Kollektivismus	131, 132	Mütter-Erholungsfürsorge	120
Kommunalpolitik	95	Mütterschulung	37
Konkordat	73, 74, 101	Mutterschutz	112, 184
Krankenfürsorge	184		
Krankenhäuser	37, 95, 121, 196	Nächstenliebe	112. 156-158, 160, 166, 168
Krankenhaus Köln-Hohenlind	50, 59, 65, 75	Nationalsozialismus	51, 68, 71-73, 84, 92, 126, 132, 154, 181
Krankenpflege	95		
Krankenversicherung	69, 140	Diktatur	4, 5, 50, 180
Kriegsbeschädigtenfürsorge	94	Herrschaft	33, 85, 101, 162
Kriegshinterbliebenenfürsorge	94	Hochschulpolitik	53
Kriegsopferfürsorge	105, 106, 184	Ideologie	74, 78-80
Kulturarbeit	118	Regierung	49, 50, 62, 72, 75, 77, 84, 100, 106
Kulturethik	133		
Kulturkreislehre	97, 129	Wohlfahrtspolitik	79
Kulturpolitik	1, 2	Nationalsozialistische Volkswohlfahrt (NSV)	72, 100
Kulturstaat	153, 163		

Nationalsozialistischer Deutscher Studentenbund	55	Pschologie	14, 33, 194
		Psychopathenfürsorge	153
Nationalversammlung	108, 116, 120	Psychopathologie	33, 194
Naturrechtslehre	98		
Naturrechtsphilosophie	98	Raphaelsverein	39, 95
Neuscholastik	97	Rationalisierung	45, 100
Neuzeit	114, 127, 135, 183	Rationalismus	115, 123
Nordrhein-Westfalen	107, 119	Rechnungswesen	171, 198
Notstandsfront	100	Recht	131, 134, 161, 170, 172-175
NSDAP	54, 110	Rechtsgeschichte	67, 111
		Rechtskunde	33
Obdachlosenfürsorge	121	Rechtswissenschaft(en)	18, 32, 34, 67, 70, 171, 193, 195
Obdachlosigkeit	41		
Öffentlichkeitsarbeit	17, 44, 51, 106, 153	Reichsfürsorgepflichtverordnung	35, 105
Orden/ Ordensgemeinschaften	37, 38, 68, 95, 101, 110, 168, 199	Reichsgemeinschaft der Hauptverbände der freien Wohlfahrtspflege	17, 72, 100
Ordensbrüder	122, 177	Reichsjugendwohlfahrtsgesetz	2, 95, 105, 146-150, 164, 185
Ordensschwestern	62, 71, 95, 122, 177		
Organisation sozialer Arbeit	7, 163	Reichsregierung	74, 149, 150
Organisationsanalyse	164, 168	Reichstag	33, 108, 120
Organisationsentwicklung	48, 168, 198	Reformation	114, 197
Organisationsgeschichte	115	Religionsunterricht	117
Organisationslehre	165	Renaissance	96
Organisationsplan	166	Rentabilitätsprinzip	49
Organisationsplanung	164	Rheinisch-westfälischer Raum	87, 88
Organisationssoziologie	163, 164	Rheinland	99, 108, 117, 118
Organisationsziel	164, 165	Romantik	96
Organismus	129, 163, 185	Rotes Kreuz	35, 75, 100, 115
		Ruhrgebiet	4, 26, 105
Pädagogik	11, 194	Ruhrkampf	26
Pastoraltheologie	58, 90, 113, 137, 155, 191, 192		
		Sammlungsrecht	62, 69, 76, 195
Person/ Personalität	131	Säuglingsfürsorge	112, 184
Pfarrhilfe	166, 167	Schulgesundheitspflege	112
Phänomenologie	158	Schulpflege	94
philia	158	Schulsozialarbeit	94
Pietismus	115	Schulwesen	116
Philosophie	12, 19, 96, 97, 115,127	Schwesternseminar	42
Planwirtschaft	74, 199	Seelsorge	21, 39, 155, 170, 173, 175
Positivismus	128	Selbsterziehung	146
Preußisches Krüppelfürsorgegesetz	148	Selbsthaß	157
Propaganda	51, 52, 106	Selbsthilfe	142
Prophylaxe	42, 93, 150	Selbsthilfe-Organisationen	119

Selbstliebe 157, 158
Seminar für Fürsorgewesen 30, 32, 46
Siedlungspolitik 44
Siedlungswesen 44, 49, 193
Solidarismus 23, 25, 97, 126, 131-133, 137
Solidarität 142, 179
Sophisten 96
Sozialarbeit 3, 30, 37, 41, 90, 98, 105, 115, 118, 143-145, 160, 163-167, 176-178, 180-182
Sozialarbeitswissenschaft 84, 182
Sozialbeamte 22, 32-35, 93, 94, 106, 168, 193
Sozialdarwinismus 78, 129
Sozialdemokratie 11, 95, 117
Soziale Bewegung 107, 117-120
Soziale Frage 38, 46, 117, 124, 142, 186-188
Soziale Frauenschule 17
Soziale Marktwirtschaft 87, 137
Sozialethik 2, 3, 5, 96, 103, 124, 126, 131-133, 154, 169, 180, 182, 187, 188
Sozialforschungsstelle Dortmund 60, 83, 86-90, 105
Sozialfürsorge 37, 144
Sozialgeschichte 5, 70, 111, 116, 182
Sozialgesetzgebung 32, 105, 106, 185, 193
Sozialhilfe 143, 165, 166
Sozialhygiene 32, 33, 150, 151, 153, 194
Sozialismus 18, 96, 136-138, 186, 187, 190
Sozialökonomik 30, 185-187, 195,
Sozialpädagogik 19, 32, 80, 182
Sozialphilosophie 96, 125, 127
Sozialpolitik 1-4, 16, 30, 32, 53, 84, 86, 92, 100, 112-115, 118, 132, 134, 137-143, 155, 160, 161, 176, 182, 185-188, 190, 193, 198
Sozialprinzip 98, 116
Sozialpsychologie 125
Sozialreform 117, 134, 138, 188
Sozialversicherung 5, 103, 106, 140-142, 161, 163, 198

Sozialversicherungspolitik 138, 143
Sozialverwaltung 106
Sozialwissenschaft(en) 2, 6, 29, 34, 46, 96-98, 104, 109-113, 127, 128, 130, 181, 186
- Christliche 181
- historische 114-124
Soziologie 86, 96, 103, 112, 125-130, 132, 136, 155, 182, 188
SPD 1, 87, 104
Sparen 134, 169
Spiritualismus 135, 173
Staat 29, 46, 115, 116, 137, 138, 140, 149, 163, 185
Staatsethik 133
Staatsrecht 32
Staatswissenschaften 18, 29, 70, 94, 103, 193
Staatswissenschaftliches Institut 19, 22, 23, 25-32
Statistik 45, 112, 167, 178
Sterbevorsorge 42
Sterilisation 154
Steuerrecht 110, 171, 198
Stoa 96
Studentenheime 37
Subsidiarität 148

Tagesheime 37
Tarifvertragswesen 138
Taubstummenfürsorge 106, 153
Temporalienverwaltung 170, 172-175, 192
Theologie 12, 22, 96, 97, 107, 112
Treuhand 169, 174, 198
Treuhandgesellschaft Solidaris 65, 67
Tuberkulose 33, 37, 107, 150-152
Tuberkulosenfürsorge 99, 105, 121, 153

Universalismus 126
Universalität der Caritas 156, 159, 160
Universität Bielefeld 9, 19
Universität Breslau 9, 55, 56, 58, 63, 64, 67, 108
Universität Frankfurt 19

Universität München	86
Universität Münster	3, 8, 12, 18, 19, 21-36, 53-55, 84-89, 91, 103, 104, 107-109, 137, 153, 168, 185, 192, 193
Universität Tübingen	9, 20, 21
Unterstützungsfürsorge	102, 144, 165, 188
Utilitätsmoral	135
Vatikanisches Konzil, Zweites	133
Vereinsfürsorge	122
Verfassungsgeschichte	67, 116, 117
Verfassungslehre	67
Vergesellschaftung	163
Verkehrswirtschaft	137, 175
Vermögensbildung	139
Vermögensverwaltung	171, 174, 196-198
Verwaltung	64, 164, 169, 170, 172, 180, 195, 197
-, kirchliche	63, 65, 66, 71, 109, 168-175, 196, 198
Verwaltungsakademiebewegung	34, 99
Verwaltungsbeamte	34
Verwaltungslehre, kirchliche	67, 108, 192, 196
Verwaltungsrecht	32, 193
Verwaltungswissenschaft, kirchliche	108, 169
Vest Recklinghausen	10, 12
Vinzenzkonferenz	42, 122, 166
Vinzenzverein	36, 42
Völkerpsychologie	96
Volksbildungswesen	112, 184
Volksverein für das katholische Deutschland	16, 21, 118
Volkswirtschaft	25, 27, 32, 41, 85, 91, 150, 171, 175, 176, 183, 189, 190, 196
Volkswirtschaftslehre	67, 104, 133, 188, 190, 193
- praktische	112
Volkswohlfahrt	41, 84, 139, 143, 175
Volkswohlstandslehre	139
Waisenfürsorge	163
Waisenhäuser	37, 95
Wanderarbeitsstätten	37
Wanderarmenfürsorge	39, 184
Wandererfürsorge	41
Wandererfürsorgepolitk	42
Wanderherbergswesen	120
Warthegau	68, 69
Weimarer Koalition	1
Weimarer Reichsverfassung	73, 116, 117, 147
Weimarer Republik	1, 2, 4-6, 40-42, 47, 88, 93, 100, 109, 118, 130, 139, 143, 148, 150, 153, 154, 163, 172, 180
Weltkrieg, Erster	1, 15, 116, 150
Weltkrieg, Zweiter	2, 3, 77, 84, 199
Weltwirtschaftskrise	49, 50, 106, 161, 172, 176, 178
Werkstättenunterricht	106
Wertwandel	135, 145
Westfalen	35, 84, 99, 107, 108, 117, 121, 122, 152
Westfälische Verwaltungsakademie	33-36, 99, 108, 109, 153, 168
Westfälische Wohlfahrtsschule	42
Westfälischer Wandererdienst	41
Winterhilfswerk	100
Wirtschaft	1, 44, 49, 119, 134-137, 146, 175, 176, 195, 196
Wirtschaftliche Staatswissenschaften	2, 25, 26, 29
Wirtschaftlichkeit	3, 6, 133, 134, 179, 182, 198
Wirtschaftlichkeitsprinzip	49, 177
Wirtschaftsanalyse	136
Wirtschaftsethik	2, 3, 46, 97, 103, 132-138, 173, 180, 187, 188, 192
Wirtschaftsführung	48, 169, 174, 178, 179
Wirtschaftsfürsorge	37, 95, 102, 144, 151
Wirtschaftsgeographie	67, 87
Wirtschaftsgeschichte	70, 79, 108, 111, 195
Wirtschaftsgesetze	133
Wirtschaftsgesinnung	44, 176
Wirtschaftskunde	33
Wirtschaftsplanung	199
Wirtschaftspolitik	1, 67, 112, 134, 137

Wirtschaftsprozeß	97, 137, 176
Wirtschaftspsychologie	194
Wirtschaftswissenschaft(en)	2, 26-29, 34, 44, 67, 90, 94, 97, 103, 109, 112, 125, 130, 133, 155, 180, 182, 186, 195
Wirtschaftsziel	176
Witwenfürsorge	144
Wöchnerinnenheime	37
Wohlfahrt	72, 106, 139, 140, 142, 177, 180
Wohlfahrtsamt	93, 163, 164, 183
Wohlfahrtskunde	2, 5, 32, 33, 41, 93, 94, 103, 112, 180, 182-184, 190
Wohlfahrtsministerium, Preußisches	22
Wohlfahrtspflege	5, 17-19, 21, 24, 38, 39, 43, 72, 78, 92, 93, 100, 101, 105, 112, 114, 115, 134, 137-146, 150, 154, 161-164, 182, 183, 185, 187-191, 193
Wohlfahrtspolitik	112
Wohlfahrtsstaat	1, 163
Wohlfahrtsverbände	3, 62, 73, 75, 101, 110, 120
Wohnungsfürsorge	44, 112, 144
Wohnungsamt	139
Wohnungsnot	49, 139
Wohnungspflege	94, 184
Wohnungspolitik	44
Zentralisation	124, 148, 166
Zentralstelle für Volkswohlfahrt	115
Zentrum (Partei)	1, 11, 22, 33, 98

Die Deutsche Bibliothek – CIP-Einheitsaufnahme

Hermanns, Manfred:
Heinrich Weber : Sozial- und Caritaswissenschaftler in einer Zeit
des Umbruchs. – Würzburg : Echter, 1998
   (Studien zur Theologie und Praxis der Caritas und Sozialen Pastoral ; 11)
   ISBN 3-429-01971-0

© 1998 Echter Verlag Würzburg
Umschlaggestaltung: Uwe Jonath
Gesamtherstellung: Echter Würzburg
Fränkische Gesellschaftsdruckerei und Verlag GmbH
   ISBN 3-429-01971-0

Studien zur Theologie und Praxis der Caritas und Sozialen Pastoral
Herausgegeben von Heinrich Pompey und Lothar Roos.

Band 1: Heinrich Pompey: **Caritatives Engagement.** Lernort des Glaubens und der Gemeinschaft. 304 S. 1994.

Band 2: Daniel Hörnemann: **Die Figur des Mose als Typus eines Helfers und Begleiters.** Das Exodusbuch als Ermutigung für pastorales und diakonisches Handeln. 622 S. 1995.

Band 3: Johannes Falterbaum: **Entwicklungshilfe im nationalen und internationalen Recht.** Eine Darstellung ausgehend von christlichen Einrichtungen der Entwicklungsförderung. 221 S. 1995.

Band 4: Albert Wohlfarth: **Ehrenamtliches Engagement heute.** Das theologisch-psychologische Qualifizierungskonzept für Ehrenamtliche im Altenbesuchsdienst. 348 S. 1995. 2. Auflage 1997.

Band 5: Dieter Fuchs: **Lebensorientierte Praxisforschung.** Ihr Beitrag zur Entwicklung einer Solidaritätskultur. 280 S. 1995.

Band 6: Dieter Fuchs: **Partizipative Erziehung.** Theorie und Praxis. Mit Beispielen zur Förderung der sozialen Kompetenz in pädagogischen Einrichtungen. 274 S. 1996.

Band 7: E. Stephan Müller: **Krisen-Ethik der Ehe.** Versöhnung in der Lebensmitte. 606 S. 1997.

Band 8: Ludwig Lau: **Die Sozialpflichtigkeit des Eigentums.** 240 S. 1997.

Band 9: Heinrich Pompey (Hg.): **Caritas im Spannungsfeld von Wirtschaftlichkeit und Menschlichkeit.** 414 S. 1997.

Band 10: Heinrich Pompey (Hg.): **Caritas - Das menschliche Gesicht des Glaubens.** 399 S. 1997.

Band 11: Manfred Hermanns: **Heinrich Weber.** Sozial- und Caritaswissenschaftler in einer Zeit des Umbruchs. Leben und Werk. 237 S. 1998.

Band 12: Burkhard Flosdorf: **Berufliche Belastung, Religiosität und Bewältigungsformen.** 236 S. 1998.